Pediatria

Instituto da Criança
Hospital das Clínicas

Editores da coleção
Benita G. Soares Schvartsman
Paulo Taufi Maluf Jr.
Magda Carneiro-Sampaio

Fisioterapia

2ª edição

Regina Célia Turola Passos Juliani
Maristela Trevisan Cunha
Ana Lúcia Capelari Lahóz
Carla Marques Nicolau
Lúcia Cândida Soares de Paula
Adriana Della Zuana

Editores da coleção

Benita G. Soares Schvartsman

Doutora em Pediatria pela FMUSP. Médica Assistente da Unidade de Nefrologia do Instituto da Criança do HCFMUSP.

Paulo Taufi Maluf Jr.

Professor Livre-Docente em Pediatria pela FMUSP. Médico Assistente da Unidade de Onco-Hematologia do Instituto da Criança do HCFMUSP. Responsável pelo Serviço de Pediatria do Hospital Nove de Julho, São Paulo, SP.

Magda Carneiro-Sampaio

Pediatra Especialista em Imunoalergologia, Professora Titular do Departamento de Pediatria da FMUSP e Presidente do Conselho Diretor do Instituto da Criança do HCFMUSP.

Fisioterapia

2ª edição

Coordenadoras

Regina Célia Turola Passos Juliani
Coordenadora Multiprofissional do ICr-HCFMUSP.

Maristela Trevisan Cunha
Diretora Técnica do Serviço de Fisioterapia do ICr-HCFMUSP.

Ana Lúcia Capelari Lahóz
Coordenadora da Fisioterapia da UTI pediátrica do ICr-HCFMUSP.

Carla Marques Nicolau
Mestre em Ciências da Saúde pelo Departamento de Pediatria da FMUSP.

Lúcia Cândida Soares de Paula
Mestre em Ciências na área de Pediatria pela FMUSP.

Adriana Della Zuana
Mestre em Ciências na área de Pediatria pela FMUSP.

Manole

Este livro contempla as regras do Acordo Ortográfico da Língua Portuguesa de 1990, que entrou em vigor no Brasil.

Editora gestora: Sônia Midori Fujiyoshi
Editora: Patrícia Alves Santana
Capa: Hélio de Almeida
Projeto gráfico: Departamento de Arte da Editora Manole
Editoração eletrônica: Luargraf Serviços Gráficos
Ilustrações: Alexandre Bueno e HiDesign Estúdio

Dados Internacionais de Catalogação na Publicação (CIP)
(Câmara Brasileira do Livro, SP, Brasil)

Fisioterapia. -- 2. ed. -- Barueri : Editora Manole, 2018. -- (Coleção Pediatria do ICr-HCFMUSP ; 10 / coordenação Benita G. Soares Schvartsman, Paulo Taufi Maluf Jr., Magda Carneiro-Sampaio)

Vários coordenadores.
Bibliografia.
ISBN: 978-85-204-5281-3

1. Fisioterapia 2. Pediatria 3. Terapia intensiva neonatal 4. Terapia intensiva pediátrica 5. Unidade de Terapia Intensiva I. Schvartsman, Benita G. Soares II. Maluf Júnior, Paulo Taufi. III. Carneiro-Sampaio, Magda IV. Série.

17-07666 CDD-618.920028
NLM-WS 366

Índices para catálogo sistemático:
1. Neonatologia e pediatria : Fisioterapia intensiva 618.920028

Título da edição anterior: *Fisioterapia em UTI pediátrica e neonatal*
1ª edição – 2009
2ª edição – 2018

Editora Manole Ltda.
Avenida Ceci, 672 – Tamboré
06460-120 – Barueri – SP – Brasil
Tel.: (11) 4196-6000
www.manole.com.br
info@manole.com.br

Impresso no Brasil
Printed in Brazil

Autores

Adriana Carvalho Gomes da Silva

Fisioterapeuta do Instituto de Ortopedia e Traumatologia (IOT) do Hospital das Clínicas da Faculdade de Medicina da Universidade de São Paulo (HCFMUSP). Supervisora de estágio do Curso de Especialização em Fisioterapia em Ortopedia e Traumatologia do IOT-HCFMUSP. Coordenadora de Pesquisa Clínica do Grupo do Trauma do IOT-HCFMUSP. Mestranda em Ciências da Reabilitação pela USP. Especialista em Fisioterapia Musculoesquelética pela Irmandade da Santa Casa de Misericórdia de São Paulo.

Adriana Della Zuana

Graduada em Fisioterapia pela Universidade Estadual de Londrina. Mestre em Ciências pela Faculdade de Medicina da Universidade de São Paulo. Realiza fisioterapia domiciliar em pediatria com experiência nas áreas de fisioterapia respiratória e neuromotora.

Alessa Castro Ribeiro

Mestre em Saúde da Criança e do Adolescente pela Faculdade de Medicina de Ribeirão Preto (FMRP-USP). Especialista em Intervenção em Neuropediatria pela Universidade Federal de São Carlos (UFSCar). Graduada em Fisioterapia pela UFSCar.

Aline Costa Ferraz Barbosa

Fisioterapeuta do Setor Infantil e do Laboratório de Movimento do IMREA do Hospital das Clínicas da Faculdade de Medicina da Universidade de São Paulo (HCFMUSP) – Rede Lucy Montoro. Especialização em Psicomotricidade e Formação no conceito Bobath/Baby.

Aline de Assis Lauri

Especialista em Fisioterapia Respiratória em UTI neonatal e pediátrica. Fisioterapeuta sócia da Fisiokids, intensivista da UTI no Hospital Infantil Sabará.

Amanda Guadix Viganó

Graduação em Fisioterapia pela Universidade de Taubaté. Especialização em Fisioterapia Pediátrica e Neonatal pela Universidade Federal de São Paulo (Unifesp). Fisioterapeuta do Centro Neonatal do Instituto da Criança (ICr) do Hospital das Clínicas da Faculdade de Medicina da Universidade de São Paulo (HCFMUSP).

Ana Lúcia Capelari Lahóz

Mestre em Ciências pela Faculdade de Medicina da Universidade de São Paulo (FMUSP). Especialista em Fisioterapia em Terapia Intensiva em Pediatria e Neonatologia. Fisioterapeuta responsável pela Equipe de Fisioterapia do CTIP do Instituto da Criança (ICr) do Hospital das Clínicas da FMUSP. Professora e Coordenadora do Curso de Especialização em Fisioterapia Respiratória e Fisioterapia em Terapia Intensiva Pediátrica e Neonatal do ICr-HCFMUSP.

Andréa Tobias Nechar

Graduada em Fisioterapia pela Universidade Unisalesiano. Pós-graduada em Fisioterapia Hospitalar pela Universidade Anhanguera (Uniderp). Especialização em Fisioterapia Respiratória e Fisioterapia em Terapia Intensiva em Pediatria e Neonatologia pelo Instituto da Criança (ICr) do Hospital das Clínicas da Faculdade de Medicina da Universidade de São Paulo (HCFMUSP). Fisioterapeuta do Centro de Terapia Intensiva Neonatal 1 do ICr-HCFMUSP.

Anna Paula Bastos Marques Costa

Pós-graduada *lato sensu* em Fisioterapia Respiratória em Pediatria pelo Instituto da Criança (ICr) do Hospital das Clínicas da Faculdade de Medicina da Universidade de São Paulo (HCFMUSP). Pós-graduada *lato sensu* em Intervenção em Neuropediatria pela Universidade Federal de São Carlos. Pós-graduada *lato sensu* em Gestão de Saúde pelo SENAC.

Bianca Azoubel de Andrade

Especialização em Fisioterapia Pediátrica pelo Instituto da Criança (ICr) do Hospital das Clínicas da Faculdade de Medicina da Universidade de São Paulo (HCFMUSP). Especialista Profissional em Fisioterapia em Oncologia pela SBFC. Membro do Comitê de Fisioterapia da ABRALE entre 2012 e 2016. Fisioterapeuta do ICr-HCFMUSP entre 2004 e 2016.

Camila Chaves Viana

Mestre em Ciências da Saúde com área de concentração em Pediatria e Neonatologia pelo Hospital das Clínicas da Faculdade de Medicina da Universidade de São Paulo (HCFMUSP). Fisioterapeuta do Centro Neonatal do Instituto da Criança (ICr) do HCFMUSP.

Carla Marques Nicolau

Mestre em Ciências pelo Departamento de Pediatria da Faculdade de Medicina da Universidade de São Paulo (FMUSP). Especialista em Fisioterapia em Terapia Intensiva, área de atuação Pediatria e Neonatologia, pelo COFFITO. Supervisora do Setor Hospitalar do Serviço de Fisioterapia do Instituto da Criança (ICr) do Hospital das Clínicas da FMUSP. Tutora da Residência Multiprofissional em Atenção Clínica Especializada em Neonatologia HCFMUSP. Coordenadora e professora do Curso de Especialização em Fisioterapia Respiratória e Fisioterapia em Terapia Intensiva Pediátrica e Neonatal do ICr-HCFMUSP.

Catherine Cely Oliveira

Fisioterapeuta da UTI pediátrica e adulto UARR do Instituto Central do Hospital das Clínicas da Faculdade de Medicina da Universidade de São Paulo (IC-HCFMUSP). Doutoranda pela FMUSP.

Claudia Yumi Suzuki Ikezaki

Fisioterapeuta do Instituto de Ortopedia e Traumatologia (IOT) do Hospital das Clínicas da Faculdade de Medicina da Universidade de São Paulo (HCFMUSP). Supervisora de estágio do Curso de Especialização em Fisioterapia em Ortopedia e Traumatologia do IOT-HCFMUSP. Especialista em Fisioterapia em Pneumologia pela Universidade Federal de São Paulo (Unifesp). Especialista em Fisiologia e Biomecânica do Aparelho Locomotor pelo IOT-HCFMUSP.

Danielle Bernini Peres

Especialização em Fisioterapia Respiratória em Pediatria pelo Instituto da Criança (ICr) do Hospital das Clínicas da FMUSP. Especialização em UTI: Monitorização e Tratamento pelo Hospital do Câncer A.C. Camargo. Fisioterapeuta do ICr-HCFMUSP.

Fernanda Corsante Siqueira Grigio

Especialista em Fisioterapia em Terapia Intensiva Neonatal e Pediatria pelo COFFITO. Especialização em Fisioterapia Respiratória e Fisioterapia em Terapia Intensiva Pediátrica Neonatal do Instituto da Criança (ICr) do Hospital das Clínicas da Faculdade de Medicina da Universidade de São Paulo (HCFMUSP). Fisioterapeuta do CTIN2 do ICr-HCFMUSP. Supervisora de estágio do Curso de Especialização em Fisioterapia Respiratória e Fisioterapia em Terapia Intensiva Pediátrica e Neonatal do ICr-HCFMUSP.

Georgia Aparecida Santos de Araújo Calasans

Especialista em Terapia Intensiva no Adulto pela Unifesp. Especialista em Fisioterapia em Terapia Intensiva em Pediatria e Neonatologia pela Assobrafir. Fisioterapeuta das Alas de Enfermaria e Pronto-Socorro do Instituto da Criança (ICr) do Hospital das Clínicas da Faculdade de Medicina da Universidade de São Paulo (HCFMUSP).

Georgia Melges de Souza

Fisioterapeuta do Grupo de Ortopedia Pediátrica do Instituto de Ortopedia e Traumatologia (IOT) do Hospital das Clínicas da Faculdade de Medicina da Universidade de São Paulo (HCFMUSP). Especialista em Fisioterapia em Disfunções Musculoesqueléticas pela Universidade Metodista de São Paulo. Especialista em Fisiologia e Biomecânica do Aparelho Locomotor pelo IOT-HCFMUSP.

Glaucia Yuri Shimizu

Graduação em Fisioterapia pela Faculdade de Medicina de Ribeirão Preto da Universidade de São Paulo (FMRP-USP). Especialização em Fisioterapia Pediátrica e Neonatal pela Universidade Federal de São Paulo (Unifesp). Fisioterapeuta do CTIN2 do Instituto da Criança (ICr) do Hospital das Clínicas da Faculdade de Medicina da Universidade de São Paulo (HCFMUSP) e Supervisora de estágio do Curso de Especialização em Fisioterapia Respiratória e Fisioterapia em Terapia Intensiva Pediátrica e Neonatal do ICr-HCFMUSP.

Glazia André Landy

Especialista em Fisioterapia em Terapia Intensiva em Pediatria e Neonatologia pela Assobrafir. Fisioterapeuta responsável pelo Serviço de Onco-Hematologia (ITACI) do Instituto da Criança (ICr) do Hospital das Clínicas da Faculdade de Medicina da Universidade de São Paulo (HCFMUSP). Supervisora de Estágio do Curso de Especialização em Fisioterapia Respiratória e Fisioterapia em Terapia Intensiva Pediátrica e Neonatal do ICr-HCFMUSP.

Haline Hazime Barbieri

Especialista em Fisioterapia Respiratória Pediátrica pelo Instituto da Criança (ICr) do Hospital das Clínicas da Faculdade de Medicina da Universidade de São Paulo (HCFMUSP). Fisioterapeuta da Unidade de Terapia Intensiva do ICr-HCFMUSP.

Helena Cunha Nogueira

Pós-graduada em Reabilitação Aplicada à Neurologia Infantil pela Unicamp. Fisioterapeuta graduada pela Universidade de Ribeirão Preto (Unaerp).

Kelly Aparecida dos Santos Nunes

Fisioterapeuta do Centro Neonatal do Instituto da Criança (ICr) do Hospital das Clínicas da Faculdade de Medicina da Universidade de São Paulo (HCFMUSP). Especialista em Fisioterapia Respiratória e Fisioterapia Intensiva Pediátrica e Neonatal do ICr-HCFMUSP.

Kelly Cristina de Oliveira Abud

Especialista em Fisioterapia Cardiorrespiratória pelo Instituto do Coração (InCor) do Hospital das Clínicas da Faculdade de Medicina da Universidade de São Paulo (HCFMUSP). Supervisora de Estágio do Curso de Aprimoramento em Fisioterapia Cardiorrespiratória do InCor-HCFMUSP.

Klévia Bezerra Lima

Fisioterapeuta do Grupo de Ortopedia Pediátrica do Instituto de Ortopedia e Traumatologia (IOT) do Hospital das Clínicas da Faculdade de Medicina da Universidade de São Paulo (FMUSP).

Leandro do Nascimento Camargo

Fisioterapeuta da UTI pediátrica e adulto UARR do Instituto Central do Hospital das Clínicas da Faculdade de Medicina da Universidade de São Paulo (IC-HCFMUSP). Mestrando pela FMUSP.

Leonardo Rocha Fernandes

Fisioterapeuta da UTI pediátrica do ICr-HCFMUSP. Coordenador da Fisioterapia da UTI pediátrica e UTI neonatal do Hospital e Maternidade SEPACO. Especialista em Fisioterapia Neonatal pela Unicamp. Residência Multiprofissional em Saúde da Criança e do Adolescente na Unifesp. Professor dos programas de Residência Multiprofissional em Pediatria e Neonatologia da Universidade de Santo Amaro e do ICr-HCFMUSP.

Luana Rodrigues

Especialista em Fisioterapia Respiratória e Fisioterapia em Terapia Intensiva Pediátrica e Neonatal pelo Instituto da Criança (ICr) do Hospital das Clínicas da Faculdade de Medicina da Universidade de São Paulo (HCFMUSP). Fisioterapeuta da Unidade de Terapia Intensiva Pediátrica do ICr-HCFMUSP.

Lúcia Cândida Soares de Paula

Mestre em Ciências pela Faculdade de Medicina da Universidade de São Paulo (FMUSP). Especialista em Fisioterapia em Terapia Intensiva em Pediatria e Neonatologia. Fisioterapeuta responsável pela Equipe de Fisioterapia do CTIN2 do Instituto da Criança (ICr) do Hospital das Clínicas da FMUSP. Professora e Coordenadora do Curso de Especialização em Fisioterapia Respiratória e Fisioterapia em Terapia Intensiva Pediátrica e Neonatal do ICr-HCFMUSP.

Luciana Giachetta

Graduação em Fisioterapia pela Universidade Bandeirante de São Paulo. Especialização em Fisioterapia Pediátrica e Neonatal pelo Instituto da Criança (ICr) do Hospital das Clínicas da Faculdade de Medicina da Universidade de São Paulo (HCFMUSP). Especialização em Fisioterapia Hospitalar pelo Hospital Israelita Albert Einstein. Mestrado em Ciências – Programa Pediatria – pela FMUSP. Fisioterapeuta do Ambulatório do ICr-HCFMUSP e Supervisora de Estágio do Curso de Especialização em Fisioterapia Respiratória e Fisioterapia em Terapia Intensiva Pediátrica e Neonatal do ICr-HCFMUSP.

Luiza Antonia Manoel

Especialista em Fisioterapia Cardiorrespiratória pelo Instituto do Coração (InCor) do Hospital das Clínicas da Faculdade de Medicina da Universidade de São Paulo (HCFMUSP). Supervisora de Estágio do Curso de Aprimoramento em Fisioterapia Cardiorrespiratória do InCor-HCFMUSP.

Marcela Monteiro Bonin

Fisioterapeuta do Serviço de Fisioterapia do Instituto de Reabilitação Lucy Montoro - unidade Morumbi. Especialista em Fisioterapia em Métodos de Tratamento e Reabilitação em Deficiência Física e Gestão Organizacional de Centros de Reabilitação da Unifesp e AACD. Especialista em Intervenção em Neuropediatria pela Universidade Federal de São Carlos (UFSCar). Instrutora do Método Therapy Taping Brasil. Aprimoramento em Reabilitação das Paralisias Faciais pela Unicamp.

Márcia Gama da Silva de Souza

Especialista em Fisioterapia Cardiorrespiratória pelo Instituto do Coração (InCor) do Hospital das Clínicas da Faculdade de Medicina da Universidade de São Paulo (HCFMUSP). Especialista em Fisioterapia Respiratória e Fisioterapia em Terapia Intensiva Pediátrica e Neonatal pelo Instituto da Criança (ICr) do Hospital das Clínicas da Faculdade de Medicina da Universidade de São Paulo (HCFMUSP). Fisioterapeuta da Unidade da Enfermaria de Especialidades do ICr-HCFMUSP.

Maria Cecilia dos Santos Moreira

Mestre em Distúrbios do Desenvolvimento pela Universidade Presbiteriana Mackenzie. Especialista no Método Reeducação Postural Global e Técnicas Musculares e Articulares (GDS). Diretora do Serviço de Fisioterapia do Instituto de Medicina Física e Reabilitação (IMREA) do HCFMUSP - Rede de Reabilitação Lucy Montoro.

Maria Letícia B. Simalha Forte

Especialista em Fisioterapia em Terapia Intensiva em Pediatria e Neonatologia pela Assobrafir. Fisioterapeuta do Centro de Terapia Intensiva Oncopediátrico do Serviço de Onco-Hematologia (ITACI) do Instituto da Criança (ICr) do Hospital das Clínicas da Faculdade de Medicina da Universidade de São Paulo (HCFMUSP). Supervisora de Estágio do Curso de Especialização em Fisioterapia Respiratória e Fisioterapia em Terapia Intensiva Pediátrica e Neonatal do ICr-HCFMUSP.

Mariana Ribeiro do Nascimento

Fisioterapeuta pela Universidade Estadual Paulista (Unesp). Especialização em Fisioterapia em Pediatria pela Universidade Estadual de Campinas (Unicamp). Fisioterapeuta nas enfermarias de diferentes especialidades e no Pronto-Socorro do Instituto da Criança (ICr) do Hospital das Clínicas da Faculdade de Medicina da Universidade de São Paulo (HCFMUSP).

Maristela Trevisan Cunha

Diretora Técnica do Serviço de Fisioterapia do Instituto da Criança (ICr) do Hospital das Clínicas da Faculdade de Medicina da Universidade de São Paulo (HCFMUSP). Coordenadora do Curso de Especialização em Fisioterapia Respiratória e Fisioterapia em Terapia Intensiva – Pediatria e Neonatologia ICr – do HCFMUSP. Mestre em Ciências da Saúde pelo Centro de Reabilitação Pulmonar da Universidade de Federal de São Paulo (Unifesp/EPM).

Michele Marques da Silva

Graduada em Fisioterapia pela Universidade de Mogi das Cruzes (UMC). Especialista em Fisioterapia Respiratória Pediátrica e Neonatal pelo Instituto da Criança (ICr) do Hospital das Clínicas da Faculdade de Medicina da Universidade de São Paulo (HCFMUSP). Especialista Profissional em Terapia Intensiva em Neonatologia e Pediatria, obtido pelo exame de conhecimento para concessão de registro do título de especialista – ASSOBRAFIR e COFFITO. Fisioterapeuta da UTI Neonatal do ICr-HCFMUSP. Fisioterapeuta da UTI Neonatal do Hospital Geral Dr. José Pangella de Vila Penteado.

Milena Fernandes de Lima

Especialista em Fisioterapia Respiratória Pediátrica e Neonatal pelo Instituto da Criança (ICr) do Hospital das Clínicas da Faculdade de Medicina da Universidade de São Paulo (HCFMUSP). Fisioterapeuta da UTI neonatal do ICr-HCFMUSP. Fisioterapeuta da UTI neonatal do Hospital Geral Dr. José Pangella de Vila Penteado.

Natália Cortês de Sales Santos

Graduada em Fisioterapia pelo Centro Universitário Lusíada (Unilus). Especialização em Fisioterapia Respiratória e Fisioterapia em Terapia Intensiva em Pediatria e Neonatologia pelo Instituto da Criança (ICr) do Hospital das Clínicas da Faculdade de Medicina da Universidade de São Paulo (HCFMUSP). Título de Especialista Profissional em Fisioterapia e Terapia Intensiva com área de atuação em Neonatologia e Pediatria pela ASSOBRAFIR. Fisioterapeuta do Serviço de Oncologia e Hematologia do ICr-HCFMUSP. Supervisora de Estágio Prático do Curso de Especialização em Fisioterapia Respiratória e Fisioterapia em Terapia Intensiva em Pediatria e Neonatologia do ICr-HCFMUSP.

Nathália Lima Videira Bueno

Graduada em Fisioterapia pela Universidade Ibirapuera (Unib). Especialista em Fisioterapia Respiratória em UTI Pediátrica e Neonatal pelo Instituto da Criança (ICr) do Hospital das Clínicas da Faculdade de Medicina da Universidade de São Paulo (HCFMUSP). Fisioterapeuta da UTI Neonatal do ICr-HCFMUSP.

Patrícia Yuri Capucho

Fisioterapeuta pela Universidade de Mogi das Cruzes (UMC). Especialização em Reabilitação Neurológica pela UMC. Participação no curso de tratamento neuroevolutivo - Conceito Bobath. Fisioterapeuta no Instituto de Medicina Física e Reabilitação do Hospital das Clínicas da Faculdade de Medicina da Universidade de São Paulo (IMREA-HCFMUSP).

Paula Cristina Harumi Aoki Panegaci

Especialista em UTI Pediátrica e Neonatal. Fisioterapeuta Coordenadora das Enfermarias e Pronto-Socorro do Instituto da Criança (ICr) do Hospital das Clínicas da Faculdade de Medicina da Universidade de São Paulo (HCFMUSP).

Priscila de Souza

Fisioterapeuta pelo Centro Universitário São Camilo. Mestre em Promoção da Saúde pelo Centro Universitário Adventista de São Paulo. Especialista em Reabilitação Neurológica pela Universidade Metodista e Certificação internacional do método Bobath em crianças. Fisioterapeuta do Setor de Pediatria do IMREA do Hospital das Clínicas da Faculdade de Medicina da Universidade de São Paulo (HCFMUSP).

Priscila Uzum Caldiron

Aprimoramento em Reabilitação e Saúde Mental em Hospital Pediátrico. Fisioterapeuta da Unidade da Enfermaria de Especialidades do Instituto da Criança (ICr) do Hospital das Clínicas da Faculdade de Medicina da Universidade de São Paulo (HCFMUSP).

Ricardo Mitsunaga Mory

Especialização em Unidade de Terapia Intensiva Pediátrica e Neonatal do Instituto da Criança (ICr) do Hospital das Clínicas da Faculdade de Medicina da Universidade de São Paulo (HCFMUSP). Fisioterapeuta nas Unidades de Internação do ICr-HCFMUSP.

Rita Pavione Rodrigues Pereira

Fisioterapeuta pela Universidade Nove de Julho. Doutoranda em Ciências da Reabilitação pela Faculdade de Medicina da Universidade de São Paulo (FMUSP). Mestre em Ciências da Reabilitação pela FMUSP. Especialista em Reeducação Funcional da Postura e do Movimento pelo Hospital das Clínicas da FMUSP. Fisioterapeuta do Instituto Central do HCFMUSP, no qual executa atividades de gestão do Ensino e do Ambulatório de Fisioterapia, colabora com assistência e pesquisa nas áreas de Reeducação Funcional da Postura e do Movimento, Reabilitação das Disfunções Miccionais e Coloproctológicas em Adultos e Crianças.

Sheila Helena Oliveira de Souza

Especialista em Fisioterapia Intensiva em Pediatria e Neonatologia pela Assobrafir. Especialização em Fisioterapia Cardiorrespiratória em Pediatria e Neonatologia pelo Instituto da Criança (ICr) do Hospital das Clínicas da Faculdade de Medicina da Universidade de São Paulo (HCFMUSP). Fisioterapeuta da Unidade de Terapia Intensiva do Serviço de Onco-Hematologia do (ITACI) do ICr-HCFMUSP.

Tamiris Mattos Poblete

Especialista em Fisioterapia Respiratória e Fisioterapia em Terapia Intensiva Pediátrica e Neonatal do Instituto da Criança (ICr) do Hospital das Clínicas da Faculdade de Medicina da Universidade de São Paulo (HCFMUSP). Fisioterapeuta da Enfermaria do Serviço de Onco-Hematologia (ITACI) do ICr-HCFMUSP. Supervisora de Estágio do Curso de Especialização em Fisioterapia Respiratória e Fisioterapia em Terapia Intensiva Pediátrica e Neonatal do ICr-HCFMUSP.

Thais Romanelli de Carvalho

Fisioterapeuta, Colaboradora do Instituto de Medicina Física e Reabilitação/Rede Lucy Montoro de Reabilitação do Hospital das Clínicas da Faculdade de Medicina da Universidade de São Paulo (IMREA-HCFMUSP). Especialista em Reabilitação Física. Especialista em Seating – Adequação Postural em Cadeira de Rodas.

Thelma Rocheli Flores

Fisioterapeuta da Unidade de Terapia Intensiva Pediátrica do Instituto da Criança (ICr) do Hospital das Clínicas da Faculdade de Medicina da Universidade de São Paulo (HCFMUSP). Pronto-Socorrista do Hospital Regional Sul. Especialista em Terapia Intensiva pelo COFFITO. Especialista em Insuficiência Respiratória e Cardiovascular em UTI: Monitorização e Tratamento pelo Hospital do Câncer A.C. Camargo. Supervisora de Estágio Prático do Curso de Especialização em Fisioterapia Respiratória e Fisioterapia em Terapia Intensiva em Pediatria e Neonatologia do ICr-HCFMUSP.

Vivian Alves Venturini

Fisioterapeuta do Instituto da Criança (ICr) do Hospital das Clínicas da Faculdade de Medicina da Universidade de São Paulo (HCFMUSP). Supervisora de estágio do curso de especialização em fisioterapia respiratória e fisioterapia em terapia intensiva pediátrica e neonatologia do ICr-HCFMUSP. Especialização em Fisioterapia Respiratória e Fisioterapia em Terapia Intensiva Pediátrica e Neonatologia do ICr-HCFMUSP.

Viviane Aparecida Cabrera

Especialista em Fisioterapia Respiratória/Pneumo funcional pela Irmandade da Santa Casa de Misericórdia de São Paulo. Especialista em Fisioterapia Respiratória e Fisioterapia em Terapia Intensiva Pediátrica e Neonatal pelo Instituto da Criança (ICr) do Hospital das Clínicas da Faculdade de Medicina da Universidade de São Paulo (HCFMUSP). Fisioterapeuta e Supervisora de Estágio do Berçário Anexo à Maternidade do ICr-HCFMUSP.

Sumário

Prefácio da 1ª edição

É um grande privilégio escrever o prefácio deste livro pela importância que os fisioterapeutas têm no cuidado com os pacientes pediátricos em terapia intensiva, com distúrbios respiratórios e neurológicos. A insuficiência respiratória aguda é a principal causa de internação em unidade de terapia intensiva (UTI) pediátrica e neonatal. A intubação criteriosa e segura, sem lesões das vias aéreas, a ventilação mecânica com uma abordagem protetora e o desmame precoce no momento adequado dependem de um profissional comprometido e competente que participe ativamente com o objetivo de oferecer a melhor assistência. Os pediatras cuidam de vários aspectos de uma criança gravemente doente, por isso a importância da participação ativa e crítica do fisioterapeuta no cuidado da insuficiência respiratória na UTI.

Este livro orienta que seja oferecido à criança gravemente doente um cuidado humanizado, sem dor, com qualidade e com testes diagnósticos e intervenções terapêuticas baseadas em evidências científicas, decisivas para a obtenção do melhor resultado com qualidade e segurança.

Em 32 anos de trabalho em UTI pediátrica e neonatal, aprendi que o trabalho interdisciplinar com profissionais integrados de várias áreas ajuda com maior eficiência no tratamento do paciente gravemente enfermo. No caso de pacientes com insuficiência respiratória e distúrbios neurológicos, a participação ativa do fisioterapeuta auxilia na resolução das afecções com o melhor resultado possível.

A leitura deste livro ajudará a todos os envolvidos nos cuidados de pacientes gravemente enfermos no aperfeiçoamento de sua prática diária. Parabenizo os editores e autores pelo trabalho realizado.

Eduardo Juan Troster
Professor Livre-Docente do Departamento de Pediatria da FMUSP
Coordenador do CTI-Pediátrico do Hospital Israelita Albert Einstein

Prefácio à 2ª edição

Escrever o prefácio deste livro me traz, por várias razões, grande prazer e muito orgulho. Produzir material de qualidade que facilite a formação e a capacitação de profissionais é uma forma de exprimir o compromisso desse grupo com o ensino da fisioterapia.

A primeira edição foi lançada há 9 anos e já naquela época marcou presença na disseminação de conhecimento e experiência na atuação da fisioterapia na criança e no neonato com demanda de cuidados intensivos. Para a época, a iniciativa consistiu em um ganho importante para o ensino. Entretanto, o cenário profissional se modificou, o conhecimento e os procedimentos clínicos evoluíram e a tecnologia se modernizou, por isso foi necessário revisar e modificar este livro. Assim surgiu a segunda edição, não somente atualizando o seu conteúdo, mas tornando-o mais abrangente.

Nesta nova edição, *Fisioterapia* está organizado em cinco seções que abordam aspectos fisiopatológicos e atuação da fisioterapia nas doenças prevalentes, incluindo as disfunções cardiorrespiratórias, neurológicas e musculoesqueléticas; aborda também um escopo abrangente de cuidados paliativos, cirurgia torácica, abdominal e transplantes, distúrbios renais, miccionais, coloproctológicos e oncologia. Além desse olhar da complexidade clínica, a obra discute ainda a obesidade e a assistência domiciliar.

Certamente este conteúdo se caracteriza como um facilitador para o professor, o estudante e os profissionais da área, beneficiando o ensino e, em última análise, proporcionando maior qualidade de assistência na área.

Parabéns ao grupo, que faz dos desafios do dia a dia a motivação para agregar conhecimento e perseverar com determinação para a conclusão desta nova obra.

Clarice Tanaka
Professora Titular do Departamento de Fisioterapia,
Fonoaudiologia e Terapia Ocupacional da FMUSP

Introdução

A assistência à saúde do recém-nascido, da criança e do adolescente deve ser plena, preocupando-se com problemas orgânicos e psíquicos, de modo preventivo e curativo, tanto em sua totalidade como em suas mútuas dependências, à luz de sua constituição e dos fatores ambientais físicos e psicossociais que os cercam. Somente por meio da interação de diferentes profissionais será possível atingir esses objetivos, reintegrando a criança à família, à escola e à comunidade.

O aperfeiçoamento e o desenvolvimento científico-tecnológico têm se manifestado na prática da medicina, uma vez que a complexidade clínica dos pacientes exige inovação tecnológica, associada a técnicas cada vez mais sensíveis de monitorização. A fisioterapia em um hospital pediátrico e neonatal melhora os padrões de eficiência do tratamento e diminui o tempo de hospitalização, além de reduzir custos e a morbidade dos pacientes internados.

A assistência ao paciente recém-nascido e pediátrico apresenta características próprias, referentes ao tamanho, à maturidade física e intelectual e às doenças prevalentes em cada faixa etária. Este livro aborda as particularidades da criança e do recém-nascido, os cuidados e as dificuldades no que diz respeito às técnicas e aos equipamentos de fisioterapia, para melhorar a qualidade do serviço prestado à criança e assim tornar o trabalho mais estimulante e criativo. Nosso objetivo é descrever ao longo dos capítulos em quais situações clínicas a indicação de fisioterapia proporcionaria benefício às crianças, tanto durante a internação como no decorrer do acompanhamento ambulatorial e domiciliar, sempre com respaldo no conhecimento científico, tendo como principal característica o atendimento humanizado e coerente com as necessidades de cada criança.

Esperamos que o conhecimento e a experiência apresentados neste livro, concebido com muito carinho, possam auxiliar a todos os profissionais que, assim como nós, amam os bebês, as crianças e os adolescentes e prezam pelo completo restabelecimento e retorno deles à vida junto à sua família.

Nossos agradecimentos a todos os autores, à equipe de fisioterapia do Instituto da Criança do HCFMUSP e aos colegas das equipes multiprofissionais que ajudaram direta e indiretamente a concretizar esse sonho.

Regina Célia Turola Passos Juliani
Maristela Trevisan Cunha
Ana Lúcia Capelari Lahóz
Carla Marques Nicolau
Lúcia Cândida Soares de Paula
Adriana Della Zuana

Seção I

Aspectos fisiopatológicos das doenças pediátricas

1 Fisiopatologia das doenças respiratórias

Camila Chaves Viana
Maristela Trevisan Cunha
Paula Cristina Harumi Aoki Panegaci

Após ler este capítulo, você estará apto a:

1. Descrever as doenças respiratórias na criança.
2. Compreender a fisiopatologia das doenças.
3. Reconhecer os aspectos clínicos que indicam o tratamento de fisioterapia respiratória.

INTRODUÇÃO

Nos primeiros anos de vida, especialmente no período neonatal, as crianças apresentam características anatomofisiológicas em função da maturação do seu sistema respiratório. As vias aéreas são de menor calibre e diâmetro, a caixa torácica apresenta costelas horizontalizadas e cartilaginosas, tornando-as mais complacentes e mais suscetíveis às distorções torácicas, o diafragma apresenta menor número de fibras oxidativas, sendo menos resistente à fadiga, há menor número de alvéolos, o que acarreta menor área de troca gasosa, além de uma ventilação colateral pobre (poros de Kohn, canais de Lambert), dificultando a ventilação do parênquima pulmonar, principalmente em situações de obstrução das vias aéreas[1-4]. Essas particularidades tornam os pacientes pediátricos mais vulneráveis aos quadros de insuficiência respiratória quando comparados aos adultos, muitas vezes evoluindo para o uso da ventilação mecânica.

As vias aéreas, por terem menor suporte cartilaginoso, principalmente nos lactentes, podem se colapsar com maior facilidade em situações de alto fluxo expiratório e aumento da resistência, como em algumas doenças que serão relatadas, como bronquiolite e asma[1-4]. Ressalte-se que a complacência pulmonar é menor por causa da deficiência de surfactante pulmonar e da menor quantidade de elastina[2,4].

Todas essas características diferenciam a criança do adulto e, em situações de comprometimento pulmonar, apresentam desvantagens mecânicas, aumentando a suscetibilidade à fadiga e ao colapso das vias aéreas, tanto em doenças das vias aéreas superiores como inferiores[1,2,4].

Neste capítulo, serão descritas algumas das doenças respiratórias mais frequentes na pediatria, como pneumonia, bronquiolite viral aguda, asma, fibrose cística, entre outras. Todas essas condições têm como consequência o prejuízo do trabalho do diafragma, o que leva, em última instância, à diminuição no desempenho de qualquer atividade motora da criança.

DISPLASIA BRONCOPULMONAR

A displasia broncopulmonar (DBP) foi descrita há quase 50 anos, e desde então os avanços na assistência pré/perinatal aos recém-nascidos prematuros (RNPT) extremos vêm aumentando sua taxa de sobrevivência[5].

Nothway et al., em 1967, descreveram que prematuros com síndrome do desconforto respiratório grave que necessitavam de suporte ventilatório com concentrações de oxigênio altas evoluíam com lesões pulmonares, dependência de oxigênio e alterações radiológicas típicas[6].

A nova displasia broncopulmonar é caracterizada pela dependência de oxigênio suplementar aos 28 dias de vida para RNPT nascidos com idade gestacional (IG) $\leq$ 32 semanas, sendo avaliados com 36 semanas ou na alta hospitalar, e para RNPT com IG $\geq$ 32 semanas, sendo avaliados com 56 dias de vida ou na alta hospitalar. A classificação é dividida em leve, moderada e grave, conforme a Tabela 1.1[7].

As definições atuais da DBP não contemplam os lactentes que necessitam de pressão positiva e não fazem uso de oxigênio, bem como as anormalidades pulmonares, que podem incluir diminuição da septação sacular/alveolar, diminuição de

Tabela 1.1 Critérios diagnósticos e de classificação de gravidade da displasia broncopulmonar

Tipo de displasia broncopulmonar	Idade gestacional ao nascimento	
	$\leq$ 32 semanas	$\geq$ 32 semanas
Leve	Ar ambiente	Ar ambiente
Moderada	Uso de $FiO_2 < 0,30$	Uso de $FiO_2 < 0,30$
Grave	Uso de $FiO_2 \geq 0,30$ e/ou VNI ou VM	Uso de $FiO_2 \geq 0,30$ e/ou VNI ou VM

Fonte: Rodrigues et al., 2011[7].
VM: ventilação mecânica; VNI: ventilação não invasiva.

área da secção transversal microvascular, com ou sem hipertensão pulmonar, lesão das vias aéreas, com ou sem aumento da reatividade, e anormalidades de mecânica respiratória, com o surgimento de diferentes fenótipos da doença que ainda não foram bem caracterizados[8]. A incidência da doença é de aproximadamente 40% nos recém-nascidos (RN) com idade gestacional de 28 semanas, e tanto a sua incidência como a gravidade da DBP estão relacionadas a fatores como peso ao nascimento, idade gestacional, sexo, restrição de crescimento e também crescimento e desenvolvimento pulmonar[9].

Apesar dos avanços em neonatologia, a DBP é uma doença da prematuridade definida pelo seu tratamento, e não pela fisiopatologia, levando a mudanças frequentes na nomenclatura, sendo a "velha" DBP denominada lesão pulmonar pelo uso de oxigênio e ventilação mecânica, e a "nova" DBP baseada na interrupção do desenvolvimento pulmonar, bem como nos efeitos da prematuridade no desenvolvimento vascular, levando a anormalidades persistentes da arquitetura pulmonar[10].

A "nova" DBP se refere a RNPT que se encontra no final do estágio canalicular e início do estágio sacular, que desenvolverá a doença independentemente do tratamento, com ventilação com pressão positiva ou oxigênio. Estudos com animais estão cada vez mais focados nas alterações do desenvolvimento vascular alveolar e pulmonar, em que fica mais evidente a interrupção do crescimento pulmonar, conforme descrito na nova DBP, e não puramente a lesão pulmonar descrita por Northway[11,12].

A fisiopatologia da DBP é considerada multifatorial; o pulmão imaturo sofre agressões estruturais e funcionais, e possui mecanismos de defesa totalmente imaturos contra essas agressões. As lesões ocorrem em fases precoces do desenvolvimento pulmonar e podem alterar o processo de desenvolvimento, causando sequelas pulmonares em longo prazo (Figura 1.1)[12].

A agressão aguda ao tecido pulmonar pode ser causada pela exposição aos radicais livres por infecções, barotraumas, volutraumas e pelo uso de terapias com oxigênio, os quais geram um processo inflamatório e aumentam a permeabilidade alveolocapilar, induzindo o aumento de água e proteínas para a luz alveolar, gerando edema pulmonar[13].

Aliados ao processo inflamatório encontram-se a baixa produção de citocinas e alterações do sistema surfactante, gerando áreas de colapso e hiperdistensão pulmonar[9]. Dependendo do grau de lesão, o tecido pulmonar se remodela e há deposição de fibroblastos com desenvolvimento de fibrose e hiperplasia tecidual, prejudicando a troca gasosa da função pulmonar[13].

O quadro clínico inicial é caracterizado, geralmente, por RNPT com ou sem afecção pulmonar prévia, dependente de oxigênio, em uso ou não de ventilação mecânica invasiva ou não invasiva, com sinais de doença respiratória crônica, como taquidispneia e alterações evidentes de mecânica respiratória, como retrações e dis-

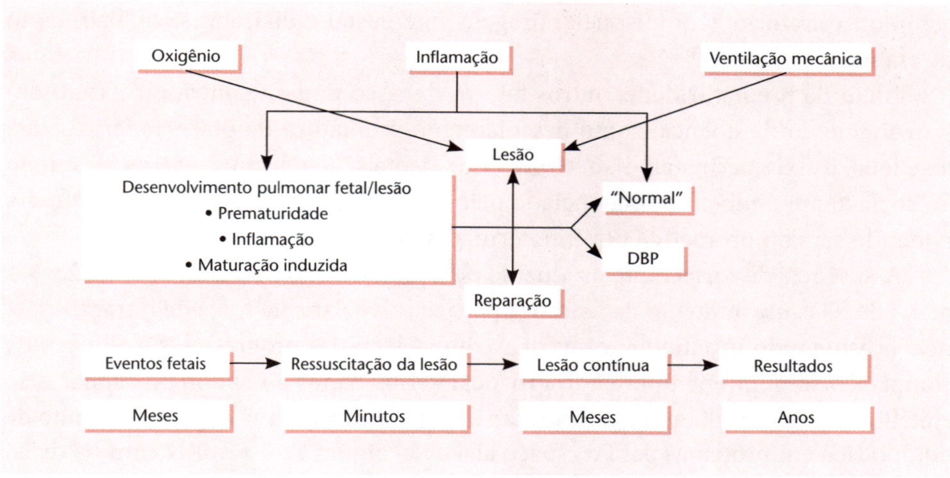

Figura 1.1 Fatores que contribuem para displasia broncopulmonar (DBP) e tempo de lesão e remodelamento.
Fonte: adaptada de Jobe, 2016[14].

torções torácicas. Na ausculta pulmonar é evidenciado murmúrio vesicular diminuído, com sibilos, roncos e estertores difusos nos casos mais graves da doença[11].

O tratamento da DBP é multidisciplinar e baseado na oferta de suporte adequado às necessidades dos RNPT. A fisioterapia acompanha esses pacientes atuando para a melhora do desenvolvimento neuropsicomotor e das afecções respiratórias que se instalam, que vão melhorando com o crescimento pulmonar, em decorrência da formação de novas unidades de trocas gasosas. Dessa forma, o acompanhamento dessas crianças é fundamental para detectar desvios do padrão normal de desenvolvimento e corrigi-los assim que detectados, melhorando a sua qualidade de vida.

DOENÇA DA MEMBRANA HIALINA

Doença da membrana hialina (DMH) ou síndrome do desconforto respiratório (SDR) é uma doença comum nos RNPT, apresentando-se em 40% dos partos prematuros, com incidência inversamente proporcional à idade gestacional. Dados norte-americanos demonstram que cerca de 70% dos RNPT de 26 a 28 semanas apresentam a doença, reduzindo para 25% nos RN de 30 e 31 semanas[15].

Os RNPT, principalmente os de baixo peso, possuem uma série de características, como caixa torácica muito complacente, musculatura respiratória pouco resistente à fadiga, mecânica respiratória inadequada e deficiência primária de surfactante, principal causa da DMH[12]. Os sinais clínicos variam de acordo com a maturidade pulmonar e se caracterizam por desconforto respiratório progressivo, gemido expiratório, taquidispneia, tiragens intercostal e diafragmática, batimento de asa nasal e cianose[15].

Além da prematuridade, outros fatores de risco podem contribuir para o desenvolvimento da doença, como descolamento prematuro da placenta, eritroblastose fetal, asfixia perinatal, diabete materno, gemelaridade, entre outros. A síntese do surfactante também é influenciada pelo pH, pela temperatura e pela perfusão, podendo ser comprometida por hipotermia, hipoxemia e acidose[16].

A ausência de surfactante produzido pelo pneumócito tipo II a partir da 25ª semana de IG causa aumento da tensão superficial alveolar e da força de retração elástica, ocasionando instabilidade alveolar com atelectasias progressivas e redução da complacência pulmonar, podendo provocar sérios danos ao endotélio capilar e ao epitélio alveolar, resultando em formação da membrana hialina e extravasamento de líquido rico em proteínas para o espaço alveolar (Figura 1.2). Em RN com IG de 28 semanas o prognóstico é melhor, pois o sistema surfactante já atua plenamente dos pontos de vista bioquímico e funcional, reduzindo a tensão superficial, diminuindo a complacência pulmonar e prevenindo atelectasias por reduzir o colapso alveolar[16].

O surfactante é 90% composto por uma porção lipídica (fosfolípides e lípides neutros), sendo a fosfatidilcolina o elemento mais presente, e uma porção proteica (10%) representada pelas proteínas SP-A, SP-B, SP-C e SP-D. O tratamento da DMH é de suporte respiratório, sendo necessário na maioria das vezes a reposição do surfactante com surfactante exógeno, podendo ser aplicadas até três doses da medicação; se a evolução clínica for adequada, só a primeira dose se faz suficiente, e o desmame da ventilação mecânica é iniciado[17].

O tratamento é multidisciplinar, sendo essencial uma boa assistência a esses RN na primeira hora de vida para um bom prognóstico. Há grande melhora da complacência pulmonar pós-surfactante, e os parâmetros da ventilação mecânica devem ser reduzidos conforme a tolerância, visando ao desmame precoce e à extubação[15-17].

Algumas técnicas minimamente invasivas vêm sendo estudadas para reduzir o tempo de ventilação mecânica invasiva, como o INSURE (intubação-surfactante-extubação), logo após as crianças permanecerem em ventilação não invasiva (VNI), ou o LIST (*less invasive surfactant therapy*), técnica pela qual o RN recebe o surfactante com uma sonda diretamente pela traqueia visualizada por laringoscopia, permanecendo em VNI durante todo o procedimento[18].

APNEIA DA PREMATURIDADE

A apneia da prematuridade (AP) é definida como a parada da respiração por mais de 20 segundos ou a cessação da respiração por menos de 20 segundos acompanhada por bradicardia, cianose ou palidez, podendo ser classificada como central

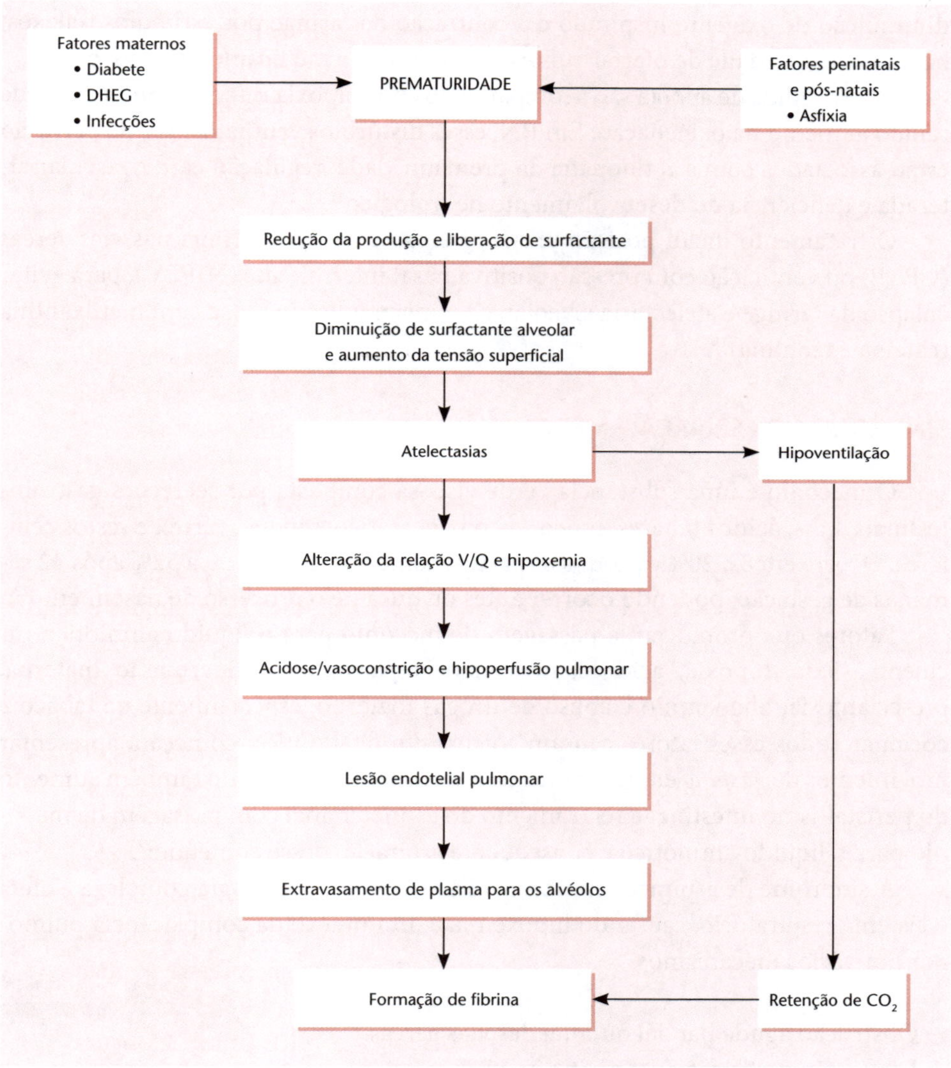

Figura 1.2 Mecanismos fisiopatológicos da doença da membrana hialina.[19]
DHEG: doença hipertensiva específica da gestação.

(cessação do esforço respiratório), obstrutiva (obstrução do fluxo aéreo geralmente no nível da faringe) ou mista. Sua incidência é de 25% em RN com peso ao nascimento maior que 2.500 g e de 84% em RN com menos de 1.000 g ao nascimento[18].

A AP pode ocorrer em razão da imaturidade do sistema neurológico, do centro respiratório que estimula os músculos responsáveis pelos movimentos respiratórios e da função do tronco cerebral. Os quimiorreceptores possuem resposta anormal à diminuição de oxigênio inspirado e à contração da faringe por estímulos reflexos, havendo necessidade de ofertar suporte respiratório e medicamentoso adequado[20].

Os episódios de apneia são acompanhados por hipoxia intermitente seguida de rápido aumento na oxigenação. Em RN, esses distúrbios ventilatórios e de perfusão estão associados com a retinopatia da prematuridade, regulação cardiovascular alterada e deficiência do desenvolvimento neurológico[21].

O tratamento inclui posição prona, pressão positiva contínua nas vias aéreas (CPAP) ou ventilação com pressão positiva nasal intermitente (NIPPV), para evitar colapso da faringe e atelectasia alveolar, e terapia medicamentosa com metilxantina (cafeína e teofilina)[18].

SÍNDROME DE ASPIRAÇÃO MECONIAL

O mecônio é uma substância verde viscosa composta por secreções gastrointestinais, bílis, ácidos biliares, muco, suco pancreático, sangue, vérnix e restos celulares. Ocorre em 8 a 20% de todos os partos, aumentando para 23 a 52% após 42 semanas de gestação, podendo ocorrer antes ou durante o processo de nascimento[22].

Fatores que promovem a passagem de mecônio para o líquido amniótico incluem asfixia, hipoxia, acidose, insuficiência placentária, hipertensão materna, pré-eclâmpsia, oligoâmnio e abuso de drogas materno, especialmente de tabaco e cocaína. Todos esses fatores causam sofrimento fetal. O RN começa a apresentar movimentos de *gasping* em resposta a esse sofrimento, ocorrendo também aumento do peristaltismo intestinal e relaxamento do esfíncter anal com passagem de mecônio para o líquido amniótico e consequente aspiração desse conteúdo[22].

A síndrome de aspiração meconial (SAM) tem fisiopatologia complexa e afeta o sistema respiratório, causando hipoxemia e diminuição da complacência pulmonar por vários mecanismos:

- Obstrução aguda parcial ou total das vias aéreas.
- Disfunção do surfactante ou inativação.
- Pneumonite química com liberação de vasoconstritores e mediadores inflamatórios.
- Hipertensão pulmonar persistente neonatal (HPPN) com *shunt* da direita para a esquerda.

A obstrução de mecônio nas vias aéreas pode ser parcial, causando sistema valvular de aprisionamento de ar (o ar é inspirado e, na expiração, o mecônio que está parcialmente aderido à via aérea oclui totalmente a saída do ar), causando áreas de hiperinsuflação ou até mesmo síndromes de escape de ar, resultando em pneumotórax e pneumomediastino, intercaladas com áreas de atelectasia. Esse tipo de obstrução está relacionado a mecônio com partículas mais finas. Já na obstrução completa relacionada a partículas grossas de mecônio, a instalação é bem mais agressiva e pode causar parada cardiorrespiratória[23].

O mecanismo de inativação do surfactante pelo mecônio ainda não é muito bem esclarecido. Sabe-se que ocorre inativação das proteínas A e B com atelectasia do pulmão e piora da relação ventilação-perfusão. O mecônio pode alterar a ação do surfactante, bem como sua viscosidade e níveis de proteína por uma ação combinada de colesterol e bílis, presentes na sua composição[23].

A hipertensão pulmonar persistente neonatal é uma resposta pulmonar pela impregnação do mecônio na árvore brônquica, ocorrendo em 40% dos casos de aspiração de mecônio, causada pela vasoconstrição pulmonar secundária à hipóxia, hipertrofia dos capilares como resultado de hipóxia intrauterina crônica e vasoconstrição pulmonar em resultado à inflamação[24].

Outro fator que leva à HPPN é a pneumonite química causada pelo mecônio, que gera um infiltrado inflamatório composto por polimorfonucleares e macrófagos que fazem a liberação de mediadores inflamatórios, como prostaglandinas e leucotrieno, que causam vasoconstrição pulmonar[25].

O quadro clínico, nos casos mais graves, caracteriza-se por retardo de crescimento intrauterino (RCIU), pele seca e sem vérnix, com impregnação do mecônio por todo o corpo, sinais de insuficiência respiratória (taquidispneia, tiragem e cianose) com hiperinsuflação torácica[25].

O tratamento da SAM se iniciava na sala de parto com a aspiração do mecônio das vias aéreas antes da liberação dos ombros do RN durante o parto, procedimento que deixou de ser realizado após estudos comprovando que a prática não mostrou melhora na evolução clínica desses pacientes, sendo então indicada para os RN com baixa vitalidade ao nascimento, que necessitam de ventilação mecânica e desenvolvem insuficiência respiratória; para os RN que nascem com boa vitalidade, a conduta é expectante para qualquer consistência de mecônio[25].

HIPERTENSÃO PULMONAR PERSISTENTE NEONATAL

A HPPN está associada a uma série de doenças cardiopulmonares neonatais, caracterizando-se por resistência vascular pulmonar aumentada com alteração em sua vasorreatividade, com consequente *shunt* direita-esquerda pelo canal arterial e forame oval[26].

A etiologia da HPPN é múltipla, sendo que ocorre em 42% na SAM, 27% na forma primária e em outras condições, como SDR, sepse, asfixia e hipoplasia pulmonar secundária a hérnia diafragmática[27].

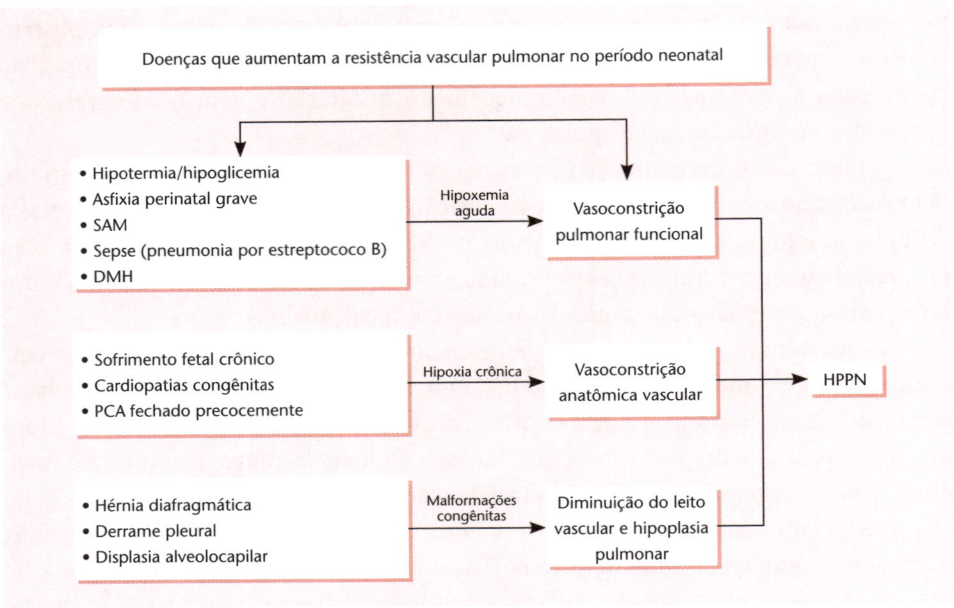

Figura 1.3 Doenças que aumentam a resistência vascular pulmonar no período neonatal.
DMH: doença da membrana hialina. HPPN: hipertensão pulmonar persistente neonatal; PCA: persistência do canal arterial; SAM: síndrome de aspiração meconial.
Fonte: adaptada de Nair e Lakshminrusimha, 2014[28].

Após o nascimento, o fluxo da placenta cessa e há aumento da resistência vascular sistêmica, com diminuição da resistência vascular pulmonar após a primeira respiração; o canal arterial tem seu fluxo diminuído e, como consequência, se fecha em 24 horas após o nascimento, e o forame oval se fecha pelo aumento do retorno de fluxo sanguíneo para o átrio esquerdo, que fica mais elevado que no átrio direito. Portanto, condições que influenciam a transição da circulação fetal para a neonatal causam HPPN[26].

O RN com HPPN apresenta desconforto respiratório e cianose progressivos, com acentuada labilidade na oxigenação à manipulação ou agitação. Exames de gasometria podem ser realizados para identificar *shunt* direita-esquerda, mas um método bem menos invasivo é amplamente utilizado, como a utilização de dois oxímetros de pulso instalados pré e pós-ductal, identificando o *shunt* quando a diferença da saturação pré-ductal for maior que 5%[26].

O tratamento da doença está associado ao óxido nítrico (NO) e à ventilação de alta frequência (VAF). O manejo principal na HPPN é o uso de surfactante, sedação e manutenção de pressão arterial; sildenafila, milrinona e prostaciclina (PGI2) também têm sido utilizados. O acompanhamento da evolução desses pacientes deve ser controlado por conta das alterações no desenvolvimento neuropsicomotor e na audição[28].

FIBROSE CÍSTICA

A fibrose cística (FC) é uma doença autossômica recessiva que atinge aproximadamente 1:2.000 pessoas brancas. É causada pela alteração de um gene localizado no braço longo do cromossomo 7, que codifica uma proteína de 1.480 aminoácidos, reguladora da condutância transmembrana da fibrose cística (CFTR), que funciona como um canal de cloro na membrana apical das células epiteliais. Essa alteração resulta em mudança na viscosidade das secreções, com produção de muco espesso, que leva principalmente a má absorção, perda de eletrólitos no suor e alterações das secreções pulmonares. Existem mais de 1.900 mutações genéticas conhecidas, bem como genes modificados da doença. Essa heterogeneidade fenotípica envolve diferentes apresentações clínicas, que variam de leves a graves, as quais podem determinar um resultado letal. A apresentação clássica da fibrose cística é doença pulmonar crônica (infecções pulmonares recorrentes), insuficiência pancreática exócrina (diarreia e desnutrição), perda de sal e síndrome de azoospermia obstrutiva[29].

O diagnóstico tem aumentado pelo reconhecimento de suas manifestações, pela história familiar positiva e pelo rastreamento neonatal ou "teste do pezinho", mas a doença ainda precisa ser mais bem conhecida e divulgada, já que tem sido subdiagnosticada em países em desenvolvimento, afetando a sua evolução[30].

Recentemente, os critérios diagnósticos de fibrose cística foram revistos, e a única mudança foi considerar, em lactentes menores de 6 meses, valores normais de cloro no suor abaixo de 30 mmol/L (em vez de 40 mmol/L) e limítrofes entre 30 e 59 mmol/L (em vez de 40 a 59 mmol/L), pela observação de níveis mais baixos de cloro no suor em lactentes normais[31].

O tratamento é complexo, devendo ser realizado em centros especializados em fibrose cística, e está relacionado a melhor prognóstico para o paciente. Apesar de não existir cura para a fibrose cística, muitas das intervenções terapêuticas diárias (antibióticos, inalações, vitaminas, broncodilatadores, fisioterapia, entre outras) retardam o progresso da doença. O aconselhamento genético à família deve ser sempre realizado.

O transplante pulmonar é mais uma modalidade de tratamento final para pacientes com fibrose cística grave, entretanto existem complicações peri/pós-operatórias, contribuindo para a morbidade e a mortalidade desses pacientes, especialmente no primeiro ano[32].

BRONQUIECTASIAS

Bronquiectasias (BQ) são dilatações da árvore brônquica, de caráter anatômico ou funcional, em consequência de alterações estruturais da parede brônquica. Essas alterações podem ser adquiridas ou congênitas. Manifestam-se clinicamente por tosse produtiva crônica, e o diagnóstico é feito por meio de radiografia, tomografia computadorizada, broncografia e broncoscopia[33].

Atualmente, a prevalência das bronquiectasias pode aumentar em razão da aids, da maior sobrevida de pacientes com pneumopatias crônicas, como fibrose cística, deficiência de alfa-1-antitripsina e bronquiolite obliterante[33].

A patogênese das bronquiectasias é multifatorial e, independentemente da causa, ocorre agressão significativa da parede brônquica que predispõe o paciente a processos inflamatórios e infecciosos de repetição[33].

A bronquiectasia tem impacto significativo nas atividades diárias e na qualidade de vida, e pode levar a internações recorrentes, grave comprometimento da função pulmonar e insuficiência respiratória.

O tratamento clínico enfatiza fundamentalmente a remoção das secreções, a reabilitação pulmonar, a normalização do estado nutricional, a prevenção e o tratamento dos processos infecciosos, o suporte psicossocial e as medidas profiláticas, como vacinas e remoção de fatores agravantes no meio ambiente[33].

ASMA

A asma é uma doença inflamatória crônica, de natureza heterogênica, muito comum na faixa etária pediátrica e caracterizada por recorrentes episódios de sibilos, dispneia, sensação de aperto no peito e tosse. É considerada um problema mundial e acomete cerca de 300 milhões de indivíduos no mundo, 24,3% das crianças em idade escolar e 19% dos adolescentes no Brasil[34]. Alguns fatores de risco são: sexo masculino, história familiar de alergia, tabagismo passivo, ausência de aleitamento materno e sensibilização aos alérgenos.

A asma aguda é definida como doença inflamatória caracterizada pela presença de obstrução difusa de vias aéreas inferiores causada por processo inflamatório/edema, além do espasmo da musculatura lisa brônquica e de tampões de secreção, sendo reversível. Há limitação ao fluxo aéreo e ao fechamento precoce da via aérea, gerando aumento do trabalho respiratório. A fase expiratória da respiração passa a ser também ativa, na tentativa de esvaziar os pulmões. O aumento da resistência das vias aéreas e a hiperinsuflação levam à distensão excessiva do parênquima pulmonar e da caixa torácica, tornando mais difícil a próxima respiração. Essa hiperinsuflação é dinâmica, gerando aumento progressivo da constante de tempo, o que leva a mais aprisionamento de ar e aumento da pressão expiratória final (PEEP) intrínseca.

Durante a infância, as taxas de hospitalização por asma estão perto de 5%, sendo pouco comuns os episódios de falência respiratória nesses pacientes, ocorrendo apenas em 8 a 24% das crianças asmáticas críticas, que são definidas como tendo asma grave aguda que necessita de admissão em unidade de terapia intensiva em razão de piora clínica ou ausência de melhora, de intensificação do tratamento ou aumento do suporte e de monitoramento contínua[35].

O tratamento da asma deve ser contínuo, não somente para controle dos sintomas, mas também para prevenir as exacerbações e reduzir a inflamação crônica das vias aéreas. Como a inflamação é considerada o principal fator na hiper-reatividade, os agentes terapêuticos, para prevenir ou reverter essa anormalidade, são os de primeira linha no tratamento[36].

O tratamento é classificado em farmacológico e não farmacológico: oxigenoterapia, agonistas beta-2-adrenérgicos, anticolinérgicos, corticosteroides-sulfato de magnésio, heliox + suporte ventilatório invasivo e não invasivo[36].

Para realizar fisioterapia respiratória deve-se conhecer a fisiopatologia da doença, sendo necessário fazer manobras desobstrutivas e de desinsuflação pulmonar. Além disso, manobras e padrões ventilatórios que favoreçam a mecânica diafragmática serão indicadas também nos pacientes mais graves.

BRONQUIOLITE

A patogênese da bronquiolite é caracterizada por inflamação aguda, edema e necrose do epitélio das vias aéreas de pequeno calibre, excesso de produção de muco, acúmulo local de fibrina e restos celulares. Com esse acúmulo de muco há intenso aumento da resistência ao fluxo aéreo durante a fase inspiratória e principalmente na expiratória, em última análise levando à obstrução das vias aéreas e troca gasosa prejudicada[36].

O diagnóstico de bronquiolite viral aguda (BVA) é principalmente clínico. A doença se caracteriza como primeiro episódio de uma doença das vias aéreas inferiores em crianças com idade inferior a 12 meses, com maior gravidade nos menores de 6 meses, baixo peso ao nascer, ausência de aleitamento materno, mãe fumante, e ainda precedida por um período prodrômico de 3 a 5 dias com sinais de infecção de vias aéreas superiores, com coriza, tosse e febre, que evolui nos dias subsequentes com taquipneia, tosse, sibilos e sinais de dificuldade ventilatória. É uma doença geralmente benigna e autolimitada, que, no entanto, produz morbidade significativa em lactentes pequenos e pacientes portadores de doenças crônicas, frequentemente causando sintomatologias ventilatórias em longo prazo[37].

Diversos vírus estão implicados na etiologia, entre eles o vírus sincicial respiratório, influenza e parainfluenza, adenovírus, rinovírus, coronavírus, bocavírus e metapneumovírus humanos. Recomenda-se isolamento respiratório com precaução de gotículas aos pacientes com bronquiolite. A ausculta pulmonar pode apresentar sibilos, roncos e estertores. As manifestações radiológicas observadas são hiperinsuflação pulmonar com retificação das cúpulas diafragmáticas e presença de infiltrado intersticial, podendo também apresentar colabamento e consolidação pulmonar.

PNEUMONIA

A pneumonia é caracterizada como doença inflamatória das vias aéreas inferiores, com comprometimento de alvéolos, bronquíolos e espaço intersticial, em geral de origem infecciosa[15]. Em todas as faixas etárias, o agente etiológico mais comum é o *Streptococcus pneumoniae*; em pediatria, o segundo mais frequente é o *Mycoplasma pneumoniae*. A pneumonia tem incidência de 4-5:1.000 crianças menores de 5 anos.

Na infecção bacteriana, o agente etiológico atinge as vias aéreas distais após não ser contido pelas barreiras anatômicas e fisiológicas (vias aéreas superiores, depuração mucociliar, tosse e resposta imunológica adequada para proteger o hospedeiro). Ao atingir as vias aéreas inferiores, a proliferação bacteriana causa resposta inflamatória e lesão do epitélio alveolar, permitindo exsudação de hemácias, neutrófilos e fibrina para a luz alveolar, resultando no aspecto macroscópico denominado hepatização vermelha. Com a desintegração das hemácias e a predominância de exsudato fibrinopurulento, o aspecto da consolidação torna-se cinza-acastanhado e é denominado hepatização cinzenta. Na fase de resolução, as áreas de consolidação sofrem lise por ação enzimática, e o conteúdo alveolar é fagocitado por macrófagos ou eliminado pela tosse.

Outro tipo de pneumonia é a nosocomial, sendo a segunda mais grave por acometer normalmente pacientes mais debilitados e ser causada por microrganismos mais agressivos. Um exemplo é a pneumonia associada à ventilação mecânica, que se desenvolve em 48 horas ou mais nos indivíduos em ventilação mecânica.

Os sinais e sintomas característicos da pneumonia bacteriana são febre, taquipneia, tosse, dor torácica, expectoração purulenta, inapetência, sonolência e anorexia, além de palidez cutânea e cianose, nos casos mais graves e principalmente nos pacientes de faixas etárias menores, podendo levá-los à internação em unidade de terapia intensiva. A radiografia apresenta infiltrados pulmonares progressivos, e a ausculta consiste em estertores, roncos e sibilos.

ATELECTASIA

A atelectasia ocorre por perda de volume pulmonar, podendo ser segmentar, subsegmentar, lobar ou envolver todo o pulmão, podendo ser secundária a obstrução de via aérea ou por alterações da mecânica pulmonar[38].

A ausculta pulmonar fica diminuída, e o quadro radiológico é composto por opacificação da área acometida, desvio de mediastino e diminuição dos arcos costais homolaterais à opacidade radiológica. A ultrassonografia pode diferenciar colapso pulmonar de coleções líquidas.

DERRAME PLEURAL

Qualquer alteração nas pressões que controlam a dinâmica do líquido pleural, na permeabilidade dos capilares pleurais ou na integridade dos vasos linfáticos poderá resultar em excesso de formação ou déficit de reabsorção e provocar acúmulo anormal de líquido entre as pleuras, caracterizando a formação do derrame pleural. São exemplos de tais alterações: epiema – o mais frequente em crianças menores de 2 anos de idade, ocorre principalmente por infecções por *Staphylococus aureus*; hidrotórax; hemotórax, que pode ocorrer por traumatismos de caixa torácica, erosão vascular por neoplasia, ruptura espontânea de vasos subpleurais ou de grandes vasos ou hérnia diafragmática estrangulada ou, ainda, por lesão vascular iatrogênica durante toracocentese ou drenagem pleural; quilotórax, que ocorre por acúmulo de quilo e resulta da obstrução do ducto torácico ou da veia subclávia esquerda, de fístula linfática congênita ou da ruptura traumática do ducto torácico ou de vasos linfáticos, sendo muito comum no período neonatal[38].

O diagnóstico é realizado por radiografia, para observar obliteração do ângulo costofrênico na projeção posteroanterior em caso de pequenos derrames; os derrames moderados formam uma imagem triangular radiopaca com base no diafragma, e nos grandes derrames observa-se opacidade homogênea em todo o hemitórax, deslocamento da imagem cardíaca e do mediastino para o lado oposto, preenchimento isolateral dos espaços intercostais e rebaixamento diafragmático[39].

A ultrassonografia detecta derrames pleurais pequenos que não são visualizados radiologicamente, sendo possível também fazer uma estimativa do volume de líquido acumulado, de seu aspecto e do conteúdo fibroso.

O tratamento é realizado por punção ou drenagem pleural, dependendo do derrame, antibioticoterapia e fisioterapia.

PNEUMOTÓRAX

O pneumotórax é caracterizado por acúmulo de ar entre os folhetos parietal e visceral da pleura, podendo ser espontâneo, adquirido por traumatismo direto, por infecções ou estar associado à ventilação mecânica. O hipertensivo ocorre quando há colapso pulmonar e restrição ao retorno venoso pelo aumento da pressão intratorácica[36]. O pneumotórax produz colapso alveolar com desvio do mediastino contralateral, dificuldade respiratória progressiva, diminuição do murmúrio vesicular e da expansibilidade do hemitórax comprometido[40,41].

O diagnóstico é feito por exame clínico e/ou radiológico. O tratamento consiste em punção ou colocação de dreno torácico até a completa expansão pulmonar[41].

CONCLUSÕES

As doenças pulmonares agudas ou crônicas podem determinar quadros obstrutivos graves associados às particularidades do sistema respiratório. A apresentação clínica depende da etiopatogenia, da localização da obstrução e da terapêutica. A fisioterapia pode ser mais um recurso terapêutico importante no tratamento clínico da criança, melhorando suas condições funcionais e qualidade de vida.

REFERÊNCIAS BIBLIOGRÁFICAS

1. West JB. Fisiologia respiratória moderna. 6. ed. Barueri: Manole; 2002.
2. Leff AR, Schumacker PT. Fisiologia respiratória: fundamentos e aplicações. Rio de Janeiro: Interlivros; 1996.
3. Helfaer MA. Developmental physiology of the respiratory system. In: Rogers M (ed.). Textbook of pediatric intensive care. Baltimore: Williams and Wikins; 1992. p. 104.
4. Cunha MT, Lima MF. Fisiologia respiratória: peculiaridades do aparelho respiratório do recém-nascido e da criança. In: Lahóz ALC, Nicolau CM, Paula LCS, Juliani, RCTP. Fisioterapia em UTI pediátrica e neonatal. Barueri: Manole; 2009. p. 73-81. (Coleção Pediatria do Instituto da Criança do Hospital das Clínicas da FMUSP, n. 10).
5. Jain D, Bancalari E. Bronchopulmonary dysplasia: clinical perspective. Birth Defects Res Clin Mol Teratol. 2014;100(3):134-44.
6. Northway Jr WH, Rosan RC, Porter DY. Pulmonary disease following respirator therapy of hyaline-membrane disease: Bronchopulmonary dysplasia. N Engl J Med. 1967;276(7):357-68,
7. Rodrigues JC, Adde FV, Silva Filho LVRF. Displasia broncopulmonar. In: Rodrigues JC, Adde FV, Silva Filho LVRF. Doenças respiratórias. 2.ed. Barueri: Manole; 2011. (Coleção Pediatria do Instituto da Criança do Hospital das Clínicas da FMUSP, n. 3).
8. Jobe AH. Mechanisms of lung injury and bronchopulmonary dysplasia. Am J Perinatol. 2016; 33(11):1076-78.
9. Jensen EA, Schmidt SB. Epidemiology of bronchopulmonary dysplasia. Birth Defects Res A Clin Med Teratal. 2014;100(3):145-57.
10. Day CL, Ryan RM. Bronchopulmonary dysplasia: new becomes old again! Pediat Res. 2017;81(1-2):210-3.
11. Greenough A, Murthy V, Milner AD. Respiratory disorders in the newborn. In: Wilmott RW, Boat TF, Bush A, Chernick V, Deterding RR, Ratjen F (eds.). Kendig and Chernick's disorders of the respiratory tract in children. 8.ed. Philadelphia: Elsevier; 2012. p.358-85.
12. Ferreira C, Carneiro MTRC. Displasia broncopulmonar. In: Ferreira C, Carneiro MTRC. Doenças pulmonares em pediatria – atualização clínica e terapêutica. São Paulo: Atheneu; 2014.
13. Lliodromiti Z, Zygouris D, Sifakis S, Pappa KI, Tsikouras P, Salakos N, et al. Acute lung injury in pre term fetuses and neonates: mechanisms and molecular pathways. J Matern Fetal Neonatal Med. 2013;26(17):1696-704.

14. Jobe AH. Mechanisms of lung injury and bronchopulmonary Dysplasia. Amer J Perinatol. 2016;33(11):1076-8.
15. Ruschel L, Nader PJH. Doença da membrana hialina em prematuros de baixo peso. Revista da AMRIGS, Porto Alegre. 2014;58(3):193-7.
16. Diniz EMA. Doenças das membranas hialinas. In: Rozov T. Doenças pulmonares em pediatria – diagnostic e tratamento. São Paulo: Atheneu; 1999. p. 90-102.
17. Candela FJC, Díaz CV, Berenguer MJF, Robles MIS, Gomis CV, Durá JLQ. Terapia con surfactante con técnica mínimamente invasiva: experiencia en un hospital terciário. An Pediatr (Barc). 2016;84(2):79-84.
18. Kondo T, Kondo Y, Orita Y, Mitarai F, Ishitsuka F, Irikura M, et al. Predictive factors for efficacy and safety of prophylactic theophylline for extubation in infants with apnea of prematurity. PLoS One. 2016;11(7):e0157198.
19. Rozov T (org.). Doenças pulmonares em pediatria: diagnóstico e tratamento. São Paulo: Atheneu; 2012. p.143-53.
20. Kesavan K, Frank P, Cordero DM, Benharash P, Harper RM. Neuromodulation of limb proprioceptive afferents decreases apnea of prematurity and accompanying intermittent hypoxia and bradycardia. PloS One, 2016;11(6):e0157349.
21. Eichenwald EC. Apnea of prematurity. Pediatrics. 2016;137(1):e 20153757.
22. Swarnam K, Soraisham AS, Sivanandan S. Advances in the management of meconium aspiration syndrome. Int J Pediatr. 2012;2012:359571.
23. Natarajan CK, Sankar MJ, Jain K, Agarwal R, Paul VK. Surfactant therapy and antibiotics in neonates with meconium aspiration syndrome: a systematic review and meta-analysis. J Perinatol. 2016;36(Suppl 1):S49-54.
24. Rodriguez EL, Echaide M, Cruz A, Taeusch HW, Gil JP. Meconium impairs pulmonary surfactant by a combined action of cholesterol and bile acids. Biophys J. 2011;100(3):646-55.
25. Troster EJ. Síndrome de aspiração meconial. In: Rozov T. Doenças pulmonares em pediatria – diagnóstico e tratamento. São Paulo: Atheneu; 1999. p. 123-5.
26. Ceccon MEJR. Hipertensão pulmonar persistente neonatal. In: Rodrigues JC, Adde FV, Silva Filho LVRF. Doenças respiratórias. 2.ed. Barueri: Manole; 2011. (Coleção Pediatria do Instituto da Criança do Hospital das Clínicas da FMUSP, n. 3.) p. 156-67.
27. Cabral JEB, Belik J. Persistent pulmonary hypertension of the newborn: recent advances in pathophysiology and treatment. J Pediatr (Rio J). 2013;89(3):226-42.
28. Nair J, Lakshminrusimha S. Update on PPHN: Mechanisms and treatment. Semin Perinatol. 2014;38(2):78-91.
29. Del Ciampo IRL, Oliveira TQ, Del Ciampo LA, Sawamura R, Torres LAGMM, Augustin AE, et al. Manifestações precoces da fibrose cística em pacientes prematuros com íleo meconial complexo ao nascimento. Rev Paul Pediatria. 2015;33(2):241-5.
30. Alonso SBC, Gomes R, Mitre RMA. Narrativas da experiência de pais de crianças com fibrose cística. Interface (Botucatu). 2015;19(55).
31. Adde FV, Silva Filho LVRF, Damaceno N. Fibrose cística. In: Rodrigues JC, Adde FV, Silva Filho LVRF. Doenças respiratórias. 2.ed. Barueri: Manole; 2011. (Coleção Pediatria do Instituto da Criança do Hospital das Clínicas da FMUSP, n. 3.) p. 431-50.
32. Belle-van Meerkerk G, de Jong PA, de Valk HW, Neefjes T, Pameijer FA, Kwakkel-van Erp JM, et al. Pretransplant HRCT characteristics are associated with worse outcome of lung transplantation for cystic fibrosis patients. PLoS One. 2015;10(12):e0145597.
33. Welsh EJ, Evans DJ, Fowler SJ, Spencer S. Interventions for bronchiectasis: an overviwo of Cochrane Systematic Review. Cochrane Database Syst Rev. 2015;(7):CD010337.
34. Matsunaga NY, Ribeiro MAGO, Saad IAB, Morcillo AM, Ribeiro JD, Toro AADC. Avaliação da qualidade de vida de acordo com o nível de controle e gravidade da asma em crianças e adolescentes. J Bras Pneumol. 2015;41(6):502-8.

35. Silva OS, Barreto SSM. Ventilação mecânica não invasiva na crise de asma aguda grave em crianças: níveis de evidência. Rev Bras Ter Intensiva. 2105;27(4):390-6.
36. Silva Filho LVRF, Bussamra MHCF, Camargo PAM. Asma. In: Rodrigues JC, Adde FV, Silva Filho LVRF. Doenças respiratórias. 2.ed. Barueri: Manole; 2011. (Coleção Pediatria do Instituto da Criança do Hospital das Clínicas da FMUSP, n. 3.) p. 392-411.
37. Rubem FM, Fischer GB. Características clínicas e da saturação transcutânea de oxigênio em lactentes hospitalizados com bronquiolite viral aguda. J Pediatr (Rio J). 2003;79(3):435-42.
38. Florin TA, Byczkowski T, Ruddy RM, Zorc JJ, Test M, Shah SS. Utilization of nebulized 3% saline in infants hospitalized with bronchiolits. J Pediatr. 2015;166(5):1168-74 e2.
39. Peixe AAF, Carvalho FA. Pneumonia na infância. In: Sarmento GJV. Fisioterapia respiratória em pediatria e neonatologia. Barueri: Manole; 2007. p. 36-60.
40. Rodrigues JC. Derrames pleurais. In: Rozov T. Doenças pulmonares em pediatria – diagnostic e tratamento. São Paulo: Atheneu; 1999. p. 233-44.
41. Lotufo JPB, Vieira SE. Atelectasias. In: Rozov T. Doenças pulmonares em pediatria – diagnostic e tratamento. São Paulo: Atheneu; 1999. p. 534-8.
42. Filho LOA, Campos JRM, Haddad R. Pneumotórax. J Bras Pneumol São Paulo. 2006;32(Suppl 4):S212-6.

Fisiopatologia das doenças musculoesqueléticas

2

Andréa Tobias Nechar
Natália Cortês de Sales Santos
Thelma Rocheli Flores

Após ler este capítulo, você estará apto a:

1. Conhecer as principais doenças musculoesqueléticas.
2. Classificar as doenças musculoesqueléticas adquiridas e congênitas.

INTRODUÇÃO

O sistema musculoesquelético é formado por ossos, músculos, tendões, bainhas sinoviais, cápsulas e estruturas articulares, como as cartilagens e os ligamentos. Esses componentes podem apresentar dor, que, em geral, são sintomas secundários[1,2]. Estudos realizados em todo o mundo demonstram que as dores recorrentes na infância e na adolescência são dor abdominal, cefaleia e dor nos membros. Em um dos principais estudos, Oster e Nielsen verificaram, nas escolas da Dinamarca, prevalência de 20,6% de cefaleia, 15,5% de dor nos membros e 14,4% de dor abdominal recorrente[3].

A localização da dor é de extrema importância, podendo ser localizada na articulação ou nas partes moles. O profissional da saúde deve estar atento à duração da queixa apresentada pela criança ou descrita pelo familiar, assim como saber em que fase a criança se encontra para conseguir diferenciar a etiologia musculoesquelética da dor nessa população específica, sendo indispensável o descarte de qualquer malignidade presente nos exames complementares e acompanhamento clínico.

Sills realizou um trabalho científico nas escolas da Finlândia e do Reino Unido, no que evidenciou que a dor é o terceiro motivo de consultas, sendo 15% dores musculoesqueléticas. Já em outro estudo, realizado em urgências hospitalares, também ficaram reforçadas as evidências de que o aumento da idade interfere no aparelho musculoesquelético, atingindo com maior frequência as crianças do sexo feminino[4].

DOR MUSCULOESQUELÉTICA

É considerada dor recorrente no aparelho locomotor, com intensidade suficiente para prejudicar atividades rotineiras da criança, evoluindo em surtos com duração, intensidade e frequência variadas. A dor aguda condiz com tempo inferior a 5 semanas, e o quadro crônico confere com tempo maior que 6 semanas. A dor persistente é rara em crianças e pode indicar alguma doença de base[7].

A dor de crescimento é comum na população pediátrica, porém não tem relação com o processo e a velocidade do crescimento, acometendo crianças de 6 a 13 anos de idade. Já a artralgia é definida como dor difusa na articulação, sem alterações no exame físico[8].

FIBROMIALGIA

A fibromialgia é frequente em adolescentes, predominante no sexo feminino. Estudos indicam idade média de 10 a 12 anos, com duração de aproximadamente 30 meses. Os pontos dolorosos mais frequentes são as regiões da escápula, do cotovelo e do joelho. Trata-se de uma dor difusa, intermitente, associada a alterações de humor (depressão, ansiedade), distúrbios de sono e sensação de fadiga. As dores são difusas e recorrentes nos quatro quadrantes do corpo, com dor à digitopressão em 11 de 18 pontos de inserção dos músculos, segundo critérios estabelecidos pelo American College of Rheumatology[9].

ARTRITE REUMATOIDE JUVENIL

A artrite reumatoide juvenil, ou artrite idiopática juvenil, sua denominação recente, é de causa idiopática, afetando uma ou mais articulações. Tem início antes dos 16 anos e persiste por mais de 6 semanas consecutivas, excluindo o diagnóstico diferencial. É considerada uma das enfermidades reumáticas mais comuns na faixa pediátrica. Define-se pelo aumento do volume articular ou pela presença de dor associada à limitação do movimento articular. Existem sete subtipos de artrite reumatoide juvenil: sistêmica, oligoarticular, poliarticular (fator reumatoide negativo), poliarticular (fator reumatoide positivo), artrite, psoríase, artrite relacionada à entesite e artrite indiferenciada[7].

Identificam-se um a três tipos de início: sistêmico (caracterizado por febre intensa, persistente e superior a 39 °C, com alterações laboratoriais), poliarticular (cinco ou mais articulações são envolvidas, geralmente as pequenas, de mãos e pés, cotovelos, punhos, joelhos e tornozelos), pauciarticular (são acometidas até quatro articulações, sendo as de joelhos e tornozelos as mais frequentes). Sua fisiopatologia implica a existência de inflamação da membrana sinovial relacionada com a presença de derrame (acúmulo de líquido em uma articulação do corpo) com espessamento sinovial (sinal de tecla), dor com limitação da mobilidade articular (rigidez matutina) e sinais flogísticos[10].

FEBRE REUMÁTICA

É uma enfermidade inflamatória, por uma resposta autoimune, que acomete os tecidos conjuntivos (tecidos articulares, cardíacos, nervosos, subcutâneos e cutâneos), por infecção por estreptococo (*Streptococcus pyogenes*) localizada na camada externa da parede da célula. A hipótese mais aceita para o desenvolvimento da doença é a função molecular entre estruturas antigênicas do estreptococo e o antígeno do hospedeiro, sendo uma resposta tardia a essa infecção[11].

Acomete crianças e adolescentes de 5 a 15 anos de idade, de ambos os sexos, sem predomínio de raça, com prevalência de 3 a 5% no Brasil. É um problema de saúde pública, responsável por altos índices de morbidade e mortalidade em populações geneticamente predispostas. Possui relevância socioeconômica, sobretudo nos países em desenvolvimento, em virtude da falta de higiene, de melhores condições de moradia e de alimentação, sendo esta última precária na população de baixa renda. Há necessidade de ações educacionais e acompanhamentos ambulatoriais para melhor acompanhamento clínico e diagnóstico precoce. Portanto, a falta de recursos do sistema de saúde prejudica o reconhecimento antecipado da doença[11].

A febre reumática desencadeia uma artrite migratória de grandes articulações, como joelhos, tornozelos, cotovelos e punhos, sendo as dos membros inferiores tipicamente envolvidas no início do quadro.

As articulações podem apresentar sinais flogísticos, que são os sinais e sintomas característicos da reação inflamatória, como dor, calor, rubor e edema, coincidindo com 27% dos casos.

O comprometimento cardíaco corresponde a 50% dos casos. A coreia de Sydenham representa 15% dos pacientes com acometimento do sistema nervoso central. Já os nódulos subcutâneos são raramente encontrados (3% das crianças). O eritema marginado é visto em cerca de 5% da população acometida, sendo um *rash* não pruriginoso, evanescente, róseo, comumente encontrado no tronco e nas extremidades proximais dos membros[12].

O tratamento tem como objetivos o alívio das manifestações agudas das doenças e a erradicação da bactéria com o uso de antibioticoterapia e profilaxia contra as infecções futuras, para prevenir a recorrência de doenças cardíacas. A fisioterapia atua como coadjuvante ao tratamento medicamentoso, com o objetivo de analgesia nos casos de artrite e manutenção articular funcional, e nos casos de acometimento do sistema nervoso central, com o intuito de controle, aquisição do controle motor, recuperação motora e aprendizado. Se houver acometimento cardíaco, o caso deve ser discutido com o médico responsável, e as metas do tratamento devem ser traçadas e introduzidas para a reabilitação cardiopulmonar[12].

FRATURAS POR ESTRESSE

São causadas pela execução de determinados exercícios de alto impacto, acarretando microfraturas de repetição em um grupo diferenciado, como esportistas e bailarinos que realizam exercícios intensos por longas horas em períodos curtos. Afetam a epífise proximal da tíbia e a cabeça do segundo metatarso. Esse tipo de fratura cursa com dor e melhora claramente com o repouso[13].

PÉ TORTO CONGÊNITO

O pé torto congênito é uma deformidade congênita que envolve ossos, músculos, tendões e vasos sanguíneos. Manifesta-se de várias formas, com diferentes graus de alterações de comportamento vicioso e permanente do pé, apresentando pontos de apoios anormais. Pode vir associado com outros problemas ortopédicos e ser diagnosticado ainda antes do nascimento pela ultrassonografia ou ser facilmente reconhecido por pais ou pediatras por ser bem característico[14].

Existem vários tipos de pé torto congênito[14]:

- Pé torto postural: causado pela compressão intrauterina; pé com tamanho normal e deformidade leve.
- Pé torto equinovaro: considerada a anomalia congênita dos pés mais frequente. A deformidade pode ser fixa, nos casos mais graves. Nos casos mais brandos, o pé apresenta mobilidade, mas a criança tem dificuldades em relação à eversão e à flexão dorsal ativas. Apresenta acentuada flexão plantar do tornozelo, com inversão e adução nas articulações talocalcâneas e nas articulações do metatarso. A incidência é de uma a cada mil crianças nascidas vivas, com proporção homem/mulher de 2:1. A etiologia não é clara, porém o posicionamento intrauterino pode ser causa das formas mais leves ou quando há incapacidade neurológica primária, como mielomeningocele ou artrogripose, pois a movimentação fetal

é diminuída ou ausente, levando ao posicionamento fetal anormal prolongado. Nas formas graves, o pé e a perna afetados podem parecer menores em virtude da hipoplasia dos músculos. A etiologia pode ser associada a um defeito nas células mesenquimais que formam o molde para o modelo cartilaginoso das estruturas do retropé, indicando mais displasia que deformidade.

- Pé calcâneo-valgo: consiste na dorsiflexão associada à eversão dos pés, no nível da articulação subtalar. O pé resulta de uma moldagem intrauterina com encurtamento dos tendões extensores dos dedos e tibial anterior, que mantém a deformidade após o nascimento. O pé não pode ser colocado passivamente em inversão completa ou em flexão plantar. Pode ser considerado a forma mais benigna de pé torto congênito se não estiver associado a outras malformações. Nesse caso, a fisioterapia é indicada logo após o nascimento, obtendo-se mobilidade plena em cerca de 2 semanas.

O tratamento tem como objetivos restaurar o alinhamento, corrigir a deformidade tanto quanto possível e proporcionar um pé móvel para a função normal e a sustentação de peso. Se realizado de maneira correta, poderá apresentar resultados funcionais próximos à normalidade, dessa forma é importante ser iniciado logo após o nascimento por meio da fisioterapia, do uso de órteses e do engessamento. Se for observado deslocamento da articulação talocalcaneonavicular, a intervenção cirúrgica será indicada[15].

A fisioterapia atua por intermédio de alongamentos passivos e mobilização articular passiva logo após o nascimento para tentar reduzir a deformidade apresentada. O alongamento deve ser realizado de forma lenta e contínua para aumentar e manter a amplitude de movimento do tornozelo e amenizar o encurtamento muscular. A melhor forma para a realização do alongamento é com a criança em decúbito dorsal, com o intuito de alongar o tendão do calcâneo e os flexores plantares, realizando então a eversão do pé e a dorsiflexão. Para ganho de amplitude de movimento, força e melhora da função, a criança com pé torto congênito deve ser estimulada a realizar a dorsiflexão e a eversão ativa do pé. Como incremento à terapia e melhora dos resultados, aplica-se gelo e faz-se a escovação com pincel em dorsiflexores, podendo ser realizada também a percussão no calcanhar[15].

A fisioterapia tem como objetivo diminuir ou evitar contraturas e deformidades, aumentando ou mantendo a amplitude de movimento. Como parte importante do processo de reabilitação do pé torto congênito, deve ser ensinada aos cuidadores a importância da estimulação em casa, realizando alongamentos de membros inferiores durante as atividades de vida diária, de acordo com a faixa etária da criança e suas limitações, por exemplo, guardando os brinquedos em locais altos, usando recursos lúdicos durante as brincadeiras para que seja alcançado o objetivo[16].

Para se obter uma marcha adequada com equilíbrio, é necessário que a criança passe por todas as fases do desenvolvimento, como controlar o tronco, rolar, sentar e praticar o ortostatismo[15,16].

TORCICOLO CONGÊNITO

Manifesta-se no período neonatal, podendo ser definido como uma contratura unilateral no músculo esternocleidomastóideo. A cabeça fica inclinada para o lado do músculo afetado e rodada para o lado oposto, podendo-se observar também assimetria facial e plagiocefalia. A etiologia ainda não é esclarecida, mas pode relacionar-se com toracotraumatismo cervical, isquemia arterial com hipofluxo sanguíneo e obstrução venosa para o músculo esternocleidomastóideo, posicionamento intrauterino e hereditariedade. Sua incidência varia de 0,3 a 1,9% em recém-nascidos e apresenta maior predominância no sexo masculino (cerca de 3:2). O diagnóstico é realizado pela avaliação clínica da criança, tendo como exame de escolha a ultrassonografia. Com base na avaliação clínica, o torcicolo congênito pode ser dividido em três grupos:

1. Torcicolo com presença de tumor do esternocleidomastóideo: o nódulo está presente na porção média do músculo, podendo ser detectado em 10 a 14 dias de vida. Pode crescer durante 2 a 4 semanas até atingir o tamanho de uma amêndoa, e a partir daí regride, podendo desaparecer completamente até o primeiro ano de vida.
2. Torcicolo muscular perante alterações do esternocleidomastóideo sem nódulo: engloba os torcicolos que apresentam encurtamento do esternocleidomastóideo sem massa palpável.
3. Torcicolo postural: nessa classe estão presentes os torcicolos que não apresentam encurtamento nem massa palpável.

O tratamento pode ser cirúrgico ou de escolha clínica por meio de fisioterapia, sendo esta mais comum. É preconizado que o tratamento seja iniciado antes dos 6 meses de vida para maior eficácia, pois quando o tratamento é tardio podem aparecer complicações como escolioses e dores crônicas. Na fisioterapia utilizam-se manobras passivas manuais, como alongamento, mobilização articular, exercícios de fortalecimento muscular e controle postural, atividades lúdicas e orientações aos cuidadores para a continuação do tratamento em casa com exercícios de posicionamento, para que sejam atingidos os objetivos de aumento da amplitude de movimento do pescoço, melhora dos desequilíbrios musculares existentes, prevenção de deformidades futuras, faciais e cranianas, e prevenção de alterações posturais a longo prazo. O manejo cirúrgico geralmente é indicado para crianças acima de 1 ano de idade que não obtiveram resposta à fisioterapia, sendo imprescindível no pós-operatório, com o intuito de alcançar e preservar a amplitude de movimento e o fortalecimento da musculatura para manter o novo alinhamento da cabeça[17].

LUXAÇÃO CONGÊNITA DE QUADRIL

É o nome que define uma anormalidade morfológica imatura quanto à formação da articulação coxofemoral, ou seja, quando há deslocamento da cabeça do fêmur para fora da cavidade do acetábulo, causando inflamação e dor para a criança.

A causa da etiologia é multifatorial, englobando os seguintes fatores: predisposição genética, baixo índice de nível de líquido amniótico no útero, apresentação pélvica durante o parto (mais comum na primeira gravidez, quando o útero não foi distendido), condição hormonal aumentada de estrogênio, progesterona e relaxina (hormônios que levam ao afrouxamento dos ligamentos da cápsula pélvica), fatores mecânicos (oligoâmnio, que promove o estreitamento do espaço abdominal e impede a versão cefálica do feto) e instabilidade do quadril.

A predominância é no gênero feminino, na etnia branca; unilateralmente, o quadril esquerdo é mais afetado que a forma de displasia bilateral.

A prevalência é alta nos primogênitos nascidos em parto cesárea, pela posição fetal, ocasionando posição extrema da flexão no quadril, extensão dos joelhos e maior adução.

Essa instabilidade piora quando a criança cresce e, em alguns casos, a articulação do quadril pode sofrer luxações periódicas com movimento do deslocamento da articulação. Às vezes, a luxação pode ser completa. De acordo com Storer e Skaggs, 1 em cada 100 crianças nasce com luxação de quadril. Portanto, resguardar a criança de complicações e sequelas futuras mediante o diagnóstico precoce depende de boa assistência contínua[18].

PARALISIA BRAQUIAL OBSTÉTRICA

Conforme a descrição de Ribeiro e Sparapani, o plexo braquial pode sofrer lesão durante um parto difícil. A tração exercida sobre o plexo é capaz de provocar lesão nervosa das raízes superiores de C5 e C6 e inferiores de C7 a T1. Os fatores de risco são classificados em neonatais, maternos e ligados ao trabalho de parto, sendo o fator de maior importância o peso elevado do feto. A melhor abordagem para a criança com lesão do plexo braquial é o atendimento precoce e especializado[19].

Podendo gerar sequela, por vezes irreparáveis, as lesões do plexo braquial podem resultar dos mais diversos mecanismos de trauma (paralisia perinatal). O exame físico pode evidenciar desde lesões parciais até lesões completas de todo o plexo, resultando em flacidez generalizada do membro.

Há consenso de que, passado 1 ano da lesão completa (neurotmese), a placa motora já apresenta degeneração e não tem mais capacidade de conduzir o impulso nervoso para contração muscular. Além disso, nas lesões não tratadas, com o tempo ocorrem contraturas musculares, rigidez articular, distúrbios vasomotores e simpáticos, tornando o membro cada vez mais inativo. Felizmente, com o desenvolvimento da microcirurgia e as neurotizações, os resultados têm sido mais satisfatórios sob o ponto de vista funcional, muitas vezes conseguindo individualizar e alinhar fascículos motores e sensitivos. As neurotizações promovem a reinervação de um músculo que perdeu seu comando nervoso original[19].

A paralisia braquial obstétrica promove graves consequências na qualidade de vida e repercute no desempenho sensitivo e motor, com as habilidades funcionais prejudicadas pela lesão do membro superior[19].

ARTROGRIPOSE

É distúrbio congênito composto por rigidez e múltiplas contraturas articulares de caráter estacionário presente ao nascimento. A etiologia da artrogripose é desconhecida, provavelmente multifatorial, podendo ser associada a oligoâmnio, anomalias congênitas, distúrbios cromossômicos. Apresenta-se de forma não evolutiva, variando de um caso para outro, mas frequentemente o grau de deformidade é muito acentuado por causa das contraturas de flexão de joelhos, cotovelos e punhos, luxação dos quadris e outras articulações, pé torto equinovaro e escoliose sendo os mais comuns. Observa-se acentuada atrofia muscular ao redor das articulações afetadas; geralmente, o desenvolvimento cognitivo é preservado. Sua incidência varia de 1:3.000 nascidos vivos, sendo o sexo masculino o mais afetado, não existindo relato de prevalência racial.

As principais características clínicas são: articulações em formato cilíndrico sem pregas cutâneas, articulações rígidas com contraturas significativas, deslocamento e luxação das articulações, especialmente do quadril, atrofia ou ausência de grupos musculares. Embora os reflexos tendíneos profundos possam estar diminuídos ou ausentes, a sensibilidade permanece intacta. O tratamento indicado é fisioterapia associada ao uso de órteses; nos casos mais graves, pode-se indicar cirurgia[20].

OSTEOGÊNESE IMPERFEITA

Também conhecida como doença dos ossos de vidro ou doença de Lobstein. É considerada uma doença genética rara caracterizada, principalmente, pela fragilidade óssea generalizada, por diminuição da massa óssea e consequentes fraturas de repetição e outras alterações do tecido conjuntivo.

Cerca de 90% dos casos têm herança autossômica dominante, que se acredita ser decorrente de alterações gênicas do colágeno tipo I presente na matriz óssea. A incidência é estimada em 1:20.000 nascidos vivos.

As principais características encontradas nos portadores de osteogênese imperfeita são: fácies triangular típica, osteoporose acentuada, hipermobilidade/frouxidão ligamentar, escleras azuladas presentes ou não, dentinogênese imperfeita, perda auditiva, deformidades angulares dos membros superiores, baixa estatura, deformidades na coluna vertebral, impressão basilar ou invaginação basilar (protrusão do processo odontoide para o forame magno leva a pescoço curto e combinações de sinais cerebelares, nervos cranianos inferiores, tronco cerebral e medula espinhal), sudorese, insuficiência respiratória, ossos wormianos (ossos supranumerários que ocorrem nas suturas do crânio).

A osteogênese imperfeita é classificada em quatro tipos:

- Tipo I: forma mais leve e não deformante, autossômica dominante, representa 60% dos casos de osteogênese imperfeita. As fraturas acontecem mais frequentemente no início do ortostatismo e deambulação, prorrogando-se durante a infância e diminuindo com a chegada da puberdade. Essas fraturas costumam consolidar-se normalmente, mas podem desenvolver deformidades ósseas. Podem fazer parte desse tipo outras características, como baixa estatura, escleras azuladas, dentinogênese imperfeita, frouxidão ligamentar, prolapso da valva mitral/insuficiência de valva aórtica.
- Tipo II: forma mais grave, podendo levar ao óbito ainda no período intrauterino ou no primeiro ano de vida. Sua transmissão acontece, geralmente, de forma autossômica dominante; na minoria dos casos, é autossômica recessiva (mosaicismo). As crianças acometidas apresentam fraturas ao nascimento, até em região da calota craniana, podendo acarretar hemorragia intraparenquimatosa comprometendo posteriormente o desenvolvimento neuropsicomotor global; insuficiência respiratória pode ocorrer por causa das fraturas recorrentes de gradil costal e achatamento dos corpos vertebrais com consequentes deformidades vertebrais.
- Tipo III: os portadores desse tipo apresentam grande número de fraturas desde o nascimento, levando a deformidades ósseas importantes. É transmitida, em sua maior parte, de forma autossômica dominante, em menor parte, de forma autossômica recessiva (consanguinidade). Observam-se nessas crianças: fácies triangular típica, baixa estatura, dentinogênese imperfeita, má oclusão dentária, cifoescoliose acentuada, tronco do tipo "tonel" e escleras azuladas, que se modificam para o aspecto branco com o decorrer da idade. A marcha, nesses casos, é

bastante reservada devido ao número de fraturas e consequentes deformidades ósseas, sendo necessária a prescrição de cadeira de rodas adaptada, visando ao melhor posicionamento do corpo e locomoção.

- Tipo IV: sua transmissão ocorre por um traço autossômico dominante. A tendência dos ossos longos, nesse tipo, é ficarem arqueados pela quantidade de fraturas e consolidações. A baixa estatura é frequente, e as escleras são normais. Essas crianças podem ser deambuladoras independentes, com ou sem uso de órteses.

O diagnóstico é baseado na história e no exame clínico associados a exames radiológicos, e a análise pela microscopia eletrônica revela peculiaridades referentes a cada tipo clínico da osteogênese imperfeita.

Entre os objetivos da reabilitação destacam-se: aquisição de controle cervical, prática de rolar, sedestação, trocas posturais, ganho e manutenção de amplitude de movimento, fortalecimento muscular. Se houver condições e segurança para ortostatismo e marcha, a criança deve ser estimulada, e a necessidade de órteses deve ser considerada conforme o tipo clínico[21].

CONCLUSÕES

Detalhada anamnese é a chave para se ter um bom traçado terapêutico. Essas enfermidades são um problema de saúde pública e acarretam sérios prejuízos funcionais e psicológicos nas atividades rotineiras dessas crianças.

As doenças musculoesqueléticas congênitas ou adquiridas cursam com dor por causa do processo inflamatório tecidual e da falta de condicionamento físico. São necessários serviços de alta complexidade para garantir maior equidade no cuidado multiprofissional.

REFERÊNCIAS BIBLIOGRÁFICAS

1. Goodman JE, McGrath PJ. The epidemiology of pain children and adolescents: a review. Pain. 1991;46(3):247-64.
2. Roth-Isigkeit A, Thyen U, Stöven H, Schwarzenberger J, Schmucker P. Pain among children and adolescents: restrictions in daily living and triggering factors. Pediatrics. 2005;115(2):152-62.
3. Oster J. Recurrent abdominal pain, headache and limb pains in children and adolescents. Pediatrics. 1972;50(3):429-36.
4. Sills JA. Non-inflammatory musculoskeletal disorders in childhood. Arch Dis Child. 1997;77(1):71-7.
5. Passo MH. Evaluation of musculoskeletal pain. Pediatrics. 2003;832-36.
6. O'Sullivan SB, Schimitz TJ. Fisioterapia: avaliação e tratamento. 5. ed. Barueri: Manole; 2011. p.1152-62.
7. Castellanos ALZ, Silva CAA. Dor musculoesquelética idiopática e recorrente na faixa etária pediátrica. In: Silva CAA. Doenças reumáticas na criança e no adolescente. 2. ed. Barueri: Manole; 2010. (Coleção Pediatria do Instituto da Criança do Hospital das Clínicas da FMUSP, n. 2.) p. 11-24.

8. Moysés MAA, Kiss MHK, Bresolin AMB. Dores em membros na infância: resultados preliminares em 71 crianças. Pediatria (São Paulo). 1986;8(1):50-4.
9. Academia Americana de Reumatologia. Disponível em: http://www.rheumatology.org/ (acesso em 25 out 2016).
10. De I. Epidemiology of musculoskeletal pain in primary care. Arch Dis Chil. 2004;89(5):431-4.
11. Provenza JR, Pollak DF, Martinez JE, Paiva ES, Helfenstein M, Heymann R, et al. Fibromialgia. Rev Bras Reumatol. 2004;44(6):443-9.
12. Zuccolotto SMC, Rañna W, Sucupira ACSL. Dores em geral e principais dores recorrentes: abdominal, cefaleia e em membros. In: Marcondes E, Vaz FAC, Ramos JLA, Okay Y. Pediatria básica. São Paulo: Sarvier; 2002. p.200-6.
13. Binns. HJ, Lanier MPH, Wilson DP, Galliher MD, Ganiats TG, Grey MD, et al. Describing primary care enconters: The Primary Care Network Survey and the National Ambulatory Medical Care Survey. Ann Fam Med. 2007;5(1):39-47.
14. Shepherd RB. Fisioterapia em pediatria. 3. ed. São Paulo: Santos; 2006. p.207-24.
15. Tecklin JS. Fisioterapia pediátrica. 3. ed. Porto Alegre: Artmed; 2006. p.325-27.
16. Lissauer T, Clayden G. Manual ilustrado de pediatria. 3.ed. Rio de Janeiro: Elsevier; 2009.
17. Bastos S, Almeida J, Veiros I, Bártolo M, Ribeira T, Nunes R. Torcicolo muscular congênito. Revista Sociedade Portuguesa de Medicina Física e de Reabilitação. 2014;25(1):20-4.
18. Neto AK, Ferraz A, Foresti FR, Hoffman RB. Displasia do desenvolvimento do quadro bilateral tratada com redução cruenta e osteotomia de Salter: análise dos resultados radiográficos. Rev Bras Ortop. 2014;49(4):350-8.
19. Ribeiro PRJ, Sparapani FVC. Paralisia obstétrica do plexo braquial. Rev Bras Neurol Psiquiatr. 2014;18(2):148-55.
20. Fernandes AC, Ramos ACR, Morais Filho MC, Ares MJJ. Reabilitação. 2.ed. São Paulo: Manole; 2015.
21. Borges D, Moura EW, Lima E, Silva PAC. Fisioterapia: aspectos clínicos e práticos da reabilitação. São Paulo: Artes Médicas; 2007. p.167-86.

3 Fisiopatologia das doenças neurológicas

Adriana Della Zuana
Anna Paula Bastos Marques Costa
Glaucia Yuri Shimizu

Após ler este capítulo, você estará apto a:

1. Identificar as doenças neurológicas mais comuns tratadas pelos profissionais de fisioterapia.
2. Descrever o diagnóstico, a prevalência, a incidência, outras características e o tratamento de cada uma das doenças relacionadas neste capítulo.

INTRODUÇÃO

Com o progresso dos cuidados neonatais de recém-nascidos prematuros, a incidência de doenças neurológicas tem diminuído, no entanto, desafios em relação às limitações motoras e à deficiência cognitiva permanecem incertos, tornando difícil prever os desfechos em relação ao desenvolvimento neuropsicomotor desses recém-nascidos (RN)[1].

É bem estabelecido que crianças com lesões cerebrais ocorridas nos períodos pré-natal, perinatal e neonatal podem ser consideradas tendo maior risco para incapacidades no desenvolvimento neuromotor e deficiência cognitiva[2].

Profissionais da área de reabilitação são frequentemente envolvidos nos cuidados das limitações motoras e na melhora da função de crianças com doenças neurológicas[3].

HEMORRAGIA PERI-INTRAVENTRICULAR

A hemorragia peri-intraventricular (HPIV) é a doença de maior prevalência no período neonatal, acometendo principalmente recém-nascidos prematuros

(RNPT), especialmente aqueles com peso de nascimento menor que 1.500 g e idade gestacional menor que 34 semanas. A doença está diretamente relacionada com o desenvolvimento de hidrocefalia, perturbações no desenvolvimento neurológico, necessidade de acompanhamento com equipe multidisciplinar e aumento no custo com internações e intervenções[4].

Sua incidência em RNPT varia de 3,7 a 45% em vários serviços. No Brasil, a incidência varia entre 26 e 51%, e o risco aumenta com o grau de prematuridade. É rara em recém-nascidos a termo. A hemorragia ocorre, geralmente, em 5 a 35 horas após o parto. Essa incidência parece ter diminuído durante os últimos 5 a 10 anos em virtude da melhora no atendimento global do recém-nascido e pela implementação de boas práticas para a prevenção, mesmo com o número crescente de nascimento de crianças de muito baixo peso[5,6].

A HPIV desenvolve-se por imaturidade da matriz germinativa, que está localizada na região subependimal, área ricamente vascularizada que se localiza entre o núcleo caudado e o tálamo, no nível do forame de Monro. Lá se observa a presença de vasos de pequena espessura, ainda formados somente por tecido endotelial. Associada a essas características da matriz germinativa existe uma flutuação do fluxo sanguíneo cerebral (FSC) consequente a uma deficiência de autorregulação (como em situações de hipercapnia ou asfixia perinatal grave). Os RNPT não possuem autorregulação do seu sistema cardiovascular, portanto qualquer variação na pressão arterial sistêmica alterará o FSC e, consequentemente, levará ao rompimento dos vasos, com possibilidade de ocorrência de lesão isquêmica e HPIV[4,5,7].

O diagnóstico da HPIV é feito através de exames de neuroimagem, como ultrassonografia transfontanelar (UST), tomografia computadorizada (TC) e ressonância magnética (RM) (Figura 3.1). O mais usado na prática clínica é a UST, pela facilidade de ser realizada no leito. Ela deve ser feita entre 3 e 5 dias de vida pós-natal, fornecendo o diagnóstico em 80% dos RN, muitos deles assintomáticos. A UST deverá ser repetida com 7 dias de vida e semanalmente, independentemente dos sintomas, e também nos casos de HPIV para diagnóstico de hidrocefalia pós-hemorrágica[8,9].

Os achados na UST permitiram um método para classificação da hemorragia cerebral muito simples, ainda empregado nos dias de hoje e descritos na Tabela 3.1[8].

As estratégias preventivas envolvem os cuidados pré-natais e perinatais, a fim de reduzir as taxas de nascimento prematuro e proporcionar sobrevida com qualidade. Na fase pré-natal, é importante o manejo adequado da gestação de alto risco, principalmente de mães com diabete, hipertensão arterial prévia e doença hipertensiva específica da gestação, nefropatias de diferentes etiologias, doença reumática e malformação uterina[8].

Na fase pós-natal, as medidas preventivas são muito estudadas, principalmente a administração de fenobarbital, indometacina e vitamina E. A indometacina en-

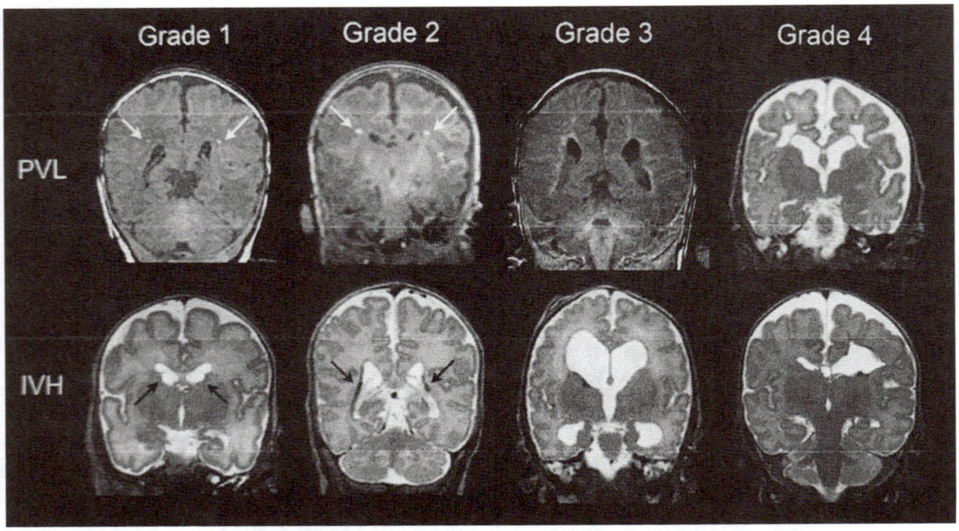

Figura 3.1 Imagens de ressonância magnética na HPIV (IVH) e LPV (PVL) demonstrando os quatro graus de classificação.
Fonte: adaptada de Kidokoro et al. (2016)[1].

Tabela 3.1 Classificação da hemorragia peri-intraventricular

Grau	Localização da hemorragia
I	Hemorragia localizada somente na matriz germinativa
II	Hemorragia intraventricular sem dilatação dos ventrículos
III	Hemorragia intraventricular com dilatação ventricular aguda
IV	Hemorragia intraventricular com comprometimento do parênquima cerebral

Fonte: Silveira e Procianoy[8].

dovenosa tem sido empregada profilaticamente nas primeiras 24 horas de vida dos RNPT de muito baixo peso, preferencialmente entre 6 e 12 horas de vida, reduzindo a incidência de HPIV grave (graus III e IV), pois inibe a produção de radicais livres pelo endotélio lesado da matriz germinativa e a aceleração na maturação vascular na região desta[8].

O tratamento da HPIV inclui as medidas de suporte vital: manutenção da oxigenação e perfusão, homeostase da temperatura corporal, do balanço metabólico, hidroeletrolítico e do equilíbrio acidobásico, além da nutrição parenteral precoce e do tratamento das convulsões. A monitoração cuidadosa, associada às medidas de suporte, evita que a área de hemorragia aumente de tamanho[8].

O prognóstico dos recém-nascidos com HPIV depende da gravidade e do tamanho da lesão cerebral, além da presença de complicações. Quando a hemorragia é grau I ou II não complicada, o prognóstico é o mesmo de qualquer outro RNPT com mesma idade gestacional e peso de nascimento, ou seja, as dificuldades escolares, cognitivas e motoras serão comparáveis. Já os RN que tiveram HPIV localizada e unilateral (grau III) podem desenvolver hemiparesia espástica, envolvendo membros superiores e inferiores, com atraso cognitivo leve. A tetraparesia e o déficit cognitivo significativo são observados na hemorragia cerebral muito extensa e bilateral (grau IV) ou quando ocorre associação com leucomalácia periventricular (LPV)[7,8].

O diagnóstico precoce das lesões cerebrais perinatais permite a intervenção multidisciplinar durante o período de internação prolongado, interferindo na gravidade das alterações neuromotoras subsequentes e no acompanhamento ambulatorial. Dentro dessa equipe, a fisioterapia tem como meta reduzir a incapacidade e otimizar a função.

LEUCOMALÁCIA PERIVENTRICULAR

A leucomalácia periventricular (LPV) consiste em uma lesão hipóxico-isquêmica que leva à necrose da substância branca cerebral adjacente aos ventrículos laterais e à formação de múltiplos pequenos cistos. O componente difuso da LPV é frequente no prematuro extremo e parece estar associado com a resposta inflamatória decorrente de isquemia ou da infecção[8,9].

Os fatores determinantes da LPV ainda não foram adequadamente estabelecidos. A patogênese é complexa e multifatorial. Estão envolvidos na lesão isquêmica cerebral fatores vasculares que aumentam o risco de hipoperfusão cerebral e a vulnerabilidade intrínseca que ocorre em razão da diferenciação das células oligodendrogliais na região da substância branca cerebral. Em função disso, a prematuridade e a perfusão cerebral insuficiente são causas muito importantes da lesão cerebral[8].

A apresentação da LPV é subclínica, portanto o diagnóstico é obtido pelos exames de neuroimagem (ultrassonografia cerebral e/ou RM). O diagnóstico precoce da LPV pode ser obtido pela UST empregada no período neonatal. Na UST, aparecem áreas hiperecogênicas periventriculares que posteriormente evoluem para cistos periventriculares e/ou lesões hiperecogênicas difusas pela substância branca[10].

Os fatores neonatais frequentemente associados ao diagnóstico de LPV são: asfixia perinatal, hipovolemia, sepse, hipocarbia, canal arterial patente sintomático e apneia recorrente com bradicardia. Quanto maiores as complicações durante o período de internação hospitalar do RNPT, mais aumentam as chances de LPV[8,10].

As medidas preventivas de maior impacto são a adoção de estratégias visando ao pré-natal adequado, a fim de reduzir as taxas de nascimento prematuro. As medidas preventivas no período neonatal não são facilmente estabelecidas, porque envolvem todos os cuidados neonatais oferecidos ao RNPT, uma vez que a fisiopatologia é complexa, multifatorial e ainda pouco definida. É fundamental a realização dos exames de neuroimagem a fim de triar no momento adequado, prevenindo ou minimizando sequelas com o emprego de abordagem multidisciplinar o mais precocemente possível[8,11].

A sequela mais comum da LPV cística é a diplegia espástica, pois afeta particularmente as fibras descendentes do trato corticoespinhal para os membros inferiores, enquanto os cistos na substância branca subcortical foram associados à tetraparesia espástica e déficit visual, além de déficit cognitivo e comportamental[9].

O prognóstico depende muito da história infecciosa materna, do momento do diagnóstico, do tipo de lesão (difusa ou focal) e das medidas preventivas e terapêuticas empregadas no período peri/pós-natal. As condições infecciosas intrauterinas estão presentes em mais de 25% dos nascimentos prematuros, e a prematuridade está muito associada à ocorrência de paralisia cerebral (PC)[8].

Aproximadamente 25% dos recém-nascidos com peso de nascimento inferior a 1.500 g e que recebem alta apresentam déficit motor permanente moderado ou grave. Na idade escolar, 25 a 50% das crianças que tiveram diagnóstico de LPV manifestam déficit cognitivo e de aprendizado, além de que a PC foi de 24% em LPV e 67% em casos graves de LPV[10,11].

A importância da HPIV e da LPV no prognóstico do desenvolvimento neuropsicomotor dos recém-nascidos de muito baixo peso se tornou mais evidente à medida que os métodos diagnósticos ficaram mais sofisticados e os achados clínicos e epidemiológicos se tornaram mais conhecidos, promovendo assim o acompanhamento multidisciplinar desses pacientes[8].

PARALISIA CEREBRAL

A PC é a doença neurológica mais comum que gera incapacidade motora na infância. As desordens motoras com alterações na postura e no movimento são usualmente acompanhadas por distúrbios sensoriais, de percepção, cognitivos, de comunicação e comportamento, pela epilepsia e problemas musculoesqueléticos. Estudos recentes encontraram prevalência de três crianças com PC para cada mil nascimentos vivos. Quase todas as crianças com PC sobrevivem até a idade adulta[12,13].

A PC é uma doença neuromuscular causada por lesão no cérebro imaturo, que limita a atividade pela interferência sobre o desenvolvimento da função do corpo e da postura[14]. O nome paralisia cerebral refere-se não a uma doença específica, mas a um grupo de condições com gravidade variável e características comuns. É definida formalmente como um grupo permanente de desordens do desenvolvimento do movimento e da postura que causam limitações na atividade motora, com distúrbios de caráter não progressivo, que ocorrem ainda durante o desenvolvimento fetal ou por lesão cerebral[12].

Para a avaliação mais precisa na prática clínica das habilidades motoras das crianças com PC é necessário que os instrumentos sejam específicos para essa população, confiáveis, validados e reprodutíveis[3]. Profissionais de reabilitação estão geralmente envolvidos em cuidar das limitações motoras e melhorar a funcionalidade em crianças com PC. Nesse contexto, é importante avaliar as habilidades motoras das crianças com PC nas mais variadas situações (no autocuidado, nas brincadeiras e nas atividades de lazer) e auxiliar no planejamento do tratamento e mensuração de resultados[3].

Mais especificamente em relação ao tratamento da PC, o *neurodevelopmental treatment* (NDT), também conhecido como método Bobath, é a abordagem mais amplamente utilizada para esses pacientes e tem como objetivo maximizar a função motora enquanto previne complicações musculoesqueléticas[15]. Os objetivos da abordagem Bobath visam modificar padrões de tônus postural anormal e facilitar padrões motores mais normais[16].

O tônus é a condição de tensão natural da musculatura e pode ser avaliado pela resistência encontrada no movimento passivo e adaptabilidade às mudanças posturais[16].

O tônus muscular anormal já é estabelecido na literatura como sendo uma característica da PC, identificada como o maior causador de prejuízo para a função. Relata-se que 80% das crianças com diagnóstico de PC são espásticas, isto é, apresentam hipertonia[13,17].

Certos de que a desordem motora é a principal característica da PC, os profissionais da fisioterapia têm papel fundamental no tratamento dessas crianças, bem como outros profissionais da saúde[12].

HIDROCEFALIA

A hidrocefalia (HCF) é uma condição neurológica comum na unidade de terapia intensiva neonatal (Utin), sendo caracterizada pelo acúmulo anormal de líquido cefalorraquidiano (LCR) no interior dos ventrículos cerebrais, causada por alteração na dinâmica dos estágios de produção e absorção do LCR, podendo levar à dilatação ventricular e ao aumento da pressão intracraniana[18]. A HCF pode alterar o sistema nervoso de diversas formas, prejudicando a estrutura, a circulação, o metabolismo e o desenvolvimento. Nem sempre o tratamento pode reverter os danos, mas quando não tratada pode gerar lesões neurológicas progressivas até o óbito[19].

Em recém-nascidos, a falha na absorção do LCR gera aumento ventricular em virtude da maleabilidade do crânio e da possibilidade de abertura da fontanela, resultando em macrocefalia. A dilatação ventricular acarreta forças de compressão e estiramento, hipóxia e isquemia das estruturas adjacentes aos ventrículos cerebrais e, dependendo da gravidade e da compressão, gera desde danos leves até danos progressivos e morte celular, principalmente na substância branca periventricular e no corpo caloso, podendo causar alterações nos sistemas visual, sensorial, motor e de memória[20].

Existem inúmeras classificações da HCF, embora não exista um consenso, mas considera-se congênita quando está presente desde o nascimento e não se relaciona com qualquer causa extrínseca, como defeito do tubo neural, por exemplo, mielomeningocele e malformações de Chiari; no entanto, pode ser considerada adquirida quando ocorre de forma secundária a outras complicações, como infecções, tumores e hemorragias[18]. A hidrocefalia pós-hemorrágica (HPH) representa 20% das HCF na infância, e sua ocorrência foi impactada diretamente pelo aumento da sobrevida de RN prematuros com baixo peso ao nascimento e história prévia de hemorragia peri-intraventricular (HPIV)[21].

Durante o pré-natal, a HCF congênita pode ser diagnosticada por ultrassonografia (US) fetal e análise genética (Figura 3.2). A US é um exame válido para se realizar à beira do leito por sua facilidade e praticidade, principalmente nos RN que não possuem condições clínicas de ser transportados para a realização de avaliações mais complexas, necessitando de exames complementares, como TC e RM, para melhor confiabilidade[22].

A HCF, considerada fatal no passado, tornou-se uma condição possível de ser controlada e tratada com a colocação de válvulas que possibilitaram o desvio do LCR em excesso, sendo a derivação ventriculoperitoneal (DVP), há mais de 50 anos, um dos procedimentos neurocirúrgicos mais comuns. A dificuldade com a DVP, no entanto, refere-se aos altos índices de infecção, obstrução e, em menor número, excesso

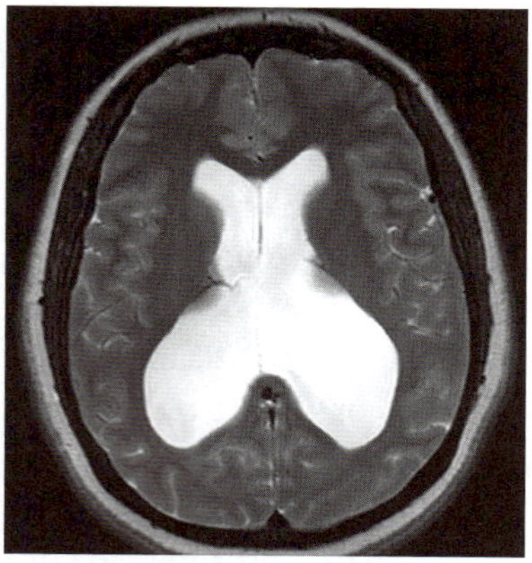

Figura 3.2 Ressonância magnética mostrando ventrículos laterais dilatados (ventriculomegalia) de paciente pediátrico de 8 anos.
Fonte: adaptada de Dinçer et al. (2011)[22].

de drenagem do LCR, podendo ocorrer até 40% de mau funcionamento das válvulas no período de 1 ano[19]. Atualmente, a ventriculostomia por via endoscópica do terceiro ventrículo cerebral é uma alternativa para o tratamento das HCF que não possuem indicação de DVP. Essa técnica, considerada minimamente invasiva, consiste na passagem do LCR do terceiro ventrículo por um estoma, criado por um cateter com balão, para o espaço aracnoide, restabelecendo a circulação liquórica sem a necessidade da colocação de um corpo estranho permanente, como no caso da DVP[19].

A manifestação clínica da HCF é semelhante nos RN, mesmo com etiologias diferentes, tendo sinais comuns nos casos de aumento da pressão intracraniana e podendo indicar problemas como obstrução ou mau funcionamento da válvula de drenagem, como observado na Tabela 3.2.

A HCF é uma doença neurológica que leva a prejuízos na qualidade de vida, envolvendo problemas cognitivos, motores, como alterações de marcha, função visual, auditiva, linguagem e dor, comprometendo consequentemente a interação social e a saúde emocional e psicológica[23]. A fisioterapia, nesse aspecto, é parte fundamental da equipe multiprofissional, atuando na reabilitação e promovendo melhora das habilidades funcionais e da qualidade de vida desses pacientes[24].

MIELOMENINGOCELE

A mielomeningocele (MMC) é uma malformação congênita comum do sistema nervoso central, sendo resultado da falha no fechamento do tubo neural no período embrionário, ocorrendo a protrusão das meninges e da medula espinhal pela abertura do arco vertebral[25,26].

Tabela 3.2 Sinais e sintomas do aumento da pressão intracraniana/mau funcionamento da válvula

Recém-nascidos e lactentes	
Irritabilidade Alteração do nível de consciência Vômito Alteração de crescimento Baixa aceitação alimentar Atraso no desenvolvimento Aumento do perímetro cefálico Controle cervical pobre	Fontanela abaulada Dilatação dos vasos do couro cabeludo Sinal ocular "sol poente" (combinação de retração palpebral e supraversão) Bradicardia Episódios de apneia Convulsões
Crianças e adolescentes	
Dor de cabeça Vômito Diplopia (visão dupla) Sonolência, redução do nível de consciência ou coma	Piora das crises convulsivas Movimento dos olhos em supraversão prejudicada Papiledema

Fonte: adaptada de Kandasamy et al., 2011[19].

Embora a etiologia da MMC seja multifatorial, podendo relacionar-se com fatores genéticos, diabete, obesidade e consumo materno de anticonvulsivantes, após a constatação da importância do ácido fólico materno para prevenção dos defeitos no fechamento do tubo neural, a Food and Drug Administration (FDA) tornou obrigatória, em 1998, a suplementação com ácido fólico de todos os produtos contendo grãos e cereais, observando-se redução na incidência da MMC nos Estados Unidos. No entanto, o acréscimo de ácido fólico na alimentação não foi suficiente, sendo recomendada a suplementação por comprimidos via oral, 3 meses antes da concepção e mantida até o primeiro trimestre gestacional, uma vez que a MMC pode ser detectada antes de 20 semanas gestacionais[25,27].

A primeira forma de diagnóstico possível foi pela análise da concentração de alfafetoproteína contida no líquido amniótico, mostrando-se elevada na presença de anencefalia e MMC, porém a análise bioquímica deixou de ser utilizada rotineiramente por ser um procedimento invasivo, existindo atualmente exames de imagem, de melhor sensibilidade e qualidade, sendo a punção do líquido amniótico indicada apenas nos casos de obesidade materna pela dificuldade na obtenção de imagens. Atualmente, 70 a 90% dos casos de MMC são diagnosticados por US de rotina, podendo-se visualizar a medula espinhal fetal nos planos axial, sagital e coronal, firmando-se como método diagnóstico mais utilizado[25,26].

Em meados da década de 1990, surgiram as primeiras correções cirúrgicas de MMC intraútero, realizando-se a reparação do defeito com acesso ao RN pela ferida uterina através de laparotomia materna. Apesar de ser uma técnica invasiva e apresentar riscos para a mãe e o feto, mostrou-se benéfica na redução de necessidade de colocação de válvulas de drenagem de líquido cefalorraquidiano após o nascimento, com melhora no desempenho motor aos 2,5 anos de idade, sendo ainda estudadas formas minimamente invasivas, como a fetoscopia por via endoscópica, para reparação buscando a redução dos riscos e complicações[28]. O reparo intraútero apoia-se na ideia de que a medula espinhal em desenvolvimento é exposta ao ambiente intrauterino e às substâncias tóxicas por período prolongado, ocasionando lesões no tecido neural por traumas ou pelo contato com o líquido amniótico[27].

A protrusão da medula espinhal causa níveis variados de paralisia, atraso de desenvolvimento, disfunção intestinal e urinária e problemas ortopédicos[25], mas, além das desordens sensoriomotoras causadas pela própria MMC, muitas das complicações ocorrem pela associação com outras malformações ou doenças neurológicas, como Arnold Chiari tipo II e hidrocefalia, presente em cerca de 85% dos pacientes portadores de MMC, elevando os riscos de infecção, dificuldade de aprendizado e déficits neurológicos, visuais e motores[28].

Em crianças com MMC, é comum o aparecimento de escolioses e cifoses em razão da malformação dos corpos vertebrais, afetando a região toracolombar, causando repercussões ortopédicas e dificuldade de adquirir a marcha. A marcha pode ocorrer tardiamente, em torno de 2 anos de idade, dependendo da gravidade da lesão medular, ocorrendo muitas vezes à custa de gasto energético elevado, movimentos incoordenados, com necessidade de dispositivos auxiliares, como muletas, andadores e órteses. Estima-se uma taxa de 20% de possibilidade de marcha nos casos de lesão lombar alta, 80% na lesão lombar baixa e 90% nas lesões de nível sacral[29].

Frequentemente, os portadores de MMC evoluem com baixa resistência e capacidade cardiopulmonar, redução de força muscular, de coordenação e encurtamentos musculares, observando-se que muitas dessas crianças, na adolescência ou quando se tornam adultos, mantêm um estilo de vida sedentário, com altos níveis de gordura no sangue, beneficiando-se de programas que estimulam o estilo de vida saudável, melhorando a mobilidade, reduzindo a gordura corporal e proporcionando melhor qualidade de vida. As atividades aquáticas são uma forma de melhorar a capacidade aeróbica das crianças com MMC, sendo uma opção agradável e de baixo impacto[30].

O manejo da MMC deve ser realizado por equipe multiprofissional, com profissionais experientes e capacitados, tentando-se minimizar as complicações e desordens musculoesqueléticas. Dessa forma, a fisioterapia deve integrar a equipe, sendo capacitada para atuar no tratamento e na reabilitação desses pacientes desde o período neonatal até a vida adulta.

MICROCEFALIA

A microcefalia (MCF) é uma condição neurológica do sistema nervoso central caracterizada pela redução do perímetro cefálico occiptofrontal, porém a definição ainda é controversa. É diagnosticada quando a alteração é maior que 2 a 3 desvios-padrão (DP) abaixo da média (-2 a -3 DP) em relação aos recém-nascidos de mesma idade, sexo e etnia[31].

O diagnóstico da MCF pode ser realizado ainda durante o período pré-natal por meio da biometria fetal pela medição do perímetro cefálico, que, quando reduzido, sugere a doença neurológica. Além da ultrassonografia, a RM tem sido apontada como potencial ferramenta diagnóstica por oferecer informações mais detalhadas para análise da anatomia cerebral, principalmente em casos mais graves, para visualização das estruturas no terceiro trimestre gestacional, quando a janela acústica da US não é a mais adequada. Após o nascimento, o acompanhamento do perímetro cefálico pode ser realizado facilmente de forma não invasiva e de baixo custo, pela medição por fita não elástica, posicionando-a acima das sobrancelhas, seguindo ao redor da cabeça. As informações devem ser transferidas para o cartão próprio de curva de crescimento por idade e sexo, determinando-se o percentil[32].

A MCF pode ser subdividida em dois grupos: primária/congênita e adquirida. A forma congênita pode ter origem genética, com traço autossômico recessivo, aumentando a incidência em caso de consanguinidade entre os pais, e manifesta-se com o perímetro cefálico menor desde o nascimento, sem associação de outras malformações cerebrais, como holoprosencefalia ou síndromes, podendo apresentar retardo mental leve não progressivo. Já a MCF adquirida ocorre pela exposição a fatores ou eventos que possam interferir no desenvolvimento cerebral, como teratógenos, infecções, doenças metabólicas, lesões hipóxico-isquêmicas e síndromes genéticas. Nessa forma, o perímetro cefálico pode inicialmente ser normal e progressivamente apresentar diminuição como resultado da lesão cerebral (Figura 3.3)[33].

Em 2015, o Brasil vivenciou o aumento da incidência de MCF em 20 vezes em relação ao esperado após o surgimento do vírus Zika, transmitido pelo mosquito *Aedes aegypti*, sendo constatado o efeito teratogênico da infecção para o aumento da doença durante o primeiro trimestre gestacional[31]. A relação entre o vírus com a malformação fetal ficou mais consistente com a detecção do RNA viral no líquido amniótico, cordão umbilical, tecido cerebral de RN afetados e placenta, evidenciando a capacidade do vírus de ultrapassar a barreira da placenta e provocar as malformações. A transmissão do vírus ocorre da mãe para o filho, e a prevenção é a recomendação realizada pela Sociedade Brasileira de Infectologia, já que não há vacinas disponíveis e o tratamento é sintomático[34].

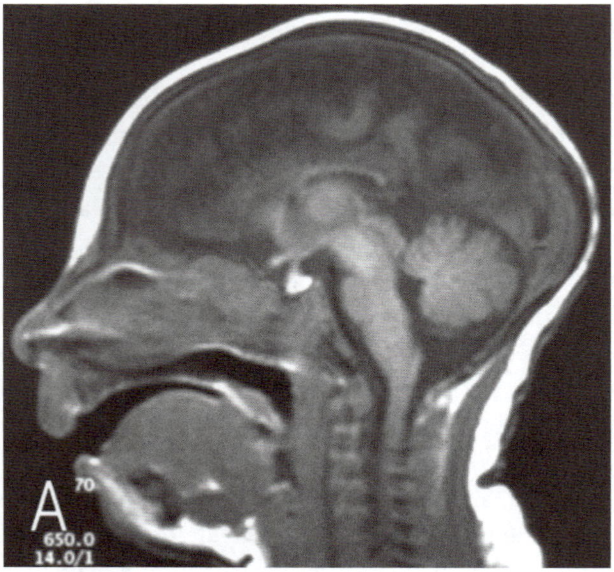

Figura 3.3 Ressonância magnética, em corte sagital, mostrando microcefalia grave com o corpo caloso parcialmente formado de lactente com 1 mês de idade.
Fonte: adaptada de Adachi et al. (2011)[33].

Os RN diagnosticados com MCF devem ser acompanhados ambulatorialmente com a medição do perímetro cefálico, história familiar, avaliações do sistema nervoso central e funções auditiva e oftalmológica. Dependendo do acometimento cerebral da MCF, as crianças podem evoluir com epilepsia, paralisia cerebral, atraso no desenvolvimento neuropsicomotor, atraso na fala e baixa acuidade visual e auditiva. Por causa das múltiplas variações de gravidade e manifestações clínicas, os RN com MCF devem ser acompanhados por equipe multiprofissional, uma vez que podem apresentar dificuldades neurológicas, cognitivas, motoras e respiratórias[34].

A fisioterapia pode contribuir desde o período neonatal, beneficiando-se de programas de estimulação (ver Capítulo 20) até a reabilitação desses pacientes.

CONCLUSÕES

O conhecimento da fisiopatologia de doenças neurológicas é importante para todos os profissionais de saúde que compõem uma equipe multidisciplinar, e a fisioterapia tem papel preponderante no tratamento dessas doenças por meio de estimulação do desenvolvimento motor e melhora na qualidade de vida.

REFERÊNCIAS BIBLIOGRÁFICAS

1. Kidokoro H, Anderson PJ, Doyle LW, Woodward LJ, Neil JJ, Inder TE. Brain injury and altered brain growth in preterm infants: predictors and prognosis. Pediatrics. 2014;134(2):444-53.
2. Hielkema T, Hadders-Algra M. Motor and cognitive outcome after specific early lesions of the brain: a systematic review. Dev Med Child Neurol. 2016;58(4):46-52.
3. Pavao SL, Silva FPS, Dusing SC, Rocha NACF. Clinical tools designed to assess motor abilities in children with cerebral palsy. Dev. Neurorehabil. 2017;20(3):149-59.
4. Caldas JPS, Braghini CA, Mazzola TN, Vilelac MMS, Marba STM. Peri-intraventricular hemorrhage and oxidative and inflammatory stress markers in very-low birth weight newborns. J Pediatr (Rio J). 2015;91(4):373-9.
5. Abreu LC, Souza AMB, Oliveira AG, Selestrin CC, Guerra MSB, Pereira C, et al. Incidência de hemorragia peri-intraventricular em recém-nascidos pré-termo e a relação com o peso ao nascer. Rev Bras Crescimento Desenvolv Hum. 2007;17(2):24-30.
6. Marba STM, Caldas JPS, Vinagre LEF, Pessoto MA. Incidence of periventricular/intraventricular hemorrhage in very low birth weight infants: a 15-year cohort study. J Pediatr (Rio J). 2011;87(6):505-11.
7. Neves LAT, Chehuen Neto JA, Kneipp D, Fonseca LG, Rosado MP, Barreto MRP. Hemorragia intracraniana no recém-nascido pré-termo. Casuística da UTI Neonatal do Hospital Albert Sabin. HU Rev. 2007;33(2):47-52.
8. Silveira RC, Procianoy RS. Ischemic brain damage in very low birth weight preterm newborn infants. J Pediatr (Rio J). 2005;81(1):S23-S32.
9. Marinho RS, Cardoso LA, Idalgo GF, Jucá SSH. Hemorragia periventricular, intraventricular e mecanismos associados à lesão em recém-nascidos pré-termos. Acta Fisiatr. 2007;14(3):154-8.
10. Silveira RC, Procianoy RS, Dill JC, Costa CS. Sepse neonatal como fator de risco para leucomalácia periventricular em pré-termos de muito baixo peso. J Pediatr (Rio J). 2008;84(3):211-6.

11. Lee JD et al. Motor pathway injury in patients with periventricular leucomalacia and spastic diplegia. Brain. 2011;134(Pt 4):1199-210.
12. Grahan HK, Rosenbaum P, Paneth N, Dan B, Lin JP, Damiano DL, et al. Cerebral palsy. Nat Rev Dis Primers. 2016;2:1-25.
13. Ward R, Reynolds JE, Bear N, Elliott C, Valentine J. What is the evidence for managing tone in young children with, oral risk of developing, cerebral palsy: a systematic review. Disabil Rehabil. 2017;39(7):619-30.
14. Kahraman A, Seyhan K, Deger U, Kutluturk S, Mutlu A. Should botulinum toxin a injections be repeted in children with cerebral palsy? A systematic review. Dev Med Child Neurol. 2016;58(9):10-7.
15. Acar G, Altun GP, Yurdalan S, Polat MG. Efficacy of neurodevelopmental treatment combined with the Nintendo Wii in patients with cerebral palsy. J Phys Ther Sci. 2016;28(3):774-80.
16. Gusman S, Torre CA. Habilitação e reabilitação: fisioterapia. In: Diament A, Cypel S. Neurologia infantil. 5. ed. São Paulo: Atheneu; 2010. p. 1753-75.
17. Deon LL, Gaebler-Spira D. Assessment and treatment of movement disorders in children with cerebral palsy. Orthop Clin North Am. 2010;41(4):507-17.
18. Tully HM, Dobyns WB. Infantile hydrocephalus: a review of epidemiology, classification and causes. Eur J Med Genet. 2014;57(8):359-68.
19. Kandasamy J, Jenkinson MD, Mallucci CL. Contemporary management and recent advances in paediatric hydrocephalus. BMJ. 2011;343:d419.
20. Del Bigio MR. Neuropathology and structural changes in hydrocephalus. Dev Disabil Res Rev. 2010;16(1):16-22.
21. Futagi Y, Suzuki Y, Toribe Y, Nakano H, Morimoto K. Neurodevelopmental outcome in children with posthemorrhagic hydrocephalus. Pediatr Neurol. 2005;33(1):26-32.
22. Dinçer A, Özek MM. Radiologic evaluation of pediatric hydrocephalus. Childs Nerv Syst. 2011;27(10):1543-62.
23. Kulkarni AV. Quality of life in childhood hydrocephalus: a review. Childs Nerv Syst. 2010;26(6):737-43.
24. Feick D, Sickmond J, Liu L, Metellus P, Williams M, Rigamonti D, Hill-Briggs F. Sensitivity and predictive value of occupational and physical therapy assessments in the functional evaluation of patients with suspected normal pressure hydrocephalus. J Rehabil Med. 2008;40(9):715-20.
25. Mayer S, Weisser M, Till H, Gräfe G, Geyer C. Congenital myelomeningocele: do we have to change our management? Cerebrospinal Fluid Res. 2010;7:17.
26. Copp AJ, Adzick NS, Chitty LS, Fletcher JM, Holmbeck GN, Shaw GM. Spina bifida. Nat Rev Dis Primers. 2015;1:15007.
27. Au KS, Ashley-Koch A, Northrup H. Epidemiologic and genetic aspects of spina bifida and other neural tube defects. Dev Disabil Res Rev. 2010;16(1):6-15.
28. Adzick NS. Fetal myelomeningocele: natural history, pathophysiology, and in-utero intervention. Semin Fetal Neonatal Med. 2010;15(1):9-14.
29. Teulier C, Smith BA, Kubo M, Chang CL, Moerchen V, Murazko K, Ulrich BD. Stepping responses of infants with myelomeningocele when supported on a motorized treadmill. Phys Ther. 2009;89(1):60-72.
30. Fragala-Pinkham M, Haley SM, O'Neil ME. Group aquatic aerobic exercise for children with disabilities. Dev Med Child Neurol. 2008;50(11):822-7.
31. Morris JK, Rankin J, Garne E, Loane M, Greenlees R, Addor MC, et al. Prevalence of microcephaly in Europe: population based study. BMJ. 2016;354:i4721.
32. Harris SR. Measuring head circumference: Update on infant microcephaly. Can Fam Physician. 2015;61(8):680-4.
33. Adachi Y, Poduri A, Kawaguch A, Yoon G, Salih MA, Yamashita F, et al. Congenital microcephaly with a simplified gyral pattern: associated findings and their significance. AJNR Am J Neuroradiol. 2011;32(6):1123-9.
34. Falcão MB, Cimerman S, Luz KG, Chebabo A, Brigido HA, Lobo IM, et al. Management of infection by the Zika virus. Ann Clin Microbiol Antimicrob. 2016;15(1):57.

Seção II

Abordagem fisioterapêutica nos distúrbios cardiorrespiratórios

4 Avaliação respiratória

Luana Rodrigues
Márcia Gama da Silva de Souza

Após ler este capítulo, você estará apto a:

1. Identificar os itens que compõem a avaliação respiratória.
2. Identificar os sinais clínicos dos distúrbios respiratórios.
3. Avaliar a importância da propedêutica respiratória para o sucesso da abordagem fisioterapêutica.

INTRODUÇÃO

A avaliação respiratória vem sendo utilizada há muitos séculos como método de obtenção de informações importantes relacionadas ao paciente, auxiliando no diagnóstico e, posteriormente, na conduta a ser realizada.

É essencial que o fisioterapeuta conheça todas as peculiaridades e características da população pediátrica e neonatal, para que assim possa realizar uma intervenção apropriada. As informações obtidas na avaliação também servem para que se possa observar a evolução do paciente, da doença e do próprio tratamento planejado e instituído.

O fisioterapeuta deve realizar a avaliação respiratória seguindo alguns elementos básicos que podem e devem ser adaptados às circunstâncias. São eles: anamnese e exame físico.

ANAMNESE

Anamsese (do grego *ana*, "trazer de novo", e *mnesis*, "memória") nada mais é que uma entrevista realizada pelo profissional da saúde com seu paciente, tendo como objetivo ser o ponto inicial do diagnóstico de uma doença. A anamnese deve ser realizada de forma organizada e detalhada, abordando alguns dados principais:

- Identificação: deve conter nome, sexo, data de nascimento, raça e etnia.
- Queixa principal: descrever por que o paciente procurou o serviço de saúde.
- Condição socioambiental: características do domicílio (como é o local onde a criança mora, onde dorme, se há saneamento básico, número de pessoas que moram no local), renda familiar, grau de escolaridade dos pais e/ou responsável pela criança, rotina da criança (se frequenta escola, quem cuida na maior parte do tempo).
- Antecedentes familiares: resumo da saúde e doenças da família, vivos e mortos, além de história de consanguinidade. Em alguns casos, é importante para a investigação de fatores genéticos de algumas doenças.
- Antecedentes psicológicos: deve abordar o desenvolvimento psicossocial do paciente, suas dificuldades, problemas, facilidades, capacidade de cooperação e seu entendimento para o tratamento.
- Antecedentes nutricionais: se teve aleitamento materno, duração, motivo do desmame, se tem intolerância ou alergia alimentar, como se alimenta. É necessário que o fisioterapeuta saiba desses detalhes para que possa traçar um plano de tratamento adequado em caso de desnutrição e/ou hipodesenvolvimento, para que não haja perda energética e calórica.
- Desenvolvimento: devem ser observadas suas atitudes, interação com a mãe ou cuidador. É importante saber em que idade iniciou as principais fases do desenvolvimento global (desenvolvimento motor, linguagem, socialização, entre outros).
- Antecedentes pré-natais: investigar se foi gravidez planejada ou não, número de gestações, abortos e partos, consultas pré-natais, complicações gestacionais, uso de vitaminas, medicamentos e história de partos prematuros.
- Antecedentes natais: tipo de parto, indicação, intercorrências durante o parto, valor do escore de Apgar.
- Antecedentes pós-natais ou neonatais: idade gestacional, peso de nascimento, necessidade de internação na unidade de terapia intensiva (UTI) neonatal, uso de ventilação artificial e de medicamentos, intercorrências no berçário (regurgitações, uso de fototerapia, cianose).
- Classificação quanto à idade gestacional (IG):
  - Recém-nascido pré-termo (RNPT): < 37 semanas.
  - Recém-nascido termo (RNT): 37-42 semanas.
  - Recém-nascido pós-termo (RNPT): > 42 semanas.
- Classificação quanto ao peso:
  - Extremo baixo peso (EBP): < 1.000 g.

  - Muito baixo peso (MBP): < 1.500 g.
  - Baixo peso (BP): < 2.500 g.
- Classificação quanto ao tamanho:
  - Pequeno para a idade gestacional (PIG).
  - Adequado para a idade gestacional (AIG).
  - Grande para a idade gestacional (GIG).
- História pregressa: é a descrição de doenças pregressas, hospitalizações, acidentes, cirurgias, imunizações. São informações sobre o passado que possam ter relação direta ou indireta com a doença atual.
- História da doença atual: é a descrição da doença atual, relacionada com a queixa principal e, normalmente, a parte mais importante da anamnese. Deve ser registrada de forma cronológica dos sinais e sintomas, organizada e em termos técnicos. O avaliador deve direcionar o paciente, porém deixar que ele fale livremente sobre a doença.

EXAME FÍSICO

Ritmo Respiratório

O ritmo respiratório encontrado na população pediátrica e neonatal apresenta-se de forma irregular, exigindo a contagem durante 1 minuto para se obter a frequência respiratória fidedigna. Torna-se regular e sem existência de pausas entre os movimentos respiratórios com o crescimento e o amadurecimento pulmonar. Pode ser:

- Costal ou torácico: predomínio da elevação do tórax sobre o abdome.
- Abdominal ou diafragmático: predomínio da elevação do abdome em relação ao tórax.
- Misto: os compartimentos toracoabdominais movem-se com a mesma amplitude.
- Paradoxal: há assincronismo entre os compartimentos toracoabdominais, ou seja, enquanto um se eleva, o outro se retrai.
- Cheyne-Stokes: caracterizada por uma fase de apneia seguida por respiração irregular com padrão crescente e decrescente.

Expansibilidade Torácica

É a amplitude da movimentação do tórax durante a inspiração. Pode ser simétrica, ou seja, eleva-se igualmente em ambos os hemitórax, ou assimétrica, que é caracterizada pela elevação desigual do hemitórax afetado.

Sinais Vitais

Frequência respiratória é a contagem de respirações por minuto (Tabela 4.1), que pode ser:

- Apneia: quando há ausência de movimentos respiratórios.
- Eupneia: quando a frequência respiratória é adequada de acordo com a faixa etária.
- Bradipneia: quando a frequência respiratória encontra-se diminuída.
- Taquipneia: quando há aumento da frequência respiratória.
- Dispneia: caracterizada pela dificuldade de respirar.
- Taquidispneia: caracterizada pela dificuldade de respirar associada às tiragens intercostais, subdiafragmáticas e de fúrcula, uso de musculatura acessória, batimento de asa de nariz e gemido.

Ausculta Pulmonar

Antes de iniciar qualquer intervenção, é fundamental estabelecer um programa de atendimento fisioterapêutico, que inclui a avaliação e a aplicação rigorosa das técnicas escolhidas. A ausculta pulmonar fornece dados que devem ser comparados aos obtidos em avaliações subsequentes[5,9,10].

A ausculta pulmonar é um método semiológico básico no exame físico dos pulmões. Funcional por excelência, difere da percussão puramente estática, por isso permite melhor análise do funcionamento pulmonar. Para sua realização, exige-se o máximo de silêncio e posição cômoda tanto para a criança como para o fisioterapeuta[6-8].

Antes da ausculta, deve-se aquecer o estetoscópio com a mão para não assustar a criança e levá-la a se agitar, prejudicando a avaliação. Deve-se movimentá-lo de segmento em segmento: ápice–ápice, infra-axilar–infra-axilar e bibasal (simétrico e ordenado). A comparação dos segmentos pulmonares se faz necessária para a clareza na identificação dos sons[6,8].

Tabela 4.1 Frequência respiratória e frequência cardíaca (valores normais)

Idade	Frequência respiratória (ipm)	Frequência cardíaca (bpm)
Recém-nascido	30 a 60	120 a 160
Lactente	24 a 40	90 a 140
Pré-escolar	22 a 34	80 a 110
Escolar	18 a 30	75 a 100
Adolescente	12 a 16	60 a 90

Atualmente, existe grande anseio visando à padronização da terminologia dos sons pulmonares. A ausculta pulmonar evidencia dois sons distintos de acordo com a região examinada. Sobre a laringe e a traqueia, tem-se um ruído de grande intensidade formado por vibrações de alta frequência, com predominância da fase expiratória, denominada ruído laringotraqueal. Na superfície do tórax, tem-se um ruído mais suave, predominando a fase inspiratória; está relacionado à passagem do ar pelas porções periféricas do tecido pulmonar e é conhecido como murmúrio vesicular[6,8-10].

O murmúrio vesicular é um som respiratório normal, que é mais longo na inspiração que na expiração, sendo resultado da passagem do ar pelos bronquíolos e pela estrutura acinar. Deve-se atentar para a sua qualidade, intensidade, tempo expiratório e modificações no timbre[6,8]. Os ruídos podem ser divididos em:

- Roncos: sua representação funcional caracteriza-se pela passagem de ar turbulento por meio das secreções de vias aéreas de grande calibre. Sua intensidade pode ser acentuada por mudanças de decúbito, tosse e aspirações[6,8].
- Sibilos: são ruídos agudos gerados pela passagem do ar em alta velocidade por meio de via aérea estreitada até o ponto de fechamento. São audíveis durante a fase expiratória quando as vias aéreas localizadas dentro do tórax tornam-se mais estreitas, por espasmo da via aérea, revelando portanto aumento da resistência à passagem do fluxo de ar[6,8]. Os sibilos também podem ser identificados na fase inspiratória quando ocorre acúmulo de secreções, diminuindo a luz do brônquio, dificultando e restringindo a passagem do ar.
  - Estertores subcrepitantes: são ruídos mais grossos, que se assemelham ao rompimento de bolhas. São encontrados no fim da inspiração e no começo da expiração. Originam-se do choque entre o fluxo de ar e as secreções líquidas na luz bronquiolar[6,8].
  - Estertores crepitantes: são ruídos mais finos, que se assemelham ao atrito do fio de cabelo. São encontrados no início da inspiração e em toda a fase da expiração. Os estertores são divididos em subcrepitantes ou crepitantes, de acordo com o timbre, o que reflete o calibre da via aérea em que se encontra a interface ar–líquido[6,8].
- Sopro tubário: som mais grosso e rude, presente no final da fase inspiratória e no início da fase expiratória, compatível com áreas de condensação pulmonar.
- Sopro compressivo: som mais grave e curto, presente na fase expiratória, compatível com quadros de derrame pleural.
- Atrito pleural: característico dos processos patológicos da pleura quando ainda não ocorreu o acúmulo de líquidos[6-8].

- Gemido expiratório, estridor laríngeo: ocorre em decorrência da oscilação no calibre da laringe[6,8].
- Respiração ruidosa: ocorre por causa da vibração de partes moles da orofaringe[6,8].

Oximetria de Pulso

A oximetria de pulso é um dispositivo não invasivo e por isso muito utilizado para avaliação e conduta fisioterapêutica. Esse dispositivo mede a quantidade de oxigênio circulante no tecido, mas alguns fatores dificultam a leitura da saturação de oxigênio, como cor da pele, hipotermia, baixa perfusão periférica.

EXAMES COMPLEMENTARES

São recursos essenciais para auxiliar na avaliação e conduta fisioterapêutica. Na radiografia de tórax, podem-se observar: posição de cânula orotraqueal ou traqueostomia, posição de sonda naso/orogástrica, hiper/hipofluxo pulmonar e alterações patológicas de tórax. Já a ressonância magnética e a tomografia computadorizada servem para avaliar alterações do parênquima pulmonar e partes moles.

A gasometria arterial é utilizada para avaliar alterações acidobásicas provenientes das doenças instaladas.

CONCLUSÕES

Hoje, a maioria dos hospitais pediátricos ou gerais que atende a população pediátrica aciona o fisioterapeuta para avaliação fisioterapêutica, uma vez que a maioria das crianças já chega com sinais de desconforto respiratório ou de insuficiência respiratória. Mesmo as que já estão internadas podem evoluir com algum quadro de distúrbio e/ou desconforto respiratório por complicações da doença de base e pelo tempo prolongado de internação, o que requer avaliação minuciosa do fisioterapeuta para determinar a necessidade da intervenção da fisioterapia respiratória e auxiliar na determinação dos objetivos e da melhor conduta, de acordo com os itens de avaliação descritos neste capítulo, proporcionando atendimento de qualidade e sem eventos adversos.

REFERÊNCIAS BIBLIOGRÁFICAS

1. Sarmento VJG, Peixe FAA, Carvalho AF. Fisioterapia respiratória em pediatria e neonatologia. Barueri: Manole; 2007. Cap. 4.
2. Kopelman B, Miyoshi M, Guinsburg R. Distúrbios respiratórios no período neonatal. São Paulo: Atheneu; 1998.

3. Sarmento VJG. Fisioterapia respiratória no paciente crítico. Barueri: Manole; 2005.
4. Santos N, Veiga P, Andrade R. Importância da anamnese e do exame físico para o cuidado do enfermeiro. Rev Bras Enferm. 2011;64(2):355-8.
5. Hayashida LN, Bispo BRP, Oliveira GB. Avaliação respiratória funcional. In: Johnston C, Zanetti MN. Fisioterapia pediátrica hospitalar. São Paulo: Atheneu; 2012. p. 25-36.
6. Zuana DA, Jesus CA, Garcia MCA, Lanhóz CLA. Fisioterapia em UTI pediátrica e neonatal. Barueri: Manole; 2009. Cap. 6.
7. Santos LV, Guizillini S, Umeda KLI, Pulz C, Medeiros MW. Fisioterapia em cardiologia: aspectos práticos. 2. ed. São Paulo: Atheneu; 2014. Caps. 1 e 2.
8. Sarmento VJG, Ribeiro CD, Shiguemoto ST. O ABC da fisioterapia respiratória. Barueri: Manole; 2009. Caps. 1 e 2.
9. Álvares BR, Pereira ICMR, Neto SAA, Sakuma ETI. Achados normais no exame radiológico de tórax do recém-nascido. Radiol Bras. 2006;39(6):435-40.
10. Justiniano NA. Exames laboratoriais. In: Souza IC. Fisioterapia intensiva. São Paulo: Atheneu; 2007.

Recursos fisioterapêuticos nos distúrbios cardiorrespiratórios

5

Fernanda Corsante Siqueira Grigio
Alessa Castro Ribeiro
Georgia Aparecida Santos de Araújo Calasans
Mariana Ribeiro do Nascimento

Após ler este capítulo, você estará apto a:

1. Descrever o papel da fisioterapia respiratória nos distúrbios cardiorrespiratórios.
2. Identificar as técnicas convencionais e atuais de fisioterapia respiratória.
3. Descrever as indicações e contraindicações de aplicação das técnicas convencionais e atuais.

INTRODUÇÃO

A fisioterapia respiratória é uma especialidade que utiliza técnicas de reabilitação pulmonar visando a promoção, prevenção e tratamento de doenças respiratórias. Essa especialidade faz uso de técnicas manuais, exercícios ativos e dispositivos chamados recursos fisioterapêuticos[1,2].

Esses recursos foram desenvolvidos com base em evidências científicas na população adulta. Com o passar dos anos, foi estudada sua utilização na população neonatal e pediátrica e foram observadas as correlações entre eles e a presença de alterações motoras e cognitivas em recém-nascidos pré-termo. A partir desse momento, novos estudos foram realizados adaptando-se os recursos fisioterapêuticos à anatomia e à fisiologia da população pediátrica e neonatal[3,4].

O início precoce da intervenção fisioterapêutica é fundamental (desde que a criança tenha condições clínicas), visando a menores prejuízos ao paciente, melhoria da função pulmonar, das trocas gasosas, da relação ventilação-perfusão e, consequentemente, ao retorno da criança a suas atividades cotidianas[1,4,5].

É indispensável que em qualquer momento do acometimento respiratório (agudo e crônico) e em todos os setores (domiciliar ou ambulatorial, pronto-socorro, enfermaria e unidade de terapia intensiva – UTI) haja avaliação e intervenção de um profissional especializado com o objetivo de promover o máximo e mais rápido restabelecimento pulmonar[2,5]. Para esse fim, a fisioterapia usa técnicas de remoção de secreção brônquica, ou seja, que mantêm a permeabilidade das vias aéreas. Além disso, existem outros métodos de intervenção, como a técnica de reexpansão pulmonar, preservando e garantindo os volumes e capacidades pulmonares, além do treinamento muscular para o aumento ou a manutenção da força muscular da musculatura respiratória[1,2,4,5].

TÉCNICAS CONVENCIONAIS

Drenagem Postural

A drenagem postural pode ser considerada uma técnica respiratória que tem como objetivo drenar secreção pulmonar das vias aéreas inferiores para as vias aéreas superiores por meio da ação da gravidade. Considerando a posição anatômica pulmonar e o efeito gravitacional, há maior tendência de acúmulo de secreções nas áreas mais distais (inferiores)[6,7].

Posicionar o paciente em decúbito dorsal, com as mãos do terapeuta envolvendo o tórax da criança, aumenta lentamente o fluxo expiratório dela, prolongando a expiração até o volume residual, utilizando-se um apoio abdominal. Em crianças maiores, a drenagem postural acontece ativamente pelo paciente, com orientação do fisioterapeuta para a manutenção das posições de drenagem durante determinado tempo (20 minutos)[3,6,7].

Vibração Manual ou Vibrocompressão

Recurso que consiste na contração sustentada isométrica do antebraço do fisioterapeuta, com as mãos localizadas sobre a parede do tórax, podendo ser associada a uma compressão torácica (vibrocompressão) no sentido craniocaudal ou lateromedial, durante a fase expiratória[6-8].

Tapotagem/Percussão Torácica Manual

Técnica que consiste em percutir regiões do tórax, com as mãos em forma de concha ou ventosa, durante o tempo expiratório, em uma frequência ideal do tixotropismo da secreção pulmonar (25 a 35 Hz). O objetivo da técnica é promover on-

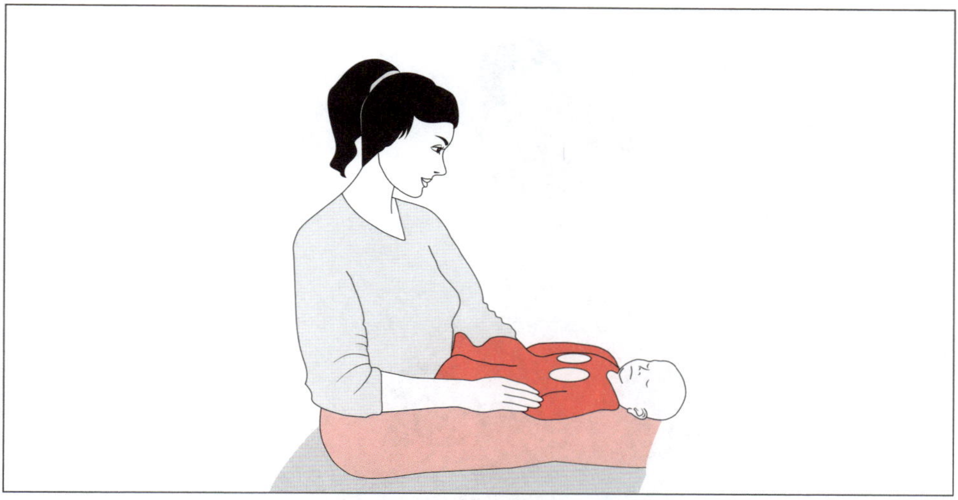

Figura 5.1 Postura para drenagem postural de lobos inferiores anteriores.

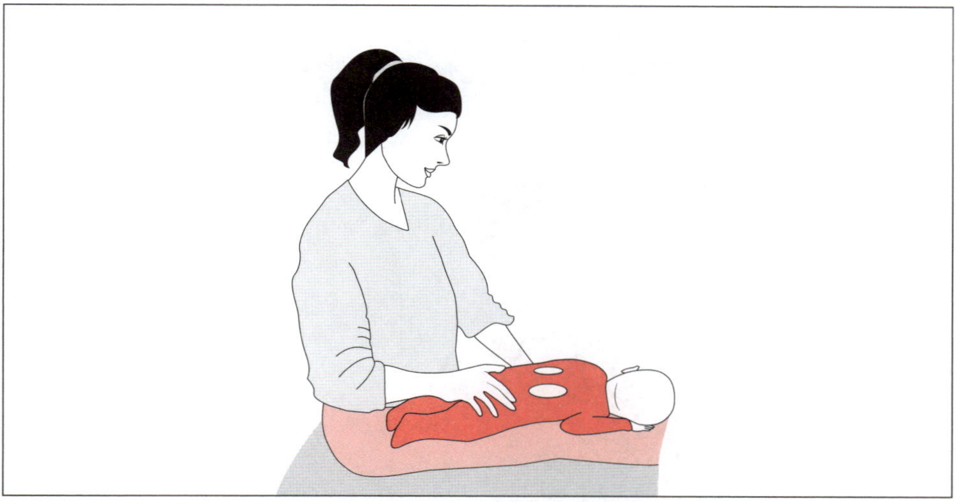

Figura 5.2 Postura de drenagem postural de lobos inferiores posteriores.

das de energia cinética, beneficiando o *clearance* mucociliar e a eliminação das secreções das vias aéreas superiores. Esse recurso tem limitação quando empregado em doenças de vias aéreas de pequeno e médio calibre, já que nessas regiões são necessários a variação do volume pulmonar e o deslocamento de fluxo a fim de deslocar a secreção. Um fator limitante dessa técnica é a capacidade do profissional de atingir a frequência ideal para deslocar a secreção pulmonar até as vias aéreas superiores[6-8].

Figura 5.3 Postura de drenagem postural de lobos superiores posteriores.

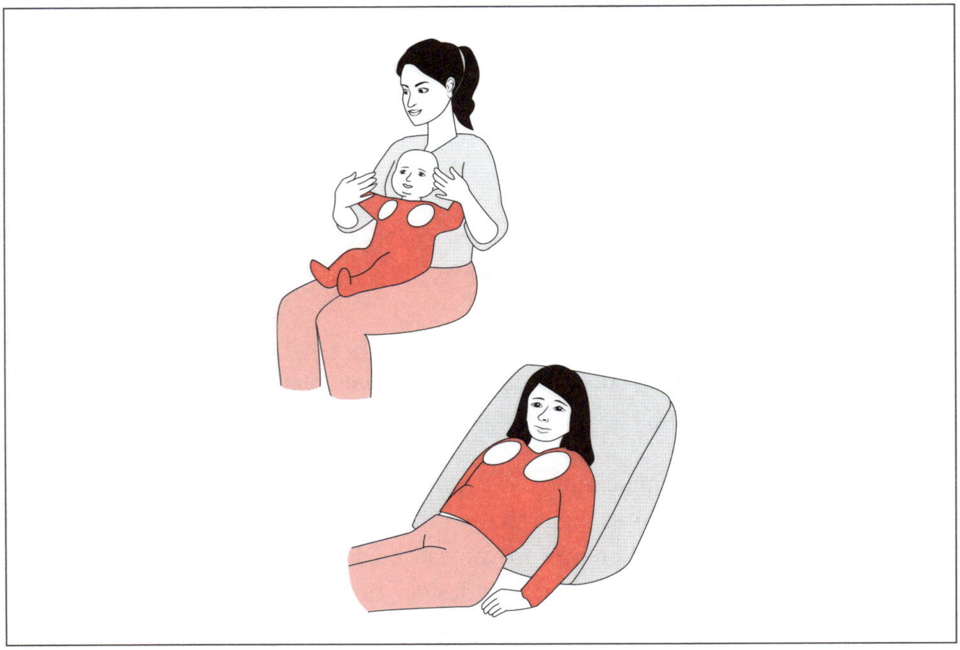

Figura 5.4 Postura de drenagem do lobo superior da região anterior.

Tabela 5.1 Indicações e contraindicações das técnicas convencionais

Técnica	Indicações	Contraindicações/cuidados
Drenagem postural	Remoção de secreção brônquica utilizando a gravidade Utilizada em RNPT, RN, lactentes, crianças e adolescentes, principalmente indivíduos acamados	Hipertensão intracraniana não controlada Postura de Trendelenburg Decúbitos horizontais na doença do refluxo gastroesofágico
Vibração/ vibrocompressão	Remoção de secreção brônquica Utilizada em RN, lactentes, crianças e adolescentes (a aplicação nesse público deve considerar topografia torácica e densidade muscular)	Instabilidade hemodinâmica Instabilidade torácica (pós-operatórios de cirurgias torácicas e abdominais) Distúrbios ósseos (como osteoporose/osteopenia da prematuridade/fraturas de costelas) Hipertensão pulmonar e intracraniana Hemoptise Dor Prematuridade Pneumotórax Derrame pleural não drenado Hiper-reatividade brônquica Queimaduras e ferimentos não cicatrizados na região toracoabdominal
Tapotagem/percussão torácica manual	Remoção de secreção brônquica Utilizada em lactentes, crianças e adolescentes (a aplicação nesse público específico deve considerar topografia torácica e densidade muscular)	Instablilidade hemodinâmica Instabilidade torácica Distúrbios ósseos Hipertensão pulmonar e intracraniana Hemoptise Dor Prematuridade Plaquetopenia Pneumotórax Derrame pleural não drenado Hiper-reatividade brônquica

RN: recém-nascido; RNPT: recém-nascido pré-termo.

TÉCNICAS PASSIVAS DE DESOBSTRUÇÃO BRÔNQUICA

As técnicas passivas de desobstrução brônquica visam à mobilização e à eliminação das secreções retidas, favorecendo a troca gasosa, diminuindo o trabalho respiratório e prevenindo e reduzindo as complicações decorrentes da obstrução pulmonar. As técnicas são realizadas pelo fisioterapeuta e não dependem da compreensão ou colaboração do paciente, sendo as mais empregadas no tratamento de recém-nascidos, lactentes, crianças pequenas e crianças maiores com compreensão ou colaboração comprometidas.

Desobstrução Rinofaríngea Retrógrada

A desobstrução rinofaríngea retrógrada (DRR) geralmente é realizada associada à instilação de soro fisiológico 0,9% (SF 0,9%).

Instila-se SF 0,9% nas narinas da criança, em decúbito dorsal com leve extensão cervical, no momento inspiratório, mantendo a boca da criança fechada até o início da expiração, o que induz uma inspiração e o deslocamento do soro pelas vias aéreas, garantindo melhora da ventilação nasal[7,8].

Aumento do Fluxo Expiratório Passivo

O aumento do fluxo expiratório passivo (AFE) promove a desinsuflação pulmonar pela diminuição do espaço morto e residual, e aumento do volume de ar corrente, possibilitando ventilação pulmonar adequada e melhor oxigenação do sangue. Além disso, promove mobilização da caixa torácica. A pressão expiratória promovida pelo fisioterapeuta poderá, na sua fase final, estimular a tosse e também a expectoração.

Essa técnica consiste em promover uma compressão do tórax da criança na fase expiratória ativa ou forçada, atingindo o volume residual. O paciente deve estar posicionado em decúbito dorsal. As mãos do profissional devem se manter abertas, com dedos aduzidos, punhos e cotovelos fixos; a pressão exercida é quase toda proveniente do ombro. A pressão deve ser contínua, com leve vibração no final da expiração. O posicionamento das mãos do fisioterapeuta varia de acordo com a idade do paciente[6,9]:

- Recém-nascidos: a mão abdominal deve ser posicionada como uma ponte nas costelas inferiores.
- Lactente: a mão abdominal funciona como uma cinta no abdome, não se movimentando.
- Crianças maiores de 2 anos: a mão proximal estará localizada entre a fúrcula esternal e a linha intermamária, realizando movimento craniocaudal, compressão e vibração no final da expiração. A mão distal se posiciona sobre o abdome e as últimas costelas, sendo que as mãos se aproximam de maneira sincronizada e ativa.

O AFE passivo pode ser realizado de duas maneiras: lenta, com o objetivo de trabalhar com baixos fluxos e volumes pulmonares, mobilizando a secreção das vias aéreas inferiores; a segunda forma é rápida, com altos fluxos e volumes pulmonares para eliminação das secreções superiores[6-9].

Expiração Lenta e Prolongada

A expiração lenta e prolongada (ELPr) é uma técnica de desobstrução brônquica passiva utilizada, principalmente, em lactentes. É realizada por meio de pressão lenta e sincronizada das mãos do profissional, posicionando-se uma mão sobre o tórax e a outra sobre o abdome. Inicia-se ao final de uma expiração espontânea e se mantém até o volume residual, desinsuflando o pulmão e deslocando a secreção das vias aéreas inferiores para as superiores, com possíveis episódios de tosse durante a realização da manobra[6-9].

Drenagem Autógena Assistida

A drenagem autógena assistida (DAA) é uma variação da drenagem autógena, indicada para lactentes ou pacientes que não são capazes de realizar a técnica de forma ativa. Assim como a drenagem autógena, tem como objetivo a eliminação de secreção pulmonar por meio do aumento da velocidade do fluxo expiratório[10].

Para a realização da técnica, o terapeuta deve apoiar as mãos no paciente: uma na região entre a fúrcula esternal e a linha intermamária, e a outra na região acima do diafragma; pode-se utilizar uma faixa elástica para estabilizar o abdome, e as duas mãos em torno do tórax da criança. Deve-se aumentar o fluxo expiratório de maneira lenta, com pressão suave acompanhando a respiração da criança até o volume residual[11].

Hiperinsuflação Manual

Os objetivos da hiperinsuflação manual (HM) são o deslocamento de secreção pulmonar e a abertura de vias aéreas colapsadas, potencializando as forças de recolhimento elástico pulmonar, em consequência do aumento do pico de fluxo expiratório (PFE). A técnica pode ser realizada utilizando um balão autoinflável ou por meio do aparelho de ventilação mecânica invasiva (VMI), podendo associar-se à manobra de vibrocompressão, chamada de *bag squeezing*. Apesar dos seus benefícios, como a remoção de secreção e a abertura de vias aéreas colapsadas, essas técnicas devem ser realizadas por profissional especializado, para evitar possíveis complicações, como barotrauma, volutrauma e instabilidade hemodinâmica[6,7,12].

Tosse

Na presença de condições que cursam com aumento de secreção, a tosse durante e após a terapia é benéfica, pois promove a eliminação de secreção, e, nesses casos, deve ser incentivada e solicitada.

Em pacientes que têm o reflexo de tosse diminuído, em crianças pequenas que não respondem ao comando ou em pacientes mais velhos, sem compreensão para obedecer a um comando, a tosse pode ser provocada pelo estímulo de fúrcula ou com espátula. O estímulo de fúrcula se dá por meio de uma pequena pressão na porção da traqueia situada logo acima do esterno – região chamada de fúrcula – após o início da expiração, em razão do fato de grande parte dos receptores de tosse estarem localizados na traqueia. O estímulo com espátula se dá pela introdução de uma espátula na cavidade oral da criança até próximo à úvula.

Quando o paciente não é capaz de produzir tosse eficaz de forma independente, a mesma pode ser assistida: o fisioterapeuta posiciona uma das mãos na região abdominal do paciente e realiza uma compressão, de forma a pressionar a região para cima e para dentro, aumentando o fluxo expiratório e favorecendo o mecanismo da tosse. Outra forma de assistir a tosse é o *air stacking*, também chamada de empilhamento de ar, técnica que consiste na utilização de um hiperinsuflador manual durante as inspirações do paciente seguidas da tosse. Há também aparelhos mecânicos, como o *cough assist*, que promovem insuflação profunda seguida de desinsuflação, pouco utilizados na prática[6].

Tabela 5.2 Indicações e contraindicações das técnicas passivas de desobstrução brônquica

Técnica	Indicações	Contraindicações/cuidados
Drenagem rinofaríngea retrógrada	Obstrução das vias aéreas superiores Utilizada em menores de 24 meses	Ausência de tosse eficaz Presença de estridor laríngeo
Aumento do fluxo expiratório passivo	Indicado para mobilizar, carrear, eliminar a secreção em via aérea proximal (forma rápida) e via aérea distal (forma lenta) e para desinsuflação pulmonar Indicada em lactentes, crianças pequenas ou na falta de colaboração do paciente	Instabilidade hemodinâmica Instabilidade torácica (pós-operatórios de cirurgias torácicas e abdominais) Distúrbios ósseos, como osteoporose, osteopenia da prematuridade e fraturas de costela
Expiração lenta e prolongada	Remoção de secreção brônquica Utilizada, principalmente, em lactentes	Pós-operatório de atresia de esôfago Malformações cardíacas Broncoespasmo (sem broncodilatador)
Drenagem autógena assistida	Remoção de secreção brônquica utilizada em toda a população pediátrica	Instabilidade hemodinâmica Instabilidade torácica Distúrbios ósseos Relativa: broncoespasmo
Hiperinsuflação manual	Deslocamento de secreção pulmonar potencializado pelas forças de recolhimento elástico pulmonar, em consequência do aumento do pico de fluxo expiratório Utilizada em toda a população pediátrica	Instabilidade hemodinâmica Hipertensão craniana Hidrocefalia não resolvida Pneumotórax não drenado Relativa: instabilidade torácica
Tosse ativa, estimulada e assistida	Expectoração de secreção Toda a população pediátrica Indicações da tosse estimulada: incapacidade de tossir de forma ativa; doenças que cursam com diminuição do reflexo de tosse ou fraqueza dos músculos respiratórios; utilizada em lactentes (a partir dos 6 meses de idade), crianças e adolescentes Indicações da tosse assistida: pacientes que apresentam fraqueza dos músculos respiratórios e consequente tosse ineficaz (p. ex., distrofias musculares ou paralisia do diafragma); utilizada em crianças e adolescentes	Instabilidade hemodinâmica Pneumotórax não drenado Hemoptise Instabilidade torácica (pós-operatórios de cirurgias torácicas e abdominais) Além das contraindicações anteriores, há cuidados específicos com tosse estimulada e assistida: ▪ Tosse estimulada: RN ou lactentes antes dos 6 meses de idade, hérnia abdominal, IOT recente, presença de estridor laríngeo, cirurgia de traqueia ▪ Tosse assistida: distúrbios ósseos, hérnia abdominal

IOT: intubação orotraqueal; RN: recém-nascido.

TÉCNICAS ATIVAS DE DESOBSTRUÇÃO BRÔNQUICA

As técnicas ativas de desobstrução brônquica objetivam a mobilização e a eliminação de secreções pulmonares por meio de exercícios realizados pelo próprio paciente. As técnicas ativas podem ser realizadas tanto em âmbito hospitalar e ambulatorial quanto no domicílio, devendo ser orientadas pelo fisioterapeuta.

É fisiológico e esperado o surgimento da tosse durante e após a realização das técnicas, em razão da mobilização de secreções. As técnicas podem ser interrompidas durante o quadro de tosse e retomadas logo após.

Técnica de Expiração Forçada

Também conhecida como *huffing*, a técnica de expiração forçada (TEF) consiste em inspiração profunda seguida de expirações forçadas, e pode ser associada à drenagem postural. A expiração deve ser realizada com a glote aberta, emitindo o som de *huffing* e acompanhada da tosse. O *huff* em baixo volume mobiliza secreções mais distais, enquanto o *huff* em volume alto mobiliza secreções mais proximais. É importante que a técnica seja finalizada com a respiração diafragmática, a fim de evitar complicações, como queda de saturação de oxigênio e broncoespasmo[10].

Ciclo Ativo da Respiração

O ciclo ativo da respiração (CAR) consiste em três etapas: 1) controle da respiração, no qual são realizadas 10 respirações diafragmáticas enquanto o paciente apoia a mão sobre o diafragma para conscientização; 2) expansão torácica, na qual são realizadas 10 inspirações profundas e/ou sustentadas; 3) TEF, descrita anteriormente, a fim de eliminar as secreções mobilizadas. O CAR deve ser finalizado com a respiração diafragmática e pode ser associado à drenagem postural[10].

Expiração Lenta Total com a Glote Aberta (ELTGOL)

A técnica consiste em inspirações nasais seguidas de expirações lentas com a glote aberta, podendo ser usado um bocal na realização do exercício. A expiração deve partir da capacidade residual funcional (CRF) até o volume residual (VR).

O paciente deve estar em decúbito infralateral – hemitórax a ser trabalhado para baixo; flexionar os membros inferiores; o membro superior infralateral pode servir de apoio abaixo da cabeça. O fisioterapeuta deve posicionar-se atrás do paciente e apoiar uma das mãos sobre o diafragma e a outra, sobre as costelas superiores do hemitórax supralateral. Durante a expiração, o fisioterapeuta realiza compressão torácica associada ao apoio abdominal[13].

Drenagem Autógena Ativa

A drenagem autógena (DA) ocorre por meio de alterações de fluxo e volume pulmonar, e consiste em três etapas: 1) respirações a baixo volume pulmonar, com inspirações e expirações superficiais, que mobilizam o muco mais periférico; 2) respirações a médio volume pulmonar, com inspirações e expirações um pouco mais profundas, que direcionam o muco para vias mais proximais; 3) respirações a alto volume pulmonar, com inspirações e expirações profundas, que têm como objetivo eliminar a secreção mobilizada.

Há uma variação da drenagem autógena, a drenagem autógena modificada: nessa variação, não há a fase 1 e, em vez disso, o paciente realiza respiração a médio volume e uma pausa respiratória de 2 a 3 segundos[10].

Aumento do Fluxo Expiratório Ativo

Os mecanismos dessa técnica são os mesmos do aumento do fluxo expiratório passivo, porém na forma ativa o próprio paciente posiciona uma das mãos entre a fúrcula e a linha intermamária, e a outra na região do abdome, e realiza uma compressão durante a expiração[10].

Tabela 5.3 Indicações e contraindicações das técnicas ativas de desobstrução brônquica

Técnica	Indicações	Contraindicações/cuidados
Técnica de expiração forçada	Remoção de secreção brônquica Desinsuflação pulmonar Utilizada em crianças e adolescentes	Instabilidade hemodinâmica Falta de compreensão Hiper-reatividade brônquica
Ciclo ativo da respiração	Remoção de secreção brônquica Conscientização da respiração diafragmática Melhora das trocas gasosas Utilizada em crianças e adolescentes	Instabilidade hemodinâmica Falta de compreensão
Expiração lenta total com a glote aberta	Remoção de secreção brônquica Utilizada em crianças e adolescentes	Instabilidade hemodinâmica Falta de compreensão Incapacidade, intolerância ou condições que contraindiquem o decúbito lateral e compressão torácica e abdominal
Drenagem autógena ativa	Remoção de secreção brônquica Utilizada em crianças maiores e adolescentes	Instabilidade hemodinâmica Falta de compreensão
Aumento do fluxo expiratório ativo	Remoção de secreção brônquica Desinsuflação pulmonar Utilizada em crianças e adolescentes	Instabilidade hemodinâmica Instabilidade torácica (pós-operatórios de cirurgias torácicas e abdominais) Pneumotórax não drenado Falta de compreensão

RECURSOS INSTRUMENTAIS PARA REMOÇÃO DE SECREÇÃO BRÔNQUICA

Para auxiliar na terapia de remoção de secreção brônquica existem aparelhos que agem na árvore brônquica e atuam sobre as propriedades reológicas do muco. Esses recursos são chamados de oscilação oral de alta frequência (OOAF).

Oscilação Oral de Alta Frequência

A OOAF compreende dispositivos que produzem pressão positiva nas vias aéreas na fase expiratória (PEEP), utilizando para isso uma esfera de metal, no caso do Flutter® e Shaker®, ou um conjunto de placas de ímãs, como a Acapella®. Ambos os aparelhos produzem oscilações de alta frequência que, quando transmitidas à árvore brônquica, atuam como agentes mucolíticos físicos, quebrando ligações moleculares do muco, resultando em redução da viscosidade e deslocamento das secreções. Além de remover a secreção, a pressão positiva durante a expiração facilita a ventilação colateral, repercutindo secundariamente na melhora da expansão pulmonar. O tempo de terapia deve ser de 10 a 15 min[13-15].

Tabela 5.4 Aparelhos de oscilação oral de alta frequência (OOAF)

Flutter®	Shaker®	Acapella®
Fabricação suíça Parecido com um cachimbo, com esfera posicionada em um cabeçote alocado numa extremidade, e uma abertura em bocal na outra Quando movimentada, a esfera cria oscilações e seu peso atua como uma resistência expiratória, que varia dependendo da angulação do aparelho em relação à boca. Deve ser gerado um fluxo expiratório de cerca de 15 Hz para ser capaz de gerar vibração efetiva	É o correspondente brasileiro do Flutter® em forma de cachimbo, contendo esfera de metal alocada em um cone	Sistema de alavancas de contrapeso e ímãs. Durante a expiração, o fluxo de gás é dirigido através do aparelho por um cone, que é ocluído intermitentemente por um tampão ligado à alavanca, produzindo oscilação desse fluxo. Um botão na extremidade distal do aparelho ajusta a proximidade do ímã contrapesador, ajustando a amplitude e a pressão média Pode ser usado em todas as posições, variando em frequência de 0-30 Hz Dois modelos: verde (para pacientes que sustentam fluxo expiratório de 15 L/min por 3 s) e azul (para pacientes que mantêm fluxo abaixo de 15 L/min)
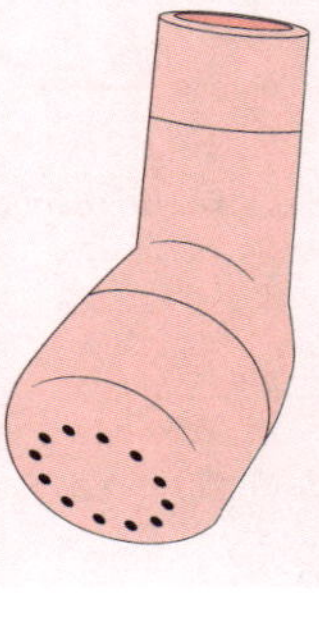	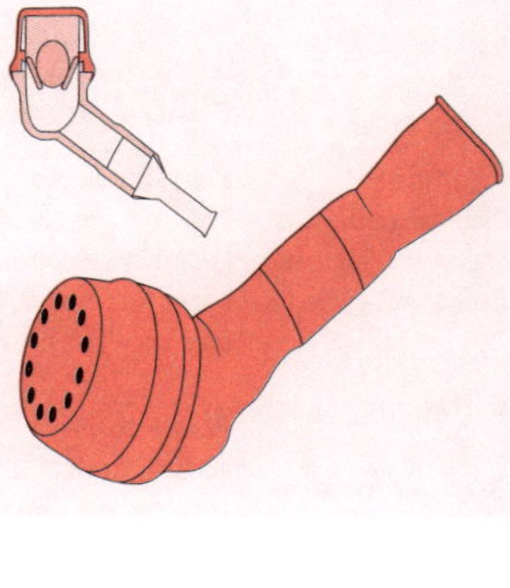	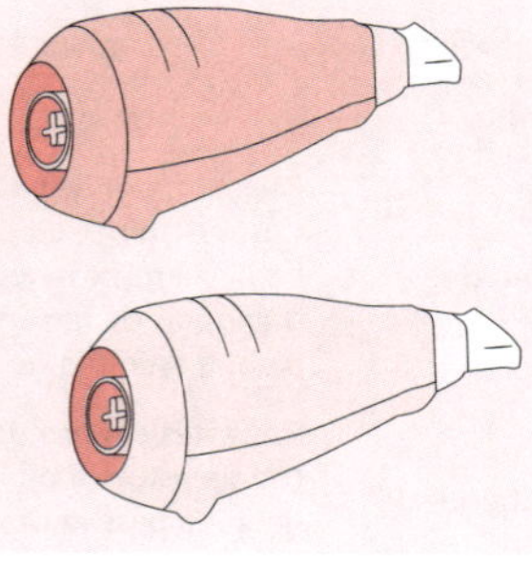

Tabela 5.5 Indicações e contraindicações dos recursos instrumentais para remoção de secreção brônquica

Dispositivos	Indicações	Contraindicações/cuidados
Flutter®, Shaker® e Acapella®	Remoção de secreção brônquica Utilizados em crianças e adolescentes	Falta de compreensão Hiper-reatividade brônquica Pneumotórax não drenado Instabilidade hemodinâmica

ASPIRAÇÃO NASOTRAQUEAL E ENDOTRAQUEAL

A aspiração consiste na retirada de secreções pulmonares das vias aéreas, tanto por via nasotraqueal como endotraqueal. Deve ser um procedimento estéril e indicado a cada terapia, visto que é invasivo e pode acarretar lesões. É utilizada como parte do atendimento fisioterapêutico, geralmente ao final, com o objetivo de garantir a permeabilidade das vias aéreas[6].

TÉCNICAS E RECURSOS INSTRUMENTAIS PARA REEXPANSÃO PULMONAR

A terapia de expansão ou reexpansão pulmonar tem o objetivo de restaurar ou otimizar os volumes pulmonares utilizando técnicas que aumentem a pressão transpulmonar. O colabamento de unidades alveolares com consequente redução da capacidade residual funcional resulta em hipoxemia e risco de infecções respiratórias, quadro frequentemente encontrado em pacientes com doenças respiratórias, neuromusculares, em uso de via aérea artificial ou em pós-operatórios de cirurgias abdominal e torácica.

A redução da pressão pleural resulta da contração muscular na inspiração; portanto, se for realizada uma contração vigorosa, eficaz, maior será a pressão transpulmonar resultante e maior o volume de ar gerado. Para tanto, existem os exercícios

Tabela 5.6 Técnicas de aspiração

Técnica	Indicações	Contraindicações/cuidados
Nasotraqueal	Pacientes em respiração espontânea Casos de hipersecreção pulmonar (quando há baixa resposta ou não responsividade a manobras de higiene brônquica, higiene nasal e estímulo de tosse)	Plaquetopenia e outros distúrbios de coagulação Trauma agudo de face Lesão cervical alta Hipertensão intracraniana Laringoespasmo e broncoespasmo
Endotraqueal	Pacientes em uso de prótese traqueal (traqueostomia ou intubação) Retirada passiva das secreções pulmonares por meio de técnica estéril	Plaquetopenia e outros distúrbios de coagulação Lesão cervical alta Hipertensão intracraniana

respiratórios e a espirometria de incentivo. Em casos em que se objetiva aumentar a pressão interalveolar, é preciso estimular a ação dos músculos respiratórios ou utilizar aparelhos que forneçam a pressão positiva[16-18].

Exercícios Diafragmáticos

Objetivam melhorar a ventilação pulmonar, principalmente nas bases, reduzir o trabalho respiratório e aumentar a excursão diafragmática a partir do aumento da capacidade residual funcional (CRF) e do volume de reserva inspiratório (VRI). Podem ser realizados em posicionamentos diversos, porém o melhor volume corrente (VC) é alcançado na posição sentada.

Para a execução, o terapeuta posiciona as mãos sobre o abdome do paciente, proporcionando conscientização do movimento que ocorrerá, podendo ou não pressionar levemente a região para servir de estímulo, e solicita inspirações tranquilas. Em seguida, o paciente deve realizar inspiração lenta e profunda, partindo da CRF até atingir a capacidade pulmonar total (CPT), mobilizando o volume de ar para a região abdominal. Preferencialmente, a inspiração deve ser nasal, favorecendo o condicionamento do ar (filtração, umidificação e aquecimento), e não utilizando a musculatura acessória, no entanto, se o paciente apresentar alta resistência de vias aéreas superiores, utiliza-se a respiração oral; a exalação é oral e pode ser associada ao freno labial[16,17].

Inspiração Profunda

A inspiração profunda é realizada a partir de máxima inspiração, de forma lenta e gradual, até atingir a CPT. O paciente deve ser orientado a inspirar pelo nariz e exalar pela boca[16,17].

Soluços ou Suspiros Inspiratórios

Têm o objetivo de aumentar o volume pulmonar a partir de sucessivas inspirações "curtas" até atingir a CPT. Esse exercício otimiza a insuflação das bases pulmonares[17].

Inspiração em Tempos com ou sem Pausa Inspiratória

É uma variação dos suspiros inspiratórios, com o acréscimo de breves pausas inspiratórias de 1 a 3 segundos. O paciente deve ser orientado a inspirar pelo nariz por breve período e manter apneia por poucos segundos – a inspiração pode ser fracionada em até seis tempos – e realizar a expiração oral[17,19].

Exercícios de Expansão Torácica Localizada

São exercícios que estimulam a expansão da caixa torácica a partir de estímulos manuais aplicados sobre a região-alvo. O posicionamento das mãos caracteriza a região que será trabalhada. Divide-se em três grupos:

- Expansão torácica inferior unilateral: posicionamento da palma da mão na linha axilar média, na altura da 7ª, 8ª e 9ª costelas de um hemitórax. Solicita-se uma expiração, com o terapeuta comprimindo a região-alvo. Em seguida solicita-se uma inspiração profunda, e o terapeuta realiza descompressão gradual até que o paciente chegue à capacidade pulmonar total. A técnica pode ser autoaplicada, sendo possível orientar o paciente para realizá-la de forma independente.
- Expansão torácica inferior bilateral: uma variação da técnica da expansão torácica unilateral, com execução igual, porém o apoio e o estímulo torácico sobre a região axilar média são bilaterais.
- Expansão torácica inferior posterior: também uma variação da expansão unilateral. É realizada com o paciente sentado, inclinando o tórax à frente dos quadris. O terapeuta aplica a pressão na região posterior das costelas inferiores[17,19].

Exercício a Débito Inspiratório Controlado

Compreende manobras inspiratórias lentas e profundas realizadas em decúbito lateral com auxílio de incentivadores respiratórios, com a região-alvo de tratamento posicionada supralateralmente. A adoção do posicionamento em decúbito lateral otimiza a insuflação pulmonar supralateral, favorecendo a expansão regional passiva dos alvéolos da periferia pulmonar e resulta em aumento do diâmetro transversal do tórax. A execução se assemelha à espirometria de incentivo: o paciente é orientado a realizar inspiração lenta e profunda, acompanhando sua evolução pelo marcador do aparelho; a diferença é que, no exercício a débito inspiratório controlado (EDIC), se realiza seleção da área a ser tratada e é necessário um tempo de apneia após a inspiração. O uso da inspiração lenta e da apneia serve para igualar as constantes de tempo dentro do pulmão, principalmente na periferia, enquanto o decúbito lateralizado aumenta o diâmetro transversal do tórax no fim da inspiração, garantindo maior insuflação[20].

Descompressão Torácica

A descompressão torácica, também conhecida por compressão-descompressão brusca, realiza a expansão pulmonar a partir da variação de pressão pleural e alveolar. Inicia-se a manobra com a localização da região a ser trabalhada e a aplicação de pressão manual torácica durante a expiração. O paciente é orientado a realizar inspirações profundas até atingir a capacidade inspiratória máxima; após 2 a 3 incursões respiratórias, realiza-se no início da próxima inspiração a descompressão abrupta do tórax. Essa descompressão brusca favorece maior negativação da pressão pleural e otimiza a entrada de ar para a região-alvo[17].

Bloqueio Torácico

O bloqueio torácico consiste em uma compressão no final da expiração no hemitórax contralateral, ou seja, na presença de diminuição do volume pulmonar no hemitórax direito, deve-se realizar a compressão no hemitórax esquerdo, permitindo que o volume de ar inspirado ocupe, principalmente, o hemitórax direito, levando a uma maior expansão[17,19].

Tabela 5.7 Indicações e contraindicações das técnicas de reexpansão pulmonar

Técnica	Indicações	Contraindicações/cuidados
Exercícios inspiratórios (exercícios diafragmáticos; inspiração profunda; soluções ou suspiros inspiratórios; inspiração em tempos com ou sem pausa inspiratória; exercícios de expansão torácica localizada; exercício a débito inspiratório controlado)	Condições que cursam com diminuição do volume pulmonar (p. ex., atelectasia, pneumonia, pós-operatório, tempo prolongado no leito) Utilizada em crianças e adolescentes	Falta de compreensão Hiperinsuflação pulmonar Pneumotórax não drenado Derrame pleural puncionável ainda não puncionado Instabilidade hemodinâmica Desconforto respiratório
Técnicas passivas (descompressão torácica, bloqueio torácico)	Condições que cursam com diminuição do volume pulmonar (p. ex., atelectasia, pneumonia, pós-operatório, tempo prolongado no leito) Utilizada em lactentes, crianças e adolescentes	Pneumotórax não drenado Derrame pleural puncionável ainda não puncionado Instabilidade hemodinâmica Desconforto respiratório Distúrbios ósseos, como osteoporose e osteopenia da prematuridade Instabilidade torácica (pós-operatórios de cirurgias torácicas e abdominais)
Pressão positiva (respiração por pressão positiva intermitente; pressão positiva expiratória nas vias aéreas; PEP *bottle* ou selo d'água)	Condições que cursam com diminuição do volume pulmonar (p. ex., atelectasia, pneumonia, pós-operatório, tempo prolongado no leito) Adjuvante à terapia de remoção de secreção brônquica Utilizada em lactentes, crianças e adolescentes	Pneumotórax não drenado Derrame pleural puncionável ainda não puncionado Instabilidade hemodinâmica Instabilidade torácica (pós-operatório de cirurgias torácicas e abdominais) Pós-operatório de cirurgia traqueoesofágica Trauma de face Incapacidade de deglutição Tosse ineficaz

RECURSOS INSTRUMENTAIS PARA REEXPANSÃO PULMONAR

Respiração com Pressão Positiva Intermitente

A respiração com pressão positiva intermitente (RPPI) consiste no fornecimento de pressão positiva durante a respiração através de uma máscara acoplada a um ventilador mecânico ou hiperinsuflador manual ou bucal. Devem ser realizadas três séries de 20 repetições, com intervalos entre uma série e outra. Existem duas modalidades para a realização desse exercício: BIPAP (*bilevel positive pressure airway*), com dois níveis de pressão, sendo uma pressão inspiratória maior e uma pressão expiratória menor, e CPAP (*continuous positive airway pressure*), que fornece pressão contínua.

As pressões devem ser avaliadas pelo fisioterapeuta, e dependem da idade, tamanho e condição do paciente. O oxigênio pode ser ofertado em pacientes que fazem uso dele[21].

Pressão Positiva Expiratória nas Vias Aéreas

O sistema pressão positiva expiratória nas vias aéreas (EPAP), também conhecido por PEP *mask* ou máscara PEP, aplica a PEEP a partir de uma máscara facial ou bucal acoplada a um resistor, que gera resistência ao fluxo expiratório. A partir de uma inspiração, o ar é direcionado por uma válvula unidirecional, sem resistência; na expiração, a válvula de PEEP é fechada, e a expiração é realizada contra o resistor. Esse processo leva ao aumento da pressão intrabrônquica, que gera uma pressão positiva pulmonar, aumenta os volumes regionais e impede o colapso das vias aéreas, favorecendo também a ventilação colateral e a redução de áreas de aprisionamento de ar. Há correlação entre a pressão aplicada e o volume alveolar: quanto maior a pressão, maior o volume mobilizado. Os resistores que geram PEEP o fazem de duas formas: pelo resistor a fluxo, onde o diâmetro do orifício determina o fluxo aéreo do paciente, e pelo resistor de limiar pressórico, onde o fluxo expiratório é constante durante todo o ciclo respiratório. Na prática clínica, o mais usual é o resistor a limiar pressórico, realizado por uma válvula *spring loaded*, pois o resistor a fluxo pode causar toxicidade (no caso de uso de oxigênio) e necessitar de altos fluxos para gerar PEEP baixas[20,22,23].

PEP *Bottle* ou Selo D'água

Atualmente pouco utilizado, porém útil em locais com escassos recursos. Gera PEEP a partir de selo d'água. Uma traqueia tem uma extremidade submersa em recipiente com uma coluna de água (o recipiente só precisa ter fundo regular, não importando altura ou largura). O paciente inspira fora da traqueia e é orientado a

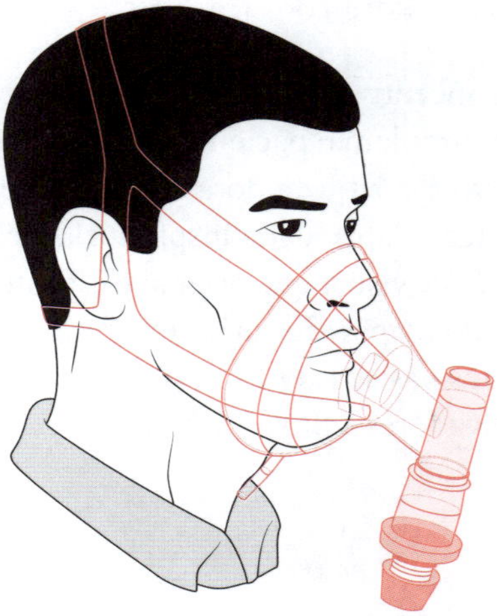

Figura 5.5 Sistema de pressão positiva expiratória nas vias aéreas com resistor a limiar pressórico com válvula *spring loaded.*

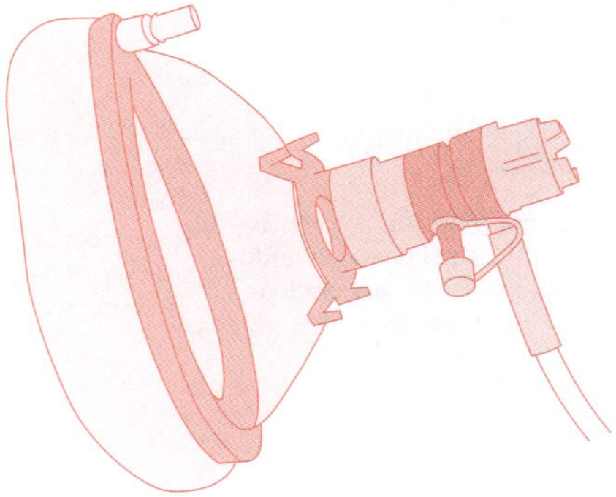

Figura 5.6 Sistema de pressão positiva expiratória nas vias aéreas com resistor a fluxo.

realizar a expiração contra a resistência do selo d'água. A resistência é diretamente proporcional à profundidade do tubo dentro da água, e a coluna atua como o determinador da PEEP a ser alcançada. De fácil aplicação e de material mais acessível.

A aplicação deve ser acompanhada de perto pelo fato de alguns pacientes cursarem com dispneia após a execução, porque, ao contrário da máscara PEP, o exercício no selo d'água ocorre com a expiração acontecendo a partir de um fluxo zero, durante o qual a pressão nas vias aéreas sobe rapidamente e precisa vencer a resistência da coluna de água, sendo um pouco desconfortável para alguns pacientes[20].

Inspirômetros de Incentivo: Respiron/Triflo/Voldyne/Coach

Os inspirômetros de incentivo ou incentivadores respiratórios compreendem recursos mecânicos que estimulam o paciente a realizar inspirações profundas para aumentar a ventilação alveolar, utilizando a respiração em esforços inspiratórios, com o objetivo de aumentar a capacidade inspiratória e o volume de reserva inspiratória. Contam com *feedback* visual que orienta e estimula o paciente.

Atualmente, o mercado dispõe de várias marcas e modelos de incentivadores, que utilizam dois princípios básicos: a fluxo e a volume.

Execução dos incentivadores a fluxo (Tabela 5.9):

Tabela 5.8 Caracterização dos incentivadores

A fluxo	A volume
Gera fluxo inspiratório rápido, levando a aumento abrupto da pressão transpulmonar em curto tempo inspiratório	Fluxo inspiratório lento, com variação gradual da pressão transpulmonar, com tempo inspiratório longo, prioriza o alcance de volume determinado pelo terapeuta

Tabela 5.9 Incentivadores a fluxo

Aparelho	Respiron® ou Triflow®	Cliniflo
Descrição	Aparelho composto por três câmaras de plástico rígido, transparente, cada uma contendo uma esfera e sistema regulador para graduar a dificuldade do exercício, tubo flexível e bocal	Aparelho que possui uma câmara de acrílico, sistema de regulagem de fluxo de 100 a 600 mL/s, possui entrada para oxigênio
Graduação	Elevar três esferas	
Representação		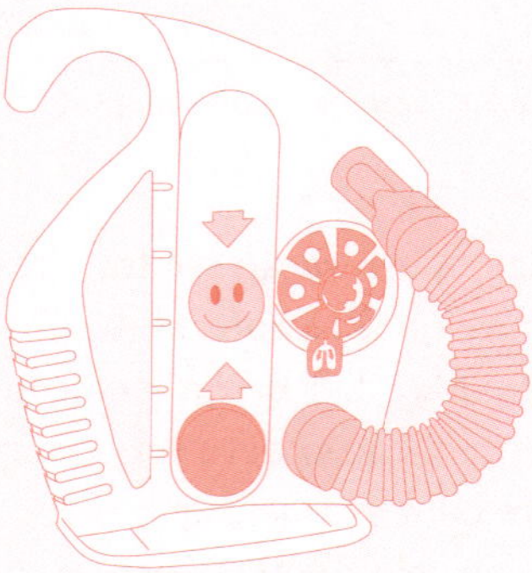

- Posicionamento sentado ou em decúbito lateral.
- Inspiração lenta partindo do VR até atingir a CPT, sustentando a inspiração ao máximo.
- Expiração realizada fora do bocal e de forma lenta até o nível de repouso expiratório.
- Tempo de terapia de 0 a 15 minutos.

Execução dos incentivadores a volume (Tabela 5.10):

- Posicionamento sentado ou em decúbito lateral.
- Inspiração lenta a partir do VR até atingir capacidade pulmonar total.
- Sustentar inspiração o máximo possível.
- A expiração deve ocorrer fora do aparelho, por via oral, até atingir repouso expiratório.
- Tempo de terapia de 10 a 15 minutos[19,24].

Tabela 5.10 Incentivadores a volume

Aparelho	Coach®	Voldyne®	Spiroball®
Descrição	Câmara plástica rígida transparente graduada, com êmbolo para mensuração de volume, outra câmara com uma esfera para controle de fluxo, tubo flexível e bocal O volume de treinamento é constante	Composto de câmara de plástico rígido, transparente com êmbolo que mede o volume, outro que controla o fluxo, acompanha tubo flexível e bocal O volume de treinamento deve se manter constante	Câmara rígida de plástico e transparente, composta de um êmbolo que mensura o volume e outro que controla o fluxo, com tubo flexível e bocal O volume de treinamento deve se manter constante
Graduação	0 a 200 mL	Pediátrico: 0 a 2.500 mL Adulto: até 5.000 mL	0 a 4.000 mL
Representação	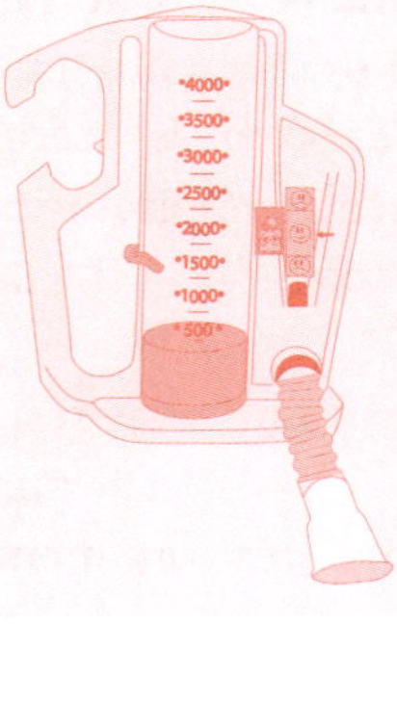	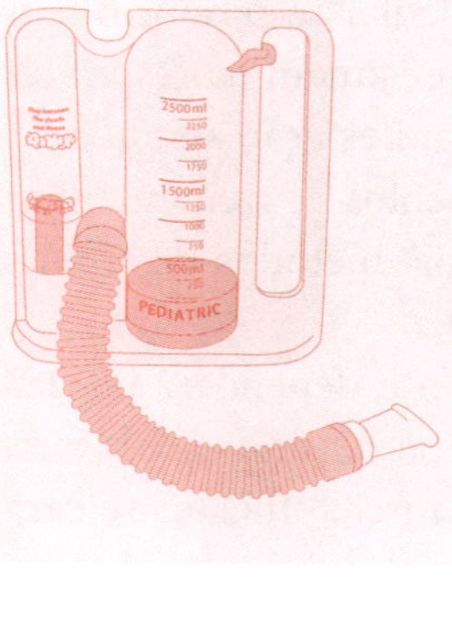	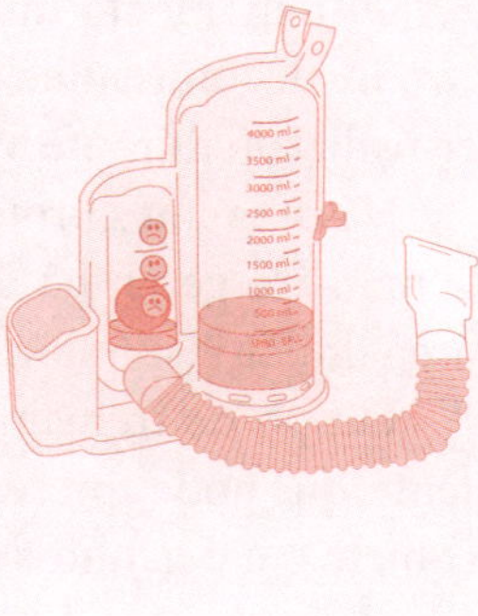

Tabela 5.11 Indicações e contraindicações dos recursos instrumentais para reexpansão pulmonar

Recursos	Indicações	Contraindicações/cuidados
Pressão positiva (respiração por pressão positiva intermitente; pressão positiva expiratória nas vias aéreas; PEP *bottle* ou selo d'água)	Condições que cursam com diminuição do volume pulmonar (p. ex., atelectasia, pneumonia, pós-operatório, tempo prolongado no leito) Adjuvante à terapia de remoção de secreção brônquica Utilizada em lactentes, crianças e adolescentes	Pneumotórax não drenado Derrame pleural puncionável ainda não puncionado Instabilidade hemodinâmica Instabilidade torácica (pós-operatório de cirurgias torácicas e abdominais) Pós-operatório de cirurgia traqueoesofágica Trauma de face Incapacidade de deglutição Tosse ineficaz
Inspirômetros de incentivo (Respiron®, Triflo®, Voldyne®, Coach®)	Situações de redução de volume pulmonar, como em atelectasias, doenças neuromusculares, pós-operatório de cirurgias torácicas e abdominais, e também para prevenção dessas complicações	Realizar os incentivadores em pacientes que possam compreender a execução dos exercícios Recomenda-se o uso a partir de 3 anos de idade Observar se o paciente tem capacidade para mobilizar volumes inspiratórios e fazer manutenção do exercício (capacidade vital maior que 10 mL/kg); observar se apresenta sinais de dispneia ou fadiga muscular durante o treinamento

RECURSOS INSTRUMENTAIS PARA FORTALECIMENTO DA MUSCULATURA RESPIRATÓRIA

Threshold®

O Threshold® é um dispositivo que contém um sistema de mola com válvula unidirecional, oferecendo resistência durante a inspiração (treinamento muscular inspiratório/IMT) e durante a expiração (treinamento muscular expiratório/PEP). A unidade de medida é cmH_2O; quanto mais comprimida estiver a mola, maior será a força exercida[26,27].

TREINAMENTO MUSCULAR RESPIRATÓRIO

O treinamento muscular respiratório tem como objetivo fortalecimento e *endurance* dos músculos que atuam na respiração. O treinamento muscular não deve ser realizado durante manifestação aguda da doença (p. ex., exacerbação da asma).

Há diferentes protocolos de treinamento muscular respiratório na literatura e, de maneira geral, há dois métodos de treinamento: carga resistida inspiratória e carga limiar inspiratória.

O tipo de treinamento dependerá da disfunção muscular respiratória do paciente, que pode apresentar diminuição da força ou da resistência muscular. Quando o objetivo é o ganho de força, utilizam-se cargas maiores com menores repetições; quando o objetivo é o ganho de *endurance*, utiliza-se maior número de repetições

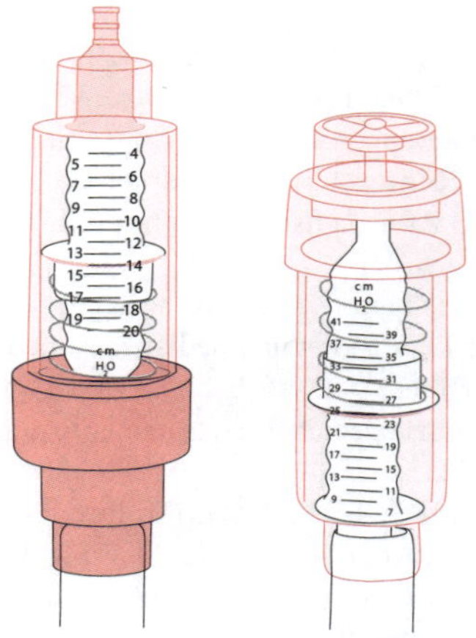

Figura 5.7 Threshold® IMT e Threshold® PEP.

e menor carga. Antes de iniciar e durante o treinamento, é importante mensurar a força muscular por meio do manovacuômetro, aparelho que permite mensurar a pressão inspiratória máxima ($PI_{máx}$) e a pressão expiratória máxima ($PE_{máx}$), para acompanhar os ganhos obtidos com o treinamento. Dentre os materiais para utilizar no treinamento, o Threshold®, citado anteriormente, é o mais utilizado. A carga durante o treinamento pode iniciar com 40 a 60% da $PI_{máx}$[28,29].

CONCLUSÕES

O papel da fisioterapia nos distúrbios cardiorrespiratórios é de extrema importância, evitando complicações pulmonares, musculoesqueléticas, sensórias e cognitivas. O início precoce da intervenção fisioterapêutica de um profissional especializado permite garantir melhor qualidade de vida ao paciente e aos seus acompanhantes.

REFERÊNCIAS BIBLIOGRÁFICAS

1. De Boeck K, Vermeulen F, Vreys M, Moens M, Proesmans M. Airway clearance techniques to treat acute respiratory disorders in previously healthy children: where is the evidence? Eur J Pediatr. 2008;167(6):607-12.
2. Oliveira EAR, Gomes ELFD. Current and conventional scientific evidence of respiratory physical therapy in pediatrics. Fisioter Bras. 2016;17(1);89-98.
3. Oberwaldner B. Physiotherapy for airway clearance in paediatrics. Eur Respir J. 2000;15(1):196-204.

4. Argent AC, Morrow BM. What does chest physiotherapy do to sick infants and children? Intensive Care Med. 2004;30(6):1014-6.
5. Le Neindre A, Mongodi S, Philippart F, Bouhemad B. Thoracic ultrasound: Potential new tool for physiotherapists in respiratory management. A narrative review. J Crit Care. 2016;31(1):101-9.
6. Feltrim MIZ, Parreira VF. Fisioterapia respiratória. Consenso de Lyon; 2001.
7. Stopoglia MCS, Coppo MRC. Técnicas passivas de desobstrução de vias aéreas. In: Sarmento GJV, Ribeiro DC, Shiguemoto TS. O ABC da fisioterapia respiratória. São Paulo: Manole; 2009. p. 101-18.
8. Maux DASX, Paiva GS. Recursos para remoção de secreções de vias aéreas superiores e brônquicas. In: Nicolau CM, Andrade LB. Fisioterapia pediátrica e neonatal: cardiorrespiratória e terapia intensiva. v.2. Porto Alegre: Artmed. p. 43-90. v. 2.
9. Postiaux G. Fisioterapia respiratória pediátrica: o tratamento guiado pela ausculta pulmonar. Porto Alegre: Artmed; 2007. p. 135-233.
10. Gomide LB, Silva CS, Matheus JPC, Torres LAGMM. Respiratory physiotherapy in patients with cystic fibrosis: a literature review. Arq Ciênc Saúde. 2007;14(4):227-33.
11. Stopiglia MS, Coppo MRC. Principais técnicas de fisioterapia respiratória em pediatria. In: 2° Congresso Internacional Sabará de Especialidades Pediátricas; 2014. São Paulo, n. 4, v. 1.
12. Godoy VC, Zanetti NM, Johnston C. Hiperinsuflação manual para desobstrução das vias aéreas. Rev Bras Ter Intensiva. 2013;25(3):258-62.
13. Guimarães FS, Moço VJR, Menezes SLS, Dias CM, Salles REB, Lopes AJ. Efeitos da ELTGOL e do Flutter® nos volumes pulmonares dinâmicos e estáticos e na remoção de secreção de pacientes com bronquiectasia. Braz J Phys Ther. 2012;16(2):108-13.
14. McIlwaine MP, Alarie N, Davidson GF, Lands LC, Ratjen F, Milner R, et al. Long-term multicentre randomised controlled study of high frequency chest wall oscillation versus positive expiratory pressure mask in cystic fibrosis. Thorax. 2013;68(8):746-51.
15. Tambascio J, Souza LT, Lisboa RM, Passarelli RCV, Souza HCD, Gastaldi AC. The influence of Flutter VRP1 components on mucus transport of patients with bronchiectasis. Respir Med. 2011;105(9):1316-21.
16. Feltrim MIZ, Jardi, RRB. Movimento toracoabdominal e exercícios respiratórios: revisão da literatura. Rev Fisioter Univ São Paulo. 2004;(11)2:105-13.
17. Costa RP. Técnicas e recursos para expansão pulmonar. In: Sarmento, GJV. Fisioterapia respiratória no paciente crítico: rotinas clínicas. 2.ed. Barueri: Manole; 2007. p. 17-21.
18. Alaparthi GK, Augustine AJ, Anand R, Mahale A. Comparison of diaphragmatic breathing exercise, volume and flow incentive spirometry, on diaphragm excursion and pulmonary function in patients undergoing laparoscopic surgery: a randomized controlled trial. Minim Invasive Surg. 2016;1-12.
19. Trevisan ME, Soares JC, Rondinel TZ. Efeitos de duas técnicas de incentivo respiratório na mobilidade toracoabdominal após cirurgia abdominal alta. Fisioter Pesq. 2010;17(4):322-6.
20. Sehlin MRPT, Fredrik O, Johansson G, Winso O. Physiological responses to positive expiratory pressure breathing: a comparison of the PEP Bottle and the PEP Mask. Respir Care. 2007;52(8):1000-5.
21. Silva DCB, Foronda, FAK, Troster EJ. Non invasive ventilation in pediatrics. J Pediatr. 2003;79(Supl.2):S161-8.
22. Borka P, Gyurkovits K, Bódis J. Comparative study of PEP mask and flutter on expectoration in cystic fibrosis patients. Acta Physiol Hung. 2012;99(3):324-31.
23. Freitas FS, Silva LCR, Tavares LD, Barroso EF, Silva MC, Godói RL. Application of expiratory positive pressure in airway (EPAP): is there a consense? Fisioter. Mov. 2009;22(2):281-92.
24. Castro AAM, Fernandes M, Feltrim MIZ. Respiratory pattern analysis during exercises with incentive spirometry in healthy subjects. Rev Neurocienc. 2012;20(1):26-33.
25. Assis RV, Castro CD, Duarte, DGT, Pedrosa FP, Biazuti LC. Estudo comparativo entre Respiron® e Voldyne® no pós-operatório de laparotomia exploratória. Rev Bras Fisioter. 2008;12(Supl 1):1-27.

26. Alves LA, Bruneto AF. Adaptação do threshold® IMT para teste de resistência dos músculos inspiratórios. Braz J Phys Ther. 2006;10(1):105-12.
27. Threshold PEP. IMT. Philips respironics. Manual 2013. Disponível em: https://www.philips.nl/b--dam/b2bhc/master/whitepapers/copd/1036501_ThresholdIMT_SalesAid.pdf. (Acesso: 20 out. 2016.)
28. Cunha CS, Santana ERM, Fortes RA. Tecnics for the strengthening os respiratory muscles to help the weaning from patients under mechanical ventilation. Cadernos UniFOA. 2008;6:80-6.
29. Sampaio LLM, Jamani M, Pires VM, Silva AB, Costa D. Respiratory muscle strength in asthmatic patient submitted by respiratory muscle training and physical training. Rev Fisioter Univ São Paulo. 2002;9(2):43-8.

6 Assistência fisioterapêutica nas doenças restritivas

Sheila Helena Oliveira de Souza
Kelly Aparecida dos Santos Nunes
Ricardo Mitsunaga Mory

Após ler este capítulo, você estará apto a:

1. Reconhecer as doenças pulmonares de padrão restritivo.
2. Identificar as diferentes formas de diagnóstico e evolução dessas doenças.
3. Indicar fisioterapia respiratória e motora com recursos adequados.
4. Identificar limitações e contraindicações da assistência fisioterapêutica.

INTRODUÇÃO

As doenças pulmonares restritivas constituem um grupo heterogêneo de doenças, no entanto, o seu diagnóstico ainda é um desafio[1]. Além de alterações nas paredes e nos espaços alveolares, há frequente envolvimento de vias aéreas distais, assim como restrição da expansibilidade pulmonar, decorrentes de alterações no parênquima ou por causa de doenças pleurais, da parede torácica ou do aparelho neuromuscular[2]. Doença intersticial parenquimatosa difusa é a nomenclatura padronizada internacionalmente pelo grupo multidisciplinar da American Thoracic Society/European Respiratory Society (ATS/ERS) em consenso concluído em 2001[3].

As doenças intersticiais pulmonares na criança englobam um subgrupo de pneumopatias raras, de evolução crônica, caracterizadas por infiltrado pulmonar difuso, alterações funcionais restritivas, hipoxemia e hipodesenvolvimento ponderoestatural, podendo evoluir para fibrose pulmonar[4]. Elas podem ser separadas em quatro grupos principais de diagnóstico:

- Doença parenquimatosa difusa de causa conhecida (pneumonite de hipersensibilidade, aspiração etc.).

- Pneumonia intersticial idiopática (pneumonia descamativa, pneumonia intersticial não específica etc.).
- Outras formas de pneumonia intersticial (hemossiderose, sarcoidose).
- Distúrbios congênitos.

A literatura não sugere uma classificação definida, e muito se tem discutido por causa do aspecto clínico variável com a idade, principalmente em crianças abaixo de 2 anos[1,5,6]. O conhecimento dessas doenças no grupo pediátrico é fragmentado, e sua prevalência ainda não é bem estipulada. Alguns dados sugerem 3,5 por milhão, e provavelmente é subdiagnosticada e subnotificada porque os estudos sistematizados em crianças somente têm sido publicados recentemente[1].

ETIOLOGIA

A maioria das doenças pulmonares restritivas em pediatria é secundária a afecções neuromusculares[7] causadas por deformidades de parede torácica que limitam a expansão pulmonar, principalmente por fraqueza muscular[8].

Deformidades congênitas da parede torácica podem alterar a função pulmonar em crianças e adolescentes. Estão incluídas nesse grupo de doenças: *pectus escavatum/carinatum*, fissuras externais, displasias esqueléticas e cartilaginosas.

O sítio operatório é um dos principais determinantes da restrição pulmonar, e alterações pulmonares ocorrem após procedimentos cirúrgicos não laringoscópicos na região abdominal superior e inferior, assim como em cirurgias torácicas. Como consequência, há diminuição do volume pulmonar e alteração decorrente do aumento da pressão abdominal, o que limita a movimentação normal do diafragma[9].

A etiologia do grupo de doenças restritivas que acomete a população pediátrica é ainda desconhecida em muitas situações, pois uma mesma doença pode apresentar evolução aguda ou crônica com alteração nos aspectos radiológicos e anatomopatológicos e prognósticos variáveis[10]. Os exames laboratoriais e as provas de função pulmonar contribuem para o diagnóstico diferencial.

PATOGÊNESE

Segundo West, "o pulmão é um órgão elástico que, durante a fase inspiratória, aumenta o volume da cavidade torácica enquanto o ar é puxado para dentro dele de forma ativa, com ação do diafragma, dos músculos intercostais, escalenos e esternocleidomastóideo". Contudo, algumas doenças pulmonares intrínsecas, extrínsecas e neuromusculares, principalmente na infância, impedem o aumento do volume da caixa torácica e a ação desses músculos. A complacência pulmonar dependerá do tamanho do pulmão[4].

Qualquer doença respiratória na qual ocorra redução da capacidade pulmonar total (CPT), sem impedimento ao fluxo com deslocamento da curva pressão-volume em direção ao eixo das pressões, levando à redução da complacência estática (do ponto de vista funcional), é considerada doença respiratória restritiva, pois as forças elásticas pulmonares aumentam, restringindo a expansão pulmonar na inspiração.

A maioria das doenças pulmonares restritivas em pediatria é secundária a distúrbios neuromusculares[4], porém existem vários fatores envolvidos na patogênese dessa doença e, na verdade, causas variadas, como[3]:

- Causas intrínsecas: ocasionam inflamação e/ou fibrose parenquimatosa ou preenchem os espaços aéreos distais. Causas da diminuição da complacência estão relacionadas a várias doenças, como diminuição da produção de surfactante, fibrose intersticial após inalação de produtos tóxicos, pneumonias, tumores compressivos, edema pulmonar ou acúmulo anormal de líquido e fibrose cística.
- Causas extrínsecas: acometem a parede torácica e a pleura (comprimem ou limitam a expansão pulmonar). Apresentam comprometimento da parede torácica com padrões característicos: escolioses, cifoescolioses, deformidades externais, fraturas de ossos do tórax e obesidade. As doenças de comprometimento pleural, como pneumotórax, derrames pleurais, fibroses pleurais e tumores extralobares, diminuem a expansibilidade e geram dor.
- Causas neuromusculares: afetam a força dos músculos respiratórios. Entre essas doenças pode-se citar: distrofias, amiotrofias, miastenias, miopatias, enteroviroses (poliomielite), podendo predispor a atelectasias e pneumonias, e quadros de hipercapnia por alteração da CPT.

MANIFESTAÇÕES CLÍNICAS

A idade da criança deve ser considerada durante a avaliação. Deve-se observar, também, alterações torácicas, como depressão nas regiões afetadas pela restrição, que é associada à diminuição do diâmetro anteroposterior, e elevação nas outras regiões do tórax ou depressão dos arcos costais e do esterno, que demonstra perda do tônus e da força muscular inspiratória, por causa da dificuldade de vencer o aumento da retratilidade pulmonar, o baixo volume e a própria retração da caixa torácica.

Em decorrência da diminuição da CPT, para compensar a redução de volume, o paciente pode apresentar taquipneia, taquidispneia ou somente dispneia (principalmente noturna), diminuição da expansibilidade torácica unilateral ou bilateral, diminuição e/ou abolição dos ruídos pulmonares, cianose, hipóxia e/ou hipercapnia (avaliadas nos exames complementares), velamento de qualquer quadrante pulmonar (por meio de radiografia) ou alterações posturais importantes com deformidades de caixa torácica, dor após trauma, fraturas, alterações gasométricas, apneia do sono associada a hipoventilação, cefaleia matinal e dor no pós-operatório de cirurgias torácicas e abdominais.

EXAMES COMPLEMENTARES

Crianças que sofrem de doenças pulmonares restritivas apresentam alterações crônicas, e as crises recorrentes levam à diminuição progressiva do volume pulmonar e da capacidade funcional (CF). Assim, faz-se necessária uma avaliação clínica criteriosa pela anamnese[6]. Exames objetivos, estudos laboratoriais, exames de imagem e testes que possam avaliar função e força muscular respiratória[7,8] devem fazer parte do acompanhamento ambulatorial desses pacientes.

A espirometria é um teste que auxilia na prevenção e permite diagnosticar e quantificar o distúrbio ventilatório, além de medir o ar inspirado e expirado, e os fluxos respiratórios. É uma prova comumente utilizada para avaliar a função pulmonar em crianças com mais de 4 a 5 anos de idade. É importante ressaltar que essa prova depende da compreensão das manobras por parte do paciente; portanto, dificilmente será realizada em crianças muito pequenas ou que apresentam algum grau de deficiência mental[9,11]. Além disso, é necessário que o paciente esteja sentado, de acordo com a normatização do 1º Consenso Brasileiro sobre Espirometria. Assim, não se aplica o procedimento em pacientes acamados[11]. Os padrões de normalidade são baseados em estudos com crianças saudáveis e determinam se o transtorno está no volume pulmonar ou nas taxas de fluxo, distinguindo doença restritiva e obstrutiva[9].

Para a medição da força dos músculos respiratórios, utiliza-se um manovacuômetro, em que a criança é colocada na posição sentada, utilizando um clipe nasal para oclusão das narinas; em seguida, o avaliador solicita uma expiração máxima (até o volume residual) e, com ajuste adequado dos lábios ao bocal, a fim de evitar escape de ar, a criança é instruída a realizar uma inspiração máxima – com isso, tem-se a $PI_{máx}$. Para medir a $PE_{máx}$, o paciente deverá ser posicionado da mesma forma e, a partir de uma inspiração máxima (até a capacidade pulmonar total), uma expiração máxima com a boca acoplada ao bocal deverá ser orientada. Para minimizar o uso da musculatura acessória da face, faz-se a contenção das bochechas manualmente pelo avaliador. Devem ser realizadas três manobras de $PI_{máx}$ e três de $PE_{máx}$, considerando-se aceitável, portanto, o maior valor das três[9].

A radiografia de tórax é um exame de imagem comumente solicitado para a criança, pois avalia os volumes pulmonares, o padrão e a distribuição da doença, além de achados extrapulmonares, como alterações posturais (no caso das distrofias genéticas, por exemplo)[7,12] e intrapulmonares (massas e edemas, extravasamento aéreo etc.). Alterações em radiografia surgem em função do grau da doença, que pode variar de normal a um padrão nodular/retículo nodular difuso com ou sem aumento da trama broncovascular bilateral e infiltrado intersticial difuso[7].

A tomografia de tórax pode apresentar resultados normais em alguns casos de doença restritiva, especialmente em doenças com comprometimento bronquiolar. Pode mostrar padrão micronodular difuso (fase aguda) ou enfisema, lesões fibróticas intersticiais e imagem de vidro fosco na fase crônica, com distribuição heterogênica.

Uma maneira simples e efetiva para avaliar a CF é a aplicação do teste de caminhada de 6 minutos (TC 6 min), o qual fornece informações sobre o estado funcional, o consumo de oxigênio, a tolerância ao exercício físico e a sobrevida do paciente de acordo com o seu desempenho. Esse teste avalia o esforço submáximo do indivíduo, assemelhando-se ao esforço realizado em algumas de suas atividades diárias, representando a sua CF para o exercício[2]. Nas doenças restritivas, pode ocorrer limitação ao exercício decorrente da impossibilidade de expansão do pulmão apropriadamente para a carga metabólica crescente no esforço. O consumo de oxigênio (VO_2) máximo pode ser normal ou reduzido; a frequência cardíaca (FC) máxima pode ou não ser atingida, e a frequência respiratória (FR) é elevada. Vale ressaltar que todos os pacientes submetidos a esse teste devem fazer espirometria e avaliação do comportamento da saturação periférica de oxigênio (SpO_2) em exercício na avaliação inicial, para que valores basais sejam reconhecidos, e utilizar suplementação de oxigênio caso necessário. O TC 6 min deve ser aplicado com medida da SpO_2 e recuperação da FC após o teste; sua repetição pode fornecer informações prognósticas[7,9].

Diversos exames laboratoriais devem ser solicitados, tornando-se cada vez mais importantes na prática clínica do fisioterapeuta intensivista, pois podem auxiliar no diagnóstico e no tratamento ou comprometer, muitas vezes, a conduta fisioterapêutica. Os mais solicitados são hemograma e hemocultura, visto que alterações pulmonares precedem manifestações sistêmicas, e gasometria arterial, para demonstrar distúrbios de oxigenação e do equilíbrio acidobásico causados por alterações respiratórias[6]. Como marcador de processo inflamatório, a proteína C-reativa (PCR) é necessária[8].

Na fibrose cística, o diagnóstico costuma ser mais difícil e depende de exames mais complexos, como pesquisas extensas de mutações, sequenciamento complexo do gene CFTR ou demonstração de transporte iônico anormal em epitélio nasal. O teste do suor deve ser feito por estimulação da sudorese. Coleta-se, no mínimo, 50 mg de suor, e o diagnóstico é feito quando níveis de cloro são maiores que 60 mmol/L em duas dosagens independentes. O diagnóstico também é possível por estudos genéticos das mutações em amostra do líquido amniótico em famílias de alto risco e com mutação conhecida[12].

Nas doenças restritivas que cursam com quadro de hipertensão pulmonar, o ecodoppler é o método de diagnóstico mais utilizado para estimar a pressão sistólica da artéria pulmonar[5].

ASSISTÊNCIA RESPIRATÓRIA

A atuação da fisioterapia nas doenças pulmonares restritivas deve levar em conta a fisiopatologia e a etiologia de cada afecção, uma vez que a origem da restrição pulmonar pode ocorrer de forma intrínseca, acometendo o parênquima pulmonar, ou de forma extrínseca, sendo provocada por um mecanismo extrapulmonar que leva à restrição da mecânica ventilatória[3].

O objetivo da fisioterapia é auxiliar no tratamento das doenças respiratórias restritivas, utilizando técnicas manuais ou instrumentos específicos, a fim de prevenir complicações pulmonares, diminuir o tempo de hospitalização, diminuir ou aliviar a dor, corrigir as alterações posturais[6], favorecer o prognóstico e garantir qualidade de vida a essas crianças. Para a realização das técnicas fisioterapêuticas, é necessário ter conhecimento da doença em questão, reconhecer as alterações hemodinâmicas e posturais e/ou qualquer outra comorbidade decorrente. A escolha da técnica a ser utilizada tem grande influência no sucesso do tratamento. Vale ressaltar que nem todos os pacientes que estejam internados ou em acompanhamento ambulatorial serão beneficiados por todas as técnicas porque, em razão da heterogeneidade das doenças restritivas, alguns dos recursos terapêuticos não serão indicados em determinados momentos do tratamento[6].

Em crianças menores de 4 anos ou naquelas que apresentem algum grau de deficiência neurológica, pacientes internados em ventilação artificial invasiva ou não invasiva, sedados ou comatosos, as técnicas passivas são as mais indicadas, pois não exigem compreensão por parte do paciente. Em crianças maiores e colaborativas, técnicas ativas com ou sem a utilização de instrumentos respiratórios serão possíveis, porém cabe ao terapeuta a escolha da melhor técnica a ser utilizada e orientar a eficácia do tratamento.

A seguir, são citadas as técnicas fisioterapêuticas mais utilizadas nas doenças restritivas e suas contraindicações:

- Expiração lenta prolongada associada a descompressão rápida, indicada nas atelectasias, pneumonias em geral, doenças neuromusculares. Contraindicada em cirurgias abdominais, ascite e pneumotórax não drenado ou fraturas de arcos costais.

- Drenagem postural associada a vibrocompressão, seguida de tosse espontânea ou assistida, e/ou aspiração de vias aéreas, é indicada nas doenças restritivas que levam ao aumento de secreção, como as doenças intersticiais e neuromusculares. É contraindicada em portadores de refluxo gastroesofágico, fístula traqueoesofágica, hipertensão intracraniana e desconforto respiratório grave.
- Hiperinsuflação manual associada à vibração é uma manobra comumente utilizada pelos fisioterapeutas nas unidades de terapia intensiva, em pacientes com via aérea artificial, sob ventilação pulmonar mecânica. Pode ser utilizada nas atelectasias, infecções pulmonares com acúmulo de secreção, prevenindo o colapso pulmonar. Suas contraindicações se assemelham ao *air staking*.
- Aspiração de vias aéreas é contraindicada em caso de sangramento nasal, trauma de face e/ou fístula liquórica, POI de fístulas esofágicas e desconexão traqueobrônquica. São realizadas por via:
  - Nasotraqueal: indicada em situações em que o mecanismo de tosse esteja deficitário, ou seja, logo após manobras de desobstrução brônquica, o que delimita a fase terminal do procedimento fisioterapêutico.
  - Traqueal: indicada em pacientes com via aérea artificial para manter as vias aéreas pérvias. Sua indicação deve ser realizada de forma criteriosa.
- Cinesioterapia respiratória ou exercícios respiratórios são indicados para prevenir ou tratar as complicações pulmonares, aumentando a CPT, assim como a força muscular respiratória, e auxiliando na remoção de secreção. São indicados em casos de obesidade, cirurgia abdominal alta e torácica, cifoescoliose, doenças neuromusculares, doenças do interstício como fibrose cística, derrame pleural, tumores extratorácicos, abscessos que levam a atelectasias e imobilização prolongada. Seguindo a nomenclatura do I Consenso de Termos em Fisioterapia Respiratória (Assobrafir, 2006), tem-se os seguintes exercícios:
  - Exercícios diafragmáticos.
  - Inspiração profunda (não indicada em pacientes com aumento da resistência das vias aéreas superiores), inspiração em tempo ou em pausa, inspiração fracionada, expiração abreviada e inspiração desde a capacidade residual funcional (CRF).
  - Inspiração máxima sustentada pode ser associada a inspirômetros de incentivo.
  - Incentivadores inspiratórios a fluxo são Triflow®, Respiron® (Figura 6.1) e Cliniflo®, e os incentivadores a volume são Voldyne® (Figura 6.2) e Coach®.
  - Ciclo ativo da respiração.
  - Reeducação toracoabdominal[13].
- Manobra de *air stacking* (realizada com ressuscitador manual), indicada nas doenças neuromusculares, atelectasias, pós-operatório de cirurgias torácicas ou em doenças que levem a aumento de secreção brônquica. Essa técnica promove

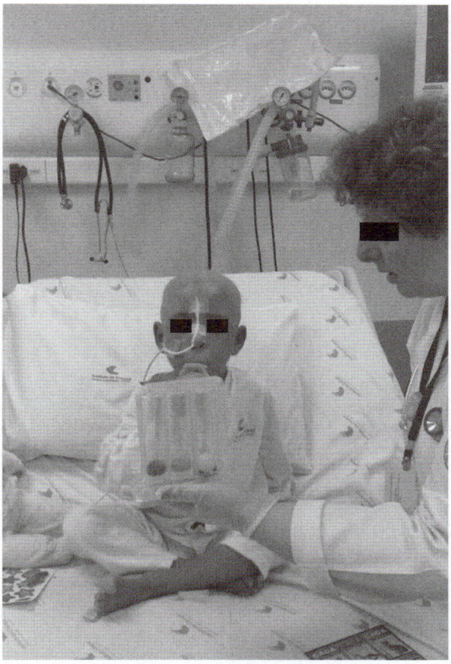

Figura 6.1 Incentivador inspiratório a fluxo Respiron®.

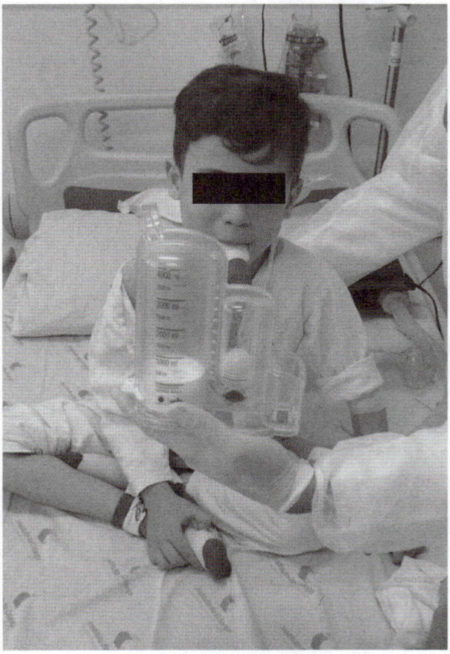

Figura 6.2 Incentivador inspiratório a volume Voldyne®.

expansão pulmonar, previne contraturas da musculatura torácica e evita restrição pulmonar. É contraindicada em pneumotórax não drenado, hipertensão intracraniana, cirurgias abdominais, cirurgias/fraturas de face, sangramento ativo de vias aéreas superiores, fístulas traqueobrônquicas ou esofágicas não abordadas cirurgicamente e alterações hemodinâmicas[14].

- Máscara de pressão positiva é indicada para aumentar a CRF e a oxigenação, melhorar a complacência pulmonar, assim como diminuir o *shunt* e a desobstrução brônquica.
- Respiração por pressão positiva intermitente (RPPI) tem sua eficácia comprovada por meio de estudos na recuperação do volume corrente. No entanto, é mais eficaz em reverter complicações pulmonares[15].
- Ventilação mecânica não invasiva (VNI) é uma opção terapêutica que, por não ser invasiva, oferece conforto e resgata pacientes com insuficiência respiratória e quadro de hipoxemia ou hipercapnia[6].
- Cateter nasal de alto fluxo – atualmente vem sendo estudado e sugere ser um adjuvante no manejo fisioterapêutico, no tratamento da insuficiência respiratória e na atelectasia pós-extubação[16].
- As técnicas de ventilação com pressão positiva apresentam contraindicações semelhantes, já citadas anteriormente na manobra de *air stacking*.

ASSISTÊNCIA MOTORA

A assistência motora dependerá da estabilidade hemodinâmica assim como da compreensão e colaboração da criança e deve ser avaliada de forma criteriosa pelo fisioterapeuta, mas é contraindicada em caso de instabilidade hemodinâmica, fratura não consolidada, osteomiopatia, plaquetopenia e/ou sangramento ativo, assim como em risco para trombose e aumento de pressão intracraniana.

A mobilização, mesmo que passiva, deve ser iniciada precocemente para minimizar complicações decorrentes da internação prolongada que leva à síndrome do imobilismo[6]. Um dos principais objetivos da fisioterapia motora é a manutenção da independência e funcionalidade nas atividades de vida diárias, proporcionando melhora na qualidade de vida[17]. A cinesioterapia motora é indicada e consiste em manobras como exercícios passivos, ativos-assistidos ou somente ativos, exercícios de contração isométrica, alongamentos, dissociação de cinturas (escapular e pélvica), posicionamento adequado, sedestação, saída precoce do leito (ortostatismo), marcha estacionária (Figura 6.3) e deambulação, de acordo com a colaboração da criança.

Atividades lúdicas podem ser utilizadas com crianças para facilitar a realização dos exercícios; programas de reabilitação com atividades físicas promovem integração social, nos casos de atividades em grupo (Figura 6.4)[17].

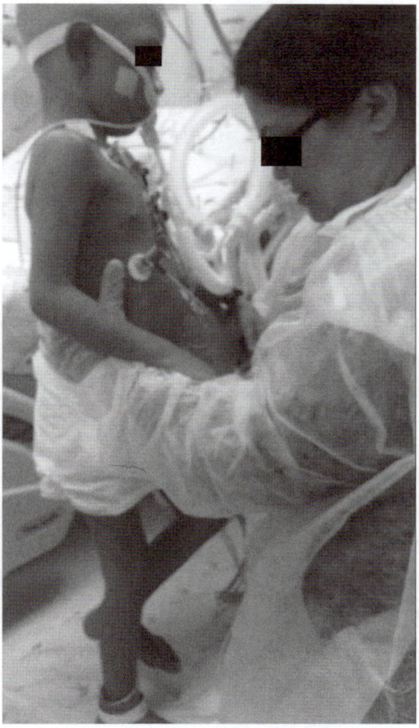

Figura 6.3 Exercício de marcha estacionária.

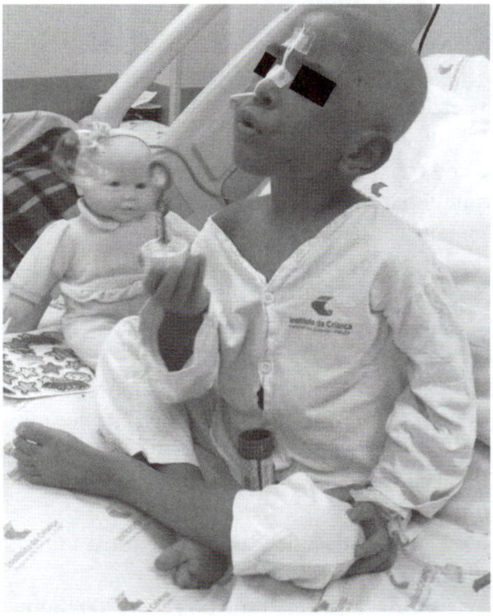

Figura 6.4 Exemplo de atividade lúdica para facilitar a realização dos exercícios e programas de reabilitação.

O posicionamento adequado beneficia não só a mecânica ventilatória como facilita também o desenvolvimento neurossensorial e psicomotor, diminuindo as comorbidades da imobilização, o tempo prolongado de internação e o alívio da dor. A mudança de decúbito não é procedimento exclusivo do fisioterapeuta, mas de toda a equipe multiprofissional.

CONCLUSÕES

A assistência fisioterapêutica no grupo restritivo previne complicações pulmonares, extrapulmonares e musculoesqueléticas, assim como promove aumento da CPT, diminui as comorbidades relacionadas à doença e o tempo de hospitalização. Ela também favorece o prognóstico e melhora a qualidade de vida dos pacientes. A população pediátrica é heterogênea, assim como as causas das doenças restritivas. Por isso, é imprescindível ao fisioterapeuta reconhecer como e quando intervir. É necessária a fundamentação teórico-prática especializada que possibilite realizar avaliação criteriosa e individualizada, para que os recursos a serem utilizados garantam efeitos benéficos ao paciente. A eficácia do tratamento dependerá também da compreensão e da colaboração da criança. A idade, no entanto, é um dos fatores determinantes, porém técnicas passivas têm se mostrado eficazes e as mais adequadas para os mais jovens.

REFERÊNCIAS BIBLIOGRÁFICAS

1. Loh LE, Chan YH, Chan I. Noninvasive ventilation in children: a review. J Pediatr (Rio J). 2007;83(2 Suppl):S91-9.
2. Manço JC. Fisiologia e fisiopatologia respiratórias. Medicina (Ribeirão Preto.) 1998;31(1/2):177-90.
3. Paschoal IA, Villalba W de O, Pereira MC. Chronic respiratory failure in patients with neuromuscular diseases: diagnosis and treatment. J Bras Pneumol. 2007;33(1):81-92.
4. West JB. Fisiopatologia pulmonar moderna. 5.ed. São Paulo: Manole; 1996. p 11-5.
5. Baldi BG, Pereira CAC. Diretrizes de doenças pulmonares intersticiais da Sociedade Brasileira de Pneumologia e Tisiologia. J Bras Pneumol. 2012;38(Supl 2):S1-S133.
6. Lahoz ALC, Nicolau CM, Soares LC, Juliani RCTP. Fisioterapia em UTI pediátrica e neonatal. Barueri: Manole; 2009. (Coleção Pediatria do Instituto da Criança do Hospital das Clínicas da FMUSP, n. 10.)
7. Hostyn SV, Carvalho WB, Johnston C, Braga JA. Evaluation of functional capacity for exercise in children and adolescents with sickle-cell disease through the six-minute walk test. J Pediatr (Rio J). 2013;89(6):588-94.
8. Cardoso J, Carvalho I. The value of family history in the diagnosis of hypersensitivity pneumonitis in children. J Bras Pneumol. 2014;40(2):183-7.
9. Koseki LCC, Bertolini SMMG. Capacidade pulmonar e força muscular respiratória em crianças obesas. Rev Saude Pesquisa. 2011;4(2):169-76.
10. Reed UC. Neuromuscular disorders. J Pediatria (Rio J). 2002;78(Suppl 1):S89-S103.

11. Junior VJ, Patrocínio DA, Malek DB. Espirometria na infância. Rev Ciencias Med. PUC-Campinas. 1997;6(2/3):81-4.
12. Rodrigues CJ, Adde FV, Silva Filho LVR. Doenças respiratórias. Barueri: Manole; 2008. (Coleção Pediatria do Instituto da Criança do Hospital das Clínicas da FMUSP, n. 3.)
13. Conto CL, Vieira CT, Fernandes KN, Jorge LM. Prática fisioterapêutica no tratamento da fibrose cística. ABCS Health; 2014.
14. Lima FM, Souza MA, Marins NB, Sampaio VR. The effect of air stacking technique in patients with neuromuscular diseases. J Bras Pneumol. 2014;40(5):528-34.
15. Carr AMG, Fazolari D, Dourado JAT. Intervenção fisioterapêutica na disfunção pulmonar em pacientes de pós-operatório imediato de revascularização do miocárdio. Rev Saude-UnG. 2015;9(3-4):25-32.
16. Paula LCS, Siqueira FC, Juliani RCTP, Carvalho WB, Ceccon MEJR, Tannuri U. Post-extubation atelectasis in newborns with surgical diseases: a report of two cases involving the use of a high-flow nasal cannula. Rev Bras Ter Intensiva. 2014;26(3):317-20.
17. Rodney PJ, Kathryn ER, Tanya JB, Dor WP. Physical activity and quality of life among university students: exploring self-efficacy, self-esteem, and affect as potential mediators Qual Life Res. 2014;23(2):659-67.
18. Moreira FC, Teixeira C, Savi A, Xavier R. Changes in respiratory mechanics during respiratory physiotherapy in mechanically ventilated patients. Rev Bras Ter Intensiva. 2015;27(2):155-60.

7 Assistência nas doenças pulmonares obstrutivas crônicas

Leonardo Rocha Fernandes
Milena Fernandes de Lima
Vivian Alves Venturini

Após ler este capítulo, você estará apto a:

1. Descrever os mecanismos fisiopatológicos das doenças pulmonares obstrutivas.
2. Relacionar os principais eventos relacionados ao manejo dessas doenças.
3. Reconhecer e identificar os cuidados na assistência fisioterapêutica.
4. Descrever as técnicas fisioterapêuticas mais adequadas para minimizar o acúmulo de secreção e a hiperinsuflação pulmonar.
5. Identificar as peculiaridades no manejo da ventilação mecânica para minimizar a auto-PEEP (pressão positiva expiratória final) e a hiperinsuflação dinâmica.

INTRODUÇÃO

A doença pulmonar obstrutiva crônica (DPOC) é consagrada na literatura por mostrar os danos causados pelo tabagismo em adultos. Contudo, sem ter uma relação direta e exclusiva com o tabagismo ativo em adultos, várias doenças pulmonares obstrutivas crônicas em crianças (DPOCC) e adolescentes cursam com dano na estrutura e na função pulmonar. A função pulmonar já pode ser comprometida durante o desenvolvimento pulmonar no útero em criança cuja mãe fumou durante a gravidez ou teve nutrição inadequada. O comprometimento da função pulmonar logo após o nascimento também ocorre em razão de vários fatores genéticos, fatores ambientais e hábitos de vida. Já foi mostrado que a poluição do ar e outros fatores ambientais, como o tabagismo dos pais, são considerados fatores de risco para o desenvolvimento da DPOCC[1].

As doenças pulmonares obstrutivas crônicas podem ter origem infecciosa, inflamatória, congênita e por aspiração[2], sendo exemplificadas na Tabela 7.1.

Tabela 7.1 Principais causas de doença pulmonar obstrutiva

Infecção	Bronquiolite Coqueluche Traqueobronquite Tuberculose Pneumonias
Anomalia congênita	Fibrose cística Deficiência de alfa-1-antitripsina Broncoestenose e broncomalácia
Hiper-reatividade/inflamação	Displasia broncopulmonar Asma
Aspiração	Mecônio Refluxo gastroesofágico Corpo estranho Conteúdo gástrico
Tumores	Cistos broncogênicos Teratomas (compressão extrínseca) Linfomas

Fonte: adaptada de Ribeiro e Fischer[3].

CARACTERÍSTICAS DAS DOENÇAS OBSTRUTIVAS

A DPOCC caracteriza-se por elevada ou baixa prevalência, progressão lenta e duração longa, fluxo aéreo limitado agudo ou permanente, com qualidade de vida prejudicada. Contudo, o principal sintoma é a tosse crônica, e a bronquiectasia está presente muitas vezes. Algumas doenças em pediatria são: sibilância recorrente em lactentes (SRL), bronquiolite obliterante (BO), asma, fibrose cística (FC), displasia broncopulmonar (DBP), discinesia ciliar primária (DCP), bronquiectasia não associada à fibrose cística (BNFC) e bronquite plástica (BP)[1,3].

As causas mais frequentes de SRL em lactentes estão associadas a doenças que podem estar presentes em qualquer faixa etária, como DBP (recém-nascidos e lactentes jovens), FC (lactentes), DCP e BO (maiores de 1 ano), entre outras. A discinesia ciliar na FC é secundária, mas na DCP é primária. O manejo dessas duas doenças é praticamente o mesmo, portanto será descrita a FC pela nossa prática clínica.

A doença pulmonar na BNFC é muito semelhante à FC, BO e DCP, que serão descritas adiante. A BP é caracterizada por ter etiologia desconhecida. É uma DPOCC de prevalência rara, usando-se vários tratamentos, sendo fundamental a broncoscopia única ou de repetição para o diagnóstico e o tratamento, mas não será abordada neste capítulo[3].

O diagnóstico clínico é feito em pacientes que apresentam tais sintomas e hipersecreção pulmonar ou história de exposição a fatores de risco para a doença, o que pode ser confirmado pela espirometria em crianças maiores. A presença, pós-

-broncodilatador, de volume expiratório forçado em 1 segundo (VEF1)/capacidade vital forçada (CVF) < 0,70 e VEF1 < 80% do previsto confirma a presença de limitação do fluxo aéreo, que não é totalmente reversível[4,5].

A obstrução ao fluxo aéreo, na maioria das vezes, é progressiva, podendo estar acompanhada por hiper-responsividade brônquica, ocorrendo aumento da resistência das vias aéreas, ventilação ineficiente, hiperinsuflação, anormalidades das trocas gasosas e desvantagens mecânicas dos músculos respiratórios, contribuindo para a limitação ventilatória durante o esforço no exercício. A descompensação das doenças pulmonares obstrutivas pode expressar-se clinicamente de diferentes formas e em diversos graus de gravidade[4].

A tosse é produtiva, com presença de secreção em grande quantidade. À ausculta pulmonar pode haver sibilos, mas não significa gravidade da doença. As alterações de troca gasosa e dispneia tornam-se progressivas e, com a presença da hipoxemia, podem ocorrer cianose e queda da saturação de oxigênio ($SatO_2$). A maioria dos casos de DPOCC apresenta cefaleia matinal, indicando retenção de gás carbônico (CO_2). Na doença avançada, as anormalidades sanguíneas são graves, podendo manifestar-se *cor pulmonale* por edema periférico e retenção hídrica. Ansiedade, depressão e distúrbios do sono são frequentes. Os principais sintomas são dispneia ao esforço, sibilos e tosse[4-6].

As doenças pulmonares obstrutivas podem interferir negativamente na qualidade de vida (QV) dos pacientes. Sendo assim, conforme a doença vai se agravando, o paciente se torna incapaz de realizar tarefas que exigem esforços mínimos. Em todas as DPOCC, quadros de exacerbação pulmonar (EP) são frequentes, e infecções virais e/ou bacterianas, poluição e aeroalérgenos são os desencadeadores. Insuficiência respiratória aguda de intensidade variável é a manifestação das EP[4,5].

Em razão das características das DPOCC, têm sido propostos vários estudos para o diagnóstico e o tratamento a fim de evitar a deterioração da função pulmonar nos períodos intercrises e nas EP, como ocorre na maioria das DPOCC. A fisioterapia é parte do manejo desses pacientes, porém o tratamento médico otimizado deve ser assegurado antes de iniciar o tratamento fisioterápico[5].

A assistência fisioterapêutica é um processo dinâmico, e sua aplicação terapêutica e intervenções mecânicas devem basear-se na fisiologia das vias aéreas, nas diferentes doenças e diferentes idades, após avaliação criteriosa. Reeducação da função muscular respiratória, desinsuflação pulmonar, correção de deformidades posturais, desobstrução brônquica e melhora do condicionamento físico e da ventilação mecânica são intervenções do fisioterapeuta por meio de técnicas convencionais e/ou modernas. As técnicas convencionais têm o objetivo de remover secreção brônquica, otimizar a ventilação pulmonar e melhorar a respiração da criança, assim como as técnicas denominadas modernas ou atuais. Ainda, a fisioterapia tem papel importante nas pneumopatias, apresentando como principal objetivo a prevenção da obstrução e do acúmulo de secreções brônquicas, o que facilita as trocas gasosas, normalizando a relação ventilação-perfusão (V/Q), favorecendo o desmame da ventilação mecânica e a oxigenoterapia, quando necessárias[7,8].

A avaliação fisioterapêutica minuciosa e o conhecimento da doença são importantes para traçar os objetivos a serem alcançados mediante as condições clínicas do paciente. Algumas doenças são descritas a seguir para melhor entendimento.

BRONQUIOLITE OBLITERANTE

A bronquiolite obliterante (BO) é uma doença inflamatória das pequenas vias aéreas causada por injúria grave ao trato respiratório inferior. Há presença de fibrose e inflamação dos bronquíolos terminais e respiratórios, o que resulta no estreitamento e obliteração total das vias aéreas. A incidência no Brasil é desconhecida, porém alguns estudos mostram que a doença está mais presente no nosso meio do que se pensava, sendo diagnosticada nos dias de hoje. Em crianças, é um processo raro, que muitas vezes resulta em doença pulmonar obstrutiva progressiva, irreversível, e acomete preferencialmente lactentes do sexo masculino[9,10].

São descritas algumas possíveis etiologias da BO, como inalação de substâncias tóxicas, síndromes aspirativas, alterações imunológicas, doenças do colágeno, pós-transplante, pós-síndrome de Stevens-Johnson e toxicidade após administração de alguns fármacos. Em pediatria, a BO pós-infecciosa é a mais frequente após uma infecção do trato respiratório inferior grave. Vários agentes têm sido associados com o desenvolvimento de BO pós-infecciosa, como adenovírus, vírus sincicial respiratório (RSV), influenza, parainfluenza, sarampo e *Mycoplasma pneumoniae*. Estudos mostram que, além de infecção por agentes, a necessidade de ventilação mecânica é forte fator de risco independente para o desenvolvimento de BO pós-infecciosa em crianças menores de 3 anos de idade. Os casos mais graves estão relacionados à infecção por adenovírus. Nas últimas duas décadas tem havido um número crescente de relatos de pacientes com BO pós-infecciosa, a maioria dos casos de crianças que antes dos 2 anos de idade tiveram bronquiolite viral aguda e cujos sintomas mantiveram-se por semanas ou meses após o quadro viral[9,11,12].

O uso de ventilação mecânica, um tratamento importante para crianças em unidades de terapia intensiva, tem permitido que crianças gravemente doentes sobrevivam. A ventilação mecânica é um fator de risco significativo de BO pós-infecciosa, porém os resultados não indicam se ela causa prejuízo para o pulmão, aumentando o risco para o desenvolvimento de BO pós-infecciosa ou se serve apenas como indicador da gravidade da doença. Os mecanismos pelos quais a ventilação mecânica pode causar lesão pulmonar incluem efeitos indesejáveis de volutrauma, efeitos tóxicos do oxigênio e barotrauma. Mais pesquisas são necessárias para esclarecer a relação entre ventilação mecânica e BO pós-infecciosa, e para estudar se estratégias de ventilação mecânica protetora são necessárias para essa população vulnerável[12].

O diagnóstico de BO, hoje em dia, é baseado em critérios clínico-tomográficos, embora a biópsia pulmonar seja considerada o padrão para o diagnóstico. Estudos mostram que a história clínica do paciente e a tomografia computadorizada de alta resolução de tórax são suficientes, na maioria dos casos, para confirmar o diagnóstico e diferenciar BO pós-infecciosa de outras doenças pulmonares, já que nessa doença ocorre a persistência dos sintomas respiratórios sem resposta a diferentes tratamentos, podendo levar à confusão com outras doenças pulmonares. Essas avaliações clínicas devem ser consideradas em conjunto com o padrão funcional obstrutivo explicado pelas zonas de hiperinsuflação pulmonar decorrente da BO. A BO pós-infecciosa caracteriza-se por obstrução grave, aumento da resistência ao fluxo de ar e diminuição da complacência pulmonar. Nos poucos casos em que existam dúvidas sobre o diagnóstico, a biópsia pulmonar pode ser necessária[8,11,13].

Inicialmente, o quadro clínico é parecido com um episódio de bronquiolite viral aguda, havendo febre, tosse, taquipneia e sibilos. É cogitada a hipótese de BO pós-infecciosa quando a evolução da bronquiolite viral aguda não ocorre. Além de tais sintomas iniciais persistirem por mais de 60 dias, começam a aparecer dispneia, estertores, hipoxemia, aumento do diâmetro anteroposterior do tórax, baqueteamento digital e cianose. No Quadro 7.1, estão os critérios diagnósticos de BO pós-infecciosa[11,13].

O tratamento da BO ainda não foi estabelecido, sendo importantes as medidas de suporte. Em razão da fisiopatologia da doença, as intervenções terapêuticas visam controlar a inflamação. As abordagens farmacológicas são, muitas vezes, baseadas na experiência clínica de diferentes profissionais. É indicado que os pacientes sejam assistidos por equipe multidisciplinar composta por pneumopediatra, cardiopediatra, fisioterapeuta, nutricionista, psicólogo e assistente social[11].

Quadro 7.1 Proposta de diagnóstico de bronquiolite obliterante pós-infecciosa

- Evento infeccioso inicial: história de bronquiolite aguda em lactentes previamente hígidos
- Obstrução de vias aéreas (exame físico e/ou função pulmonar) persistente (por mais de 6 semanas ou 60 dias após os eventos iniciais) mesmo com uso de broncodilatadores e corticosteroides
- Padrão mosaico e/ou bronquiectasias na tomografia computadorizada de alta resolução de tórax
- Exclusão de afecções pulmonares, como fibrose cística, aspiração de corpo estranho, malformações congênitas, tuberculose, displasia broncopulmonar, pneumonia aspirativa por refluxo gastroesofágico, traqueomalácia, imunodeficiências, asma grave
- Biópsia pulmonar quando necessário

Fonte: adaptado de Teper et al.[14].

As indicações para fisioterapia nessas crianças estão relacionadas com o tratamento de bronquiectasias e de atelectasias. Nesses pacientes, assim como em outras estratégias terapêuticas, seu uso é baseado na experiência. Os resultados são observados na melhora do quadro de retenção de secreções, qualidade e quantidade das secreções, assim como na reexpansão de atelectasias. As técnicas utilizadas auxiliam a mobilização de secreção e minimizam a inflamação crônica que leva à infecção recorrente[13,14].

Em função das características da DPOCC, geralmente, essas crianças apresentam redução do pico de fluxo expiratório, que tende para o aprisionamento de ar – a secreção causa obstrução das vias aéreas e musculatura ventilatória com alongamento diminuído[13].

DISPLASIA BRONCOPULMONAR

A DBP é considerada uma das principais causas de doença pulmonar crônica em lactentes. A doença resulta do impacto de diferentes fatores de risco sobre o pulmão neonatal subdesenvolvido e está associada com aumento significativo do risco para comprometimento pulmonar e neurológico, que persiste na idade adulta. Sua definição foi validada em 2005. Assim, a DBP deve ser considerada em qualquer neonato que permaneça dependente de oxigênio e/ou ventilação mecânica com concentrações acima de 21% por período maior ou igual a 28 dias. Sua reavaliação diagnóstica deve ser feita de acordo com a idade gestacional de nascimento. A incidência da DBP é inversamente proporcional à idade gestacional e ao peso de nascimento, sendo relatada em até 77% de crianças nascidas com peso inferior a 1.000 g e idade gestacional < 32 semanas[15,16].

Tipicamente do prematuro, é uma doença pulmonar secundária a fatores de risco, principalmente aos efeitos nocivos da oxigenação e da ventilação sobre o pulmão imaturo. A interrupção do desenvolvimento pulmonar (alveolização e vascularização) é característica, ocorrendo processo inflamatório obstrutivo crônico. Isso leva ao uso prolongado da ventilação assistida no tratamento da insuficiência respiratória aguda causada por deficiência de surfactante primário e à necessidade de suplementação de oxigênio[15-17].

Clinicamente, apresenta hipoxemia com a necessidade de oxigênio (O_2) suplementar, bem como hipercapnia, refletindo na troca gasosa respiratória prejudicada e na hipoventilação alveolar, resultando em má combinação da ventilação e da perfusão. As alterações heterogêneas são encontradas nos pulmões, com áreas hiperinsufladas, muito complacentes, e áreas pouco complacentes, causando colapso. Esse mecanismo de válvula aumenta o trabalho respiratório; portanto, a fisioterapia respiratória visa prevenir e/ou diminuir as complicações da obstrução por secreção

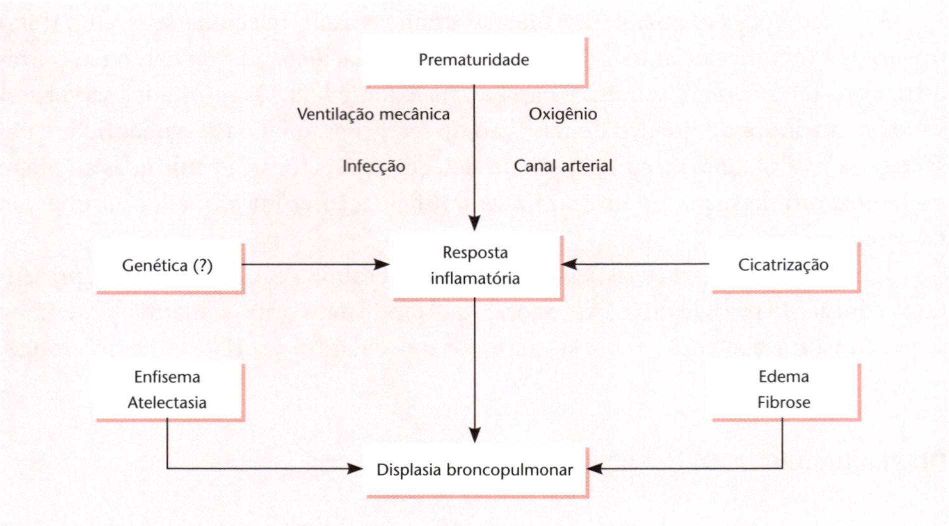

Figura 7.1 Patogênese da displasia broncopulmonar.
Fonte: adaptada de Monte et al.[15].

que levam a esses mecanismos. As atelectasias são frequentes no início da doença e, tardiamente, a hiperinsuflação é marcada[15-17].

A re-hospitalização é recorrente e, na grande maioria das vezes, por problemas respiratórios. Pneumonia, bronquiolite e bronquite são causas comuns no primeiro ano de vida. Essas crianças apresentam desenvolvimento neuropsicomotor atrasado, principalmente se o diagnóstico de DBP foi de dependência de O_2 com 36 semanas de idade gestacional, quando comparado ao dos RN prematuros sem DBP[16,17].

Alterações radiológicas podem variar em atelectasias até a presença de traves opacas de fibrose, de hiperinsuflação pulmonar com espessamento brônquico, grandes cistos e enfisema intersticial. Pela hipertensão pulmonar associada pode ser evidenciado o tronco da artéria pulmonar. Há aumento da área cardíaca em casos muito graves[15].

O acompanhamento de pacientes com DBP deve ser feito por equipe multidisciplinar. Os objetivos do tratamento incluem: controlar os sintomas respiratórios, garantir o desenvolvimento neuropsicomotor adequado, diminuir as exacerbações da doença e tratar precocemente as infecções respiratórias, evitando hospitalizações[18].

Níveis adequados de oxigênio arterial são um dos pontos importantes, pois a hipoxemia é a principal causa das alterações cardiovasculares (hipertensão pulmonar e *cor pulmonale*). A suplementação de oxigênio visa manter os níveis de saturação de oxiemoglobina entre 92 e 95%. Nos pacientes portadores de *cor pulmonale*, valores maiores são recomendados (95 a 96%)[15].

De acordo com a evolução clínica, os objetivos devem ser definidos e o tratamento deve ser individualizado. O tratamento da DBP envolve questões alimentares, uso de oxigênio, medicamentos, entre outros.

A probabilidade de apresentar alterações no desenvolvimento neuropsicomotor com menos de 6 meses de idade corrigida é quatro vezes maior em comparação a crianças sem DBP. O tratamento precoce deve ser iniciado frente a uma alteração neurológica grave e/ou persistente (desvio no desenvolvimento). Portanto, a intervenção e os cuidados fisioterapêuticos são necessários, tanto na fase aguda como na fase crônica da doença. Além da fisioterapia respiratória, a motora também é indicada com o objetivo de estimular o desenvolvimento neuropsicomotor nessas crianças[19,20].

FIBROSE CÍSTICA

A fibrose cística é uma doença genética autossômica recessiva, crônica e progressiva, na maioria dos casos letal, que compromete o funcionamento de quase todos os órgãos e sistemas do organismo, mas a maior causa de óbito está relacionada com complicações pulmonares.

A incidência é de, aproximadamente, 1:2.500 crianças da raça branca nascidas vivas, com a incidência diminuindo para indivíduos da raça negra na proporção de 1:17.000. No Brasil, a incidência estimada para a Região Sul é de, aproximadamente 1:5.000, enquanto para outras regiões diminui para cerca de 1:10.000 nascidos vivos.

O gene da FC está localizado no braço longo do cromossomo 7, posição q31, e codifica uma proteína denominada *cystic fibrosis transmembrane regulator* (regulador de condutância transmembrana em fibrose cística – CFTR), responsável pelo transporte do cloro para o interior da célula. Já foram identificadas mais de 1.400 diferentes mutações nesse gene, mas a mais frequente é a deleção de três pares de bases na posição 508. A presença de dois alelos com mutações no gene da FC provoca ausência de atividade ou funcionamento parcial da CFTR, causando redução na excreção do cloro e, consequentemente, de água, além de aumento da eletronegatividade intracelular. Com esse processo ocorre desidratação das secreções mucosas e aumento da sua viscosidade, favorecendo a obstrução dos dutos, acompanhados de infecção e consequente reação inflamatória[21].

A fisioterapia respiratória (FR) surgiu no tratamento de doenças pulmonares secretivas desde meados de 1900 e foi reconhecida, na década de 1950, como parte fundamental do tratamento da FC, colaborando com a melhora da qualidade de vida desses pacientes[1]. Estudos mostram que a deterioração da função pulmonar ocorre após 3 semanas sem FR[9]. Após o diagnóstico do fibrocístico, deve-se instituir um programa de FR elaborado de acordo com as características e as necessidades de cada paciente. A FR atua em diversos aspectos dos pacientes com fibrose cística, como avaliação da força muscular respiratória, da função pulmonar e do condicionamento físico, educação sobre a doença, seus tratamentos e intervenção por meio de manobras de remoção de secreção brônquica, exercícios respiratórios, reabilitação pulmonar, cinesioterapia, reeducação postural, entre outros. Deve-se levar em consideração que as principais complicações da FC ocorrem pelo aumento da quantidade de secreção dessa doença. Neste estudo serão abordados os recursos utilizados para a remoção de secreção brônquica. As manobras de remoção de secreção brônquica auxiliam na eliminação de secreções, reduzindo a obstrução das vias aéreas e suas consequências, como atelectasias e hiperinsuflação. Elas devem ser realizadas fora dos horários das refeições, a fim de evitar possíveis regurgitações. As inalações de mucolíticos e broncodilatadores devem ser administradas logo antes das manobras e, ao final da sessão, os antibióticos e corticosteroides inalados, para que o paciente consiga um resultado melhor ao final da terapia. Na maioria das vezes, as sessões de fisioterapia são realizadas com auxílio dos pais e supervisão periódica do fisioterapeuta. O contato regular com o fisioterapeuta, em um centro de fibrose cística, melhora a compreensão, a adesão e a efetividade do programa de tratamento.

O diagnóstico é feito pela realização de alguns exames específicos, dependendo da idade do paciente:

- Teste do suor.
- "Teste do pezinho", realizado sempre nas maternidades para identificar três doenças congênitas.
- Teste genético, que identifica apenas os tipos mais frequentes da doença, mas que, mesmo assim, costuma ajudar a diagnosticar a grande maioria dos casos de fibrose cística.

Outros testes que identificam problemas que podem estar relacionados à fibrose cística incluem:

- Radiografia ou tomografia computadorizada do tórax.
- Teste de gordura nas fezes.
- Teste de funcionamento dos pulmões.
- Medição da função pancreática.
- Teste de estimulação da secretina.
- Tripsina e quimotripsina nas fezes.
- Série do trato gastrointestinal superior (GI) e do intestino delgado.

Diagnosticada a tempo, a criança pode ter vida mais longa e saudável. Quando apresenta uma ou mais características clínicas (sintomas) ou história familiar, há alguns exames que devem ser feitos a fim de confirmar a doença[21,22].

O tratamento para pacientes com fibrose cística inclui a manutenção do estado nutricional, a remoção das secreções das vias aéreas com fisioterapia e mucolíticos, o uso de antibióticos para a prevenção e tratamento das infecções, suporte nutricional, com ingestão de suplementos energéticos, dietas hipercalóricas e vitaminas lipossolúveis.

O transplante pulmonar tornou-se uma opção terapêutica para pacientes com FC no estágio final da doença pulmonar. A taxa de sobrevida nos grandes centros é de 85% com 1 ano e 67% com 2 anos para pacientes que receberam transplante duplo. Pode ocorrer morte nos primeiros seis meses após o transplante, por causa de infecções[23].

ASMA

Várias enfermidades podem ocasionar quadros de obstrução das vias aéreas, sendo a asma uma das principais que cursa com obstrução pulmonar, sendo também a mais frequente entre as doenças crônicas pulmonares[24].

A asma afeta cerca de 300 milhões de indivíduos em todo o mundo. É um grave problema de saúde que incide em todas as faixas etárias, com prevalência aumentada nos países em desenvolvimento, com custos de tratamento aumentados, gerando uma sobrecarga para o paciente e a comunidade[25].

Na população pediátrica, principalmente nos lactentes, o fato de a via aérea ser de menor calibre faz com que sejam suscetíveis à obstrução por processos inflamatórios quando comparados a crianças maiores e adultos. O pequeno calibre e as paredes mais grossas das vias aéreas, a ausência de poros de Kohn e canais de Lambert, e o número proporcional de glândulas mucosas aumentadas são alguns dos principais fatores responsáveis por esse risco maior de sintomas respiratórios graves[26].

Asma causa sintomas como falta de ar, aperto no peito e tosse, que variam ao longo do tempo em sua ocorrência, frequência e intensidade. Esses sintomas estão associados com variação no fluxo expiratório, dificuldade em exalar o ar dos pulmões em razão da broncoconstrição (estreitamento das vias aéreas), espessamento da parede das vias aéreas e produção de muco[25].

O tratamento inicial da crise asmática consiste em ofertar oxigênio por máscara facial, para manter saturação de oxigênio acima de 95%, intercalando com nebulização de medicação beta-2-agonista e medicação endovenosa, se necessário. Caso se obtenha resposta clínica satisfatória, deve-se manter em observação o padrão respiratório e a saturação, provendo oxigenoterapia conforme necessidade para manter saturação > 95%[26].

Nos quadros de broncoespasmo que evoluem para asma aguda, ocorre uma mudança nas vias aéreas de pequeno calibre capaz de alterar profundamente as trocas gasosas, o que pode evoluir rapidamente para quadros de insuficiência respiratória[25,26].

No tratamento da asma aguda, é necessário resolver a hipoxemia, reverter a obstrução das vias aéreas através do uso de broncodilatadores e corticoides sistêmicos e prevenir o aparecimento precoce de nova crise, sendo que apenas 5 a 6% dos pacientes evoluem com falência respiratória[24-26].

RECURSOS FISIOTERAPÊUTICOS NO PACIENTE COM DOENÇA PULMONAR OBSTRUTIVA

A fisioterapia respiratória possui uma variedade de métodos que auxilia na remoção de secreção brônquica, melhorando a depuração mucociliar. As manobras de remoção de secreção brônquica em casos de hipersecreção são utilizadas há muitas décadas, com algumas técnicas denominadas convencionais e outras novas. Todas objetivam prevenir ou reduzir as consequências mecânicas da obstrução, como hiperinsuflação, má distribuição da ventilação pulmonar, entre outras, aumentando o *clearance* mucociliar da via aérea.

Na literatura, as manobras ou técnicas de remoção de secreção brônquica são descritas como fisioterapia respiratória convencional, destacando-se percussão torácica, vibração, drenagem postural, exercícios e padrões respiratórios, as quais podem ser aplicadas isoladamente ou em associação com outras técnicas. As técnicas consideradas atuais, modernas ou "a fluxo" são as novas técnicas de fisioterapia respiratória, que mobilizam a secreção por variação de fluxo ou volume no sistema respiratório. São elas: desobstrução rinofaríngea retrógrada (DRR), aumento do fluxo expiratório (AFE), expiração lenta prolongada (ELPr), técnica de expiração forçada (TEF), ciclo ativo da respiração (CAR), exercícios a fluxo inspiratório controlado (Edic), oscilação oral de alta frequência (OOAF), máscara de pressão expiratória positiva (PEP) e inspirometria de incentivo. A escolha da terapia pediátrica para depuração das vias aéreas deve ter como princípios básicos as diferenças anatômicas, fisiológicas e os processos patológicos[27,28].

Os pacientes são ensinados a usar técnicas de remoção de secreção brônquica que os capacitem a desobstruir efetivamente suas vias aéreas. As técnicas de expiração forçada (*huffing* e tosse) são muito efetivas e podem ser realizadas pelos pacientes independentes. A atividade física contribui para manter a higiene brônquica, evitando quadros de infecções pulmonares recorrentes. Os pacientes com DPOC têm muita secreção e, geralmente, não conseguem expectorá-la, necessitando da ajuda de um fisioterapeuta para essa retirada. Por causa da ausência de força expiratória e do colapso traqueobrônquico, o fisioterapeuta deve escolher a técnica mais apropriada e realizar uma associação de técnicas, para realizar a desobstrução brônquica e manter a via aérea pérvia. Pode-se citar as manobras de higiene brônquica para facilitar na remoção dessa secreção.

A utilização do brinquedo de sopro nos atendimentos de fisioterapia respiratória (Figura 7.2), na área de pediatria, é muito importante porque com o instrumento lúdico o profissional consegue interagir melhor com a criança e realizar uma terapia mais eficaz[21,29]. Pode-se fazer uso de outras técnicas, como drenagem postural, vibrocompressão, técnica da expiração forçada (*huffing*), exercícios respiratórios, como freno labial, exercícios respiratórios associados a brinquedos de sopro (língua de sogra, bolinha de sabão, bexiga etc.), com o objetivo de aumentar o volume corrente e diminuir a frequência respiratória, melhorando a oxigenação e auxiliando o paciente a desinsuflar, já que o paciente com doença pulmonar obstrutiva tende a ser hiperinsulflado.

O objetivo da fisioterapia respiratória é auxiliar na remoção de secreções e reabilitar esses pacientes para a recuperação da sua capacidade funcional, já que eles apresentam hipersecreção em razão do desequilíbrio no processo de depuração mucociliar. Na opinião de especialistas, é recomendada a fisioterapia respiratória,

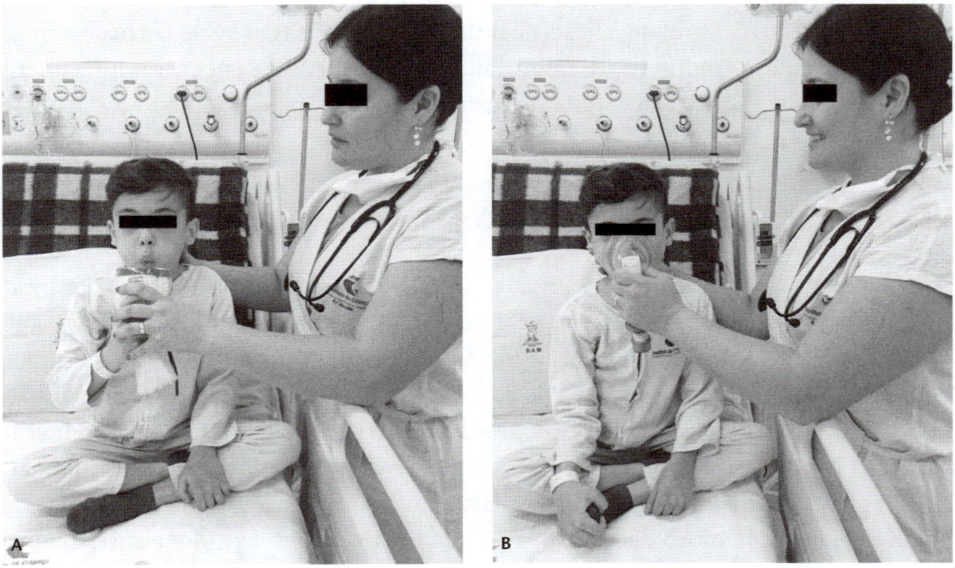

Figura 7.2 Paciente com fibrose cística realizando fisioterapia respiratória com brinquedo de sopro (A) e exercício expiratório com pressão positiva e máscara de EPAP (B).

pois na fase de exacerbação aguda da doença podem ser observados melhores resultados, já que há aumento significativo na quantidade de secreção e consequente desconforto respiratório[30].

A avaliação do paciente é a primeira conduta do fisioterapeuta e é imprescindível, pois permite identificar, relacionar e organizar os problemas para o diagnóstico e a indicação da terapia para que ocorram os benefícios desejados pela intervenção. Para a segurança dos pacientes e efetividade dessas técnicas, é recomendado avaliar antes, durante e após sua aplicação. Nas faixas etárias neonatal e pediátrica, as técnicas convencionais podem ser indicadas e aplicadas por fisioterapeutas[28].

Sobre as técnicas atuais para lactentes, destacam-se a AFE e a expiração lenta prolongada (ELPr). A AFE promove a remoção de secreções distais (lenta), pela variação do fluxo expiratório. A expiração lenta prolongada (ELPr) é uma técnica passiva por meio de pressão manual lenta no início da expiração até o volume residual. Esse aumento do fluxo é gerado pelo reflexo inspiratório originado após uma expiração completa, ocorrendo o deslocamento da secreção para as vias aéreas de grande calibre, e sua eliminação pode ser por meio da tosse[7,27,31].

Na prática clínica, têm sido empregados com bons resultados drenagem postural, vibração e exercícios para otimização da mecânica respiratória. A percussão torácica, conhecida também por tapotagem, é ainda bastante utilizada e amplamente difundida para tratamento de muitas doenças respiratórias. Muitas vezes, é utilizada de forma inadequada por profissionais não habilitados, podendo trazer efeitos indesejados. Em doenças em que as disfunções são localizadas em vias aéreas de pequeno e médio calibre, sua eficácia é limitada, pois nessas áreas se faz necessária a variação do volume pulmonar. É importante que o paciente se encontre clinicamente estável e que a técnica seja feita de forma adequada, para que não haja estresse desnecessário para o paciente[27,28].

VENTILAÇÃO MECÂNICA NÃO INVASIVA

A ventilação mecânica não invasiva (VNI) é um método de suporte respiratório sem a necessidade do uso de prótese endotraqueal, podendo ser ofertada ao paciente por meio de uma interface e um aparelho que ofereça ventilação mecânica com pressão positiva[24].

Estudos têm demonstrado resultados favoráveis com o uso da ventilação mecânica não invasiva para o tratamento da insuficiência respiratória aguda, principalmente para evitar a intubação e a ventilação mecânica invasiva, que está associada a elevadas taxas de morbidade e mortalidade em pacientes com doença obstrutiva crônica grave[32].

As principais vantagens da utilização da VNI incluem: menor necessidade de sedação, melhora do desconforto do paciente, prevenção de atelectasia, manutenção das defesas das vias aéreas, diminuição da necessidade de intubação e dos riscos relacionados à intubação (trauma das vias aéreas, infecções nosocomiais, entre outras)[24].

Sabe-se que a VNI reduz o trabalho respiratório e facilita o repouso dos músculos respiratórios e do miocárdio, sendo contraindicada em paciente com instabilidade hemodinâmica, com arritmia cardíaca e que tenha alto risco de aspiração[24].

VENTILAÇÃO MECÂNICA NAS DOENÇAS OBSTRUTIVAS

A intubação e a ventilação pulmonar mecânica podem ser necessárias e indicadas quando o paciente não responde positivamente ao tratamento medicamentoso e à ventilação não invasiva, sendo recomendadas para o tratamento da insuficiência respiratória[24,32].

Apesar de ser uma medida salvadora, a ventilação mecânica nos pacientes com doenças pulmonares obstrutivas está relacionada com número elevado de complicações, resultando em elevada morbidade e mortalidade. A intubação traqueal deve ser evitada, principalmente nos pacientes com asma aguda grave, pois o processo de intubação pode agravar o broncoespasmo, aumentando muito o risco de depressão circulatória[32].

A monitoração da mecânica pulmonar, e principalmente da resistência das vias aéreas, é fundamental para guiar adequadamente a ventilação mecânica de pacien-

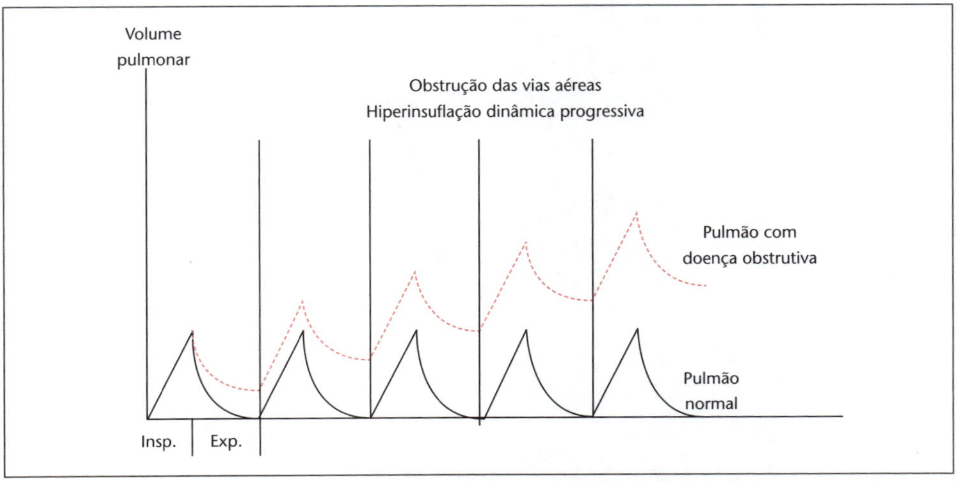

Figura 7.3 Hiperinsuflação dinâmica. Comparação dos ciclos respiratórios normais, em que o volume pulmonar é totalmente exalado, e ciclos respiratórios na doença pulmonar obstrutiva, com o volume pulmonar aumentado acima da capacidade residual funcional ao final dos ciclos respiratórios.

tes com doenças obstrutivas. Nos pacientes com doenças obstrutivas, a resistência expiratória está aumentada e excede a resistência inspiratória, gerando hiperinsuflação pulmonar[33].

Logo após a intubação pode haver aumento da hiperinsuflação dinâmica (Figura 7.3) e, dependendo do grau dessa hiperinsuflação, existe correlação direta deste com o risco de barotrauma e hipotensão[32].

Quando utilizados modos ventilatórios controlados, existem três formas de minimizar a hiperinsuflação dinâmica: diminuição do volume-minuto, aumento do tempo expiratório e diminuição da resistência.

A limitação ao fluxo expiratório é evidenciada tipicamente na curva pressão-volume (Figura 7.4), com a visualização de um abaulamento na fase expiratória, podendo também ser notada nos gráficos de fluxo quando disponíveis pelo ventilador mecânico[32].

A PEEP intrínseca pode estar relacionada com o aumento no volume-minuto pelo aumento da frequência respiratória e pelo aumento na constante de tempo expiratório, não considerando que o volume pulmonar seja exalado por completo ao final da expiração[24].

A estratégia ventilatória utilizando a hipercapnia permissiva é recomendada para diminuir o grau de hiperinsuflação pulmonar, fornecendo oxigenação e ventilação adequadas para minimizar os agravos de altas pressões ventilatórias[32].

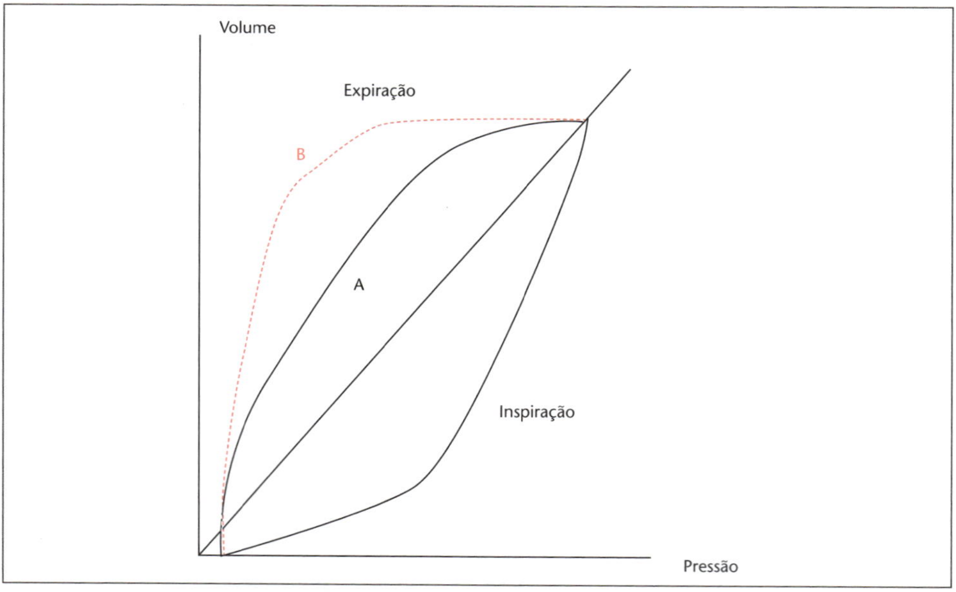

Figura 7.4 Curva pressão-volume comparando a fase expiratória normal (A) com o aumento da resistência expiratória (B) com abaulamento da alça na expiração.

CONCLUSÕES

A maioria das crianças com doenças pulmonares obstrutivas responde positivamente ao tratamento clínico e farmacológico, sendo fundamental o acompanhamento fisioterapêutico visando evitar complicações e agravos por causa da hiperinsuflação e do acúmulo de secreção pulmonar. Em crianças que não respondem a essas terapias iniciais, deve-se pensar na utilização da VNI de forma precoce, já que está associada a bons resultados e poucas complicações, evitando assim a intubação.

REFERÊNCIAS BIBLIOGRÁFICAS

1. Duijts L, Reiss IK, Brusselle G, Jongste JC. Early origins of chronic obstructive lung diseases across the life course. Eur J Epidemiol. 2014;29(12):871-85.
2. Carvalho WB, Freddi NA, Hirschiemer MB, Proença JO, Troster EJ. Ventilação mecânica em pediatria e neonatologia. São Paulo: Ateneu; 2004.
3. Ribeiro JD, Fischer GB. Chronic obstructive pulmonary diseases in children. J Pediatr (Rio J). 2015;91(6 Suppl 1):S11-25.
4. Kunikoshita LN, Silva YP, Silva TLP, Costa D, Jamami M. Efeitos de três programas de fisioterapia respiratória (PFR) em portadores de DPOC. Rev Bras Fisioter. 2006;10(4):449-55.
5. Langer D, Probst VS, Pitta F, Burtin C, Hendriks E, Schans CPVD et al. Guia para prática clínica: fisioterapia em pacientes com doença pulmonar obstrutiva crônica (DPOC). Rev Bras Fisioter. 2009;13(3):183-204.
6. Gomide LB, Silva CS, Matheus JPC, Torres LAGMM. Atuação da fisioterapia respiratória em pacientes com fibrose cística: uma revisão da literatura. Arq Ciênc Saúde. 2007;14(4):227-33.
7. Postiaux G. Kinésitherapie respiratoire de l'enfant. Les téchniques de soins guidées par l'auscultation pulmonaire. 2. ed. Louvain-la-Neuve: De Boeck Université; 2000.
8. Lannefors L, Button BM, McIlwaine M. Physiotherapy in infants and young children with cystic fibrosis: current practice and future developments. J R Soc Med. 2004;97(44):8-25.
9. Arcanjo C, Batista K, Soares M, Freitas A, Gomes L, Holanda J et al. Bronquiolite obliterante: perfil clínico e radiológico de crianças acompanhadas em ambulatório de referência. Rev. Paul. Pediatr. 2013;31(1):10-6.
10. Fullmer JJ, Fan LL, Dishop MK, Rodgers C, Krance R. Successful treatment of bronchiolitis obliterans in a bone marrow transplant patient with tumor necrosis factor-α blockade. Pediatrics. 2005;116(3):767-70.
11. Tomikawa SO, Adde FV, Silva Filho LV, Leone C, Rodrigues JC. Follow-up on pediatric patients with bronchiolitis obliterans treated with corticosteroid pulse therapy. Orphanet J Rare Dis. 2014;9:128.
12. Teper AM, Colom AJ, Teper AM, Vollmer WM, Diette GB. Risk factors for the development of bronchiolitis obliterans in children with bronchiolitis, Thorax. 2006;61(6):503-6.
13. Champs NS, Lasmar LM, Camargos PA, Marguet C, Fischer GB, Mocelin HT. Post-infectious bronchiolitis obliterans in children. J Pediatr (Rio J). 2011;87(3):187-98.
14. Teper A, Fischer GB, Jones MH. Respiratory sequelae of viral diseases: from diagnosis to treatment. J Pediatr (Rio J). 2002;78(Suppl 2):187-94.
15. Monte LF, Silva Filho LV, Miyoshi MH, Rozov T. Displasia broncopulmonar. J Pediatr (Rio J). 2005;81(2):99-110.
16. Hilgendorff A, O'Reilly MA. Bronchopulmonary dysplasia early changes leading to long-term consequences. Front Med. 2015;2:2.

17. McGrath-Morrow SA, Ryan T, Riekert K, Lefton-Greif MA, Eakin M, Collaco JM. The impact of bronchopulmonary dysplasia on caregiver health related quality of life during the first 2 years of life. Pediatr Pulmonol. 2013;48(6):579-86.
18. Costa PFBM. Displasia broncopulmonar. Pulmão RJ. 2013;22(3):37-42.
19. Martins P, Mello R, Silva KS. Displasia broncopulmonar como um fator preditor para alteração motora aos 6 meses de idade corrigida em prematuros. Arq NeuroPsiquiatr. 2010;68(5):1-7.
20. Vohr BR. Long-term follow-up of very low birth weight infants. In: Perlman JM. Neurology: Neonatology questions and controversies. Nova York: Saunders Elsevier; 2008. p. 265-79.
21. Borges EP, Nascimento MDSB, Silva SMM. Benefícios das atividades lúdicas na recuperação de crianças com câncer. Boletim Academia Paulista de Psicologia. 2008;28(2):211-21.
22. Mastella G, Di Cesare G, Borruso A, Menin L, Zanolla L. Reliability of sweat-testing by the Macroduct collection method combined with conductivity analysis in comparison with the classic Gibson and Cooke technique. Acta Paediatr. 2000;89(8):933-7.
23. Camargo JJ. Transplante pulmonar na infância. J Pediatr (Rio J). 2002;78(Supl.2):S113-S122.
24. Filho JOP, João PRD. Ventilación pulmonar mecánica em las enfermidades obstructivas. In: Carvalho WB, Jiménez HJ, Sásbon JS, Carrillo H. Ventilación pulmonar mecánica em pediatria. São Paulo: Atheneu; 2012. p. 263-78.
25. Global Initiative for Asthma, GINA. Bethesda: GINA. Updated 2015. Global strategy for asthma management and prevention. Disponível em: http://www.ginasthma.org. (Acesso: 01 ago. 2017.)
26. Piva JP, Canani SF, Pitrez PMC, Stein RT. Asma aguda na criança. J Pediatr (Rio J). 1998;74(Supl.1):S59-S68.
27. Gomes E, Gimenes A, Lanza F. Techniques of physical therapy and pulmonary rehabilitation in non-cystic fibrosis bronchiectasis. Pneumologia Paulista. 2016;29:1.
28. Schechter MS. Airway clearance applications in infants and children. Respiratory Care. 2007;52(10):1382-90.
29. Schenkel IC, Garcia JM, Barretta MSK, Schivinski CIS, Silva MEM. Brinquedo terapêutico como coadjuvante ao tratamento fisioterapêutico de crianças com afecções respiratórias. Psicol Teor Prát. 2013;15(1):130-44.
30. Rosen MJ. Chronic cough due to bronchiectasis: ACCP evidence-based clinical practice guidelines. Chest. 2006;129(Suppl 1):122S-131S.
31. Lanza F, Wandalsen G, Cruz C, Solé D. Impacto da técnica de expiração lenta e prolongada na mecânica respiratória de lactentes sibilantes. J Bras Pneumol. 2013;39(1):69-75.
32. Carvalho WB, Freddi NA, Hirschiemer MB, Proença JO, Troster EJ. Ventilação mecânica em pediatria e neonatologia. São Paulo: Ateneu; 2004.
33. West JB. Fisiologia respiratória. Barueri: Manole; 2002.
34. Servidoni MF, Gomez CCS, Marson FAL, Toro AADC, Ribeiro MÂGO, Ribeiro JD, et al. Sweat test and cystic fibrosis: overview of test performance at public and private centers in the state of São Paulo, Brazil. J Bras Pneumol. 2017;43(2):121-8.
35. Ferreira ACM, Marson FAL, Cohen MA, Bertuzzo CS, Levy CE, Ribeiro AF, et al. Hypertonic Saline as a Useful Tool for Sputum Induction and Pathogen Detection in CysticFibrosis. Lung. 2017;195(4):431-9.
36. Sosnay PR, Siklosi KR, Van Goor F, Kaniecki K, Yu H, Sharma N, et al. Defining the disease liability of variants in the cystic fibrosis transmembrane conductanceregulator gene. Nat Genet. 2013;45(10):1160-7.
37. Welsh MJ, Ramsey BW, Accurso F, Cutting GR. Cystic fibrosis: membrane transport disorders. In: Valle D, Beaudet A, Vogelstein B et al. eds. The Online Metabolic & Molecular Bases of Inherited Disease. The McGraw-Hill Companies Inc; 2004:part 21, chap 201.
38. Grupo Brasileiro de Estudos de Fibrose Cística. Relatório do Registro Brasileiro de Fibrose Cística 2014. Disponível em: http://portalgbefc.org.br/wp-content/uploads/2016/11/Registro2014_v09.pdf. (Acesso: 23 ago. 2017.)

Assistência ao paciente cardiopata 8

Kelly Cristina de Oliveira Abud
Luiza Antonia Manoel

Após ler este capítulo, você estará apto a:

1. Realizar avaliação fisioterapêutica do paciente com cardiopatia congênita nos aspectos das peculiaridades anatômicas e fisiológicas.
2. Identificar o impacto da cardiopatia congênita nos sistemas respiratório e motor.
3. Indicar assistência fisioterapêutica ao paciente cardiopata nas diversas fases do tratamento.
4. Identificar as repercussões hemodinâmicas das complicações no pós-operatório de cirurgia cardíaca pediátrica que são passíveis de intervenção fisioterapêutica.
5. Elencar os critérios de interrupção da terapia no paciente em internação hospitalar.

INTRODUÇÃO

São denominadas cardiopatias congênitas todas as alterações estruturais e/ou funcionais do sistema circulatório que culminam com disfunção do fluxo de sangue para órgãos e sistemas, sendo que podem estar comprometidas desde a estrutura das cavidades do coração até a anatomia dos vasos da base. Essas alterações ocorrem essencialmente por defeito na formação embrionária do sistema cardiovascular, que tem a fase crítica entre a terceira e a sexta semanas de gestação, e podem ser associadas a síndromes genéticas, por exemplo, síndrome de Down, de Pierre-Robin, de Turner. Essas malformações do coração e dos vasos podem ser defeitos únicos ou associados, como nas cardiopatias ditas "complexas", em que a sobrevida depende da associação de outros defeitos, de forma a influenciar na indicação cirúrgica e no prognóstico[1].

Aproximadamente 0,8% dos recém-nascidos são portadores de alterações congênitas na anatomia do coração e dos grandes vasos. Essas doenças têm enorme diversidade de apresentação clínica que vão desde alterações benignas de tratamento minimamente invasivo, como a estenose de valva pulmonar ou a comunicação interatrial, até alterações morfológicas graves com indicação de dois ou mais procedimentos cirúrgicos ao longo da vida[1].

O impacto sistêmico das cardiopatias congênitas pode ser observado agudamente nas condições que levam à internação hospitalar, como síndrome do baixo débito cardíaco ou edema agudo de pulmão. A longo prazo, podem ocorrer repercussões sobre o sistema musculoesquelético que vão desde hipodesenvolvimento ponderoestatural e atraso no desenvolvimento neuromotor e/ou sequelas neurológicas, que adicionadas ao comprometimento respiratório repercutem na qualidade de vida, relacionando-se diretamente com a sobrevida dessas crianças[2].

A classificação das cardiopatias congênitas delineia o raciocínio fisiopatológico e pode guiar o fisioterapeuta no tocante a estabelecer critérios de avaliação e interrupção da terapia. Nas cardiopatias de hiperfluxo, o critério de interrupção da terapia está relacionado com a tolerância ao esforço, e não com a diminuição da saturação periférica de oxigênio, por exemplo. Sendo assim, é de fundamental importância conhecer como a cardiopatia está caracterizada quanto ao fluxo pulmonar, à apresentação de cianose e à sobrecarga ventricular (Tabela 8.1).

O tratamento das cardiopatias congênitas visa à melhora da qualidade e da expectativa de vida, envolvendo o fisioterapeuta como membro da equipe multiprofissional na atenção à criança portadora de cardiopatia no pré e pós-operatório, tanto no âmbito hospitalar como no ambulatorial.

A cirurgia cardíaca também tem impacto sobre a função pulmonar nos aspectos que se relacionam à técnica cirúrgica, anestesia geral e circulação extracorpórea (CEC). A anestesia geral e o bloqueio neuromuscular, associados ao posicionamento da criança, provocam o deslocamento do conteúdo abdominal e do diafragma em sentido cefálico, levando ao colapso das regiões pulmonares inferiores antes mesmo da abertura do tórax[3]. A CEC é o conjunto de equipamentos que garante a perfusão tecidual, substituindo temporariamente a função do coração e dos pulmões, enquanto o coração é operado. A exposição do sangue às superfícies não en-

Tabela 8.1 Classificação das cardiopatias congênitas

Fluxo pulmonar	Volemia pulmonar	Cianose	Sobrecarga ventricular
Hipofluxo	Hipovolemia	Acianogênica	Sobrecarga de ventrículo direito
Normofluxo	Normovolemia	Cianogênica	Sobrecarga de ventrículo esquerdo
Hiperfluxo	Hipervolemia		

doteliais ativa a cascata de coagulação e de resposta inflamatória, contribuindo para o desenvolvimento de disfunções pulmonares, cerebrais, renais e de outros órgãos[4].

Sedação, intubação, dor e inibição da tosse são fatores que também prejudicam o mecanismo de depuração mucociliar, o que, associado ao uso de diuréticos, torna a terapia de remoção de secreção essencial para a boa evolução da criança cardiopata hospitalizada[5].

AVALIAÇÃO E ASSISTÊNCIA FISIOTERAPÊUTICAS PRÉ-OPERATÓRIAS

A criança com cardiopatia pode ter indicação de internação hospitalar, tanto para ajuste clínico pré-cirúrgico quanto para tratamento de afecções sazonais típicas da população pediátrica, que somadas às características funcionais da cardiopatia podem deflagar quadros de arritmia, baixo débito cardíaco e insuficiência respiratória. Esse quadro deve ser solucionado antes da discussão clínica que delimita o prognóstico cirúrgico.

No período pré-operatório, são avaliadas as repercussões respiratórias das cardiopatias congênitas. Os distúrbios neuromotores são notados, mas não necessariamente tratados nessa fase, uma vez que se deve levar em conta a necessidade de diminuição do gasto metabólico, evitando, assim, a descompensação hemodinâmica.

Os sinais de insuficiência respiratória – a hipersecreção e o broncoespasmo – são mais comuns nas cardiopatias que cursam com hiperfuxo pulmonar. Porém, nesses casos, é necessário lembrar que o aspecto da secreção é claro e fluido, diferente da infecção pulmonar em que o agente patógeno é responsável pelo aspecto amarelado e mais espesso da secreção. O hiperfluxo piora nas situações de agitação e irritabilidade, tornando a congestão pulmonar consequência da manipulação prolongada.

A ausculta pulmonar deve ser utilizada como ferramenta de avaliação continuada com o objetivo de localizar a secreção na via aérea, permeando a escolha do recurso fisioterapêutico a ser usado, bem como avaliação dos resultados[6].

A radiografia de tórax, como recurso isolado, não prediz a gravidade da repercussão respiratória do cardiopatia, e pode ser usada para direcionar a terapia de reexpansão pulmonar.

A gasometria arterial pode ser substituída pela medida da saturação periférica de oxigênio (oximetria de pulso – SpO_2). Há um alvo de oximetria ideal para cada paciente, dependendo do grau de mistura arteriovenosa intracardíaca, por isso a avaliação clínica e os exames complementares são de suma importância para o entendimento da fisiopatologia do cardiopata.

Os objetivos do tratamento fisioterápico são a remoção da secreção brônquica e melhora dos sinais de insuficiência respiratória. Para isso, utilizam-se recursos como inaloterapia e manobras baseadas na alteração dos fluxos respiratórios. Com a manipulação, pode haver descompensação hemodinâmica, sendo os critérios para interrupção da terapia e repouso no leito em decúbito elevado:

- Aumento ou diminuição da frequência cardíaca baseado nos limites de normalidade para idade.
- Aparecimento ou aumento súbito da cianose.
- Sinais de baixo débito: *livedo reticularis*, extremidades frias, sudorese intensa.
- Alteração do nível de consciência: piora da agitação ou rebaixamento.

A terapia de remoção de secreção pode precipitar o aumento da intensidade dos sinais de insuficiência respiratória, nessa situações deve se considerar o uso da ventilação mecânica não invasiva como coadjuvante na recuperação dos parâmetros normais de conforto pós-terapia. Salvo os critérios de interrupção por descompensação clínica, a terapia termina quando os objetivos de remoção de secreção são atingidos, sendo que a aspiração nasotraqueal deve ser considerada quando a tosse for ineficaz.

AVALIAÇÃO E ASSISTÊNCIA FISIOTERAPÊUTICAS NO PÓS-OPERATÓRIO IMEDIATO

Avaliação

A criança em pós-operatório é admitida intubada na unidade de terapia intensiva e o primeiro contato do fisioterapeuta visa a estabelecer os parâmetros da ventilação mecânica e fazer a avaliação segundo a propedêutica pulmonar. Para isso, há necessidade de prévio conhecimento da técnica cirúrgica a que a criança foi submetida e as condições de ventilação durante a cirurgia. A condução da ventilação mecânica do cardiopata tem inúmeras peculiaridades, dada a interação cardiopulmonar da pressão positiva intratorácica e a apresentação clínica de cada cardiopatia, por isso toda a equipe multiprofissional deve ser treinada a identificar as intercorrências e conduzir adequadamente o ajuste de parâmetros do ventilador mecânico[7].

A ferramenta de avaliação inicial é a inspeção da expansibilidade da caixa torácica, seguida pela ausculta pulmonar, e, assim que possível, radiografia de tórax.

A medida da SpO_2 por oximetria de pulso deve ser contínua, e é necessário estabelecer um parâmetro de normalidade compatível com a correção cirúrgica realizada. A gasometria arterial é solicitada logo após a admissão da criança, sendo essencial para o estabelecimento da estratégia ventilatória adequada e do ajuste hemodinâmico.

Sempre que possível, deve-se observar e anotar em prontuário a descrição da motricidade, com especial atenção para déficits neurológicos prévios e deformidades ortopédicas.

Assistência ao Paciente em Ventilação Mecânica

Nesta fase, o objetivo principal é a terapia de expansão pulmonar e a remoção de secreção. A técnica mais utilizada é a insuflação manual seguida de compressão torácica (*bag-squeezing*). A indicação é criteriosa e atentando-se à fisiologia do deslocamento da secreção nas vias aéreas por alteração do fluxo aéreo[8].

Preconiza-se manter a criança cardiopata em decúbito elevado visando a favorecer a mecânica respiratória e a hemodinâmica reduzindo a pós-carga ventricular, esse cuidado é mais importante quando se trata de correções cirúrgicas com fisiologia univentricular, em que o fluxo de sangue para os pulmões é passivo. Especial atenção ao tipo e ao tamanho da incisão cirúrgica, bem como aos locais de inserção de drenos, buscando conforto e o mínimo possível de dor durante a terapia. A Figura 8.1 sugere posicionamento das mãos durante a compressão do tórax[8].

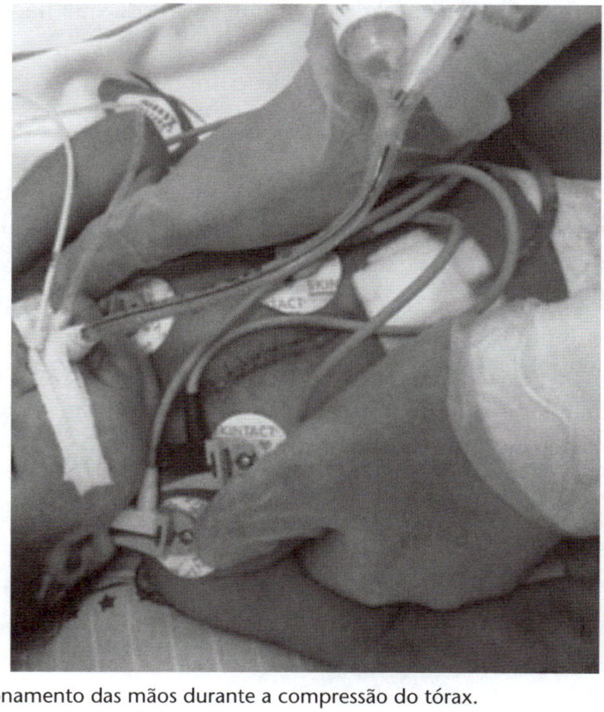

Figura 8.1 Posicionamento das mãos durante a compressão do tórax.

A fisioterapia motora, nessa fase, visa à manutenção das amplitudes articulares, prevendo as deformidades comuns em crianças, que são: (i) encurtamento de musculatura interescapular; (ii) encurtamento dos flexores de quadril; e (iii) peitorais (postura flexora fisiológica do recém-nascido). A mobilização da criança no leito é realizada respeitando-se as amplitudes articulares, de forma a promover relaxamento e não agitação, portanto, durante a mobilização devem ser notados sinais de dor, como aumento da frequência cardíaca e da pressão arterial. Também deve ser respeitado limite razoável de gasto energético para cada situação clínica, por exemplo, em situações nas quais a pressão arterial for mantida a custa de altas doses de droga vasoativas, a movimentação, mesmo que seja passiva, pode levar à descompensação hemodinâmica.

Assistência ao Paciente após Extubação

Após a retirada do suporte ventilatório, os objetivos da fisioterapia continuam sendo a manutenção da higiene brônquica e a expansão pulmonar, além da atenção às disfunções da motricidade e estímulo ao desenvolvimento motor.

Para o cuidado com o sistema respiratório após a extubação, o atendimento fisioterapêutico é realizado sempre que necessário, sendo que no primeiro dia após a retirada da ventilação mecânica, a criança recebe inicialmente quatro atendimentos em 24 horas, frequência que pode diminuir à medida que não se observarem complicações respiratórias.

Os recursos indicados nessa fase estão descritos a seguir[8].

Inaloterapia ou aerossolterapia

Tem como objetivo facilitar a fluidificação de secreções com administração de solução fisiológica, além de ser uma via de administração de medicamentos. Em algumas situações clínicas, a criança em pós-operatório de correções de cardiopatias congênitas permanece em regime de restrição hídrica, o que, associado a quadros de hipersecreção pulmonar comuns nas correções de cardiopatias de hiperfluxo, pode levar a tampões mucosos de difícil remoção e consequente colapso pulmonar. Dessa forma, a inaloterapia pode ser administrada tanto durante a terapia de remoção de secreção como em intervalos preestabelecidos.

Expiração lenta prolongada (ELPr)

Técnica passiva de auxílio à expiração obtida por meio de pressão manual torácica externa, lenta, iniciada no final de uma expiração espontânea e realizada até o volume residual. Tem como objetivo obter volume expiratório maior que de uma expiração normal, acreditando que o prolongamento da expiração promova o arraste da secreção retida na via aérea distal que assim será eliminada pela tosse. A dor incisional limita a compressão até o volume residual, mas na prática clínica, a compressão lenta já pode contribuir para o deslocamento do muco, fenômeno que pode ser observado pela modificação na ausculta pulmonar.

Aumento do fluxo expiratório (AFE)

Técnica de esvaziamento passivo das secreções por aumento do fluxo expiratório utilizando apoio torácico e abdominal. Tem como objetivo o arraste das secreções nas vias aéreas. Deve-se ter cuidado com o apoio das mãos e a força de compressão, idênticas a todas as técnicas que utilizam compressão torácica[9].

Desobstrução rinofaríngea retrógrada

Técnica utilizada quando há secreção retida na rinofaringe, e como está associada à compressão torácica ou com instilação de SF 0,9%, sugere-se ter os cuidados da técnica descrita anteriormente[6].

Aspiração nasotraqueal

Procedimento invasivo realizado para remoção direta de secreções das fossas nasais, rinofaringe, orofaringe e traqueia. Está indicada quando a tosse for ineficaz, devendo ser utilizada com oxigenoterapia suplementar e monitoração.

Insuflação pulmonar manual com máscara facial

Consiste na insuflação pulmonar com ressuscitador manual conectado ao oxigênio e acoplado a uma máscara facial. É realizada com o objetivo de reexpansão pulmonar, como envolve ventilação com pressão positiva, o uso está condicionado à avaliação criteriosa da condição hemodinâmica e das repercussões clínicas dos colapsos pulmonares[10].

Em crianças capazes de colaborar com a terapia, outras técnicas podem ser aplicadas com a técnica de expiração forcada (TEF), expiração lenta total com a glote aberta em decúbito lateral (ELTGOL), exercícios respiratórios, ciclo ativo da respiração, drenagem autógena, oscilação oral de alta frequência e uso de incentivadores inspiratórios[8].

A lesão cerebral é uma das complicações mais limitantes da qualidade de vida de crianças com cardiopatias congênitas. Quanto menor a idade, maiores são os riscos de lesão cerebral, uma vez conhecida a fragilidade do sistema vascular encefálico dos recém-nascidos[11]. Deve-se iniciar a fisioterapia motora o mais precocemente possível, isto é, sempre avaliando a resposta hemodinâmica da criança durante as manipulações.

Readaptação ao esforço

A alta da terapia intensiva é baseada em critérios de estabilidade hemodinâmica, sendo dispensável a monitoração contínua do traçado eletrocardiográfico durante o atendimento fisioterapêutico na unidade de internação geral. É recomendada a monitorização de pressão arterial, frequência cardíaca e oximetria de pulso em dois momentos: antes e depois da terapia.

O objetivo nessa fase inclui, além da manutenção da função respiratória, a readaptação da criança às atividades da vida diária, incluindo o ganho de etapas do desenvolvimento motor. É importante conhecer as condições de motricidade pré-cirúrgicas para traçar um plano terapêutico adequado, estabelecendo metas até a alta hospitalar. O uso de recursos lúdicos, tanto quanto a presença da mãe ou acompanhante, pode contribuir para a melhor aceitação da terapia. O familiar deve ser orientado a realizar algumas manipulações simples e os cuidados diários que possam estimular os desenvolvimentos cognitivo e motor, entretanto, deve ser treinado a identificar os sinais de descompensação/instabilidade clínica que indiquem a cessação da estimulação, devendo manter a criança em repouso e decúbito elevado (Tabela 8.2).

No momento da alta hospitalar o responsável pelo paciente recebe orientações do acompanhamento pós-internação de acordo com a evolução de cada caso.

Tabela 8.2 Sinais clínicos de descompensação

Pele	Palidez, cianose periférica, *livedo reticularis*, sudorese
Nível de consciência	Agitação psicomotora, hipoatividade
Sistema respiratório	Tiragens intercostais e subdiafragmáticas, taquipneia, gemência
Tônus muscular	Hipotonia
Sistema digestório	Náuseas e vômitos, liberação de esfíncteres

CONCLUSÕES

A fisioterapia tem papel fundamental no tratamento de crianças com cardiopatias congênitas, seja durante as internações por descompensações clínicas ou no período pós-operatório. O manejo inclui técnicas aplicadas a situações comuns na pediatria com atenção às peculiaridades das repercussões sistêmicas da cardiopatia, portanto, é essencial o conhecimento específico e a interação multiprofissional para a atenção adequada durante todas as fases do tratamento.

REFERÊNCIAS BIBLIOGRÁFICAS

1. Ebaid M. Cardiologia Pediátrica. Rocca: São Paulo; 2001.
2. Bavare AC, Rafie KS, Bastero PX, Hagan JL, Checchia PA. Acute decompensation in pediatric cardiac patients: outcomes after rapid response events. Pediatr Crit Care Med. 2017;18(5):414-9.
3. Brown KL, Ridout DA, Goldman AP, Hoskote A, Penny DJ. Risk factor for long intensive care unit stay after cardiopulmonary bypass in children. Crit Care Med. 2003;31(1):28-33.
4. Atik E, editor. Cardiopatias Congênitas: guia prático de diagnóstico, tratamento e conduta geral. São Paulo: Atheneu; 2014.
5. Agha H, El Heinady F, El Falaky M, Sobih A. Pulmonary functions before and after pediatric cardiac surgery. Pediatr Cardiol. 2014;35(3):542-9.
6. Postiaux G. Fisioterapia respiratória pediátrica: o tratamento guiado por ausculta pulmonar. São Paulo: Artmed; 2004.
7. Bronicki R. Cardiopulmonary interactions in children with heart failure. Curr Cardiol Rev. 2016;12(2):104-6.
8. Inoue AS, Galas FRBG, Nozawa E. Particularidades clínicas e fisioterapêuticas de crianças submetidas à cirurgia de cardiopatias congênitas. Fisioter Bras. 2011;12(5):379-88.
9. Feltrim MI, Parreira VF. Fisioterapia respiratória. Consenso de Lyon (São Paulo). 2001. p.9-47.
10. Cardoso DBS, Foronda FAK, Troster EJ. Ventilação não invasiva em pediatria. J Pediatr (Rio J). 2003;79(Suppl 2):161-8.
11. Uzark K, Smith C, Donohue J, Yu S, Romano JC. Infant motor skills after a cardiac operation: the need for developmental monitoring and care. Ann Thorac Surg. 2017;104(2):681-8.
12. Croti UA, Mattos SS, Pinto JR, Aiello VD. Cardiologia e Cirurgia Cardiovascular Pediátrica. São Paulo: Roca; 2008.
13. Cincinatti Children's. Disponível em: http://www.cincinnatichildrens.org. (Acesso 01 ago. 2017.)
14. Manual de Rotinas do Serviço de Fisioterapia do Instituto do Coração – InCor - HC-FMUSP. 2002
15. Silva ZM, Perez A, Pinzon AD, Ricachinewsky CP, Rech DR, Lukrafka JL, et al. Factors associated with failure in ventilatory weaning of children undergone pediatric cardiac surgery. Rev Bras Cir Cardiovasc. 2008;23(4):501-6.
16. Tabib A, Abrishami S. Predictors of prolonged mechanical ventilation in pediatric patients after cardiac surgery for congenital heart disease. Res Cardiovasc Med. 2016;5(3):e30391.
17. Neiroti RA, Jones D, Hackbarth R, Paxton Fosse G. Early extubation in congenital heart surgery. Heart Lung Circ. 2002;11(3):157-6.
18. Nozawa E, Lima AO, Feltrin MIZ, Oliveira VRC, Fiss E, Ebaid M. Fisioterapia respiratória nas atelectasias lobares em neonatos e lactentes portadores de cardiopatias congênitas. Fisioter Mov. 1996;9(1):9-19.

9 Programa de reabilitação pulmonar

Maristela Trevisan Cunha

Após ler este capítulo, você estará apto a:

1. Indicar a reabilitação pulmonar para pacientes pediátricos.
2. Realizar a avaliação cardiorrespiratória em pediatria.
3. Reconhecer a necessidade do treinamento físico em pacientes pediátricos.

INTRODUÇÃO

A reabilitação pulmonar (RP) é um programa multidisciplinar baseado em evidências e indicado para pacientes com incapacidade respiratória crônica, sintomáticos e que apresentam diminuição das suas atividades de vida diária. Auxilia no controle e alívio dos sintomas, otimiza a capacidade funcional e melhora a qualidade de vida, com consequente integração à sociedade e redução dos custos dos cuidados de saúde. No cenário pediátrico, a criança só pode ser reabilitada quando sua família assume a responsabilidade pelos tratamentos e otimiza a autonomia e o desempenho físico e social[1-3].

Atualmente, os tratamentos modernos e os recursos tecnológicos têm melhorado a qualidade de vida e a sobrevida em pacientes adultos e pediátricos com doenças pulmonares[1]. A reabilitação pulmonar nos adultos portadores de doença pulmonar obstrutiva crônica (DPOC)[1] já está bem estabelecida. As crianças com problemas pulmonares crônicos apresentam deterioração da função pulmonar e do estado nutricional[1-3], diminuição da capacidade física[2-4], da tolerância ao exercício[4-7] e da qualidade de vida[1-3]. Tanto as crianças como seus pais restringem por conta própria suas atividades físicas e/ou de esportes temendo que a doença piore, o que resulta em hipoatividade que, associada à obstrução das vias aéreas, tem como consequência descondicionamento físico e, muitas vezes, isolamento social.

A participação da criança em atividade física é importante no processo de crescimento e desenvolvimento. O exercício também oferece à criança a oportunidade para o lazer, integração social e desenvolvimento de aptidões que levam a maior autoestima e confiança.

É importante que crianças e adolescentes que praticam exercícios físicos consumam energia e nutrientes suficientes para alcançar suas necessidades de crescimento e para o desempenho de suas atividades físicas. O treinamento físico regular ou o envolvimento em atividades físicas do dia a dia, associado às variáveis ambientais, influencia na obtenção do padrão de crescimento geneticamente determinado. Sua ação sobre os músculos e os ossos é fator importante no aumento da massa magra e da massa óssea, acarretando consequente melhora do desempenho muscular e prevenção da osteoporose.

Os Quadros 9.1 e 9.2 mostram, respectivamente, os objetivos e as indicações da reabilitação pulmonar em crianças.

Quadro 9.1 Objetivos da reabilitação pulmonar em crianças[1,2,5,7]

- Reduzir a obstrução das vias áreas e os sintomas
- Retardar a progressão da doença
- Diminuir exacerbações da doença
- Otimizar tarefas de vida diária e atividades recreacionais
- Melhorar qualidade e expectativa de vida
- Instruir a criança e sua família em relação à doença, aos tratamentos e às técnicas de conservação de energia
- Diminuir uso de medicações e idas a serviços de emergência
- Otimizar a condição nutricional
- Introduzir o exercício físico na rotina doas pacientes, com mudanças no estilo de vida

Fonte: adaptado das diretrizes para programas de reabilitação pulmonar (AACVPR) 2007.

Quadro 9.2 Indicação da reabilitação pulmonar em crianças[1,2]

- Dispneia/fadiga, sintomas respiratórios crônicos e hipoxemia
- Prejuízo na qualidade de vida relacionada à saúde
- Status funcional diminuído
- Dificuldade de realizar atividades de vida diária e recreacionais
- Aumento do uso de medicamentos
- Problemas psicossociais oriundos da doença respiratória
- Depleção nutricional
- Aumento do uso de recursos médicos (hospitalizações e consultas médicas)

Fonte: adaptado das diretrizes para programas de reabilitação pulmonar (AACVPR) 2007.

SELEÇÃO DOS PACIENTES

Em pediatria, as doenças pulmonares crônicas que se beneficiam com os programas de reabilitação são fibrose cística, asma, displasia broncopulmonar e bronquiectasia, entre outras[1-3]. A gravidade da doença pulmonar e a indicação de transplante pulmonar não são fatores de exclusão para RP. Entretanto, pacientes com dispneia por outras causas, como doenças neuromusculares e intersticiais, obesidade e deformidades da caixa torácica, apesar de serem menos frequentemente incluídos, usufruem também dos benefícios dos programas de reabilitação[4,6].

Os critérios de indicação para o programa de RP são estabilidade clínica, utilização da máxima terapêutica possível e não apresentação de outras doenças que possam limitar a realização do esforço físico[3].

Pacientes com volume expiratório forçado no primeiro segundo (VEF_1) abaixo de 30% necessitam de maior atenção medicamentosa, nutricional e apoio da equipe interdisciplinar. Pacientes com grau moderado de limitação respiratória poderão usufruir ao máximo desses programas, e os benefícios obtidos por eles serão mais evidentes que nos pacientes mais graves ou com limitação respiratória leve[7,8]. Apesar dos excelentes resultados terapêuticos dos últimos anos – tanto farmacológicos (terapêutica medicamentosa) como não farmacológicos (técnicas de remoção de secreção brônquica, cinesioterapia respiratória e motora abordadas pelo fisioterapeuta, orientação nutricional e apoio psicológico) –, o acréscimo do programa de reabilitação pode retardar a deterioração da capacidade física e melhorar a qualidade de vida desses pacientes[3,7].

O estado nutricional dos pacientes com doenças pulmonares é outro importante fator na sua limitação ao exercício. A maioria dos pacientes tem peso abaixo do valor previsto, necessitando de suplementação nutricional. O paciente, quando classificado fora da faixa da normalidade para o estado nutricional, deve receber orientação dietética adequada. A desnutrição está correlacionada significativamente com a intolerância ao exercício e maior deterioração da função pulmonar[3,9].

Os pacientes com maiores graus de obstrução das vias aéreas apresentam também hipoxemia, principalmente na realização de atividades físicas. A suplementação de oxigênio durante o exercício permite menor queda na saturação de oxigênio e adequação das frequências cardíaca e respiratória durante o exercício[1-4,6,7-14].

Quando necessário, o uso da medicação preventiva pré-exercício, como broncodilatador inalatório (beta-2), é capaz de prevenir a asma induzida por exercício e sequelas psicológicas relacionadas[4].

A reabilitação pulmonar em pediatria considera a idade das crianças, o diagnóstico, a característica da doença, se está internada ou faz acompanhamento ambulatorial, o nível de compreensão dos pacientes e de seus cuidadores, a colaboração e a adesão ao tratamento.

As crianças estão em constante crescimento e desenvolvimento e, na vigência de doenças que comprometem o pulmão, as possíveis sequelas respiratórias podem comprometer sua vida futura. Em doenças pulmonares crônicas, ocorre importante perda da massa muscular, com pior desempenho da função contrátil do diafragma e diminuição da resposta ventilatória à hipoxemia[4,15]. Esse quadro pode ser agravado pela associação da desnutrição. A hipersecreção associada às infecções pulmonares tem como consequência o prejuízo do trabalho do diafragma, com diminuição no desempenho das atividades nas crianças[9]. A restrição no leito por 1 semana, independentemente do estado nutricional, acarreta perda de até 10% da massa muscular e de 10 a 20% da força do músculo[16].

AVALIAÇÃO CARDIORRESPIRATÓRIA

A avaliação cardiorrespiratória tem o intuito de verificar a capacidade física, acompanhar a efetividade dos tratamentos e estabelecer o prognóstico nos pacientes com doença pulmonar crônica[3,6,7,11,13,17].

A capacidade física pode ser medida utilizando-se diversos tipos de testes como vemos a seguir.

TESTE DE CAPACIDADE FUNCIONAL MÁXIMA

O teste de capacidade funcional máxima[17,18] é indicado para avaliar a tolerância ao esforço e identificar os mecanismos que limitam a capacidade física em crianças com doenças cardíacas ou outras doenças. Além disso:

- Avalia sintomas ou sinais que podem ser induzidos ou agravados pelo exercício.
- Identifica adaptação anormal ao exercício.
- Avalia a efetividade do tratamento clínico ou cirúrgico.
- Estima a capacidade funcional e segura para a participação em atividades recreativas ou atléticas.
- Realiza avaliação prognóstica.

O teste máximo (incremental) é feito com aumentos progressivos de velocidade (esteira) ou carga (bicicleta) estimando-se o desempenho máximo limitado por sintomas para aquele exercício específico.

Teste ergoespirométrico: padrão consagrado, de alto custo, avalia respostas clínicas, hemodinâmicas e eletrocardiográficas associadas às medidas dos gases (consumo de oxigênio [VO_2], produção de dióxido de carbono [VCO_2], limiar anaeróbio [LA]) e ventilação.

Teste ergométrico: mais comum, de baixo custo, avalia respostas clínicas, hemodinâmicas e eletrocardiográficas.

TESTE DE CAPACIDADE FUNCIONAL SUBMÁXIMA

- Teste de caminhada de 6 minutos (TC 6 min).
- Teste do degrau.
- *Shuttle Walking Test* modificado (SWTM).

TESTE DE CAMINHADA DE 6 MINUTOS

O teste de caminhada de 6 minutos (TC 6 min)[10,13,19-21] é um teste reprodutível em pediatria e pode determinar o nível submáximo da capacidade funcional para a prática de esportes e outras atividades, avaliar as respostas fisiológicas dos sistemas pulmonar, cardiovascular e circulação periférica envolvidos no exercício, avaliar os programas de prevenção, terapêuticos e de reabilitação, e predizer morbidade e mortalidade dos pacientes com doença pulmonar crônica ou candidatos de transplantes pulmonares e/ou cardíacos. Avaliam-se a distância percorrida e os parâmetros clínicos e/ou fisiológicos (Figura 9.1). É preconizado pela American Thoracic Society (ATS) que o teste seja feito duas vezes, sendo valorizado o teste com a maior distância percorrida. O teste deve ser realizado:

- Em um corredor entre 20 a 30 metros e plano.
- Por um indivíduo que caminhe o mais rápido possível durante 6 minutos.
- Por indivíduos incentivados com frases padronizadas a cada minuto do teste.
- Por indivíduos monitorados por parâmetros clínicos (frequências cardíaca e respiratória, pressão arterial, SpO_2 e dispneia) e fisiológicos (VO_2, VCO_2 e LA) antes, durante e após o teste.

O teste pode ser interrompido por dor no peito, dispneia intensa, cãibras e cianose.

Durante o teste, pode-se ofertar oxigênio quando houver queda de SpO_2[14].

Valores de referência e algumas equações têm sido propostos para predizer a distância percorrida do TC 6 min. As equações preditivas consideram variáveis de acordo com idade, peso, sexo, altura e comprimento dos membros inferiores[22-27].

Para crianças brasileiras com idade entre 6 a 12 anos, Priesnitz et al.[26] desenvolveram valores de referência para a distância predita no TC 6 min utilizando a fórmula:

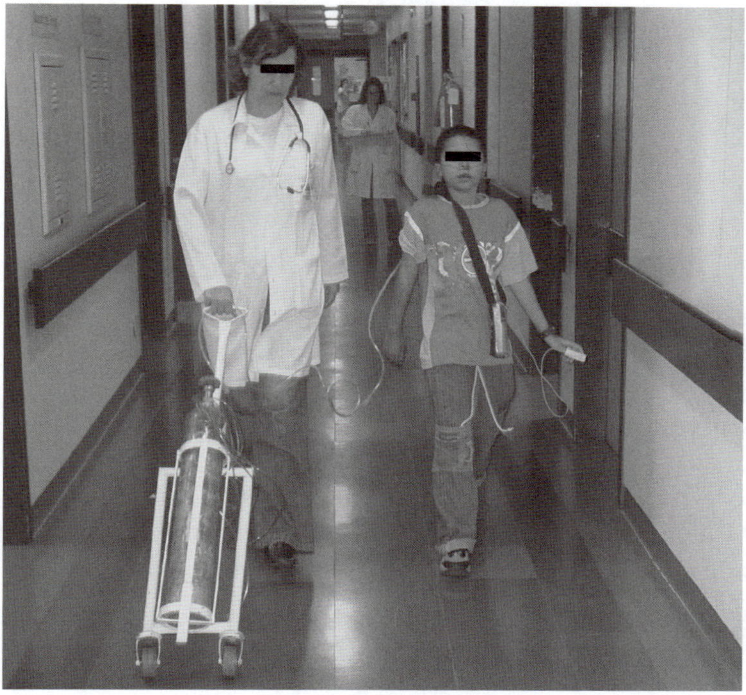

Figura 9.1 Teste da caminhada de 6 minutos.

$$\text{TC6 min} = 145{,}343 + [11{,}78 \times \text{idade (anos)}] + [292{,}22 \times \text{altura (metros)}] + $$
$$+ [0{,}611 \times (FC_{\text{Final}} - FC_{\text{Inicial}})] - [2{,}684 \times \text{peso (kg)}]$$

Iwama et al.[22] também desenvolveram valores de referência para crianças saudáveis brasileiras com idade ≥ 13 anos:

$$\text{DTC 6m} = 622{,}461 - [1{,}846 \times \text{idade (anos)}] + [61{,}503 \times \text{gênero}$$
$$\text{(homens} = 1\text{; mulheres} = 0)]\text{; r2} = 0{,}30$$

TESTE DO DEGRAU

O teste do degrau[5,28] é um teste submáximo, rápido, fácil e que não depende da motivação do paciente. A criança sobe e desce um degrau de 15 cm por 3 minutos. É um teste ainda pouco utilizado em pediatria, sendo recomendado para pacientes com fibrose cística e asma, por ser sensível a alterações na função pulmonar e saturação de pulso de oxigênio, porém necessita de mais estudos em pacientes com doença pulmonar crônica[28]. Esse teste é usado para:

- Fornecer estimativa de tolerância ao exercício em pacientes com doença pulmonar crônica e doença intersticial pulmonar.
- Estimar o risco cirúrgico em populações específicas.
- Determinar o grau de dessaturação da oxiemoglobina em pacientes com doença intersticial e fibrose cística[29].

SHUTTLE WALK TEST MODIFICADO

O *Shuttle Walk Test* modificado (SWTM)[30] é um teste de baixo custo que foi desenvolvido para superar as limitações da marcha com velocidade livre. O SWTM tem 12 níveis e requer que os participantes se movam em um percurso fixo de 10 metros, separado por cones. Esse percurso é realizado em tempos cada vez menores, de acordo com sinais auditivos (bipes). À medida que os bipes vão aumentando, a criança deverá aumentar a velocidade da caminhada para alcançar os cones. O teste será concluído quando o indivíduo não conseguir manter a velocidade predeterminada para cada estágio ou apresentar sinais e/ou sintomas para a interrupção do esforço[30].

AVALIAÇÃO DA HIPOXEMIA NAS ATIVIDADES DA VIDA DIÁRIA

A resposta ao exercício e a avaliação da atividade diária são importantes ferramentas clínicas para compor a avaliação do sistema hemodinâmico e respiratório. Os programas de reabilitação pulmonar encorajam, apoiam e incentivam a independência dos pacientes com doenças pulmonares, sobretudo na realização de suas atividades cotidianas[3,10,14].

A avaliação da saturação da oxiemoglobina durante as atividades diárias (higiene pessoal, alimentação, ato de se vestir, subida de escadas) orienta e conscientiza quanto ao uso do oxigênio em atividades que provocam dessaturação ($SpO_2 < 90\%$) e educa quanto à realização das atividades, evitando o consumo de energia desnecessário[14].

Nos quadros de infecções pulmonares recorrentes, deterioração da função pulmonar e troca gasosa alterada, as saturações basais podem estar reduzidas, o que acarreta diminuição durante as atividades físicas, mesmo nas de baixa intensidade, como nas atividades da vida diária. É conhecido que a hipoxemia leva a dispneia, aumento do trabalho respiratório, aumento da frequência cardíaca, fadiga geral, falta de apetite, intolerância ao exercício e redução do alerta mental. A administração de oxigênio pode aliviar ou minimizar esses sintomas e, consequentemente, diminuir a chance de o paciente apresentar quedas na saturação durante as atividades e melhorar o desempenho durante os esforços[3,14].

QUALIDADE DE VIDA

De acordo com a Organização Mundial da Saúde (OMS), a qualidade de vida é definida como sendo a percepção pessoal de sua posição de vida no contexto cultural e de valores nos quais o indivíduo vive em relação aos seus objetivos, expectativas, padrões e preocupações[31].

Mensurar a qualidade de vida traz informações importantes a respeito da interferência da condição clínica na vida do paciente, como o impacto das limitações causadas pela doença e pelo seu tratamento no dia a dia, o prognóstico, a avaliação e a adequação das estratégias de tratamento, ou seja, é um parâmetro essencial nos programas de reabilitação[32].

A qualidade de vida ou o *status* funcional pode ser avaliado por questionários com características gerais ou específicas. Os últimos são mais acurados para determinar o comprometimento específico da doença[33-35].

Questionários de qualidade de vida usados em crianças:

- Para fibrose cística: *Cystic Fibrosis Questionnaire-Revised* (CFQ-R)[36].
- Para asmáticos: *Pediatric Asthma Quality of Life Questionnaire* (PAQLQ-A)[37].
- Para demais doenças: *Child Health Questionnaire-Parent Form 50* (CHQ-PF50)[38], *Autoquestionnaire Qualité de Vie Enfant Image* (AUQEI)[39].

TREINAMENTO

O treinamento com exercícios segue três princípios fisiológicos[3,7,14,40]: intensidade, especificidade e reversibilidade.

Intensidade

Alguns estudos com crianças sugerem que os exercícios aeróbios sejam realizados com sobrecarga de 60 a 85% da $FC_{máx}$ prevista para a idade. O exercício deve ser mantido em média por 30 minutos e repetido 3 a 5 vezes por semana. Ocorrem ganhos da capacidade de exercício, com adaptações fisiológicas musculares e cardiorrespiratórias.

Especificidade

Diz respeito aos ganhos obtidos apenas no grupo muscular trabalhado. Assim, um exercício para membros superiores não conduziria a ganhos e adaptações em musculatura esquelética de membros inferiores.

Reversibilidade

As adaptações fisiológicas seriam reversíveis e estão presentes enquanto o indivíduo é submetido ao exercício físico.

As recomendações de atividade física para indivíduos pneumopatas estão na Tabela 9.1.

Os programas de exercícios devem incluir atividades cardiovasculares (*endurance*), as quais melhoram as funções cardiorrespiratória e musculoesquelética, refletindo no aumento da capacidade de exercício e no consumo máximo de oxigênio ($VO_{2máx}$) como no *jogging*, na corrida, no ciclismo e na natação[3,7].

O mais simples exercício que pode ser indicado ao paciente é andar, no mínimo, três vezes por semana. Outras modalidades de treinamento aeróbio são a bicicleta ergométrica e a esteira.

A adesão aos programas de treinamento é uma decisão complexa e, no caso de pacientes pediátricos, requer a conscientização do paciente e dos seus familiares. A decisão de participar ou não dos programas engloba vários aspectos, entre eles a falta de conhecimento sobre a doença, a resistência psicossocial, a relação custo/efetividade, a qualidade de vida e os fatores clínicos e demográficos[3,41].

Pacientes com doenças crônicas, especialmente os adolescentes, e os pais com ansiedade são os que apresentam maiores riscos de disfunção psicossocial. A superproteção dos pais resulta em mau ajuste psicossocial e impede o desenvolvimento emocional adequado da criança. Os pacientes pediátricos necessitam desenvolver habilidades de função social fora do âmbito familiar. Nesse sentido, o estímulo para

Tabela 9.1 Recomendações de atividade física para pneumopatas

	Pacientes com comprometimento pulmonar leve a moderado	Pacientes com comprometimento pulmonar grave
Recomendações Fases: aquecimento, treino e alongamento	Ciclismo, caminhada, exercícios aeróbicos, corrida, natação, treino resistido, escalada, trampolim	Bicicleta ergométrica, caminhada, exercício resistido, ginástica, atividades do dia a dia
Modo	Intermitente e constante	Intermitente
Frequência	3 a 5 sessões/semana	5 sessões/semana
Duração	30 a 45 min	20 a 30 min
Intensidade	70 a 85% $FC_{máx}$ 60 a 80% VO_2 pico	60 a 80% $FC_{máx}$ 50 a 70% VO_2 pico
Complemento O_2	Indicado se $SatO_2 < 90\%$ durante exercício	Indicado se $SatO_2 < 90\%$ durante o exercício ou no repouso
Ventilação não invasiva	Indicado para melhorar o desempenho cardiopulmonar, aumentar a oxigenação e diminuir a dispneia	

Fonte: adaptada de Williams et al., 2010[14].

os pacientes participarem de atividades físicas e sociais pode ser benéfico para a sua saúde física e mental.

O programa de treinamento é constituído por um período de aquecimento, treinamento e alongamento. O aquecimento deve ser o início da atividade física, constituído por atividades de baixa intensidade de esforço mantendo percentual da $FC_{máx}$ abaixo do limiar anaeróbio, já que nesse momento o objetivo é apenas promover maior fluxo sanguíneo muscular, preparando o corpo para a atividade física.

O treinamento faz o indivíduo obter adaptações musculares e cardiorrespiratórias dentro do seu limite (Figura 9.2). Essa fase pode ser realizada com exercícios aeróbios, de *endurance* ou para ganho de força muscular[3,7].

Após o treinamento, pode-se instituir exercícios de alongamento dos grupos musculares dos membros superiores (MMSS) e membros inferiores (MMII), devendo-se estabelecer um tempo entre 30 e 60 segundos de alongamento para cada grupo muscular.

Os programas de treinamento objetivam mudanças significantes no estilo de vida como nos hábitos alimentares e nas atividades físicas de crianças e adolescentes. Esses programas incluem a prática de atividade física, a orientação alimentar no conjunto familiar, o controle de fatores de risco e hábitos relacionados à saúde.

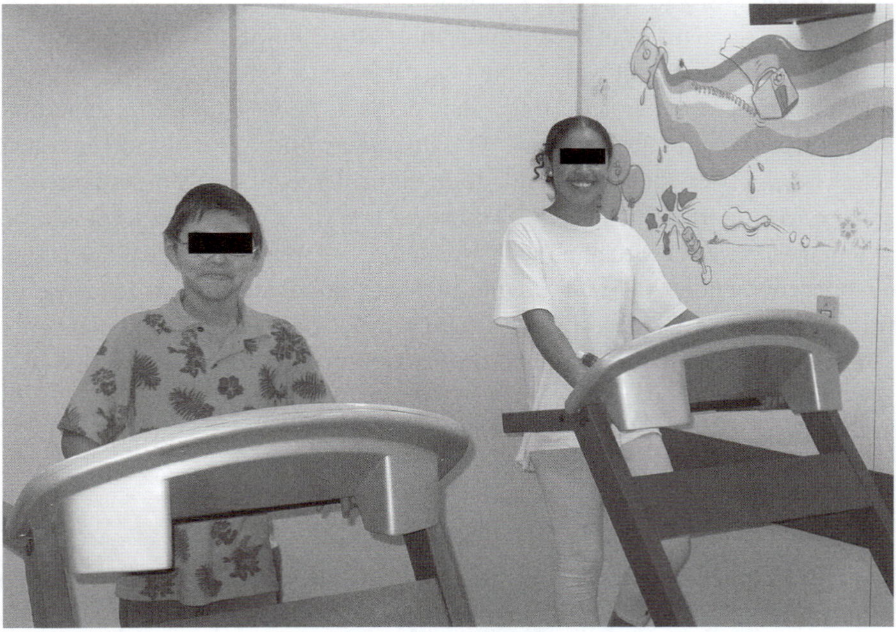

Figura 9.2 Treinamento cardiorrespiratório na esteira.

Treinamento dos membros superiores

Para os pacientes com obstrução pulmonar grave, os exercícios dos membros superiores são pouco tolerados e exigem gasto energético maior, implicando maior consumo de oxigênio (VO_2) e aumento da ventilação-minuto. A simples elevação dos braços na altura dos ombros, por 2 minutos, promove aumento de VO_2, VCO_2 e da ventilação-minuto (VE)[3,7,42].

O treinamento de membros superiores acarreta melhorias nas habilidades e no desempenho de suas tarefas diárias relacionadas ao uso dos membros superiores, pois possibilita a diminuição da dispneia, melhora a coordenação dos músculos e as adaptações metabólicas[3,6,13].

O treinamento para os membros superiores pode ser realizado por halteres, faixas com diferentes resistências, bastões e cicloergômetro.

Treinamento de membros inferiores

Orenstein e Noyes[7] referem que os programas de exercícios aeróbios realizados com frequência, intensidade e duração adequadas acarretam aumento na capacidade aeróbia. Entretanto, esse aumento pode estar comprometido pelas limitações ventilatórias e inadequação nutricional nos pacientes com fibrose cística. As diretrizes para o programa de reabilitação pulmonar para pacientes com fibrose cística estão no Quadro 9.3.

O treinamento para crianças e adolescentes pode ter intensidade de 50 a 70% da reserva de frequência cardíaca e duração de 20 a 30 minutos, 50% da carga máxima de trabalho ou 65 a 80% da frequência cardíaca de pico ou, ainda, 65 a 90% da frequência cardíaca máxima ou frequência cardíaca de 90% do limiar anaeróbio e duração de pelo menos 30 minutos[7,14]. O treinamento pode ser realizado em esteira/bicicleta ergométrica. Outra modalidade de treinamento é a natação, com intensidade de 60 a 75% da frequência cardíaca máxima, três vezes por semana, com duração de 2 semanas[43,44]. Em especial para os asmáticos, os esportes recomendáveis são os que requerem menores níveis de ventilação e que, preferencialmente, o ar seja mais úmido, como a natação. Os esportes devem ser praticados no período mais quente do dia, e a respiração nasal deve ser estimulada, já que ela aquece e umidifica o ar.

ESTRATÉGIAS GERAIS DE UM PROGRAMA DE REABILITAÇÃO PULMONAR

Fisioterapia Respiratória

A fisioterapia respiratória[8,10] no paciente com doença pulmonar crônica com hipersecreção tem como objetivo auxiliar na remoção do muco brônquico depositado nas vias aéreas, com a finalidade de manter a melhor ventilação pulmonar pos-

Quadro 9.3 Algoritmo para reabilitação na fibrose cística

Programa de tratamento padronizado intensivo
Avaliação frequente do médico
Fisioterapia pulmonar regular
Tratamento com antibiótico para exacerbações pulmonares
Tratamento nutricional/gastrointestinal
Reposição de enzima pancreática
Dieta hipercalórica
Nutrição (quando houver falha do tratamento nutricional padronizado)
Suplementos orais hipercalóricos
Nutrição via enteral (nasogástrica, gastrostomia ou jejunostomia)
Nutrição parenteral
Exercícios
Teste de exercício pré-programado
Estabelecer padrão basal para comparação
Identificar as dessaturações nos exercícios e o ponto no qual elas ocorrem
Prescrição
Baseado no tipo de exercício que o paciente gosta ou na adesão
Frequência: 3 a 5 vezes/semana
Intensidade: 70 a 85% da $FC_{máx}$ (o paciente deve apresentar cansaço "agradável", que é benéfico, porém o exercício deve ser interrompido quando apresentar desconforto)
Duração: início com 10 min por sessão, sendo adicionados 2 min por sessão a cada semana para alcançar o objetivo de 30 min por sessão
Outros: administração de oxigênio por cânula nasal para aqueles que desenvolveram dessaturação em ar ambiente

Fonte: Orenstein e Noyes, 1994[7].

sível. Utiliza técnicas como percussão, vibração torácica, *huffing*, tosse e dispositivos (*shaker*, *flutter*, entre outros).

A respiração com lábios semicerrados é aprendida instintivamente pelos pacientes quando estão dispneicos. O paciente deve ser orientado a praticá-la sempre que realizar algum tipo de atividade mais extenuante, como andar depressa e subir escada ou ladeira.

Estratégias Durante o Exercício e Atividades Diárias

A utilização de técnicas de conservação de energia possibilita ao paciente com dispneia grave e com função pulmonar baixa realizar atividades dentro da capacidade de seus pulmões[8,10]. O controle da respiração durante as atividades, a expiração durante a atividade extenuante e a respiração labial e diafragmática auxiliam na redução da dispneia.

Deve-se eliminar atividades desnecessárias e usar estratégias de conservação de energia, como tomar banho e escovar os dentes sentado em um banco, colocar sabonete e xampu perto da cadeira e na altura do tronco, usar um roupão atoalhado após o banho.

Os pacientes apresentam dispneia importante e experimentam também restrições em suas atividades diárias, mesmo com a otimização do tratamento medicamentoso. Assim, devem ser orientados a solicitar auxílio quando necessário. Entretanto, a família não deve limitar e/ou subestimar o que o paciente é capaz de realizar, pois isso gera dependência, e o paciente, ao não ter motivação, pode desanimar.

O uso de calçados sem cordões e roupas com aberturas à frente também são medidas estratégicas de conservação de energia. Os passos lentos reduzem a energia, e a pressa só aumenta o desconforto respiratório.

Organizar o espaço físico – colocando os itens mais frequentemente usados no dia a dia em gavetas, armários e prateleiras próximos do nível da cintura e dos ombros – facilita a sua utilização e evita os esforços desnecessários.

OXIGENOTERAPIA

A oxigenoterapia está indicada nos pacientes com pressão parcial de oxigênio no sangue arterial (PaO_2) diminuída. A baixa PaO_2 acarreta o aparecimento de hipertensão pulmonar agravando a dispneia[3,6].

Os programas de reabilitação pulmonar atuam no sedentarismo e no pânico da dispneia, contando com a oxigenoterapia para os pacientes hipoxêmicos. Estudos mostram que o maior benefício do uso de O_2 é alcançado nos exercícios submáximos, o que corresponde às atividades da vida diária[20]. O oxigênio é capaz de melhorar a qualidade de vida quando utilizado por pelo menos 15 a 18 h/dia.

PROGRAMA EDUCACIONAL

A educação do paciente pediátrico e de seus cuidadores/pais os incentiva ao conhecimento das alterações físicas e fisiológicas que ocorrem em decorrência da doença[4,6,8,10].

O processo educativo pode ser em grupo ou individual, dependendo da necessidade do paciente e sua família, dos recursos disponíveis e da estrutura do programa. A educação inclui uma variedade de tópicos: entendimento do processo da doença e prevenção da deterioração da doença pulmonar. É considerada um dos pilares de um programa de reabilitação, devendo abordar a nutrição adequada, técnicas e controle da respiração, cuidados com o ambiente físico e exercícios, instrução quanto ao uso e cuidados com os equipamentos utilizados para a nebulização.

CONCLUSÕES

Os excelentes resultados demonstram que o acréscimo do programa de reabilitação em pediatria pode retardar a deterioração da capacidade física e melhorar a qualidade de vida desses pacientes.

No cenário pediátrico, a família precisa assumir a responsabilidade pelos tratamentos da criança para que ela possa ser reabilitada à sociedade.

As crianças se beneficiam de atividade física regular, elemento favorável no tratamento de pacientes com doença crônica. Contudo, existe ainda a necessidade de mudança de estilo de vida e comportamental dos pacientes e de seus familiares.

REFERÊNCIAS BIBLIOGRÁFICAS

1. Ries AL, Bauldoff GS, Carlin BW, Casaburi R, Emery CF, Mahler DA et al. Pulmonary rehabilitation: Joint ACCP/AACVPR evidence-based clinical practice guidelines. Chest. 2007;131(5 Suppl):4S-42S.
2. American Thoracic Society/European Respiratory Society Statement on Pulmonary Rehabilitation. Am J Respir Crit Care Med. 2006;173(12):1390-413.
3. Mikkilineni S. Pulmonary rehabilitation in pediatric patients. In: Cherniack NS, Altose MD, Homma I. Rehabilitation of the patient with respiratory disease. New York: McGraw-Hill; 1999. p. 631-42.
4. Bradley J, O'Neill B, Kent L, Hulzebos EH, Arets B, Hebestreit H. Physical activity assessment in cystic fibrosis: A position statement. J Cyst Fibros. 2015;14(6):e25-32.
5. Braam KI, van der Torre P, Takken T, Veening MA, van Dulmen-den Broeder E, Kaspers GJ. Physical exercise training interventions for children and young adults during and after treatment for childhood cancer. Cochrane Database Syst Rev. 2016;3:Cd008796.
6. Paranjape SM, Barnes LA, Carson KA, von Berg K, Loosen H, Mogayzel PJ Jr. Exercise improves lung function and habitual activity in children with cystic fibrosis. J Cyst Fibros. 2012;11(1):18-23.
7. Orenstein DM, Noyes BE. Cystic fibrosis. In: Casaburi R, Petly TL. Principles and practice of pulmonary rehabilitation. Philadelphia: W.B. Saunders Company; 1994. p. 439-58.
8. Lahiri T, Hempstead SE, Brady C, Cannon CL, Clark K, Condren ME, et al. Clinical practice guidelines from the cystic fibrosis foundation for preschoolers with cystic fibrosis. Pediatrics. 2016;137(4).
9. Morris K. Fisioterapia nas doenças cardiorrespiratórias do recém-nascido e do lactente. In: Burns R, Macdonald J. Fisioterapia e crescimento na infância. São Paulo: Santos; 1999.
10. Zuana AD, Cunha MT, Juliane RCTP. Fisioterapia respiratória para crianças.In: Rodrigues JC, Adde FV, Filho LVRFS. Doenças respiratórias. Barueri: Manole; 2011. p. 92-120.
11. ATS Statement. Pulmonary rehabilitation. Thorax. 2001;56(11):827-34.
12. Wilkes DL, Schneiderman JE, Nguyen T, Heale L, Moola F, Ratjen F et al. Exercise and physical activity in children with cystic fibrosis. Paediatr Resp Rev. 2009;10(3):105-9.
13. Nixon PA, Orenstein DM, Kelsey SF, Doershuk CF. The prognostic value of exercise testing in patients with cystic fibrosis. N Engl J Med. 1992;327(25):1785-8.

14. Williams CA, Benden C, Stevens D, Radtke T. Exercise training in children and adolescents with cystic fibrosis: theory into practice. Int J Pediatr. 2010;670640,2-7.
15. Burtin C, Van Remoortel H, Vrijsen B, Langer D, Colpaert K, Gosselink R, et al. Impact of exacerbations of cystic fibrosis on muscle strength. Respir Res. 2013;14:46.
16. Dantas CM, Silva PFS, Siqueira FHT, Pinto RMF, Matias S, Maciel C, et al. Influence of early mobilization on respiratory and peripheral muscle strength. Rev Bras Ter Intensiva. 2012;24(2):173-8.
17. Horssi CAC. Principais aplicações do teste ergoespirométrico em crianças e adolescentes portadores de cardiopatias. DERC XIV; 2008; 42.
18. Silva OB, Saraiva LCR. Indicações do teste ergométrico em crianças e adolescentes. Rev Bras Med Esporte. 2004;10(5):416-9.
19. American Thoracic Society Statement. Guidelines for the six-minute walk test. Am J Respir Crit Care Med. 2002;166(1):111-7.
20. Cunha MT, Rozov T, Oliveira RC, Jardim JR. Six-minute walk test in children and adolescents with cystic fibrosis. Pediatr Pulmonol. 2006;41(7):618-22.
21. Li AM, Yin J, Au JT, So HK, Tsang T, Wong E et al. Standard reference for the six-minute-walk test in healthy children aged 7 to 16 years. Am J Respir Crit Care Med. 2007;176(2):174-80.
22. Iwama AM, Andrade GN, Shima P, Tanni SE, Godoy I, Dourado VZ. The six-minute walk test and body weight-walk distance product in healthy Brazilian subjects. Braz J Med Biol Res. 2009;42(11):1080-5.
23. Enrigth PL, Sherrill DL. Reference equations for the six minute walk in health adults. Am J Respir Crit Care Med. 1998;158(5Pt1):1384-7.
24. Soares CPS, Pires SR, Britto RR, Parreira VF. Avaliação da aplicabilidade da equação de referência para estimativa de desempenho no teste de caminhada de 6 minutos em indivíduos saudáveis brasileiros. Rev Soc Estado de São Paulo. 2004;14(1 Supl):1-8.
25. Holland AE, Spruit MA, Troosters T, Puhan MA, Pepin V, Saey D, et al. An official European Respiratory Society/American Thoracic Society technical standard: field walking tests in chronic respiratory disease. Eur Respir J. 2014;44(6):1428-46.
26. Priesnitz CV, Rodrigues GH, Stumpf CS, Viapiana G, Cabral CP, Stein RT, et al. Reference values for the 6-min walk test in healthy children aged 6-12 years. Pediatr Pulmonol. 2009;44(12):1174-9.
27. Geiger R, Strasak A, Treml B, Gasser K, Kleinsasser A, Fischer V et al. Six-minute walk test in children and adolescents. J Pediatr (Rio J). 2007;150(4):395-9.
28. Narang I, Pike S, Rosenthal M, Balfour-Lynn IM, Bush A. Three-minute step test to assess exercise capacity in children with cystic fibrosis with mild lung disease. Pediatr Pulmonol. 2003;35(2):108-13.
29. Dal Corso S, Duarte SR, Neder JA, Malaguti C, Fuccio MB, Castro Pereira CA, Nery LE. A step test to assess exercise-related oxygen desaturation in interstitial lung disease. Eur Respir J. 2007;29(2):330-6.
30. Bradley J, Howard J, Wallace E, Elborn S. Reliability, repeatability, and sensitivity of the modified shuttle test in adult cystic fibrosis. Chest. 2000;117(6):1666-71.
31. Hebestreit H, Schmid K, Kieser S, Junge S, Ballmann M, Roth K, et al. Quality of life is associated with physical activity and fitness in cystic fibrosis. BMC Pulm Med. 2014;14:26.
32. Clarke AS, Eiser C. The measurement of health related quality of life (QOL) in pediatrics clinical trials: a systematic review. Health Qual life Outcomes. 2004;2:66.
33. Simon AE, Chan KS, Forrest CB. Assessment of children's health-related quality of life in the United States with a multidimensional index. Pediatrics. 2008;121(1):e118-26.
34. Higginson IJ, Carr AJ. Measuring quality of life: using quality of life measures in the clinical setting. BMJ. 2001;322(7297):1297-300.
35. Verril D, Barton C, Beasley W, Lippard WM. The effects of short-term and long term pulmonary rehabilitaion on functinal capacity, perceived dyspnea, and quality of life. Chest. 2005;128(4):673-83.

36. Rozov T, Cunha MT, Nascimento O, Quittner AL, Jardim JR. Linguistic validation of cystic fibrosis quality of life questionnaires. J Pediatr (Rio J). 2006;82(2):151-6.
37. La Scala CSK, Naspitz CK, Solé D. Adaptação e validação do Pediatric Asthma Quality of Life Questionnaire (PAQLQ-A) em crianças e adolescentes brasileiros com asma. J Pediatr (Rio J). 2005;81(1):54-60.
38. Machado CS, Ruperto N, Silva SH, Ferriani VP, Roscoe I, Campos LM, et al. Paediatric Rheumatology Internationals Trials Organisation. The Brazilian version of the Childhood Health Assessment Questionnaire (CHAQ) and the Child Health Questionnaire (CHQ). Clin Exp Rheumatol. 2001;19(4 Suppl 23):S25-9.
39. Assumpção Jr FB, Kuczynski E, Sprovieri MH, Aranha EMG. Escala de avaliação de qualidade de vida (AUQEI Auto questionnaire qualité de vie enfant imagé). Arq Neuropsiquiatr. 2000;58(1):119-27.
40. Hollloszy JO, Edward FC. Adaptations of skeletal muscle to endurance exercise and their metabolic consequences. J Appl Physiol Respir Environ Exerc Physiol. 1984;56(4):831-8.
41. Quittner A, Espelage DL, Ievers-Landis C, Drotar D. Measuring adherence to medical treatments in childhood chronic illness: considering multiple methods and sources of information. J Clin Psychol Med S. 2000;7:41-54.
42. Velloso M, Jardim JR. Study of energy expenditure during activities of daily living using and not using body position recommended by energy conservation techniques in patients with COPD. Chest. 2006;30(1):126-32.
43. Edlund LD, French RW, Herbst JJ, Ruttenberg HD, Ruhling RO, Adams TD. Effects of a swimming program on children with cystic fibrosis. Am J Dis Child.1986;140(1):80-3.
44. Baltaci G, Ergun N. Maximal oxygen uptake in well-trained and untrained 9-11 year-old children. Pediatr Rehabil. 1997;1(3):159-62.

10 Oxigenoterapia e aerossolterapia

Michele Marques da Silva
Aline de Assis Lauri

Após ler este capítulo, você estará apto a:

1. Escolher o melhor dispositivo de oxigenoterapia para o paciente específico.
2. Compreender os efeitos deletérios do uso excessivo do oxigênio.
3. Eleger o melhor mecanismo para a administração da aerossolterapia, compatível com a necessidade do paciente.
4. Utilizar as técnicas de administração de aerossóis para pacientes em ar ambiente ou oxigenoterapia e em ventilação mecânica.

INTRODUÇÃO

No meio hospitalar, a oxigenoterapia e a aerossolterapia são técnicas de tratamento muito utilizadas, podendo estar associadas ou não. Entretanto, o sucesso da utilização das técnicas dependerá do conhecimento minucioso do profissional que as utiliza.

As doenças do trato respiratório geram elevada taxa de morbidade e mortalidade em todo o mundo. Para o tratamento dessas doenças, as terapias inalatórias associadas à oxigenoterapia geram grandes facilidades e evitam os efeitos sistêmicos, haja vista a ligação direta entre o sistema respiratório e o meio ambiente. Por isso, elas vêm sendo muito usadas e modernizadas desde o início da ciência médica, e a tendência para o atual milênio é que esse tipo de tratamento estará em destaque[1-4].

OXIGENOTERAPIA

É a utilização de dispositivos que administram, regularizam e complementam os níveis de oxigênio (O_2) superiores aos do ar ambiente (21%).

Já foi comprovado que o O_2 aumenta a sobrevida de crianças e recém-nascidos (RN) hipoxêmicos, porque previne intercorrências, reduz o tempo de hospitalizações, previne o desenvolvimento de hipertensão pulmonar, incentiva o desenvolvimento normal do sistema nervoso e previne a diminuição do crescimento somático e cerebral[1,5].

A oxigenoterapia deve ser utilizada corretamente para evitar os quadros de hipoxemia e hipóxia. A hipoxemia baseia-se na pressão arterial de oxigênio (PaO_2) menor que 60 mmHg e a saturação arterial de oxigênio inferior a 90% em crianças. Em neonatos, os valores de PaO_2 são menores que 50 mmHg, e a saturação de oxigênio é menor que 88%. Já a hipóxia é a oferta insuficiente de oxigênio para os tecidos, não podendo ser mensurada, sendo apenas avaliada por sinais e sintomas, como taquipneia, cianose, vasoconstrição periférica, bradicardia, agitação e sonolência[5].

MÉTODOS DE ADMINISTRAÇÃO DE OXIGÊNIO

São classificados em:

- Sistemas de baixo fluxo: ofertam O_2 complementar que oscila de acordo com o fluxo inspiratório do recém-nascido (RN) ou criança, fornecendo fração inspirada de oxigênio (FiO_2) variável. São eles: cânula nasal e cateter nasal[6].
- Sistemas de alto fluxo: ofertam O_2 em fluxos iguais ou elevados ao fluxo inspiratório do RN ou criança, garantindo FiO_2 fixa. São eles: máscara de Venturi, nebulizadores de arrastamento de ar e cateter nasal de alto fluxo[6].
- Sistemas de reservatório: ocorre o armazenamento de O_2 em um compartimento entre as inspirações do paciente. Esse complemento de O_2 será utilizado sempre que o fluxo inspiratório do paciente for elevado ao fluxo de O_2 que entra no dispositivo. São eles: máscara de reinalação parcial, máscara não reinalante, tenda de oxigênio e capuz[6,7].

Sistemas de Baixo Fluxo

- Cânula nasal: dispositivo de silicone composto por duas extremidades com orifícios que são introduzidos nas narinas do paciente. Esse dispositivo é muito utilizado nos casos de necessidade baixa de FiO_2, podendo variar entre 0,24 e 0,4. O fluxo de oxigênio máximo em pediatria é de 3 L/min e em neonatologia é de 2 L/min. Umidificação não é necessária, pois o aquecimento e a umidificação são realizados pelos mecanismos fisiológicos das vias aéreas superiores[7], porém na prática clínica infantil o seu uso é comum (Figura 10.1) .

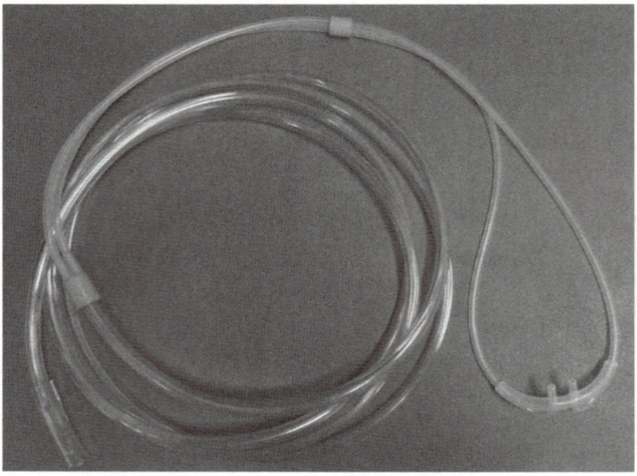

Figura 10.1 Cânula nasal.

- Cateter nasal: dispositivo que consiste em um tubo fino semelhante a uma sonda nasogástrica, que é introduzido pela narina, progredindo até a nasofaringe, próximo à úvula. Para mensurar o quanto o cateter nasal deve ser introduzido na narina do paciente, mede-se a distância entre o nariz e o lóbulo da orelha, após a sua introdução, devendo fixá-lo para não ocorrer o deslocamento para baixo, acarretando deglutição de ar, distensão gástrica, engasgos e reflexo de vômito. A FiO_2 varia de 0,24 a 0,4, com fluxo máximo de 3 L/min. Nesse dispositivo, a umidificação é obrigatória, pois no local onde ele fica alojado não existem mecanismos fisiológicos que realizem o aquecimento e a umidificação das vias aéreas. Por esse motivo, é necessária a remoção do cateter a cada 8 a 12 horas para limpeza e intercalação da narina[6,7] (Figura 10.2).

Esse dispositivo é bem descrito na literatura, mas pouco empregado na prática clínica neonatal e pediátrica[8].

Sistemas de Alto Fluxo

- Nebulizador de arrastamento de ar: composto por nebulizador com aquecimento ou não e traqueia corrugada. Pode ser utilizado a distância, com máscara facial, máscara para traqueostomia e em tenda de O_2. A FiO_2 varia de 0,28 a 1,0, com o fluxo máximo de 15 L/min e o fluxo mínimo para a produção de névoa visível na saída da traqueia em torno de 2 L/min[6] (Figuras 10.3 e 10.4).
- Máscara de Venturi: é um conjunto composto por máscara facial, pequeno tubo corrugado, seis válvulas de cores distintas que são proporcionais às variações de

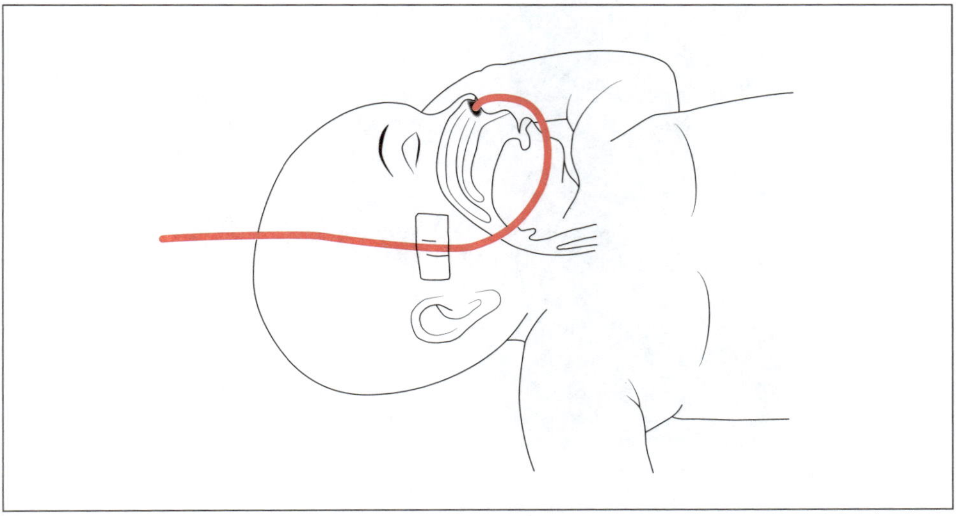

Figura 10.2 Cateter nasal.
Fonte: Costa, 2012[7].

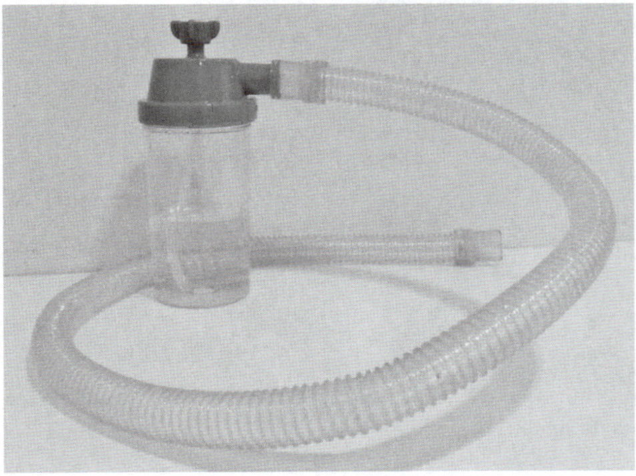

Figura 10.3 Nebulizador e traqueia corrugada.

FiO_2 (0,24, 0,28, 0,31, 0,35, 0,4 e 0,5), uma mangueira de O_2 e um conector[6,8]. O fabricante das máscaras obrigatoriamente fornece o fluxo de oxigênio que deve ser utilizado e a FiO_2 atingida na própria válvula (Figura 10.5).

- Cateter nasal de alto fluxo (CNAF): é uma pequena cânula que deve ser 50% menor que o tamanho interno da narina, para que a perfusão da mucosa seja

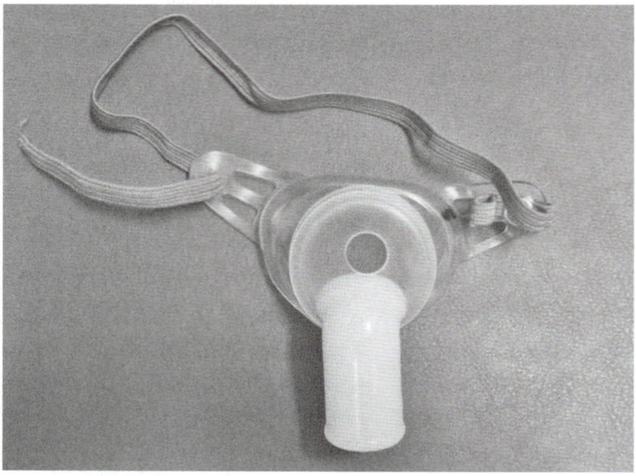

Figura 10.4 Máscara para traqueostomia.

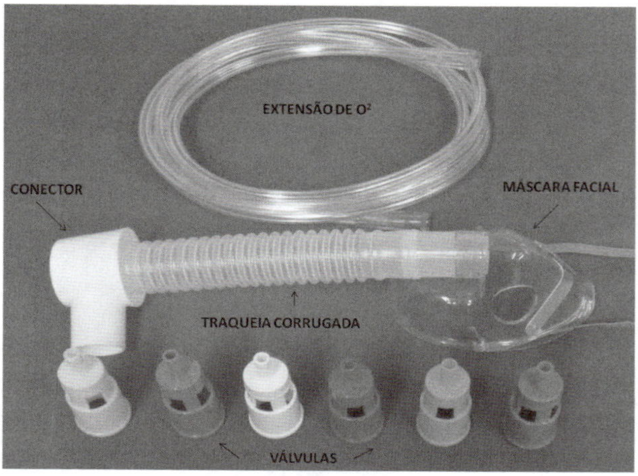

Figura 10.5 Máscara de Venturi.

preservada e uma pressão elevada seja evitada. Essa cânula é conectada a um circuito descartável, que possui um fio térmico capaz de manter a umidificação e a temperatura durante a sua extensão, o qual, por sua vez, é conectado a um *blender*, no qual ocorre a mistura de oxigênio e ar comprimido (FiO_2 precisa) e, por isso, são necessários um fluxômetro e um umidificador[6,7]. O aquecimento do gás oferecido pelo CNAF deve ser entre 33 e 43 °C, e a umidificação deve ser de 95 a 100% da umidade relativa do ar[1,9] (Figura 10.6).

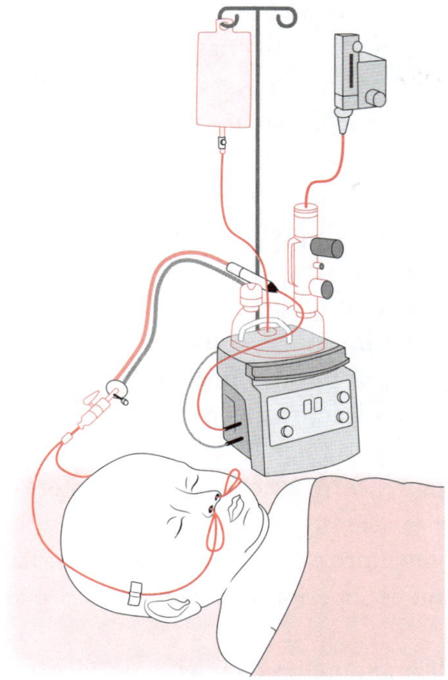

Figura 10.6 Esquema do cateter nasal de alto fluxo.
Fonte: Paula et al., 2014[10].

O CNAF pode oferecer um fluxo de até 60 L/min, porém em neonatologia utiliza-se apenas 1 a 8 L/min. Long et al. descreveram o cálculo do fluxo realizado em pediatria de acordo com o peso da criança, ou seja, em crianças que pesam até 10 kg utilizam-se 2 L/kg do fluxo, já em crianças com mais de 10 kg somam-se 2 L/kg até os primeiros 10 kg e, após, 0,5 L/kg[11]. Entretanto, Mikalsen et al. realizaram, em 2016, uma metanálise e relataram que não existe uma regra precisa para determinar o fluxo para o uso em pediatria[12].

Ainda faltam evidências claras do efeito do CNAF na literatura, porém sabe-se que o mecanismo fundamental desse dispositivo é a eliminação do gás carbônico (CO_2) no espaço morto da expiração, pelo fato de o fluxo de gás administrado por ele ser superior ao fluxo inspiratório da respiração espontânea do RN ou criança, que é suficiente para limpar o espaço morto durante a expiração. A lavagem do CO_2 presente no espaço morto permite melhor ventilação alveolar e ventilação-minuto, resultando em eficiente trabalho respiratório[9]. Outro mecanismo de ação do CNAF é a pressão de distensão pulmonar, ocasionada pelos fluxos maiores que geram recrutamento pulmonar e melhor relação ventilação-perfusão (V/Q) pulmonar, auxiliando na troca gasosa. Essa suposta pressão positiva gerada pelo CNAF depende do fluxo gerado, do tamanho da cânula nasal para o RN ou a criança, da vedação ocasionada pela cânula na narina e do vazamento apresentado pelo nariz e pela boca[1,9]. Ou seja, quando o paciente tentar expirar contra uma resistência contínua, ocasionada pelo fluxo inspiratório alto, ocorre distensão pulmonar não mensurada, derivada do somatório de fluxos inspiratório e expiratório.

O CNAF é indicado para RN prematuros, portadores de bronquiolite, síndrome do desconforto respiratório agudo (SDRA), apneia, doenças pulmonares crônicas e atelectasia; também é usado como suporte respiratório pós-extubações[10].

A utilização do CNAF iniciou-se com a população neonatal, com o intuito de garantir pressão expiratória positiva final (PEEP); depois foi disseminada para crianças e adultos, a fim de garantir oxigenação adequada[12]. Wilkinson et al. realizaram uma metanálise composta por 15 estudos que compararam a segurança e a eficácia do CNAF com outras formas de suporte respiratório não invasivo – pressão positiva contínua em vias aéreas (CPAP) e pressão positiva intermitente em vias aéreas (NIPPV) – em prematuro e concluíram que a eficácia dos sistemas foi semelhante. O CNAF mostrou-se superior na pós-extubação, e a taxa de lesão em septo nasal foi menor[9].

Mikalsen et al. realizaram um levantamento de 26 estudos clínicos, com crianças e lactentes com várias doenças respiratórias internadas em unidades de terapia intensiva (UTI) pediátrica e enfermarias, e avaliaram os mecanismos de ação, a segurança, os efeitos clínicos e a tolerância do CNAF[12]. Concluíram que o dispositivo é seguro e bem tolerado pelas crianças como alternativa da oxigenoterapia. Sua eficácia seria oriunda dos mecanismos de lavagem de CO_2 e de distensão alveolar. A principal doença descrita nesse estudo foi a bronquiolite viral aguda, e o dispositivo melhorou a oxigenação, principalmente na fase pós-extubação[12].

O CNAF parece ser bem tolerado e eficaz em neonatologia e pediatria, porém necessita de mais estudos controlados e randomizados para comprovar esses dados.

Sistemas de Reservatório

Máscara de reinalação parcial

É uma máscara que contém duas saídas para exalações, uma bolsa reservatório maleável de 1 L fixa na entrada de oxigênio e uma mangueira de O_2.

A FiO_2 varia de 0,35 a 0,6 com fluxo mínimo de 6 L/min, suficiente para impedir o colapso da bolsa durante a inspiração e com fluxo máximo de 10 L/min. É muito indicada nas emergências e terapias de curto prazo que necessitam de concentrações de O_2 moderadas ou elevadas[6,7] (Figura 10.7).

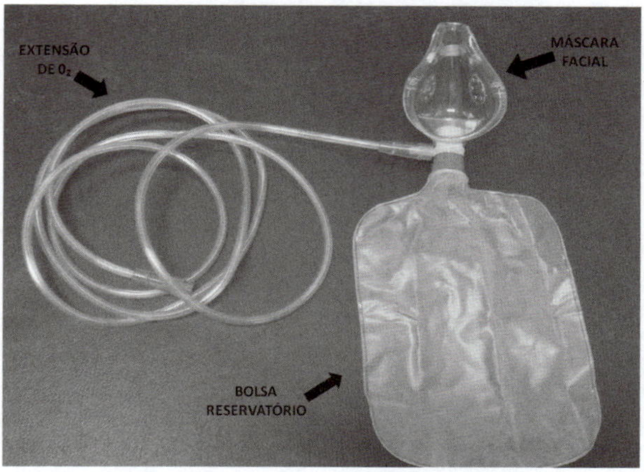

Figura 10.7 Máscara de reinalação parcial.

Na inspiração, o O_2 é aspirado para o interior da máscara, e na expiração parte do ar exalado, que é rico em CO_2, escapa pelas duas saídas de exalação, e a outra parte se mistura com o O_2 que está no reservatório. Isso acontece porque não existe barreira entre a bolsa e a exalação realizada pelo paciente, ocorrendo a reinalação mínima de CO_2[7].

Máscara não reinalante

A estrutura dessa máscara é igual à da máscara de reinalação parcial, com a diferença de que ela possui duas válvulas unidirecionais: uma está localizada em uma saída de exalação e a outra fica entre a bolsa reservatório e a máscara (Figura 10.8).

A FiO_2 varia entre 0,6 e 1,0 com o fluxo mínimo de 6 L/min e o fluxo máximo de 15 L/min. Na inspiração, uma pequena pressão negativa oclui a válvula da máscara; ao mesmo tempo, a válvula entre a máscara e a bolsa abre, e o O_2 é liberado para o paciente. Já na expiração, uma pequena pressão positiva oclui a válvula da bolsa, não permitindo que o ar exalado entre nela. Simultaneamente, a válvula da máscara abre e facilita a saída do ar exalado[5-7].

Tenda de oxigênio

É composta de um recipiente de acrílico transparente com três diferentes volumes (12, 14 e 16 L), um nebulizador de arrastamento de ar aquecido ou não e uma mangueira que fornecerá o ar comprimido (AC), conforme mostra a Figura 10.9.

Na tenda, a FiO_2 máxima atingida é de 0,6, com o fluxo máximo de O_2 e AC de 6 L/min na tenda de 12 L, de 7 L/min na tenda de 14 L, e de 8 L/min na tenda de 16 L. Esse sistema é utilizado em lactentes e pré-escolares, mas na prática clínica

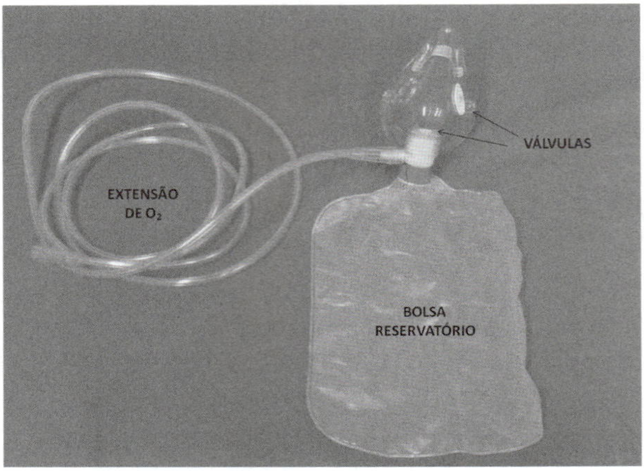

Figura 10.8 Máscara não reinalante.

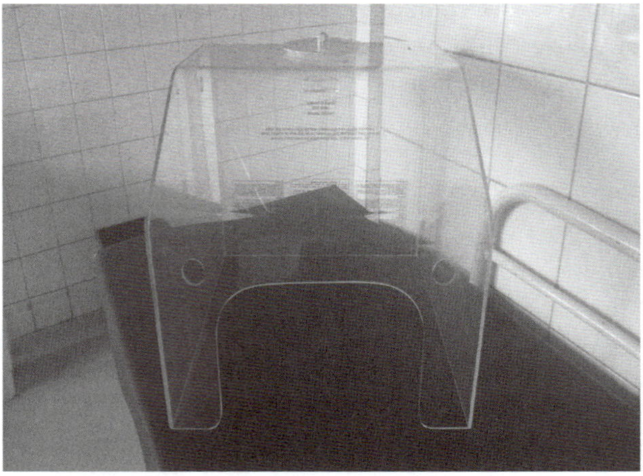

Figura 10.9 Tenda de oxigênio.

está deixando de ser utilizado em decorrência do crescimento de métodos mais modernos e pelas suas desvantagens, porque a tenda precisa ser removida para alguns cuidados com o lactente, tornando-se de difícil manipulação. O lactente é introduzido dentro da tenda de oxigênio, onde irá inspirar a mistura de O_2 e AC, recebendo a FiO_2 necessária[7].

Utiliza-se a seguinte fórmula para o cálculo da FiO_2:

$$FiO_2 = \frac{\text{litros de AC} \times 0{,}21 + \text{litros de } O_2 \times 1{,}0}{\text{litros de AC} + \text{litros } O_2}$$

O desmame do O_2 é realizado simultaneamente com a sua diminuição e o aumento do fluxo de AC, sempre igual à capacidade total da tenda, para impedir a reinalação e o acúmulo de CO_2[7].

Capuz ou halo

É um dispositivo de acrílico, redondo, que possui um conector em formato de "Y" onde são conectadas duas mangueiras (uma para O_2 e outra para AC), apresentado em três diferentes tamanhos (8, 10 e 12 L). Apenas a cabeça é introduzida dentro do mecanismo. É mais aplicado em RN e lactentes (Figura 10.10).

No capuz ou halo, a FiO_2 varia de 0,21 a 1,0. O cálculo para a exatidão da FiO_2 e o desmame de O_2 é o mesmo da tenda de oxigênio[5]. Na prática clínica, esse dispositivo, como a tenda, também está sendo aposentado por causa de suas desvantagens e o incômodo ocasionado ao RN ou lactente[5,8].

Oxigênio na incubadora

O oxigênio é ofertado por uma entrada lateral na incubadora. A FiO_2 máxima alcançada é de 0,4, porém sofre variações decorrentes das aberturas das portinholas das incubadoras. Nas incubadoras mais atuais existe um sistema controlado em que se consegue garantir a umidificação e a FiO_2 precisa[5,7].

Os fabricantes das incubadoras recomendam que a utilização do oxigênio seja exclusivamente pela entrada lateral, garantindo que o gás seja distribuído de forma uniforme, e o RN não seja prejudicado pelo excesso ou escassez do oxigênio (Figura 10.11 e Tabela 10.1).

Toxicidade do Oxigênio

É comprovado que o oxigênio em altas concentrações e por períodos longos pode causar lesões sistêmicas e pulmonares. Por isso, RN, lactentes e crianças com

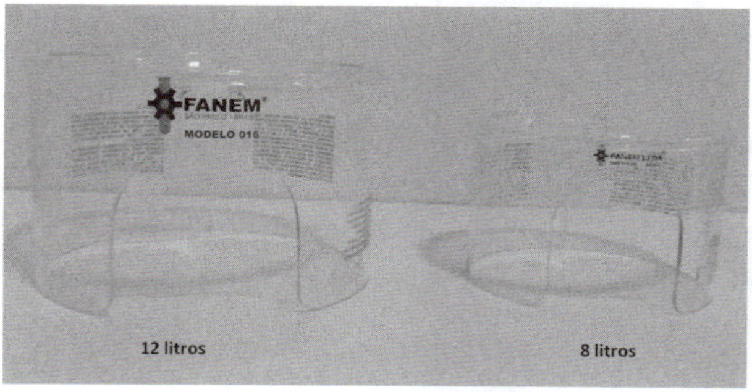

Figura 10.10 Capuz ou halo.

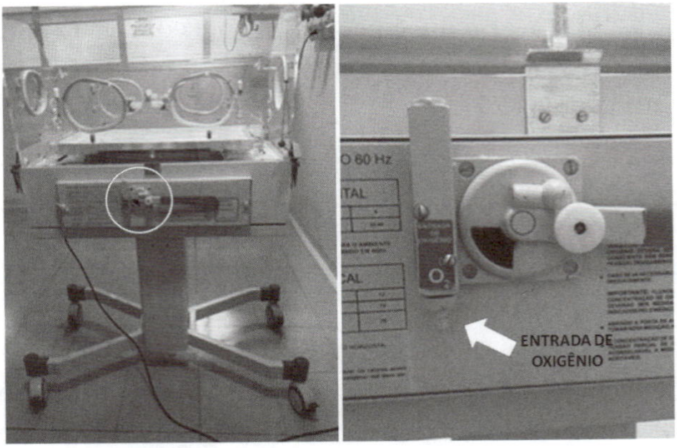

Figura 10.11 Incubadora e entrada lateral para oxigênio.

doenças pulmonares crônicas são mais propensos a esses riscos e necessitam de oxigenoterapia por tempo prolongado[11,13].

A hiperóxia durante longos períodos causa problemas difusos nos capilares pulmonares, no epitélio e no endotélio, desencadeando inflamação intensa, com infiltrados intersticiais e celulares e edema intra-alveolar, levando à formação intensa de radicais livres. A hiperóxia desenvolve-se em meio aeróbico e é capaz de alterar moléculas como as proteínas, os lipídeos, os carboidratos e o DNA[10].

O organismo libera enzimas, como superóxido dismutase, catalase, vitamina E, antioxidantes não enzimáticos, vitamina C e betacarotenos, com o intuito de proteger o tecido pulmonar contra os radicais livres. Quando a FiO_2 é alta, os radicais livres excedem o sistema antioxidante e causam danos celulares[11]. Os países desenvolvidos preconizam o uso de oxímetros (monitoração da saturação de oxigênio) e *blender*, a fim de evitar problemas comuns que estão associados à toxicidade do O_2[13].

As doenças mais discutidas na literatura ligadas à toxicidade do O_2 são:

- Retinopatia da prematuridade: o oxigênio em altas concentrações provoca a inibição do desenvolvimento vascular da retina e a liberação de fatores de crescimento vascular, determinando crescimento desorganizado, ocorrendo complicações como descolamento da retina e até cegueira[8,13].
- Displasia broncopulmonar: ocasionada pela dependência da oxigenoterapia acima de 28 dias. Oriunda de estresse oxidativo, resulta em lesão pulmonar, hipertrofia da musculatura lisa, fibrose, diminuição da síntese de surfactante e bloqueio do desenvolvimento alveolar. O RN é o mais acometido por essas lesões, pois o sistema oxidante está em processo de desenvolvimento[13].

Tabela 10.1 Vantagens e desvantagens dos dispositivos de oxigenoterapia

	Dispositivo	Vantagens	Desvantagens
Sistema de baixo fluxo	Cânula nasal	▪ Baixo custo ▪ Fácil manuseio ▪ Descartável ▪ Facilita a alimentação sem interrupção do O_2	▪ Deslocamento da cânula ▪ Ressecamento e sangramento da mucosa nasal ▪ Desconforto respiratório no uso de altos fluxos ▪ Distensão gástrica
	Cateter nasal	▪ Estabilidade na via aérea ▪ Baixo custo ▪ Descartável ▪ Facilita a alimentação sem a interrupção do O_2 ▪ Possibilita a mobilidade do paciente	▪ Trauma nasal ou na faringe ▪ Inflamação na mucosa ▪ Produção excessiva de secreção
Sistema de alto fluxo	Nebulizador de arrastamento	▪ Controle de temperatura e da umidificação ▪ Evita a formação de secreções espessas	▪ Acúmulo de líquido na traqueia corrugada ▪ Risco de infecção ▪ Oscilação da FiO_2 inalada
	Máscara de Venturi	▪ FiO_2 precisa ▪ Descartável ▪ Baixo custo	▪ Pouco tolerada em pacientes pediátricos ▪ Barulho intenso ▪ Necessita ser removida durante a alimentação ▪ Não permite a umidificação e o aquecimento dos gases
	Cateter nasal de alto fluxo	▪ Gás umidificado e aquecido ▪ Fácil manuseio da criança ou RN ▪ Facilita a alimentação	▪ Alto custo ▪ Distensão gástrica ▪ Dificuldades na mensuração de pressão e fluxo
Sistema de reservatório	Máscara de reinalação parcial	▪ Oferta de FiO_2 elevada ▪ Material descartável ▪ Fácil adaptação ▪ Baixo custo	▪ Risco de broncoaspiração por vômito ▪ Necessita ser removida durante a alimentação
	Máscara não reinalante	▪ Oferta de FiO_2 elevada ▪ Material descartável ▪ Fácil adaptação ▪ Baixo custo ▪ Favorece a não inalação de CO_2	▪ Risco de broncoaspiração por vômito ▪ Necessita ser removida durante a alimentação
	Tenda de oxigênio	▪ Fornece aerossolterapia concomitante	▪ Dificulta a manipulação do lactente ▪ Barulho intenso ▪ Dificuldade na alimentação ▪ FiO_2 é variável ▪ Desinfecção prejudicada
	Capuz ou halo	▪ FiO_2 mais precisa durante a manipulação do RN (mesmo com as portinholas da incubadora abertas)	▪ Barulho excessivo ▪ Ar seco e frio (pode desregular a temperatura corporal) ▪ Favorece a reinalação de CO_2
	Oxigênio na incubadora	▪ Permite o aquecimento e a umidificação dos gases ▪ Facilita a visualização do RN ▪ Conforto	▪ FiO_2 não constante (abertura das portinholas)

Fonte: Cousins et al. (2016), Scalan et al. (2009), Costa (2012) e Prado et al. (2012)[5-8].

- Atelectasia de absorção: são comuns nos casos de FiO_2 altas, pois o O_2 em excesso diminui significativamente a quantidade de nitrogênio. O nitrogênio é uns dos gases encontrados dentro dos alvéolos e é responsável por manter a tensão superficial; na sua ausência, ocorre colabamento alveolar[6].

AEROSSOLTERAPIA

Aerossolterapia é a administração de fármacos através de micropartículas que alcançam facilmente as vias aéreas mais distais. O aerossol é o estado da matéria intermediário entre o líquido e o gasoso. As suas partículas devem ser muito pequenas para que as substâncias não retornem ao estado líquido, por isso é essencial a formação de partículas de aproximadamente 5 mcm para deposição pulmonar adequada[14].

Mecanismos de Deposição Pulmonar

O sistema respiratório possui mecanismos de defesa que tentam impedir que partículas danosas ao nosso corpo sejam inaladas, porém esses mesmos mecanismos tornam necessárias novas tecnologias para a administração de medicamentos[15].

A eficácia da aerossolterapia está intimamente ligada à capacidade de deposição pulmonar, que é dependente do tamanho da partícula inalada. As partículas respiráveis, que são aquelas com adequada deposição pulmonar, medem 1 a 5 mcm, visto que partículas menores que 1 mcm chegam aos alvéolos mas não se depositam, pois são exaladas; os maiores de 5 mcm depositam-se nas vias aéreas superiores. Para a deposição pulmonar existem três principais mecanismos[2,3,15]:

- Impactação inercial: esse mecanismo é diretamente ligado ao fluxo de ar, em que fluxos altos (mais turbulentos) geram maior deposição das partículas nas vias aéreas superiores, e fluxos mais laminares (baixos) levam até mesmo as partículas maiores a se depositarem nos pulmões[2,3,5].
- Sedimentação gravitacional: é o fenômeno físico ligado à gravidade, que utiliza a pausa inspiratória para gerar a deposição das partículas menores que 2 mcm nos ramos mais distais dos pulmões e auxilia até mesmo a deposição das partículas maiores quando em baixo fluxo inspiratório. Ou seja, as partículas têm maior chance de deposição quando permanecem por mais tempo na via aérea[3,5].
- Difusão: as partículas menores que 1 mcm são afetadas pelo movimento browniano, pelo qual as partículas movem-se de forma desordenada, gerando colisões e coalescências[2,3,5].

Nebulizadores

São os principais e mais usados dispositivos para a aerossolterapia:

- Nebulizadores ultrassônicos: utilizam a vibração de cristais para a geração do aerossol. Esse tipo de nebulizador leva ao aquecimento da solução a ser nebulizada, por isso não é possível usar para medicamentos termossensíveis[3,16].
- Nebulizadores a jato (Figura 10.12): utilizam gás pressurizado e o efeito de Bernoulli; o líquido é sugado e gera os aerossóis. As partículas maiores retornam para o reservatório e são novamente nebulizadas.
  Esse equipamento pode ser usado por qualquer pessoa e tem a vantagem de nebulizar soluções com diversos medicamentos. Existem alguns fatores para a eficácia no uso do nebulizador a jato: deve-se usar fluxos de 6 a 8 L/min; são necessárias soluções maiores que 3 mL para diminuir a osmolaridade do líquido; a máscara deve estar bem acoplada ao rosto; a respiração bucal aumenta a deposição pulmonar[3,16].
  Para paciente com fibrose cística em uso de dornase-alfa são indicados os nebulizadores a jato otimizados pela inspiração (Pari®), os quais possuem válvulas unidirecionais que garantem o melhor aproveitamento do medicamento[3,17].
- Nebulizadores em malha: esse tipo de nebulizador também utiliza a vibração para gerar os aerossóis. Trata-se de um dispositivo moderno, no qual a vibração de uma malha repleta de orifícios que está em contato com o medicamento leva

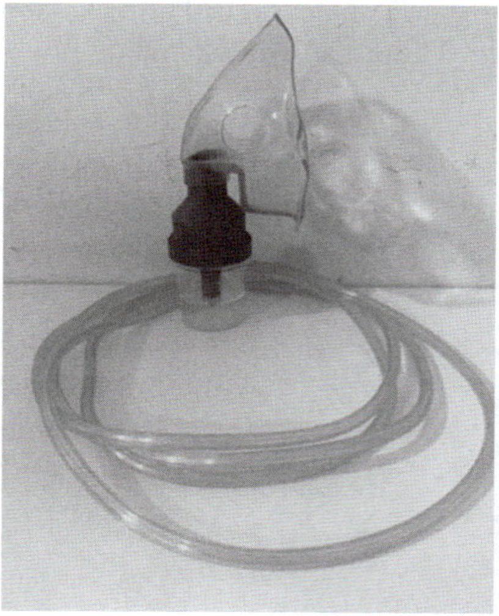

Figura 10.12 Nebulizador a jato.

à passagem do líquido pelos orifícios, garantindo a geração de aerossol. É um nebulizador pequeno e compacto, que gera menor resíduo (0,1 a 0,3 mL), garante rápida inalação e não altera a temperatura das soluções[18,19].

- Inaladores de pó seco: são inaladores ativados pela inspiração, em que o fármaco encontra-se fragmentado e micronizado para gerar a formação de partículas respiráveis. A utilização por crianças é insatisfatória, pois muitas vezes não são alcançados fluxos de ar suficientes para acionar o mecanismo[3].
  Novos inaladores a pó seco geram ciclo com o fluxo de ar, mostrando otimização na deposição das partículas respiráveis quando comparados com os inaladores convencionais. Existem também inaladores com sistema elétrico que mostra grande eficácia, mesmo com fluxos inspiratórios baixos[3].
- Inalador dosimetrado (Figura 10.13): trata-se de reservatório contendo medicamento e propelente, cujo acionamento da válvula dosadora libera o fármaco por meio da pressão gerada pelo propulsor. É barato, leve e de rápida ação[3].
  Os inaladores dosimetrados são muito aceitos pelos pacientes, mas uma das grandes desvantagens é a dificuldade em perceber quando o dispositivo está vazio. Inaladores mais modernos foram desenvolvidos com contador de doses visando sanar esse problema[3].

Sanchis et al., em uma metanálise, selecionaram 144 artigos que abordavam os erros cometidos durante a aerossolterapia[20]. Para eles, os espaçadores (Figura 10.14) – que são tubos de plástico ou metal, utilizados com volume corrente de 250 a 500 mL e máscara para crianças pequenas, com volume corrente de 500 a 1.000 mL e bocal para adolescentes – foram desenvolvidos para diminuir esses erros, porém não os reduzem se não forem usados de forma correta. Por isso, o treinamento contínuo para os pacientes, os cuidadores e os profissionais da saúde é de extrema importância[20].

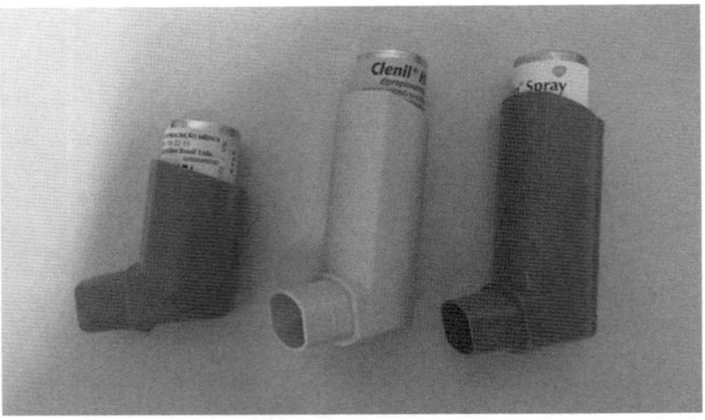

Figura 10.13 Inaladores dosimetrados.

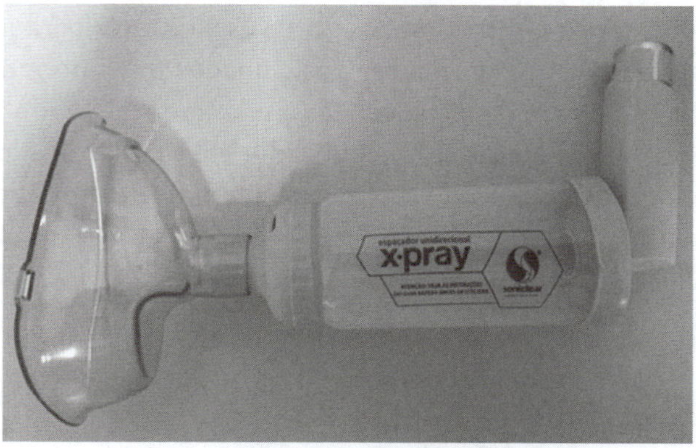

Figura 10.14 Espaçador pediátrico com volume corrente de 250 a 500 mL e máscara.

Atualmente, a mudança progressiva do propelente de clorofluorcarbonos para hidrofluoralcanos – que são substâncias menos agressivas à camada de ozônio, produzem aumento da temperatura do jato, impedindo a interrupção inspiratória involuntária, e geram aerossol com menor velocidade – está reduzindo o desenvolvimento de novas tecnologias para os nebulizadores dosimetrados, pois esse propelente por si só aperfeiçoa a deposição pulmonar[3,4].

Instruções para o uso do espaçador nos inaladores dosimetrados:

- Forma ativa: solicita-se que o paciente realize expiração máxima; em seguida, com o espaçador posicionado, deve-se fazer inspiração profunda seguida de pausa inspiratória de 10 segundos[18].
- Forma passiva: para crianças pequenas, a utilização do espaçador é passiva, ou seja, o paciente apenas inala o fármaco presente no espaçador, devendo ser realizados, em média, 10 ciclos respiratórios. Nesses casos recomeça-se o uso de espaçadores com válvulas que impedem a entrada do fluxo expirado[2,16].

Para os dois casos, é importante que o dispositivo seja agitado antes de cada administração e que haja uma pausa de 20 segundos entre um *spray* e outro[16].

Aerossolterapia na Ventilação Mecânica

A ventilação mecânica invasiva e a não invasiva (Figura 10.15) são recursos frequentemente vistos nos hospitais, principalmente em pacientes portadores de doenças respiratórias – muitos desses pacientes se beneficiam da inaloterapia.

Para o uso da terapia inalatória na ventilação mecânica é importante a verificação de vazamentos no circuito, indicando-se o uso de um tubo em formato de T para nebulizadores a jato e ultrassônicos ou de espaçadores para inaladores dosimetrados (Figura 10.16), que devem ser posicionados a 90° no ramo inspiratório, mais ou menos a 15 a 30 cm de distância da cânula traqueal, sendo importante que o filtro hidrofóbico não fique entre o nebulizador e a cânula. Se a umidificação e o aquecimento do ar estiverem sendo realizados com base de umidificação aquecida,

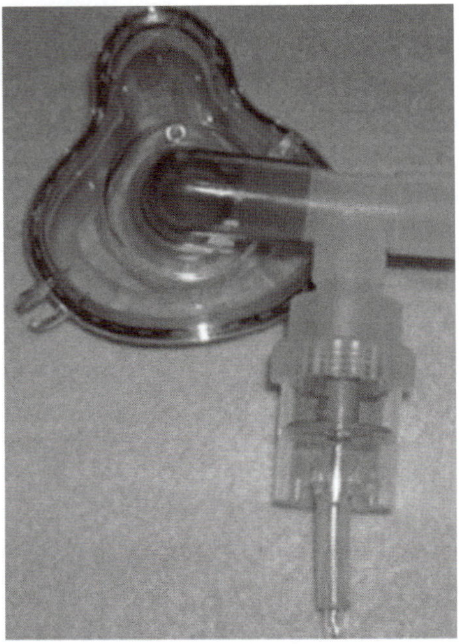

Figura 10.15 Uso do inalador a jato na ventilação mecânica não invasiva.
Fonte: Sanches et al., 2016[20].

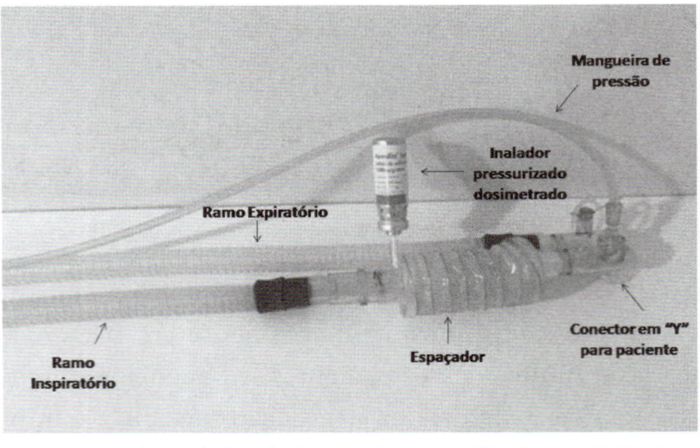

Figura 10.16 Posicionamento do inalador dosimetrado na ventilação mecânica invasiva.

deve-se lembrar que será reduzida consideravelmente a eficácia da terapia, visto que alguns medicamentos têm propriedades higroscópicas e que a adição das partículas de água aumenta o tamanho das partículas respiráveis, levando à deposição na via aérea mais proximal. Não é possível a utilização de pó seco durante a ventilação mecânica, visto que há absorção do fármaco no circuito pela necessidade de umidificação[16,18,19].

Durante o uso dos inaladores a jato, a incrementação de fluxo pode causar alterações nos parâmetros, ativação excessiva dos alarmes e desregulagem do sensor de fluxo dos aparelhos que não estão habilitados para esse tipo de nebulização; por isso, os ultrassônicos e os nebulizadores em malha, principalmente os modelos que sincronizam a aerossolterapia com a fase inspiratória, são ótimas opções[16,18,19].

O uso de inaladores dosimetrados com o espaçador acoplado ao circuito que não precisa ser desacoplado diminui o risco de infecções e evita a perda de pressão. Para elevada deposição pulmonar é necessário sincronização com a fase inspiratória[19].

CONCLUSÕES

A oxigenoterapia deve ser administrada com cautela, respeitando os critérios fisiológicos e a real necessidade do RN, do lactente e da criança, pois o O_2 elevado pode ser prejudicial à saúde. O acompanhamento clínico (oximetria de pulso) e laboratorial (exames de sangue) é primordial e deve ser constante até o desmame do oxigênio.

O papel essencial da fisioterapia está voltado para a titulação dos mecanismos de oxigenoterapia com a equipe multidisciplinar e para orientações sobre o uso, evitando complicações e internações desnecessárias.

A aerossolterapia vem sendo estudada e aperfeiçoada há muitos séculos, visando gerar partículas respiráveis adequadas e, assim, aumentar a deposição pulmonar dos medicamentos.

Para a realização da terapia inalatória existem vários dispositivos, e a escolha de um deles para o tratamento deve ser feita de forma individualizada, sempre seguindo as recomendações do fabricante e do profissional da saúde, lembrando que o treinamento da técnica para os pacientes, os cuidadores e os profissionais da saúde e o uso do espaçador garantem maior sucesso na terapia.

REFERÊNCIAS BIBLIOGRÁFICAS

1. Levy SD, Alladina JW, Hibbert KA, Harris RS, Bajwa EK, Hess DR. High-flow oxygen therapy and other inhaled therapies in intensive care units. Lancet Respir Med. 2016;(4):407-18.
2. Souza LSF. Aerossolterapia na asma da criança. J Pediatr (Rio J). 1998;74(3):189-204.
3. Muchão FP, Filho LS. Avanços na inaloterapia em pediatria. J Pediatr (Rio J). 2010; 86(5):367-77.

4. Parente AI, Maia PN. Aerossolterapia. Pulmão RJ. 2013;22(3):14-9.
5. Cousins JL, Wark PAB, McDonald VM. Acute oxygen therapy: a review of prescribing and delivery practices. Int J Chron Obstruct Pulmon Dis. 2016;(11):1067-75.
6. Scalan CL, Wilkins RL, Stoller JK. Fundamentos da terapia respiratória de Egan. In: Scanlan CL, Heuer A. Gasometria medicinal. 9. ed. Barueri: Manole; 2009. p. 761-96.
7. Costa APBM. Aerossolterapia e oxigenoterapia em pediatria e neonatologia. In: Associação Brasileira de Fisioterapia Cardiorrespiratória e Fisioterapia Intensiva, Nicolau CM, Andrade LB. Profisio, Programa de Atualização, Fisioterapia Pediátrica e Neonatal: cardiorrespiratória e terapia intensiva: ciclo 1. Porto Alegre: Artmed Panamericana; 2012. p. 107-51.
8. Prado C, Vale LA. Fisioterapia neonatal e pediátrica. In: Rebello CM, Haddad LB. Oxigenoterapia e ventilação manual. Barueri: Manole; 2012. p. 99-119.
9. Wilkinson D, Andersen C, O'Donnell CPF, De Paoli AG, Manley BJ. High flow cannula for respiratory support in preterm infants (Review). Cochrane Database of Systematic Review. 2016;(3). CD006405.
10. Paula LC, Siqueira FC, Juliani RC, Carvalho WB, Ceccon ME, Tannuri U. Post-extubation atelectasis in newborns with surgical diseases: a report of two cases involving the use of a high-flow nasal cannula. Rev Bras Ter Intensive. 2014;26(3):317-20.
11. Long E, Babl FE, Duke T. Is there a role for humidified heated high-flow nasal cannula therapy in paediatric emergency departments? Emerg Med J. 2016;33(6):386-9.
12. Mikalsen IB, Davis P, Oymar K. High flow nasal cannula in children: a literature review. Scand J Trauma, Resusc Emerg Med. 2016;24:93-105.
13. Vento M. Oxygen supplementation in the neonatal period: changing the paradigm. Neonatalogy. 2014;105(4):323-31.
14. Anderson PJ. History of aerosol therapy: Liquid nebulization to MDIs to DPIs. Respir Care. 2005;50(9):1139-50.
15. Clara AF. Depósito pulmonar. Arch Broncopneumologia. 2012;48(7):240-6.
16. Nascimento MS, Eid RC. Administração inalatória de medicações e gases. In: Prado C, Vale LA. Fisioterapia neonatal e pediátrica. Barueri: Manole; 2012. p. 339-69.
17. Della-Zuana A. Estudo da eficácia de um programa de educação na higiene e desinfecção dos nebulizadores de uso domiciliar de pacientes com fibrose cística [dissertação]. São Paulo: Faculdade de Medicina da Universidade de São Paulo; 2013.
18. Ari A, Atalay OT, Harwood R, Sheard MM, Aljamhan EA, Fink JB. Influence of nebulizer type, position, and bias flow on aerosol drug delivery in simulated pediatric and adult lung models during mechanical ventilation. Respir Care. 2010;55(7):845-51.
19. Pantoja JG. Dispositivos inalatórios, broncodilatadores em terapia intensiva. Pulmão RJ. 2015;24(3):20-6.
20. Sanchis J, Gich I, Petersen S. Systematic review of errors in inhaler use. Has patient technique improved over time? Respir Care. 2016;150(2):394-406.

Ventilação mecânica não invasiva 11

Carla Marques Nicolau
Ana Lúcia Capelari Lahóz
Paula Cristina Harumi Aoki Panegaci

Após ler este capítulo, você estará apto a:

1. Identificar os modos e as modalidades ventilatórias.
2. Indicar os aspectos técnicos específicos da escolha da interface.
3. Descrever as indicações e as contraindicações da ventilação não invasiva com pressão positiva.
4. Relacionar os benefícios clínicos da ventilação não invasiva com pressão positiva.

INTRODUÇÃO

A ventilação não invasiva com pressão positiva (VNI) consiste no suporte ventilatório mecânico oferecido aos pacientes para melhorar o trabalho respiratório, diminuir a pressão negativa necessária para gerar a respiração, melhorar também a oxigenação, por diminuir a pressão transdiafragmática, e aumentar a capacidade residual funcional, sem que seja necessário a colocação de via aérea artificial. Dessa forma, o risco de infecção associado à ventilação mecânica (VM) é reduzido e há preservação dos mecanismos de defesa das vias aéreas[1,2].

A VM não invasiva pode ser aplicada por meio de ventiladores portáteis, específicos para esse fim com compensador de vazamento, os quais devem ser acoplados a interfaces com circuito único e válvula exalatória localizada na própria máscara, com ventiladores invasivos microprocessados e programas específicos, devendo ser acoplados a interfaces por meio de válvula e circuito duplo do próprio ventilador mecânico. O modo pressão positiva contínua em vias aéreas (CPAP) pode ser aplicado por meio de gerador de fluxo[3,4].

A sincronização entre o paciente e a ventilação não invasiva é extremamente importante para o sucesso da VNI. Para que isso aconteça, deve-se escolher o melhor modo ventilatório, observando o estado clínico do paciente.

HISTÓRICO

A aplicação de pressão positiva de forma não invasiva foi realizada pela primeira vez em 1937, por Alvan Barach, que demonstrou que a pressão positiva contínua em vias aéreas (CPAP), fornecida por meio de máscara facial, poderia ser útil no tratamento do edema agudo pulmonar. No final da década de 1970 e início de década de 1980, dois métodos de VNI, utilizando máscara facial ou nasal, foram introduzidos na prática clínica: a CPAP, para melhorar a troca de oxigênio em pacientes com insuficiência ventilatória aguda hipoxêmica, e a ventilação com pressão positiva intermitente (VPPI), para manter em repouso os músculos ventilatórios dos pacientes com insuficiência ventilatória crônica decorrente de doenças neuromusculares e doença pulmonar obstrutiva crônica[5].

Durante a década de 1980, houve aumento progressivo na utilização das técnicas ventilatórias não invasivas, tanto nas situações clínicas agudas como crônicas, de tal maneira que a ventilação não invasiva deve ser considerada uma intervenção de primeira linha para a maioria dos casos de insuficiência ventilatória[5,6].

MODOS VENTILATÓRIOS

Ventilação Mecânica Controlada (VMC)

Oferece suporte respiratório total, sem necessidade de esforço por parte do paciente. Nos respiradores para VNI, a ventilação ciclada a tempo é indicada para os pacientes com *drive* respiratório ineficaz. Esses respiradores possuem um ajuste para o tempo em que a pressão definida será alcançada: se curto, o aumento será rápido; se mais longo, o aumento será progressivo, em "rampa", sendo mais confortável para o paciente[4].

Ventilação Assistida Controlada

Determina-se um número de ciclos respiratórios a ser ofertado na ausência de esforço do paciente. Como o respirador "atrasa" seu ciclo quando o paciente apresenta um esforço respiratório, esse modo é dito sincronizado: SIMV, nos respiradores comuns ou S/T (*spontaneous/timed*) nos respiradores próprios para VNI[4].

Ventilação Assistida Espontânea

É mais conhecida como ventilação com pressão de suporte (PSV). O esforço inspiratório do paciente "dispara" o respirador, que lhe oferta a pressão determinada. É importante que o aparelho para VNI tenha frequência respiratória mínima ajustável, para casos de pausa respiratória (*back up* para apneia)[4].

Pressão Positiva Contínua em Vias Aéreas (CPAP)

É uma forma de ofertar oxigênio com pressão positiva expiratória final (PEEP), em geral com pressão média de vias aéreas (MAP) em torno de 5 cmH_2O. Melhora a ventilação em aéreas colapsadas, muito usada na forma de CPAP nasal em neonatologia e CPAP sob máscara em pacientes pediátricos[4].

Pressão de Suporte em Dois Níveis (*Bi-level*)

Modo ventilatório em que a maioria dos ventiladores próprios para VNI funciona. Os ventiladores próprios ofertam uma pressão suporte (PSV) que também pode ser chamada de IPAP (pressão inspiratória positiva na via aérea) e que é, portanto, uma pressão inspiratória que auxilia a fase inspiratória do paciente.

Além dessa pressão inspiratória, o ventilador oferta a pressão expiratória, que é a pressão mantida ao final da fase expiratória do paciente, podendo ser chamada de CPAP ou EPAP (pressão expiratória positiva na via aérea).

Ventilação Assistida Ajustada Neuralmente (NAVA)

Este modo de ventilação é baseado na utilização do sinal obtido da ativação elétrica do diafragma (EDI), para o controle da ventilação. A EDI representa diretamente o impulso ventilatório central e reflete a duração e a intensidade com que o paciente deseja ventilar. Essa ativação elétrica pode ser captada em qualquer modo ventilatório. É um modo que trabalha em sincronia com a excitação do diafragma – e o ventilador efetivamente utiliza esse mesmo sinal – havendo diminuição no tempo de resposta do equipamento, favorece o acoplamento neuroventilatório. O modo NAVA melhora significantemente a interação entre paciente e ventilador, otimizando a descarga muscular durante a ventilação assistida e está disponível para todas as categorias de paciente[7].

EQUIPAMENTO DA VENTILAÇÃO NÃO INVASIVA COM PRESSÃO POSITIVA

Atualmente, existe no mercado grande variedade de equipamentos de VNI que possuem todas as características fundamentais ou pelos menos a maioria delas para a realização da ventilação não invasiva, podendo ajustar-se às necessidades da criança, para uso intra-hospitalar ou domiciliar. As especificações técnicas do equipamento e sua utilização são de fundamental importância para determinar a sua melhor eficácia[8].

São características essenciais dos equipamentos de VNI: fácil manuseio, portátil e silencioso, realização de ventilação assistida controlada, baixo custo de manutenção, opção de bateria, possibilidade de umidificação adequada, compressor ou rede de gases, capacidade de ventilar crianças com alta e baixa complacência toracopulmonar, opção de pressão de suporte (PS), ajuste de sensibilidade no final do ciclo inspiratório, capacidade de compensação de escapes[8].

Quando se opta pela VNI, devem ser considerados os seguintes aspectos: a escolha do aparelho de ventilação mecânica, a técnica mais apropriada a ser utilizada, a fisiopatologia da doença, o grau de dependência do suporte ventilatório, o nível de conforto, além dos custos do equipamento e do treinamento da equipe multiprofissional.

As diferenças entre a ventilação não invasiva administrada pelos ventiladores portáteis específicos para a VNI e os ventiladores mecânicos microprocessados com modos de ventilação não invasiva podem ser observadas na Tabela 11.1[4] e nas Figuras 11.1 e 11.2.

Tabela 11.1 Diferenças entre o uso de ventiladores mecânicos microprocessados e os equipamentos próprios para ventilação não invasiva (VNI)

	Ventiladores mecânicos microprocessados	Ventiladores específicos para VNI
Circuito	Duplo com válvula de demanda	Circuito único
Exalação	Válvula exalatória	Exalação por orifício ou válvula exalatória na máscara ou circuito
Vazamento	Compensado, se usado modo PCV (ciclado a tempo) ou módulo específico para VNI	Compensação automática
Suplementação de oxigênio	Regulada pelo *blender* do ventilador	Regulada pelo *blender* do ventilador ou O_2 suplementar na máscara ou no circuito
Tipo de interface	Interfaces para circuito duplo	Permite o uso de máscara com válvula exalatória na máscara ou no circuito ventilatório

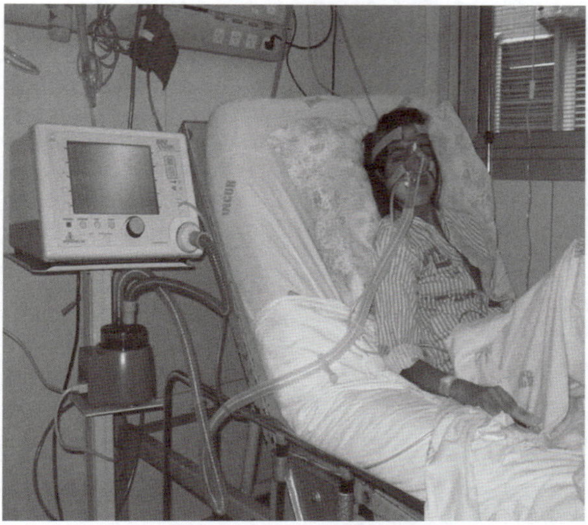

Figura 11.1 Equipamento próprio para ventilação não invasiva instalado no paciente.

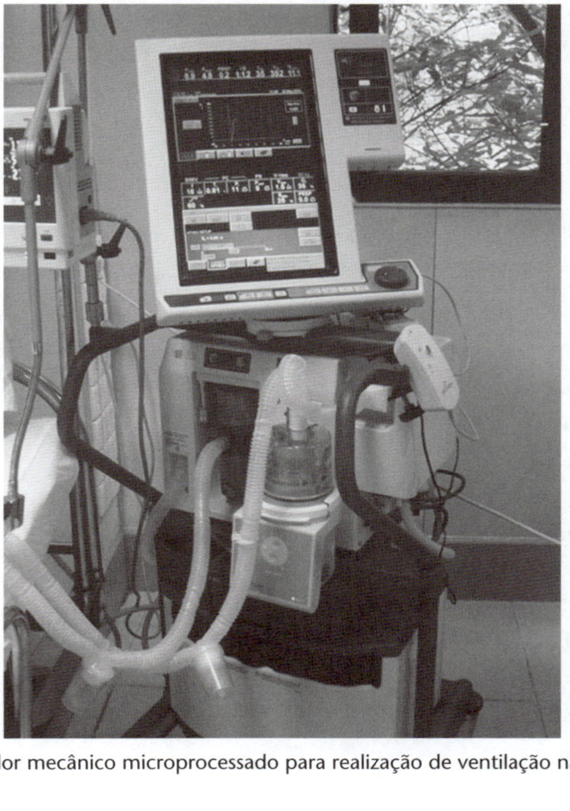

Figura 11.2 Ventilador mecânico microprocessado para realização de ventilação não invasiva.

INDICAÇÕES E CONTRAINDICAÇÕES DA VENTILAÇÃO NÃO INVASIVA COM PRESSÃO POSITIVA

Em pacientes neonatais e pediátricos, a VNI pode ser indicada em diversas situações clínicas, que são apresentadas no Quadro 11.1. As contraindicações estão listadas no Quadro 11.2.

Quadro 11.1 Indicações da ventilação não invasiva em doenças neonatais e pediátricas[9]
Síndrome do desconforto respiratório neonatal
Síndrome do desconforto respiratório agudo
Taquipneia transitória do recém-nascido
Síndrome de aspiração do mecônio
Hipertensão pulmonar
Hemorragia pulmonar
Persistência do canal arterial
Edema pulmonar
Pós-operatórios cardíacos
Paralisia diafragmática unilateral
Pneumonias congênitas e adquiridas
Aumento do trabalho respiratório em pacientes oncológicos
Pós-extubação
Bronquiolite
Crise asmática
Apneia obstrutiva e central da prematuridade
Lesões congênitas e/ou adquiridas das vias aéreas (traqueolamácia)

Quadro 11.2 Contraindicações absolutas e relativas da ventilação não invasiva[9]
Instabilidade hemodinâmica
Arritmia não controlada
Alto risco de broncoaspiração
Tosse ineficaz
Sangramento gastrointestinal
Paciente não colaborativo
Fenda palatina
Fístula traqueoesofágica
Hérnia diafragmática
Instabilidade cardiovascular
Episódios recorrentes de apneia

Os efeitos fisiológicos da pressão positiva expiratória final (PEEP) podem trazer repercussões positivas e negativas. Na Tabela 11.2 são descritas algumas alterações causadas pela pressão positiva expiratória final.

Tabela 11.2 Alterações geradas pelo uso da pressão positiva expiratória final[10]

Efeitos positivos	Efeitos negativos
Melhora da oxigenação	Redução do débito cardíaco
Redução do trabalho respiratório	Hiperinsuflação pulmonar
Redução da resistência de vias aéreas	Aumento da resistência vascular pulmonar
Redução da resistência vascular pulmonar	Extravasamento de ar
Incremento da capacidade residual funcional	
Melhora da complacência pulmonar estática	
Aumento da relação ventilação/perfusão	
Estabilização da caixa torácica	
Prevenção e reexpansão de atelectasias	

USO DA VENTILAÇÃO NÃO INVASIVA COM PRESSÃO POSITIVA EM SITUAÇÕES ESPECÍFICAS

Asma Aguda

O nível de evidência de aplicação de VNI na asma é A. A VNI surge como estratégia intermediária eficaz no tratamento da insuficiência respiratória aguda na crise asmática grave[9].

Bronquiolite Aguda

Para a bronquiolite, o nível de evidência de aplicação de VNI é A, com o efeito de melhora do fluxo expiratório a partir da manutenção da abertura das vias aéreas distais, melhora da complacência pulmonar e redução do trabalho respiratório[9].

Pacientes Imunocomprometidos

Nesse caso, a VNI previne a intubação, a morbidade e as complicações associadas à ventilação mecânica invasiva, diminuindo o tempo de internação na unidade de terapia intensiva com nível de evidência A[9].

Após Extubação

A VNI após extubação é considerada nível de evidência A, pois é considerada uma estratégia intermediária e de sucesso entre a transição da ventilação por pressão positiva para a respiração espontânea, acelerando muitas vezes o desmame e a extubação da criança[9].

Após Transplante Hepático

Nos pacientes pós-transplantados hepáticos ocorre aumento da pressão intra-abdominal, desfavorecendo a mecânica respiratória e, assim, predispondo esses pacientes à insuficiência respiratória aguda. Com o uso da VNI, o paciente pode ser extubado precocemente, prevenindo-se o aumento do trabalho respiratório, e nesse caso o nível de evidência é C[9].

Obstrução Alta das Vias Aéreas

Pacientes com edema de glote pós-extubação, laringite, laringo/traqueo/broncomalácia, hipoplasia traqueal, colapso inspiratório dinâmico, entre outros, beneficiam-se da VNI em razão da pressurização do sistema respiratório, mantendo as vias aéreas abertas, diminuindo o trabalho respiratório, com nível de evidência A[9].

Após Cirurgia de Correção de Cardiopatia Congênita

Por causa dos protocolos de *fast track extubation*, as crianças submetidas à cirurgia de correção de cardiopatia congênita são extubadas mais precocemente, e a VNI ajuda a melhorar a oxigenação e a diminuir o trabalho respiratório, não se esquecendo das interações cardiorrespiratórias que acontecem de acordo com o ajuste pressórico nesses pacientes. Nível de evidência C[9].

Pacientes com Fibrose Cística

A VNI nos pacientes com fibrose cística melhora a ventilação alveolar durante o repouso, o sono, os exercícios e a realização da fisioterapia. É recomendada como tratamento de primeira linha para pacientes com agudização da doença, na falência respiratória hipercápnica aguda, bem como para aqueles que apresentam queda de saturação ou desenvolvem fadiga respiratória, incluindo os casos de hipercapnia noturna significante, porém futuros estudos devem objetivar melhor definição dos critérios para indicação da VNI nesses pacientes.

Pacientes com Doenças Neuromusculares

Quatro fatores podem levar crianças com doenças neuromusculares à insuficiência respiratória: comprometimento das vias aéreas, fraqueza da musculatura inspiratória, fraqueza dos músculos expiratórios e complicações de doença aguda, como a pneumonia. A VNI pode ser útil para evitar a ventilação mecânica invasiva, a incidência de hospitalização em razão de quadros respiratórios, para prolongar a vida sem necessidade de traqueostomia e melhorar a qualidade de vida[11].

INTERFACES

As interfaces são dispositivos fundamentais para o funcionamento da VNI, sendo a escolha da interface ideal um ponto crucial para o seu sucesso[12].

As interfaces são dispositivos conectados ao circuito do aparelho de ventilação mecânica e à face da criança. Elas facilitam a administração do gás pressurizado na via aérea durante a utilização da VNI. Essas interfaces dispõem de grande variedade de modelos, formatos, tamanhos e composição de materiais. Interfaces disponíveis comercialmente: máscaras *full face* (máscara de face total), máscaras nasais, máscaras faciais (incluem boca e nariz), tubo nasal e *mouthpiece* (peça bucal) – Figuras 11.3 e 11.4.

No caso dos neonatos, visto que são preferencialmente respiradores nasais, não apresentam dificuldades na ventilação por *prong*. Existem diferentes interfaces para aplicação da VNI em neonatos, entre elas:

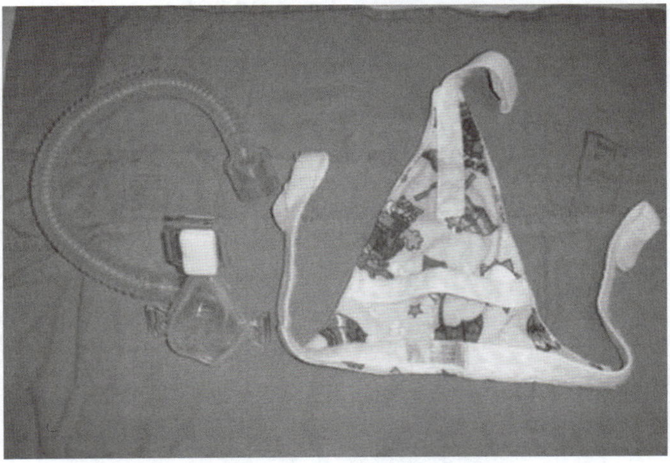

Figura 11.3 Máscara nasal para ventilação não invasiva.

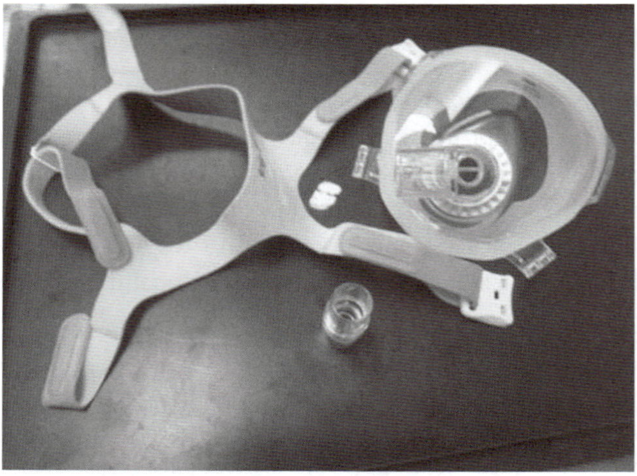

Figura 11.4 Máscara de face total para ventilação não invasiva.

- *Prong* binasal curta (Figura 11.5).
- *Prong* binasal longa (nasofaríngea).
- *Prong* simples (única).
- Máscara nasal (Figura 11.6).

A *prong* binasal curta é a mais efetiva na prevenção da reintubação, no aumento da oxigenação, no sucesso do desmame e na melhora da frequência respiratória quando comparada à simples e longa. As máscaras nasais ainda são pouco disponíveis em nosso meio[12].

Algumas interfaces são descritas na Tabela 11.3, com suas vantagens e desvantagens.

Além de escolher o tipo de interface mais adequada quanto ao tamanho e ao tipo, deve-se considerar que a interface preferencialmente deve ser transparente e maleável na região em que haverá apoio e vedação na face do paciente, reduzindo o espaço morto (espaço em que o ar fica aprisionado antes de sair pela válvula exalatória ou ramo expiratório do circuito); a fixação da interface deve ser de fácil instalação e retirada em caso de emergência[9].

CUIDADOS DA FISIOTERAPIA AO PACIENTE EM VENTILAÇÃO NÃO INVASIVA COM PRESSÃO POSITIVA

Ao instalar a VNI, é necessário tomar alguns cuidados:

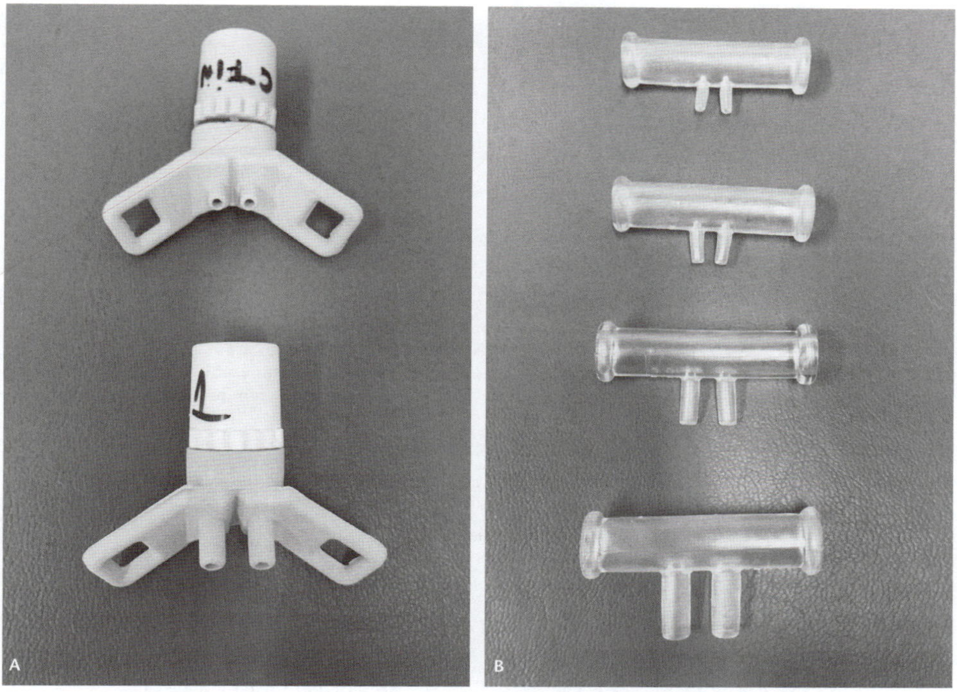

Figura 11.5 *Prong* binasal curta modelo Argyle® (A) e modelo Inca® (B).

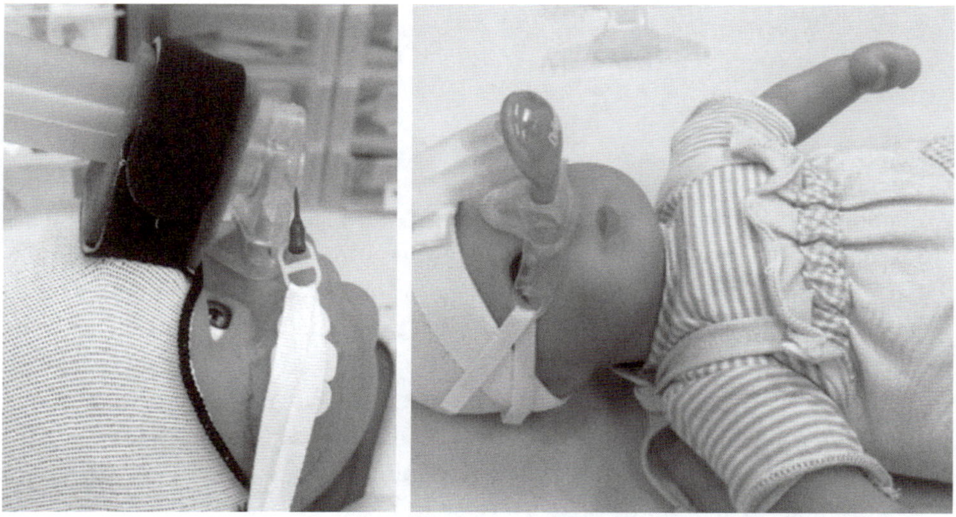

Figura 11.6 Máscaras nasais para ventilação não invasiva com pressão positiva em recém-nascidos.

Tabela 11.3 Vantagens e desvantagens das interfaces[9]

Interface	Vantagens	Desvantagens
Máscara nasal	Menor risco de aspiração Facilita expectoração Menor claustrofobia Permite a fala e a alimentação Fácil manuseio Menor espaço morto	Vazamento oral Despressurização oral Irritação nasal Limitação de uso em pacientes com obstrução nasal Ressecamento oral
Máscara facial	Menor vazamento oral Mais apropriada para condições agudas, por permitir maiores fluxos e pressões	Maior chance de úlcera, pressão nasal ou pontos de apoio Maior claustrofobia Maior risco de aspiração Dificulta a alimentação Atrapalha a comunicação Risco de asfixia com mau funcionamento do ventilador Risco de broncoaspiração
Máscara facial total	Mais confortável para uso prolongado Fácil de ajustar Menor risco de lesão cutânea facial Mínimo vazamento	Maior espaço morto Não deve ser utilizada associada à aerossolterapia Monitorar possível evento de vômito (cuidado com aspiração)
Prong	Possível alimentação Fácil adaptação Material leve e flexível	Lesão cutânea e de mucosas na região das narinas e do septo nasal
Capacete (*helmet*)	Mais confortável para uso prolongado Não oferece risco de lesão cutânea facial	Risco maior de reinalação de CO_2 Favorece assincronia entre paciente e ventilador Risco de asfixia com mau funcionamento do ventilador Não pode ser utilizada associada à aerossolterapia Alto ruído interno e maior sensação de pressão no ouvido

- Escolha do tamanho da interface e fixação: a *prong* nasal deve ter tamanho adequado, preenchendo completamente a narina do recém-nascido ou do lactente jovem sem provocar deformação do septo nasal ou pressão excessiva sobre as narinas; as máscaras não devem pressionar os olhos, cobrindo somente o nariz, no caso das interfaces nasais, ou nariz e boca, nas máscaras faciais. Fixar e posicionar adequadamente a interface sem deformação do nariz e da face. A *prong* nasal deve ser introduzida na narina sem que a sua base entre em contato com a pele acima do lábio superior. Os fixadores cefálicos devem ser ajustados cuidadosamente, mas de maneira firme para evitar grandes escapes aéreos que poderiam comprometer o sucesso da VNI. Deve-se inspecionar frequentemente a região para prevenir a ocorrência de lesões tópicas por causa do uso das interfaces[11,13].

- Uso de protetores faciais: em VNI é obrigatório o uso de barreira de proteção nos pontos de apoio das interfaces na face dos pacientes para evitar lesões cutâneas que poderiam comprometer a permanência na VNI. Além disso, mesmo com o uso desses protetores, principalmente para períodos prolongados e contínuos de VNI, deve-se intercalar as interfaces periodicamente, mudando o tipo de interface e, portanto, os pontos de pressão na pele. Mesmo com essas medidas, a monitoração da pele deve ser constante e periódica, detectando precocemente os pontos de pressão e evitando lesões mais graves que inviabilizariam o uso da VNI[14,15] (Figuras 11.7 e 11.8).
- Uso de sedativos: a utilização de sedação leve deve ser ponderada para evitar a agitação excessiva e a ansiedade, que podem gerar deslocamento da interface e assincronia paciente/ventilador, prejudicando o sucesso da VNI, mas deve preservar o esforço espontâneo do paciente, sua estabilidade hemodinâmica e a proteção da via aérea[16].
- Umidificação e aquecimento dos gases: a utilização de umidificação ativa evita o ressecamento da mucosa nasal, sua obstrução e/ou sangramento nasal, reduzindo a resistência ao fluxo aéreo e dando maior conforto à criança, mas pode gerar maior condensação no circuito. Lubrificação das narinas com soro fisiológico 0,9% ou uso de descongestionantes nasais pode ser benéfico se observada obs-

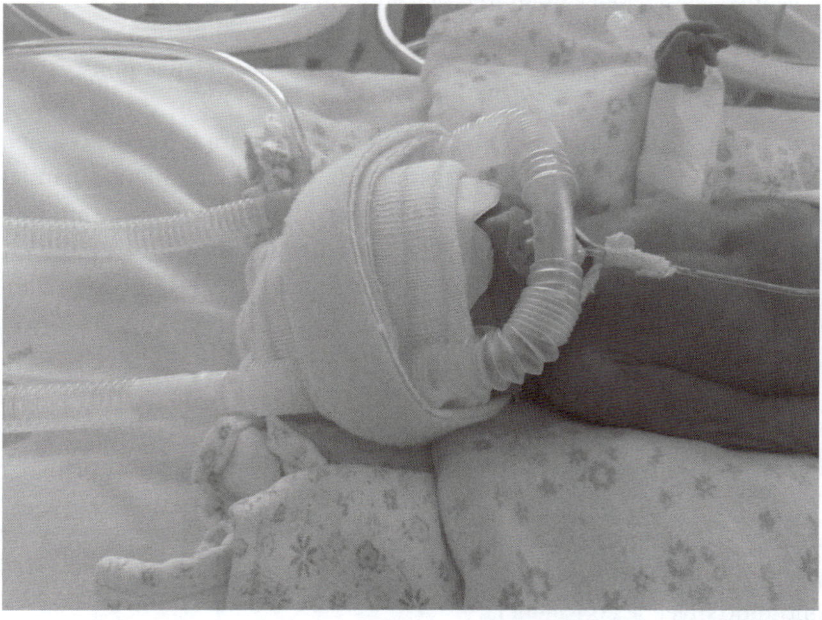

Figura 11.7 Proteção de barreira em recém-nascido para prevenir lesão pelo uso da ventilação não invasiva com pressão positiva.

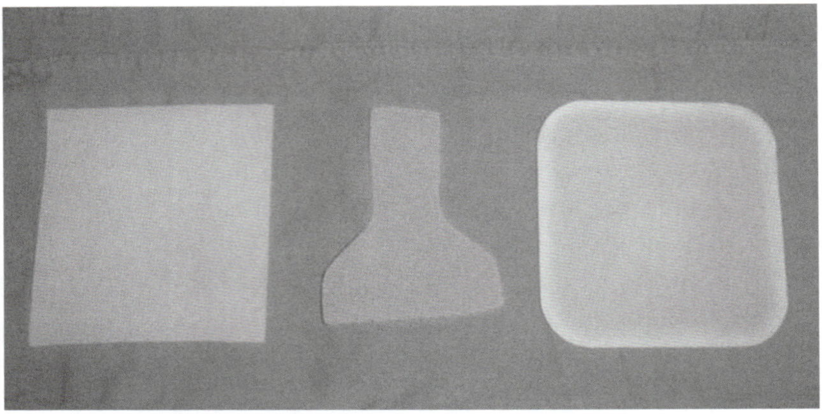

Figura 11.8 Tipos de proteção de barreira para prevenir lesão na face pelo uso da ventilação não invasiva com pressão positiva.

trução nasal. Além disso, no caso de hipersecreção em vias aéreas superiores, deve-se aspirar as narinas, evitando que as vias fiquem obstruídas[17].

- Distensão gástrica: pode acontecer quando são utilizadas pressões inspiratórias elevadas que excedam a pressão do esfíncter esofágico ou quando a criança engole ar, no caso de choro intenso e prolongado, que pode ser evitado com o uso de sedativos. A distensão gástrica pode elevar o risco de aspiração, principalmente com as interfaces faciais, quando o paciente apresentar vômito. Observando-se a presença de distensão gástrica, deve-se reduzir a pressão inspiratória, se possível, ou descomprimir o estômago pelo uso de cateter nasogástrico ou gastrostomia aberta[12].
- Monitoração: todo paciente em VNI deve ser monitorado cuidadosamente em relação aos seus sinais vitais, observando sua estabilidade hemodinâmica, oxigenação e ventilação porque, dependendo desses parâmetros, haverá indicação de intubação e instalação de ventilação mecânica invasiva com a piora clínica e laboratorial do paciente ou desmame e interrupção da VNI no caso de melhora do paciente[16].

SUCESSO E FALHA DA VENTILAÇÃO NÃO INVASIVA COM PRESSÃO POSITIVA

Para a VNI ser considerada sucesso terapêutico, devem ser observados[18]:

- Diminuição da frequência respiratória.
- Aumento do volume corrente.
- Melhora do nível de consciência.
- Diminuição ou cessação do uso da musculatura acessória.

- Aumento da pressão parcial de O_2 e/ou da saturação arterial periférica.
- Diminuição da pressão parcial de gás carbônico.

Espera-se sucesso na população hipercápnica com o uso de VNI em 75% dos casos, e nos hipoxêmicos em cerca de 50%[18].

Quando não há sucesso, realizam-se imediatamente a intubação orotraqueal e a ventilação mecânica invasiva.

Alguns preditores indicam falha da VNI antes de ser instalada, como: escore PRISM (risco de mortalidade pediátrica) elevado, escore PELOD elevado, instabilidade hemodinâmica grave[19]. Outros serão observados nas primeiras 2 horas após instalada a VNI: persistência de pH inferior a 7,25; ausência da diminuição da PCO_2, frequências respiratória e cardíaca, persistência de necessidade de uso de FiO_2 superior a 0,8 e necessidade de pressão média de ventilação superior a 11,5 cmH_2O[7].

Para os recém-nascidos, considera-se falha da VNI quando[13]:

- $PaO_2 < 50$ mmHg em $FiO_2 \geq 0,6$.
- $PaCO_2 > 60$ mmHg.
- Acidose metabólica persistente.
- Desconforto respiratório clinicamente significativo.
- Apneias frequentes.

Para o sucesso da VNI deve-se lembrar a importância da implementação de protocolo institucional multiprofissional, para que o tratamento seja seguido de forma adequada e criteriosa, com engajamento de toda a equipe multidisciplinar, visto que a ventilação não invasiva é um recurso viável, de fácil uso, barato, eficaz e seguro aos pacientes.

VENTILAÇÃO NÃO INVASIVA COM PRESSÃO POSITIVA NA SALA DE PARTO

O desenvolvimento de novos equipamentos e tecnologias tem proporcionado inovações ventilatórias e de monitoração, que, juntamente com o uso de corticosteroide pré-natal e surfactante exógeno, têm contribuído para a melhora do prognóstico de prematuros extremos[20].

A aplicação precoce da CPAP nasal, que é uma tecnologia de baixíssimo custo, poderia minimizar os riscos decorrentes da assistência respiratória ao recém-nascido pré-termo. Os efeitos benéficos seriam decorrentes do fato de que o CPAP nasal evitaria o colapso pulmonar decorrente da carência de surfactante e, assim, seria evitado o ciclo de volutrauma e atelectrauma decorrente da necessidade de suporte ventilatório agressivo[20].

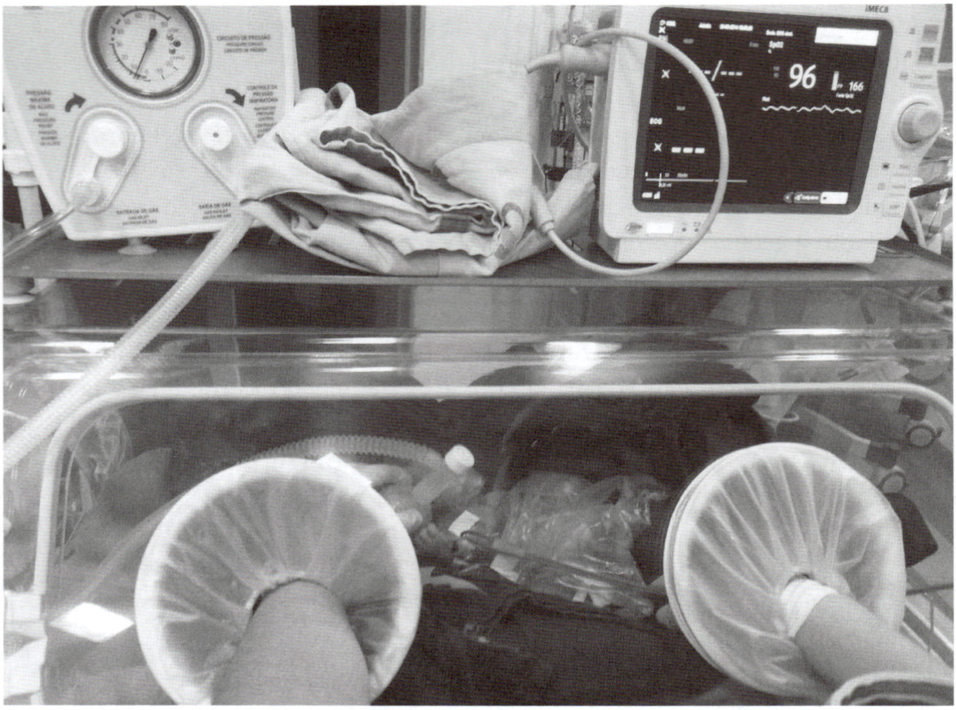

Figura 11.9 Uso de ventilação não invasiva na sala de parto e durante transporte para a UTI neonatal.

A utilização do CPAP vem se mostrando eficaz logo após o nascimento, evitando a intubação orotraqueal e as complicações decorrentes da ventilação mecânica e, consequentemente, o desenvolvimento de displasia broncopulmonar.

A adequada assistência na sala de parto é muito importante na prevenção de lesões asfíxicas no recém-nascido, as quais podem ocasionar sequelas neurológicas e óbito. A reanimação na sala de parto corresponde à assistência ao recém-nascido na transição da vida fetal para a neonatal[20,21].

O uso da PEEP na sala de parto tem a finalidade de prevenir o colapso pulmonar durante a expiração e estabelecer a capacidade residual funcional. Durante a reanimação, a administração da PEEP pode levar à melhora rápida dos níveis de oxigênio e dióxido de carbono, assim como menor lesão pulmonar, principalmente nos recém-nascidos de extremo baixo peso[21].

CONCLUSÕES

A ventilação não invasiva é amplamente utilizada em crianças de todas as idades. O tratamento envolve a entrega de assistência ventilatória por meio de uma interface não invasiva. Indicações de utilização de ventilação não invasiva incluem condições que influenciam o balanço respiratório normal e desordens caracterizadas por aumento na carga respiratória. O tipo de ventilação não invasiva usada depende das características fisiopatológicas da insuficiência respiratória. Aspectos técnicos são importantes na escolha de ventilação não invasiva, como a interface apropriada. A grande heterogeneidade dos distúrbios, as faixas etárias de crianças afetadas, prognósticos e resultados de pacientes que necessitam de ventilação não invasiva denotam a necessidade de centros multidisciplinares especializados com competência técnica, experiência e educação terapêutica continuada.

REFERÊNCIAS BIBLIOGRÁFICAS

1. Rego FMP, Cardenas LZ, Caruso P, Carvalho CR, Ferreiro JC. Avaliação do desempenho de diferentes interfaces para ventilação não invasiva em modelo mecânico simulando paciente com DPOC. Rev. Med (São Paulo). 2012;91(2):60-8.
2. Carvalho BW. Ventilação mecânica não invasiva: conceito e aplicação clínica. In: Hirschheimer MR, Carvalho WB, Filho JOP, Freddi NA, Troster EJ. Ventilação pulmonar mecânica em pediatria e neonatologia. 3. ed. São Paulo: Atheneu; 2013. p.209-24.
3. Silva DCB, Foronda FAK, Troster EJ. Ventilação não invasiva em pediatria. J Pediatr (Rio J). 2003;79(supp 2):S161-S168.
4. Barbas CS, Isola AM, Farias AM, Cavalcante AB, Gama AM, Duarte AC, et al. Recomendações brasileiras de ventilação mecânica 2013. Parte I. Rev Bras Ter Intensiva. 2014;26(2):89-121.
5. Morley SL. Non-invasive ventilation in paediatric critical care. Paediatr Respir Rev. 2016;20:24-310.
6. Mas A, Masip J. Noninvasive ventilation in acute respiratory failure. Int J Chron Obstruct Pulmon Dis. 2014;9:837-52.
7. Sakurai D, Kanzato R. Assistência ventilatória ajustada neuralmente. Pulmão RJ. 2011;20(3):29-33.
8. Bueno A, Johnston C. Tipos de aparelhos e equipamentos para a utilização da VNIPP. In: Barbosa AP, Johnston C, Carvalho WB. Ventilação não invasiva em neonatologia e pediatria. Série Terapia Intensiva Pediátrica e Neonatal. São Paulo: Atheneu; 2007. p. 59-77.
9. Barcellos PG. Uso de ventilação não invasiva em situações agudas. In: Associação Brasileira de Fisioterapia Cardiorrespiratória e Fisioterapia em Terapia Intensiva; Nicolau CM, Andrade LB (orgs.). Profisio, Programa de Atualização em Fisioterapia Pediátrica e Neonatal Cardiorrespiratória e Terapia Intensiva: Ciclo 2. Porto Alegre: Artmed/Panamericana; 2013. p. 125-55.
10. Andrade LB, Ribeiro SNS. Modalidades e particularidades do suporte ventilatório não invasivo no recém-nascido. In: Associação Brasileira de Fisioterapia Cardiorrespiratória e Fisioterapia em Terapia Intensiva; Nicolau CM, Andrade LB (orgs.). Profisio, Programa de Atualização em Fisioterapia Pediátrica e Neonatal Cardiorrespiratória e Terapia Intensiva: Ciclo 1. Porto Alegre: Artmed/Panamericana; 2012. p. 55-82.
11. Marohn K, Panisello JM. Noninvasive ventilation in pediatric intensive care. Curr Opin Pediatr. 2013;25(3):290-6.
12. Gupta S, Donn SM. Continuous positive airway pressure: Physiology and comparison of devices. Semin Fetal Neonatal Med. 2016;21(3):204-11.
13. Bamat N, Jensen EA, Kirpalani H. Duration of continuous positive airway pressure in premature infants. Semin Fetal Neonatal Med. 2016;21(3):189-95.
14. Padman R, Lawless ST, Kettrick RG. Noninvasive ventilation via bilevel positive airway pressure support in pediatric practice. Crit Care Med. 1998;26(1):169-73.

15. McCoskey L. Nursing care guidelines for prevention of nasal breakdown in neonates receiving nasal CPAP. Adv Neonatal Care. 2008;8(2):116-24.
16. Teague WG. Non-invasive positive pressure ventilation: current status in paediatric patients. Paediatr Respir Rev. 2005;6(1):52-60.
17. Mador MJ, Krauza M, Pervez A, Pierce D, Braun M. Effect of heated humidification on compliance and quality of life in patients with sleep apnea using nasal continuous positive airway pressure. Chest. 128(4):2151-8.
18. 18. Demaret P, Mulder A, Loeckx I, Trippaerts M, Lebrun F. Non-invasive ventilation is useful in paediatric intensive care units if children are appropriately selected and carefully monitored. Acta Pediatr. 2015;104(9):861-71.
19. Haggenmacher C, Vermeulen F. Ventilation non invasive em réanimation pédiatrique: aspects pratiques. Réanimation. 2014;23:706-13.
20. Lista G, Vent M. Managing preterm infants in the first minutes of life. Paediatr Respir Rev. 2015;16(3):151-6.
21. Sweet DG, Carnielli V, Greisen G, Hallman M, Ozek E, Halliday HL. European Consensus Guidelines on the Management of Respiratory Distress Syndrome, 2016. Update. Neonatology. 2016;111(2):107-25.

Ventilação mecânica invasiva 12

Ana Lúcia Capelari Lahóz
Glazia André Landy
Lúcia Cândida Soares de Paula

Após ler este capítulo, você estará apto a:

1. Identificar as principais particularidades de cada modo ventilatório.
2. Apontar os parâmetros ventilatórios que devem ser ajustados.
3. Reconhecer os novos modos ventilatórios.
4. Descrever o desmame e a extubação.

INTRODUÇÃO

A ventilação pulmonar mecânica invasiva é amplamente utilizada, tanto em unidades de emergência quanto em centros de terapia intensiva (CTI), como suporte respiratório para pacientes que evoluem com insuficiência respiratória aguda ou crônica. Nos CTI pediátricos, 17 a 66% das crianças necessitam de ventilação mecânica invasiva ao longo de sua internação[1,2].

Embora a ventilação mecânica seja necessária e benéfica, ela pode causar danos aos pulmões, o que é chamado de lesão pulmonar induzida pela ventilação mecânica, que pode ser minimizada por meio de estratégias protetoras, atualmente um dos principais focos de interesse clínico. A utilização de volumes correntes mais baixos, pressão expiratória final positiva (PEEP), para evitar o colabamento alveolar, e de modos ventilatórios assistidos tem papel importante na prevenção desses problemas[2,3].

Os objetivos da assistência ventilatória são reduzir o trabalho respiratório, melhorar a troca gasosa pulmonar e, assim, manter ou restaurar o fornecimento de oxigênio adequado para os tecidos do corpo. A estratégia ventilatória varia de acordo com a etiologia e o comprometimento pulmonar de cada paciente, e o objetivo é fornecer gases sanguíneos aceitáveis com o mínimo risco de lesão pulmonar, comprometimento hemodinâmico e outros eventos adversos[2-4].

Para um suporte ventilatório adequado e seguro, é necessário o conhecimento de fisiologia respiratória, fisiopatologia e particularidades do sistema respiratório do paciente neonatal e pediátrico. Todos os profissionais envolvidos nos cuidados dos pacientes em ventilação mecânica devem ser treinados para diminuir os principais fatores de risco e iatrogenias[2-4].

Para se compreender a interação paciente-ventilador e estabelecer o melhor modo e parâmetros ventilatórios, é fundamental conhecer as fases do ciclo respiratório durante a ventilação mecânica[5]:

- Disparo (mudança da fase expiratória para inspiratória). O início do ciclo pode ser determinado pelo tempo e são os modos controlados. Tem-se os disparos mais comumente usados, que são por pressão e fluxo, os quais permitem a participação do paciente (modos assistidos). O ajuste, comumente denominado "sensibilidade" ou gatilho, determina o limiar de variação de fluxo ou pressão, que será reconhecido pelo ventilador como esforço muscular do paciente. Mais recentemente, tem-se o disparo pela atividade elétrica do diafragma do modo NAVA (ventilação assistida ajustada neuralmente).
- Fase inspiratória (insuflação pulmonar). A fase será determinada pela escolha da variável que o operador irá controlar. Na pressão controlada, o ciclo ventilatório caracteriza-se pela pressão constante e pelo volume variável. No volume controlado, o ciclo ventilatório caracteriza-se pelo volume constante e pela pressão variável.
- Ciclagem (mudança da fase inspiratória para expiratória). A mais utilizada é a tempo, estabelecida pelo tempo inspiratório ajustado de acordo com a constante de tempo do sistema. Outra forma de ciclagem é a fluxo, que ocorre com uma porcentagem de corte da desaceleração do fluxo inspiratório (5 a 90%). Outras formas de ciclagem, mas pouco utilizadas, são volume e pressão.
- Fase expiratória. A grande maioria dos modos é passiva, somente sendo ativa no modo de ventilação de alta frequência oscilatória.

MODOS VENTILATÓRIOS

O modo ventilatório é o primeiro parâmetro a ser escolhido e relaciona-se à forma de interação entre paciente e ventilador, ao grau de participação do paciente em sua própria ventilação e à forma de administração dos parâmetros ventilatórios. Nas unidades de cuidados intensivos pediátricos em todo o mundo, usa-se ampla variedade de modos de ventilação. A escolha do modo mais adequado dependerá das características clínicas do paciente, do tipo de respirador disponível e da experiência dos profissionais com o seu manuseio[6].

Os modos ventilatórios são geralmente classificados como controlado ou assistido (mandatório) e espontâneo (Tabela 12.1).

Ventilação Controlada

Durante a ventilação controlada, o paciente não tem papel no processo de entrega do gás. O ventilador não responde aos esforços respiratórios do paciente, pois o aparelho controla todo o procedimento. Cada ciclo é iniciado a intervalos regulares predeterminados a tempo. Por isso, esse modo é indicado em situações em que a criança não tenha esforço inspiratório, como em lesões do SNC, durante anestesia e no pós-operatório imediato ou em situações em que a criança precise de sedação rigorosa ou curarização. Contudo, o uso prolongado desse modo pode levar à fraqueza da musculatura respiratória e à atrofia diafragmática, devendo portanto ser evitado quando possível[7,8].

Ventilação Mandatória Intermitente

A ventilação mandatória intermitente (IMV) assemelha-se ao modo ventilação controlada, exceto pelo fato de que o paciente consegue respirar espontaneamente nos intervalos entre os ciclos controlados. É, portanto, disparado a tempo. Para que o paciente possa respirar entre os ciclos, o ventilador pode gerar um fluxo contínuo de gás no circuito ou um fluxo intermitente liberado pela abertura de uma válvula em resposta ao esforço do paciente[9].

A desvantagem desse modo de ventilação é que o ventilador funciona independentemente do paciente, ou seja, a respiração mandatória pode ser entregue não

Tabela 12.1 Variáveis controladas nos diversos modos ventilatórios

1. Variáveis da respiração mecânica	
Variáveis de controle	Mecanismo para fornecer uma respiração (p. ex., pressão controlada ou volume controlado)
Variáveis de disparo	Mecanismo para iniciar a inspiração (p. ex., pressão, fluxo, tempo)
Variáveis de ciclagem	Mecanismo para terminar a inspiração (p. ex., ciclado a volume, pressão, fluxo e tempo)
2. Sequência da respiração	
Mandatória contínua	Todas as respirações são controladas pelo ventilador. Não permite respirações espontâneas (p. ex., controlada e A/C)
Mandatória intermitente	Define o número de mandatórias que serão entregues pelo ventilador. As respirações espontâneas serão permitidas entre as mandatórias (p. ex., SIMV e IMV)

A/C: ventilação asssistido-controlada; IMV: ventilação mandatória intermitente; SIMV: ventilação mandatória intermitente sincronizada.

coincidindo com o esforço do paciente e resultando em assincronia paciente-ventilador. Por isso, a falta de interação paciente-ventilador pode gerar troca gasosa inadequada, extravasamento de ar (síndromes de escape de ar) ou aprisionamento de ar (auto-PEEP) e necessidade de aumento do suporte ventilatório[5,9].

Ventilação Assistido-Controlada

A ventilação assistido-controlada (A/C) é uma modalidade de ventilação na qual as respirações mandatórias são fornecidas a uma frequência, pressão (ou volume), fluxo e tempo inspiratório preestabelecido, mas entre as respirações iniciadas pelo aparelho a criança pode desencadear uma resposta do aparelho de ventilação e receber uma respiração mandatória com os mesmos parâmetros dos ciclos iniciados pelo aparelho de ventilação, exceto pela frequência, que é determinada pelo paciente[5].

Ventilação Mandatória Intermitente Sincronizada

Na ventilação mandatória intermitente sincronizada (SIMV), a respiração mandatória ocorre concomitante ao esforço inspiratório do paciente e de maneira sincronizada. Entre as respirações mandatórias, o paciente pode respirar espontaneamente, com frequência, pressão, volume e tempo inspiratórios determinados por ele próprio. Caso o paciente não apresente esforço respiratório após um intervalo de tempo preestabelecido, o ventilador também irá disparar um ciclo[5,10].

Ventilação Pressão de Suporte

A ventilação pressão de suporte (PS) é iniciada e finalizada pelo paciente, ou seja, é um modo espontâneo em que o ventilador necessita reconhecer o início de uma inspiração espontânea (sensibilidade de pressão ou fluxo). A passagem para a fase expiratória (ciclagem) é desencadeada por decréscimo do fluxo inspiratório ao valor determinado, fato que coincide com o início do relaxamento dos músculos inspiratórios. Nos ciclos em PS, a possibilidade de variabilidade de fluxo, volume corrente (VC) e tempo inspiratório (Tinsp) pode favorecer maior conforto para alguns pacientes. Além disso, os atuais ventiladores disponibilizam o ajuste do limiar de ciclagem, a regulagem da porcentagem do pico de fluxo inspiratório pode variar em 5 a 90% e deve basear-se na constante de tempo do sistema. Em recém-nascidos, esse valor de decréscimo do fluxo inspiratório deve ficar entre 5 e 10%. Entretanto, se a complacência for normal e a resistência estiver aumentada, como ocorre nas doenças obstrutivas, a escolha do decréscimo do fluxo deve ser maior (porcentagem de critério de ciclagem > 25%). Esse modo pode ser associado ao SIMV[5,11].

AJUSTES DOS PARÂMETROS VENTILATÓRIOS

Pressão Inspiratória

Nos modos controlados a pressão, deve-se selecionar um valor de pressão inspiratória (PIP) que produza expansão torácica adequada e murmúrio vesicular audível à ausculta. Nos ventiladores capazes de medir o volume expirado, deve-se certificar de que esteja entre 4 e 8 mL/kg. Alterações da PIP afetam a oxigenação por alterarem a pressão média de via aérea (MAP) e a pressão arterial de gás carbônico ($PaCO_2$) pelo efeito no VC e na ventilação alveolar. O uso de PIP elevada pode aumentar o risco de barotrauma, resultando em fístula broncopulmonar e displasia broncopulmonar (DBP), justificando o uso cauteloso de valores elevados[11].

Pressão Positiva Expiratória Final

A pressão positiva expiratória final (PEEP) é usada para aumentar a capacidade residual funcional (CRF) acima do volume de fechamento pulmonar (VFP), auxiliando na reexpansão e prevenindo o colapso pulmonar. O aumento da PEEP aumenta a MAP e, portanto, melhora a oxigenação, tendo efeito inverso na eliminação de gás carbônico. Entretanto, o uso de PEEP muito elevada pode reduzir o retorno venoso, diminuir o débito cardíaco e o transporte de O_2, além de aumentar a resistência vascular pulmonar, não beneficiando a oxigenação de forma substancial. Por alterar o delta ou a pressão de compressão (PIP-PEEP), a elevação isolada da PEEP pode diminuir o VC e a eliminação de CO_2[11].

Frequência Respiratória

Alterações na frequência respiratória (Fr) mudam a ventilação-minuto alveolar, interferindo diretamente na $PaCO_2$. O ajuste da frequência respiratória deve ser feito visando manter uma relação I:E de 1:2 a 1:3. Em caso de doença obstrutiva, pode-se começar usando Fr mais baixa e, em caso de doenças restritivas, pode-se utilizar Fr mais altas (p. ex., síndrome do desconforto respiratório agudo e síndrome do desconforto respiratório). Além disso, o uso de tempo expiratório muito curto pode resultar em expiração incompleta. O gás sequestrado no pulmão pode aumentar a capacidade residual funcional (CRF) e, portanto, reduzir a complacência. Na ventilação com limite de pressão, a ventilação não é uma função linear da Fr, e ocorre um platô após determinada Fr. A ventilação alveolar pode até cair com Fr elevada, pois o VC se aproxima do espaço morto anatômico, e os tempos inspiratório e expiratório tornam-se insuficientes[11].

Tempos Inspiratório e Expiratório

Os efeitos das mudanças dos tempos inspiratório (Tinsp) e expiratório (Texp) na troca gasosa são fortemente influenciados pelas relações com as constantes de tempo inspiratório e expiratório, respectivamente.

Um tempo inspiratório 3 a 5 vezes maior que a constante de tempo do sistema respiratório permite inspiração completa[11].

Fração Inspiratória de Oxigênio

As mudanças da fração inspiratória de oxigênio (FiO_2) alteram as pressões alveolares de oxigênio e, portanto, a oxigenação. O valor da FiO_2 deve ser ajustado em combinação com a PEEP para manter a saturação periférica de oxigênio (SpO_2) > 90%. Durante a fase de aumento do suporte ventilatório, a FiO_2 é aumentada até atingir valores de 0,6 a 0,7, e a partir desse nível é aumentada a MAP. Durante o desmame, a FiO_2 é diminuída (até 0,4 a 0,6) antes de diminuir a MAP, visto que uma MAP adequada permite redução substancial da FiO_2[11].

Tempo de Subida ou *Rise Time*

Tempo que o respirador requer para atingir a pressão selecionada. O *rise time* pode ser mais acelerado em pacientes obstrutivos, permitindo-se diminuir o tempo inspiratório e ajustar melhor o volume corrente. Deve-se tomar cuidado especial com a ocorrência de pico de fluxo excessivo (*overshoot*)[12].

Uma vez estabelecidos os parâmetros iniciais, observar as curvas de volume, fluxo e pressão permite a avaliação, de forma constante e em tempo real, de que os valores ajustados estão corretos ou se há necessidade de reajuste imediato. A assincronia, normalmente, é decorrente de atraso na resposta do ventilador ou quando o suporte oferecido é maior que a sua necessidade. Dados como tipo de respiração, tempo inspiratório ou expiratório excessivamente curto (este último causando auto-PEEP) e escape gasoso podem ser identificados e corrigidos à beira do leito[12].

NOVOS MODOS VENTILATÓRIOS

Os novos modos ou modos avançados são indicados em situações clínicas específicas, desde que o usuário esteja familiarizado com seus ajustes e o quadro clínico venha a se beneficiar dos recursos específicos de cada modo.

- Ventilação de alta frequência oscilatória (VAFO): é baseado na administração de volume corrente baixo (1 a 2 mL/kg de peso corporal) associada com frequência alta (Hz). O objetivo é melhorar a troca gasosa em relação à ventilação convencional com menor pressão das vias aéreas, além de alterar a distribuição do fluxo de gás, o qual pode melhorar o recrutamento inicialmente das áreas colabadas e evitar o colapso alveolar de outras áreas[2].
- Ventilação com liberação de pressão nas vias aéreas (APRV): combina dois níveis de pressão positiva contínua nas vias aéreas (CPAP) com a finalidade de aumentar a ventilação alveolar. Os termos encontrados para descrever os parâmetros são pressão alta (P_{alta}), pressão baixa (P_{baixa}), tempo alto (T_{alto}) e tempo baixo (T_{baixo}). O princípio desse modo baseia-se na abordagem pulmão aberto, ou seja, ao prolongar o período de P_{alta} (relação I:E invertida), o recrutamento adicional de pulmão pode ocorrer sem o aumento dessa pressão ou do volume corrente. As respirações espontâneas sobrepostas também podem fornecer distribuição mais uniforme da ventilação. Outro modo de ventilação mecânica muito semelhante à APRV é o chamado Bi-Vent ou BiLevel[13].

Ambos os modos claramente têm o mesmo conceito de pressão controlada no modo ventilação mandatória intermitente, com disparo a tempo, de acordo com os valores predefinidos de T_{alto} e T_{baixo}. A diferença é que a APRV usa relações I:E invertidas, enquanto o Bi-Vent não usa. Outra característica é que o Bi-Vent pode incorporar a pressão suporte para auxiliar a respiração espontânea respiratória[13].

- Pressão regulada com volume controlado (PRVC): é considerado um modo de duplo controle, pois permite garantir o volume corrente ao mesmo tempo que o ventilador proporciona ciclos controlados por pressão (pressão limitada), durante o tempo inspiratório programado (ciclado a tempo). Essa pressão inspiratória será ajustada automaticamente pelo ventilador de acordo com o volume corrente preestabelecido e as propriedades mecânicas do pulmão (complacência e resistência)[14].
- Ventilação assistida ajustada neuralmente (NAVA): é uma modalidade recentemente introduzida no uso clínico, que utiliza a atividade elétrica do diafragma (Aedi) para controlar o ventilador mecânico, regulando as fases inspiratória e expiratória, a magnitude e o perfil da assistência respiratória mecânica. Essas características o diferenciam de qualquer outro modo ventilatório, pois se caracteriza por ventilação proporcional à demanda do paciente, baseada no débito respiratório neural[15].

Pelas suas características, o modo NAVA melhora a interação entre paciente e ventilador, e pode otimizar efetivamente a descarga muscular durante a ventilação assistida, estando disponível para todas as categorias de pacientes. A Figura 12.1 ilustra a diferença entre o modo NAVA e o modo convencional assistido[15,16].

A Aedi é medida por um cateter similar a uma sonda nasogástrica e possui eletrodos em série na parte distal da parede da sonda. O cateter que mensura a Aedi usa a medida da distância a partir da base do nariz pelo lóbulo da orelha até o processo xifoide para o posicionamento inicial, dado em centímetros. O posicionamento adequado dos eletrodos em ambos os lados do diafragma é essencial, utilizando-se como referência o sinal eletrocardiográfico de esôfago, registrado por sistema dos próprios eletrodos. Quando o conjunto de eletrodos se encontra na posição correta, é obtido registro da atividade elétrica na porção crural do diafragma. Esse registro mensura a amplitude, a duração e a frequência da Aedi, transmitindo essas informações para o ventilador mecânico, que responde quase instantaneamente com o nível proporcional de suporte para aquela respiração[15,16].

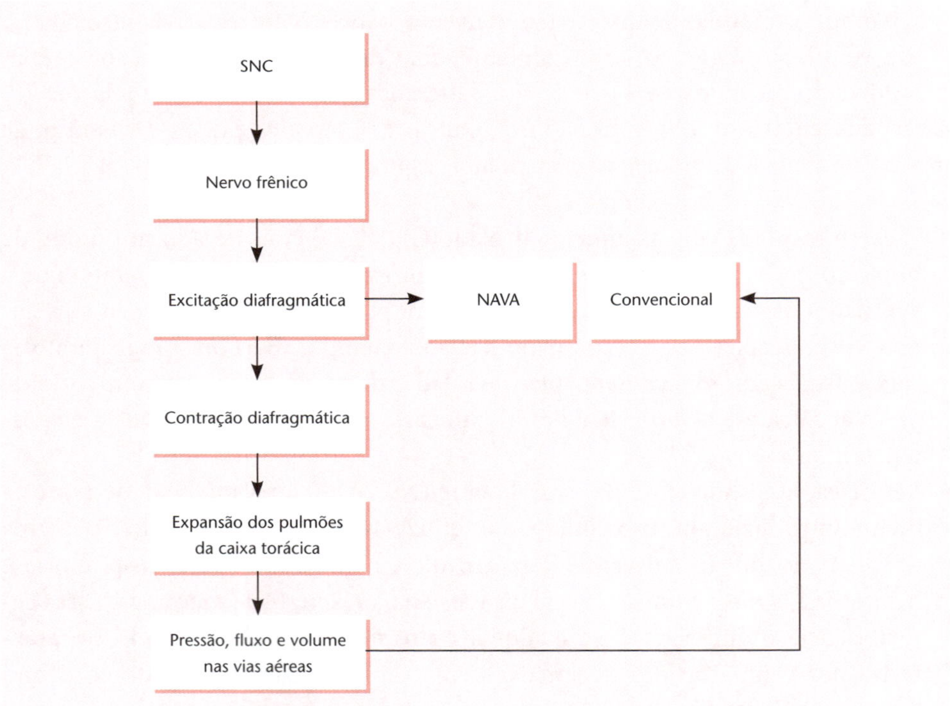

Figura 12.1 Fluxograma da geração da atividade elétrica diafragmática e interação do ventilador nos modos NAVA e convencional.
NAVA: ventilação assitida ajustada neuralmente; SNC: sistema nervoso central.

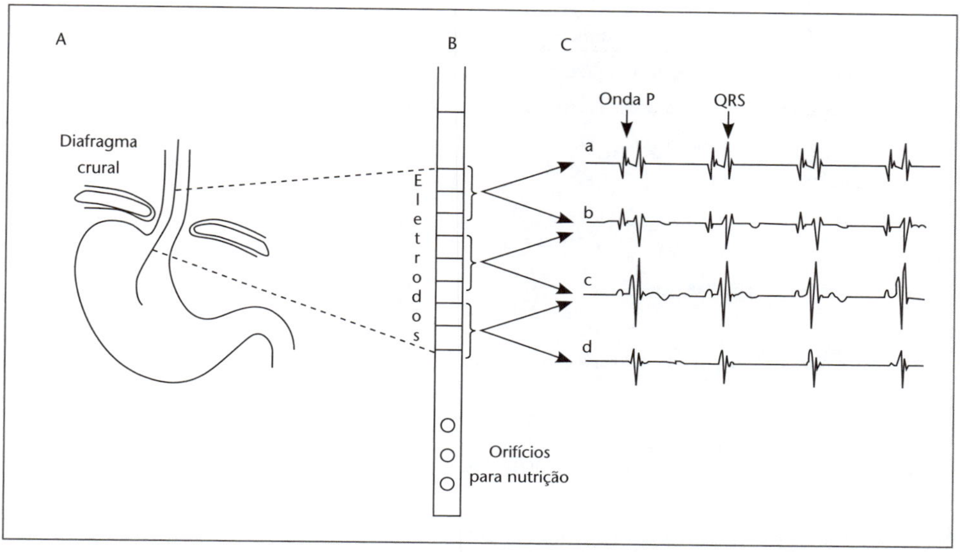

Figura 12.2 Sistema NAVA. A: Posicionamento anatômico. A região dos eletrodos (delimitada pela linha tracejada) tem de ser em ambos os lados do diafragma para o registo correto. B: O cateter Aedi é uma sonda nasogástrica convencional modificada adicionando 10 eletrodos em série incluídos concentricamente na parede do tubo. C: Registro eletrocardiográfico esofágico do sistema.
Fonte: adaptada de Suarez-Sipmann et al., 2008[16].

O modo NAVA tem mostrado benefícios para o paciente pediátrico por gerar melhor sincronia e pelo seu mecanismo de disparo e ciclagem ser mais próximo do processo fisiológico. No entanto, necessita de mais estudos multicêntricos e randomizados para maior confiabilidade e segurança na prática clínica[15].

DESMAME DA VENTILAÇÃO MECÂNICA

O desmame da ventilação mecânica (VM) pode ser definido como a redução gradual do suporte ventilatório, que pode durar 40 a 50% do tempo total da permanência do paciente em VM. Diversas condições fisiopatológicas, como sobrecarga ventilatória, instabilidade hemodinâmica, fraqueza muscular central ou periférica, alterações nutricionais graves, entre outras, podem justificar o fracasso do desmame, prolongando o tempo de VM[17,18].

Dessa forma, a decisão de iniciar o desmame deve basear-se em critérios objetivos, de preferência com testes reprodutíveis, o que em pediatria nem sempre é uma tarefa fácil. A decisão de iniciar o desmame depende de alguns critérios clínicos, como se pode observar no Quadro 12.1[18].

Diariamente, deve-se realizar avaliação da criança para eleger o momento correto de colocá-la no teste de respiração espontânea, o que tem se mostrado eficaz,

Quadro 12.1 Critérios clínicos para iniciar o desmame

1. Resolução da causa da intubação
2. Estabilidade hemodinâmica (ausência ou redução progressiva da droga vasoativa)
3. Nível de consciência adequado
4. *Drive* respiratório espontâneo
5. Sem sedação ou mínima sedação
6. Sem bloqueador neuromuscular
7. Ausência de sinais clínicos de sepse
8. Reflexo de tosse presente
9. Sem alteração de eletrólitos ou desequilíbrio metabólico

principalmente para a população pediátrica, e com certas limitações para os neonatos[19].

Deve-se lembrar que, além do teste de respiração espontânea, é imprescindível um protocolo de sedação e analgesia que parece reduzir o tempo de VM, o tempo de internação na unidade de terapia intensiva, a dose dos sedativos e a síndrome de abstinência[20].

Prolongar a intubação e a VM pode comprometer o conforto da criança, sua alimentação e mobilidade, e seu desenvolvimento neuropsicomotor. De acordo com a sedação há risco de extubação não planejada, disfunção de corda vocal, estenose subglótica e pneumonia associada à VM, o que pode elevar a morbidade e a mortalidade. Não se pode esquecer, também, das sequelas psicológicas para a criança e sua família, principalmente decorrentes da impossibilidade de comunicação durante o período da intubação orotraqueal[17].

Sabe-se que a utilização de critérios clínicos e pessoais pode aumentar o tempo de VM e, portanto, a utilização de protocolos para o desmame e o seu sucesso dependem de equipe treinada e envolvida nesse processo; além disso, a realização do teste de respiração espontânea pode reduzir o tempo de VM e as complicações decorrentes do seu uso[17].

Há vários métodos para a realização do teste de respiração espontânea, como CPAP, PSV, tubo T e modos automáticos de desmame da VM, presentes em alguns ventiladores, como Automode®, Smart Care®, ventilação proporcional assistida, NAVA, embora com poucos estudos na população neonatal. Em pediatria, independentemente do método utilizado, houve redução do tempo de VM sem elevação da taxa de extubação não planejada ou de reintubação[17,21,22].

Em pediatria, existem alguns critérios mais bem estabelecidos para o início do teste de respiração espontânea, porém ainda sem definição sobre o melhor método e o período de duração do teste, podendo este variar de 30 a 120 minutos. Além disso, atualmente parece que a utilização do tubo T, em vez da PSV, parece traduzir melhor o esforço do paciente sem a prótese traqueal e o suporte pressórico, mas ainda faltam estudos para essa confirmação[17,21].

EXTUBAÇÃO

A extubação é a retirada do tubo endotraqueal. Diz-se fracasso da extubação quando o paciente é reintubado após 48 horas da extubação. Essa taxa, em pediatria, pode variar de 5 a 30% de acordo com o tipo de paciente, a idade, o diagnóstico e o tempo de VM, tendo como principal causa a obstrução das vias aéreas superiores[20,22].

Dessa maneira, o uso do corticoide para prevenção de edema e estridor pós-extubação parece ter efeito benéfico, principalmente na população neonatal, já que em pediatria seu efeito parece ser individual, não devendo ser utilizado rotineiramente[20].

CONCLUSÕES

Nas últimas décadas, houve rápida progressão no tratamento da insuficiência respiratória aguda e no suporte ventilatório invasivo. As características anatômicas e fisiológicas do paciente pediátrico e neonatal, bem como a fisiopatologia da sua doença, devem ser consideradas durante a indicação, a manutenção e a escolha dos parâmetros ventilatórios a fim de evitar complicações associadas ao uso da pressão positiva.

O desmame e a retirada da VM são outros processos de suma importância durante a VM e devem se iniciar o mais rapidamente possível, de acordo com as condições clínicas da criança e sua evolução.

REFERÊNCIAS BIBLIOGRÁFICAS

1. Turner DA, Arnold JH. Insights in pediatric ventilation: timing of intubation, ventilatory strategies, and weaning. Curr Opin Crit Care. 2007;13(1):57-63.
2. Spieth PM, Koch T, Gama de Abreu M. Approaches to ventilation in intensive care. Dtsch Arztebl Int. 2014;111(42):714-20.
3. Sweet DG, Carnielli V, Greisen G, Hallman M, Ozek E, Plavka R, Saugstad OD, Simeoni U, Speer CP, Vento M, Halliday HL. European consensus guidelines on the management of neonatal respiratory distress syndrome in preterm infants-2013 update. Neonatology. 2013;103(4):353-68.
4. Prabhakaran P, Sasser W, Borasino S. Pediatric mechanical ventilation. Minerva Pediatr. 2011;63(5):411-24.
5. Chang DW, Hiers JH. Operating modes of mechanical ventalation. In: Chang DW. Clinical application of mechanical ventilation. 4. ed. Australia: Delmar Cenagage Learning; 2014. p. 84-5.
6. Duyndam A, Ista E, Houmes RJ, Van Driel B, Reiss I, Tibboel D. Invasive ventilation modes in children: a systematic review and meta-analysis. Critical Care. 2011;15:R24.

7. Carvalho AR, Spieth PM, Güldner A, Cuevas M, Carvalho NC et al. Distribution of regional lung aeration and perfusion during conventional and noisy pressure support ventilation in experimental lung injury. J Appl Physiol. 2011;110(4):1083-92.
8. MacIntyre NR. Patient-ventilator interactions: optimizing conventional ventilation modes. Respir Care. 2011;56(1):73-84.
9. Brown MK, DiBlasi RM. Mechanical ventilation of the premature neonate. Respir Care. 2011;56(9):1298-311.
10. Donn SM, Becker MA, Nicks JJ. Special ventilation techniques I: patient-triggered ventilation. In: Karotkin G. Assisted ventilation of the neonate. 5th ed. St Louis: Elsevier Sauders; 2011. p. 220-34.
11. Barbas CSV, Ísola AM, Farias AMC, Cavalcanti AB, Gama AMC, Duarte ACM, et al. Recomendações brasileiras de ventilação mecânica 2013. Parte I. J Bras Pneumol. 2014;40(5):458-86.
12. Kipnis E, Ramsingh D, Bhargava M, Dincer E, Cannesson M, Broccard A, et al. Monitoring in the intensive care. Crit Care Res Pract. 2012; 2:1-20.
13. Hess DR. Ventilatory strategies in severe acute respiratory failure. Semin Respir Crit Care Med. 2014;35(4):418-30.
14. Longhini F, Ferrero F, De Luca D, Cosi G, Alemani M, Colombo D, et al. Neurally adjusted ventilatory assist in preterm neonates with acute respiratory failure. Neonatology. 2015;107(1):60-7.
15. Paula LCS, Shimizu GY. NAVA em pediatria e neonatologia. In: Associação Brasileira de Fisioterapia Cardiorrespiratória e Fisioterapia em Terapia Intensiva; Martins JA, Nicolau CM, Andrade LB (orgs.). Profisio, Programa de Atualização em Fisioterapia Pediátrica e Neonatal; 2016. p. 117-41.
16. Suarez-Sipmann F, Márquez MP, Arenas PG. Nuevos modos de ventilación: NAVA. Med Intensiva. 2008;32(8):398-403.
17. Blackwood B, Murray M, Chisakuta A, Cardwell CR, O'Halloran P. Protocolized versus non-protocolized weaning for reducing the duration of invasive mechanical ventilation in critically ill paediatric patients. Cochrane Database Syst Rev. 2013;31(7).
18. Valenzuela J, Araneda P, Cruces P. Weaning from mechanical ventilation in paediatrics. State of the art. Arch Bronconeumol. 2014;50(3):105-12.
19. Bancalari E, Claure N. Strategies to accelerate weaning from respiratory support. Early Hum Dev. 2013;89(Suppl 1):S4-S6.
20. Wielenga JM, Van den Hoogen A, Van Zanten HA, Helder O, Bol B, Blackwood B. Protocolized versus non-protocolized weaning for reducing the duration of invasive mechanical ventilation in newborn infants. Cochrane Database of Syst Rev. 2016;3:1-18.
21. Foronda FK, Troster EJ, Farias JA, Barbas CS, Ferraro AA, Faria LS, Bousso A, Panico FF, Delgado AF. The impact of daily evaluation and spontaneous breathing test on the duration of pediatric mechanical ventilation: a randomized controlled trial. Crit Care Med. 2011;39(11):2526-33.
22. Rose L, Schultz MJ, Cardwell CR, Jouvet P, McAuley DF, Blackwood B. Automated versus non-automated weaning for reducing the duration of mechanical ventilation for critically ill adults and children: a cochrane systematic review and meta-analysis. Crit Care. 2015;19:48.

Seção III

Abordagem fisioterapêutica nas doenças musculoesqueléticas

13 Avaliação musculoesquelética

Adriana Della Zuana
Anna Paula Bastos Marques Costa

Após ler este capítulo, você estará apto a:

1. Identificar os principais itens de uma avaliação musculoesquelética que podem ser utilizados em nível hospitalar e ambulatorial.
2. Descrever a metodologia de cada item avaliado.

INTRODUÇÃO

A avaliação musculoesquelética é um método tanto objetivo como subjetivo para se ter uma análise de como se encontra funcionalmente o paciente. Uma avaliação deve ser realizada de modo organizado, abrangente e reprodutível[1].

A avaliação funcional estuda em conjunto todas as estruturas que compõem o aparelho locomotor perante dada situação. Ela representa uma mensuração do desempenho e da habilidade motora, demonstrando se uma disfunção isolada pode afetar a vida do paciente e sua independência[1].

Internações prolongadas com imobilização e restrição no leito acarretam redução da movimentação e experimentação com o meio ambiente, gerando deterioração da função motora[2].

Na avaliação musculoesquelética deve-se ainda levar em consideração a condição prévia da criança, ou seja, o grau de desnutrição, o risco para o desenvolvimento neuromotor e alguma condição neurológica ou musculoesquelética prévia[2].

A seguir, serão discutidos alguns elementos da avaliação musculoesquelética em pediatria no âmbito hospitalar e ambulatorial.

AVALIAÇÃO DA FORÇA MUSCULAR

Força muscular é a habilidade de um músculo ou grupo muscular para desenvolver tensão e força resultantes de esforço máximo, tanto dinâmica como estaticamente, em relação às demandas feitas a ele, e está altamente relacionada com a capacidade funcional de um indivíduo. Força normal refere-se à força adequada, típica ou média de um único músculo de um indivíduo ou de um grupo populacional[1,3].

Em testes musculares manuais, o normal é definido como a quantidade ou o grau de força de um músculo que permite que ele se contraia contra a gravidade e sustente-se como a resistência máxima[4].

Com o desenvolvimento e o crescimento normal, a criança desenvolve a força muscular normal necessária para as atividades normais cotidianas[4].

Em pediatria, a força muscular pode ser aferida com um equipamento denominado dinamômetro, que mensura a força de forma objetiva, ou por meio de testes musculares manuais, que mensuram a força de forma subjetiva.

DINAMOMETRIA

O dinamômetro é um equipamento que avalia a força de um músculo ou grupo muscular e é considerado método padrão para avaliação da força muscular em adultos. Em pediatria existem poucos trabalhos que relatam valores de referência normativos da força muscular em crianças saudáveis[5] (Figura 13.1).

Apesar de ser um teste objetivo para a avaliação da força muscular, ele é também mais caro e incômodo para a prática clínica, se comparado ao método manual de análise, apresentando problemas em relação ao peso do equipamento e à estabilização da articulação para o teste. Por esses motivos, métodos de avaliação mais simples, como testes musculares manuais, têm sido empregados por fisioterapeutas e outros profissionais[1].

TESTES MUSCULARES MANUAIS

Os testes musculares manuais (TMM) são testes de avaliação da função muscular, e o examinador se utiliza de sua habilidade para obter os dados pela observação, palpação e resistência manual, que são medidas subjetivas. Eles avaliam as condições musculares de modo que qualquer doença que desenvolva sintomas relacionados à força muscular será percebida em um desses testes, que auxiliará no diagnóstico e no tratamento da doença[1].

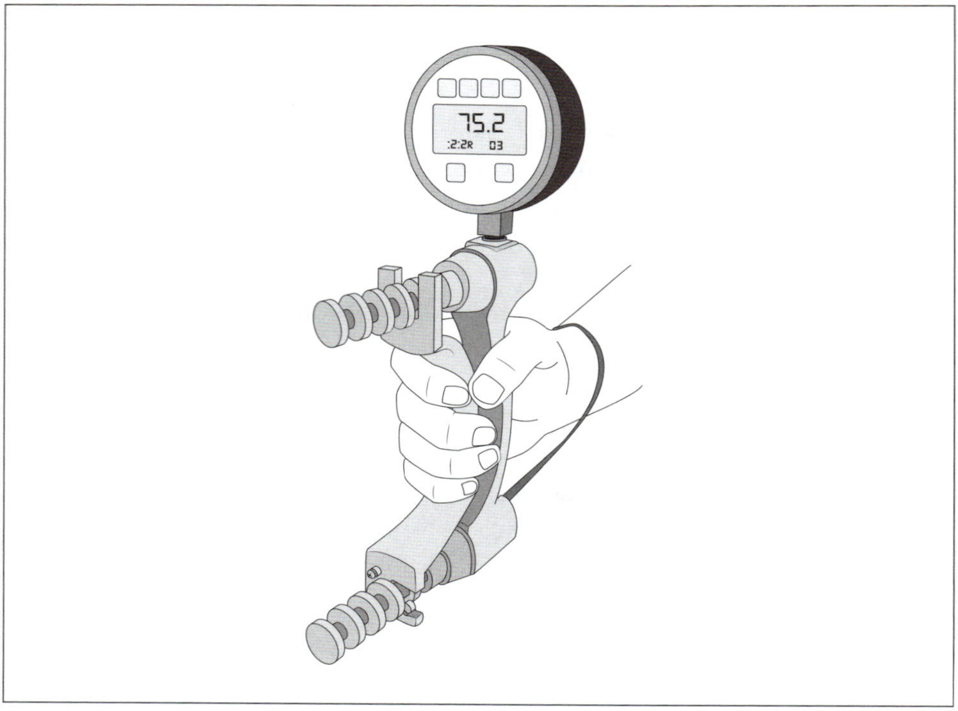

Figura 13.1 Dinamômetro ou *hand grip*: equipamento utilizado para mensurar força muscular.

PROVA DE FUNÇÃO MUSCULAR

A prova de função muscular avalia o grau de força muscular que uma pessoa é capaz de produzir, utilizando uma contração concêntrica de um músculo ou grupo muscular específico. É o principal teste empregado na prática clínica, e para realizá-lo o profissional deve ter experiência e conhecimento de anatomia e cinesiologia[4].

A musculatura a ser avaliada deve ser exposta para que se possa observar a qualidade da contração muscular e a musculatura que está sendo contraída. Também o posicionamento deve ser levado em consideração, pois pode ter influência sobre os efeitos da força da gravidade sobre o segmento e sobre a amplitude de movimento[1].

A força muscular, normalmente, é graduada de 0 a 5 pontos e utilizada em todos os grupos musculares. Esse tipo de classificação da mensuração de força muscular está demonstrado na Tabela 13.1.

Existe outra classificação da força muscular conhecida como Medical Research Council (MRC), que também gradua a força muscular de 0 a 5 – quanto maior a pontuação, melhor é o desempenho da tarefa solicitada[6].

Tabela 13.1 Classificação da mensuração da força muscular

Grau	Descrição da classificação
0	Ausência de ação muscular palpável
1	Contração muscular palpável sem produção de movimento do membro
2	Movimentação do membro, mas com ADM incompleta contra a gravidade
3	Movimentação do membro com ADM completa de movimentação contra a gravidade
4	ADM completa e força muscular contra alguma resistência
5	ADM completa e força muscular contra resistência total

ADM: amplitude de movimento.

Essa escala avalia apenas seis movimentos, sendo três de membros superiores (abdução de ombro, flexão de cotovelo e extensão de punho) e três de membros inferiores (flexão de quadril, extensão de joelho e dorsiflexão de tornozelo), devendo ser realizados dos lados direito e esquerdo – a esses movimentos é dado um valor conforme a Tabela 13.2[6].

Após avaliação, somam-se os valores medidos dos seis movimentos de ambos os lados, sendo que a pontuação máxima permitida é de 60 pontos. Considera-se fraqueza muscular quando o resultado obtido for menor que 48 pontos, e fraqueza grave quando o resultado for menor que 36 pontos[6].

AVALIAÇÃO DA FLEXIBILIDADE

A flexibilidade pode ser demonstrada pela amplitude de movimento (ADM) das diferentes partes do corpo em determinado sentido e se expressa por meio de uma medida angular das articulações do corpo. Essa medida angular pode ser aferida por instrumentos como o goniômetro e o flexímetro[7].

Tabela 13.2 Classificação da força muscular segundo a Medical Research Council (MRC)

Grau	Descrição da classificação MRC
0	Nenhuma ativação muscular aparente ou à palpação
1	Ativação muscular aparente sem movimentação articular
2	Músculo pode mover-se apenas se a resistência de gravidade é removida
3	Músculo pode mover-se apenas contra gravidade e sem resistência do examinador
4	A força muscular é reduzida, mas há contração muscular contra a resistência
5	Força normal contra a resistência total

Goniometria

O goniômetro (Figura 13.2) é um transferidor com dois braços longos, sendo um braço móvel e outro fixo, ambos se cruzando no centro do instrumento, denominado eixo, onde está localizada a escala numérica em graus[7].

A posição inicial para todas as mensurações de ADM pela goniometria é relativa à posição anatômica ereta, e nessa posição atribui-se o valor de 0° para a ADM das articulações. O braço fixo do goniômetro permanecerá por toda a mensuração acompanhando o segmento corporal fixo durante o teste, enquanto o braço móvel acompanha o movimento. As medidas devem ser registradas na posição inicial e ao final do movimento. Sempre que possível, tomar as medidas goniométricas do membro afetado e compará-las com as medidas do membro não afetado. Se isso não for possível, as medidas devem ser comparadas ao padrão normal de ADM conforme a Tabela 13.3[1,7].

O goniômetro apresenta algumas vantagens quando comparado a outros instrumentos de avaliação, porém em pediatria a aferição torna-se mais lenta e complicada pela agitação das crianças.

Fleximetria

O flexímetro (Figura 13.3) é um instrumento que também tem como finalidade avaliar a ADM articular. É formado por um círculo que apresenta escala em graus em volta de si, acoplado ao segmento corporal que será avaliado e que por meio de movimento ativo ou passivo mensura a ADM em graus[1].

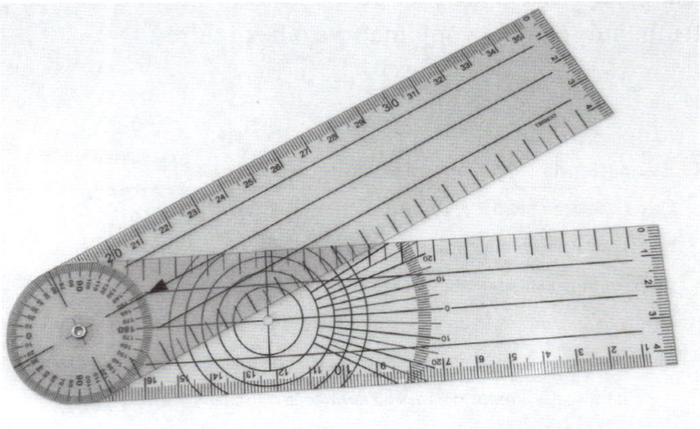

Figura 13.2 Goniômetro: instrumento para mensurar amplitude de movimento articular.

Tabela 13.3 Valores normais de amplitude de movimento (ADM)[8]

Segmento	Movimento	Grau de ADM
Coluna cervical	Flexão	0-65
	Extensão	0-50
	Rotação	0-55
	Inclinação lateral	0-40
Ombro	Flexão	0-180
	Extensão	0-45
	Abdução	0-180
	Adução	0-40
	Rotação medial	0-90
	Rotação lateral	0-90
Cotovelo	Flexão	0-145
	Extensão	30-180
	Pronação	0-90
	Supinação	0-90
Punho	Flexão	0-90
	Extensão	0-75
	Desvio radial	0-25
	Desvio ulnar	0-45
Coluna lombar	Flexão	0-95
	Extensão	0-35
	Inclinação lateral	0-40
	Rotação de tronco	0-35
Quadril	Flexão com joelhos fletidos	0-125
	Flexão com joelhos estendidos	0-90
	Extensão	0-10
	Abdução	0-45
	Adução	0-15
	Rotação medial	0-45
	Rotação lateral	0-45
Joelho	Flexão	0-140
	Extensão	45-80
Tornozelo	Dorsiflexão	0-20
	Flexão plantar	0-45
	Inversão	0-30
	Eversão	0-15

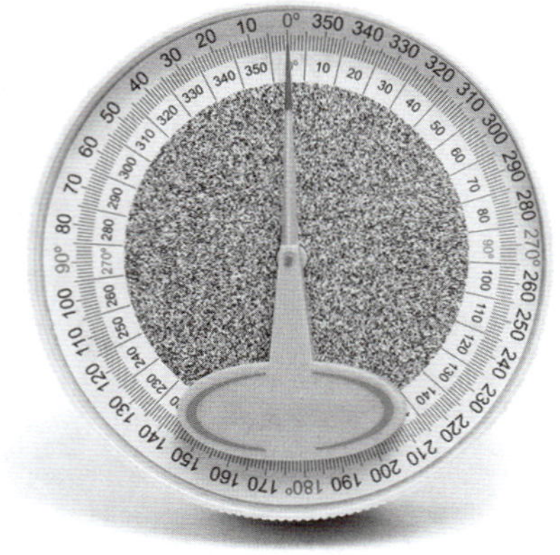

Figura 13.3 Flexímetro: instrumento para mensurar a amplitude de movimento articular.

As vantagens da utilização do flexímetro, em relação a um goniômetro universal, são[9]:

- Não é necessário alinhar o flexímetro com o eixo articular.
- Ocorre pouca mudança no alinhamento do aparelho pela ADM.
- A ADM passiva é feita com mais facilidade, principalmente nos pacientes pediátricos, já que o avaliador não precisa segurar o aparelho, podendo estabilizar o segmento com a mão e movê-lo passivamente, possibilitando grande liberdade para avaliação.

AVALIAÇÃO DO EQUILÍBRIO

Uma das escalas mais utilizadas para a avaliação do equilíbrio é a escala de equilíbrio de Berg (EEB), traduzida para o português por Miyamoto et al. em 2004. Ela foi originalmente proposta para avaliação do equilíbrio na população idosa, mas recentemente tem sido utilizada tanto em adultos com comprometimento neurológico como na população infantil[10].

Com base em modificações nos 14 itens da EEB foi criada a escala de equilíbrio pediátrica (EEP). Nessa versão pediátrica, os itens foram reordenados em sequência funcional, o tempo para a manutenção das posturas estáticas foi reduzido, e as instruções e os equipamentos sugeridos foram modificados. Os 14 itens contidos na escala avaliam atividades funcionais que uma criança pode desempenhar em casa, na escola ou na comunidade. Essa escala é relativamente simples e de fácil administração, com tempo total de 15 minutos[10].

Medidas do equilíbrio funcional confiáveis são importantes na clínica pediátrica como forma de justificar uma intervenção ou para avaliar os resultados dos tratamentos[10].

Essa escala utiliza 14 itens (Tabela 13.4) classificados em 0 a 4 pontos, sendo a pontuação máxima de 56 pontos. Abaixo de 36 pontos, o risco de queda é de aproximadamente 100%. A escala foi traduzida e sofreu adaptação cultural por Lilian Ries et al., em 2012, e encontra-se disponível para os profissionais de saúde no trabalho publicado[10].

Existem outras escalas de avaliação do equilíbrio, no entanto elas não estão adaptadas à população pediátrica.

CONCLUSÕES

Os componentes de força muscular, amplitude de movimento e equilíbrio estão diretamente relacionados à funcionalidade dos indivíduos, e sua avaliação é parte integrante do trabalho do fisioterapeuta.

Por meio de avaliação correta e pertinente, é possível traçar objetivos de tratamento e acompanhamento de crianças com distúrbios musculoesqueléticos, otimizando assim sua funcionalidade e melhorando a qualidade de vida.

Tabela 13.4 Descrição dos 14 itens da escala de equilíbrio pediátrica

Item	Descrição do item
1	Posição sentada para a posição em pé
2	Posição em pé para a posição sentada
3	Transferências
4	Em pé sem apoio
5	Sentado sem apoio
6	Em pé com os olhos fechados
7	Em pé com os pés juntos
8	Em pé com um pé à frente
9	Em pé sobre um pé
10	Girando 360°
11	Virando-se para olhar para trás
12	Pegando objeto do chão
13	Colocando pé alternado no degrau/apoio para os pés
14	Alcançando a frente com braço estendido

REFERÊNCIAS BIBLIOGRÁFICAS

1. Junior LCH, Vega JM, Luque A, Sarmento GJV, Moderno LFO. Avaliação funcional do aparelho locomotor. In: Vega JM, Luque A, Sarmento GJV, Moderno LFO. Tratado de fisioterapia hospitalar: assistência integral ao paciente. São Paulo: Atheneu; 2012. p. 435-51.
2. Lahóz ALC, Venturini VA. Recursos da fisioterapia motora para o paciente crítico. In: Lahóz ALC, Nicolau CM, Paula LCS, Juliani RCT. Fisioterapia em UTI pediátrica e neonatal. Barueri: Manole; 2009. (Coleção Pediatria do Instituto da Criança do Hospital das Clínicas da FMUSP; n.10.) p. 125-32.
3. Kisner C, Colby LA. Exercícios terapêuticos: fundamentos e técnicas. 6. ed. Barueri: Manole; 2015. p. 3-24
4. Kendall FP. Músculos: provas e funções. Barueri: Manole; 2007.
5. Van den Beld WA, Van der Sanden GA, Sengers RC, Verbeek AL, Gabreëls FJ. Validity and reproducibility of hand-held dynamometry in children aged 4/11 years. J Rehabil Med. 2006;38(1):57-64.
6. Bohannon RW. Measuring knee extensor muscle strength. Am J Phys Med Rehabil. 2001;80(1):13-8.
7. Cyrillo FN, Rodrigues TA. Avaliação ortopédica. In: Lanza FC, Gazzotti MR, Palazzin A. Fisioterapia em pediatria e neonatologia: da UTI ao ambulatório. São Paulo: Roca; 2012. p. 66-96.
8. Marques AP. Manual de goniometria. 2. ed. Barueri: Manole; 2003.
9. Monteiro GA. Avaliação da flexibilidade: manual de utilização do flexímetro Sanny. 2000.
10. Ries LGK, Michaelsen SM, Soares PSA, Monteiro VC, Allegretti KMG. Adaptação cultural e análise da confiabilidade da versão brasileira da escala de equilíbrio pediátrica (EEP). Rev Bras Fisioter. 2012;6(3):205-15.

Recursos fisioterapêuticos nas doenças musculoesqueléticas

14

Priscila de Souza
Marcela Monteiro Bonin
Maria Cecilia dos Santos Moreira

Após ler este capítulo, você estará apto a:

1. Enunciar a definição de fisioterapia e suas especialidades.
2. Descrever a patogênese do desenvolvimento humano, seus aspectos típicos e atípicos.
3. Reconhecer alguns dos principais recursos fisioterapêuticos indicados nas doenças musculoesqueléticas pediátricas.
4. Descrever a aplicação clínica de modalidades eletroterapêuticas.
5. Identificar as diferentes técnicas, métodos e estratégias que promovam aprendizagem motora.

INTRODUÇÃO

Fisioterapia é uma ciência da saúde que estuda, previne e trata os distúrbios cinéticos funcionais intercorrentes em órgãos e sistemas do corpo humano, gerados por alterações genéticas, por traumas e por doenças adquiridas, na atenção básica, de média e alta complexidade[1].

Fundamenta suas ações em mecanismos terapêuticos próprios, sistematizados pelos estudos da biologia, das ciências morfológicas, das ciências fisiológicas, das doenças, da bioquímica, da biofísica, da biomecânica, da sinergia funcional e patológica de órgãos e sistemas do corpo humano e das disciplinas comportamentais e sociais[1].

ESPECIALIDADES DA FISIOTERAPIA

Apesar de ser uma profissão com vasta área de atuação, as especialidades da fisioterapia são reconhecidas pelo Conselho Federal de Fisioterapia e Terapia Ocupacional (Coffito). Entre as especialidades, a traumato-ortopédica funcional (Resolução Coffito n. 260)[1] será abordada com maior ênfase no presente capítulo, assim como os recursos da fisioterapia para o tratamento de doenças musculoesqueléticas dentro dessa especialidade.

MANISFESTAÇÕES CLÍNICAS

Inúmeros tipos de afecções podem acometer as crianças em relação às doenças musculoesqueléticas. As crianças em desenvolvimento, associado ou não a um padrão patológico, não nascem necessariamente com deformidades; muitas vezes, elas se instalam e progridem ao longo do crescimento.

Há fatores, intrínsecos e extrínsecos, relacionados a alterações posturais e/ou lesões mais graves nas crianças, sendo possível observar encurtamentos musculares, desvios na coluna vertebral decorrentes do mau posicionamento, obesidade que resulta em sobrecarga nas articulações, lesões musculares e articulares, fraturas[2]. Há os microtraumas, que por definição são lesões que não causam dor, edema ou incapacidade funcional, mas pela repetição excessiva produzem lesão no tecido, surgindo lesões por *overuse*[2].

Estudos epidemiológicos da prevalência de dores nas costas entre escolares apresentam dados que variam entre 19,7 e 38,6%[3]. Essa prevalência, no entanto, não é uniforme nas diferentes faixas etárias, apontando crescimento de 18% entre as crianças mais velhas, na faixa etária de 14 e 16 anos, *versus* 1% na faixa etária de 7 anos[3].

As doenças neurológicas podem evoluir com alterações osteomusculares. Nesses casos, as deformidades ósseas podem ser classificadas como fatores secundários, pois ao longo do desenvolvimento infantil dificuldades dos ajustes posturais e sinergismos musculares estão presentes. Além de diferentes forças atuarem sobre o corpo, como a gravidade, a atividade muscular exacerbada sobre o osso acarreta sobrecarga articular e possíveis luxações, perda da elasticidade muscular, levando a alteração da biomecânica do aparelho locomotor, motivo pelo qual a deformidade passa a ser chamada de fixa ou rígida, não mais respondendo a manobras ou uso de órteses[4].

Alterações na coluna, como a escoliose, podem ocorrer por causa desconhecida. A escoliose idiopática ou secundária a uma doença subjacente afeta, principalmente, mulheres adolescentes saudáveis, embora possa ocorrer em homens, na proporção de 1:7. Classifica-se em escoliose idiopática infantil (antes da idade de 3 anos) e escoliose idiopática juvenil (entre 3 anos de idade e a puberdade). Embora a causa dessa deformidade da coluna vertebral permaneça desconhecida, pode ter origem multifatorial, como fatores genéticos e hereditários, porém seu desenvolvimento não está relacionado a fatores nutricionais ou posturais. Cerca de 2 a 3% dos adolescentes têm escoliose, e apenas 0,3 a 0,5% têm curvas superiores a 20°[5].

AVALIAÇÃO CLÍNICA

As avaliações ortopédica e motora devem ser realizadas periodicamente, desde o início do primeiro ano de vida. Essas avaliações têm o objetivo de prevenir deformidades ósseas e contraturas musculares que se traduzam em perda de função motora, dores musculares, restrições respiratórias, cardíacas e alimentares, principalmente quando essas doenças musculoesqueléticas estão associadas com fatores primários advindos de doenças neurológicas[6].

Como a gênese da dor é complexa e as queixas são geralmente vagas e subjetivas, sua abordagem torna-se uma tarefa árdua. Observa-se, frequentemente, uma postura reducionista e simplista frente ao problema, não se valorizando adequadamente esses sintomas ou, no outro extremo, por meio de encaminhamentos excessivos de investigações laboratoriais, perde-se a visão da criança como um todo[6].

Muitos são os fatores relacionados à dor musculoesquelética, entre eles idade, gênero, altura, peso, índice de massa corporal (IMC), prática de atividades físicas, alterações posturais e fatores relacionados à escola, como o mobiliário[7,8]. No entanto, a infância e a adolescência são os períodos mais importantes para a formação do sistema musculoesquelético, e problemas físicos que ocorram nessa fase podem ser fator determinante para disfunções irreversíveis na idade adulta, uma vez que os ossos e os músculos estão em formação[9].

Os recursos e os equipamentos utilizados para avaliação e/ou exame físico osteomuscular na fisioterapia baseiam-se em coleta de dados quantitativos, como grau de amplitude de movimento (ADM), grau de força muscular (FM), inspeção, palpação e testes ortopédicos.

Entretanto, a utilização de recursos fisioterapêuticos, como alongamentos musculares, fortalecimentos musculares, termoterapia, eletroterapia e atividades lúdicas, associados à fisioterapia convencional, oferecem meios para a melhora da dor, uma vez que a fisioterapia busca a reabilitação plena do indivíduo a partir da minimização de seus sintomas[10].

RECURSOS FISIOTERÁPICOS

Aqui será apresentada uma visão dos recursos fisioterapêuticos utilizados com maior frequência pelos profissionais como parte de uma abordagem de tratamento de dor, edema, fraqueza muscular ou proteção e no caso de perda de função ou sensação, pois cada paciente terá sua necessidade individual dependente de sua avaliação inicial. Está além do alcance deste capítulo apresentar todas as informações necessárias para a utilização dos agentes físicos com segurança e eficácia. A intenção é fazer uma descrição básica desses agentes e do potencial para a sua incorporação na prática clínica.

Termoterapia

Há dois tipos de termoterapia – calor e frio –, podendo ser superficial e profunda. É uma modalidade que possibilita a vasodilatação, o relaxamento muscular, a melhora do metabolismo e da circulação local, a extensibilidade dos tecidos moles, a alteração de propriedades viscoelásticas teciduais e a redução da inflamação[11].

Como qualquer recurso da área da saúde, devem ser tomadas cautelas para o uso da termoterapia. Segundo a literatura, não deve ser utilizada em pacientes oncológicos, pois o aumento metabólico local gerado pelo calor pode disseminar as células tumorais, além das áreas desprovidas de sensação térmica, áreas de insuficiência venosa, tecidos lesados ou infectados[12].

A modalidade por calor superficial pode ser feita utilizando bolsa térmica, banho de contraste, banho de parafina em extremidades de membros inferiores e superiores, infravermelho, turbilhão simulando hidroterapia[11].

O ultrassom (US) é um agente de calor profundo capaz de elevar as temperaturas teciduais até uma profundidade de 5 cm ou mais e produz dois efeitos principais sobre o tecido: térmico e não térmico ou acústico[11]. Ainda não há na literatura dados comprovando seu uso específico em crianças, porém alguns cuidados devem ser tomados com a realização do US terapêutico. As precauções são mostradas na Figura 14.1[13].

Há um consenso no sentido de que o ultrassom pode acelerar a resposta inflamatória. Os mecanismos fisiológicos envolvidos no processo de reparação de tecidos moles (inflamação aguda, proliferação e remodelação) promovem liberações de histamina, de fatores de crescimento pela granulação de macrófagos, mastócitos e plaquetas, além de incrementar a síntese de fibroblastos e colágeno[13]. A forma de aplicação pode ser pelo modo contínuo ou pulsátil, com cabeçote de 1 ou 3 MHz. A dosagem recomendada para a maioria dos procedimentos clínicos é de 0,5 a 1,0 W/cm^2 da superfície do cabeçote. Os aparelhos geralmente possuem uma área de cristal medindo 5 a 10 cm^2, o que permite potência total de 2,5 a 10 W, suficiente para as aplicações,

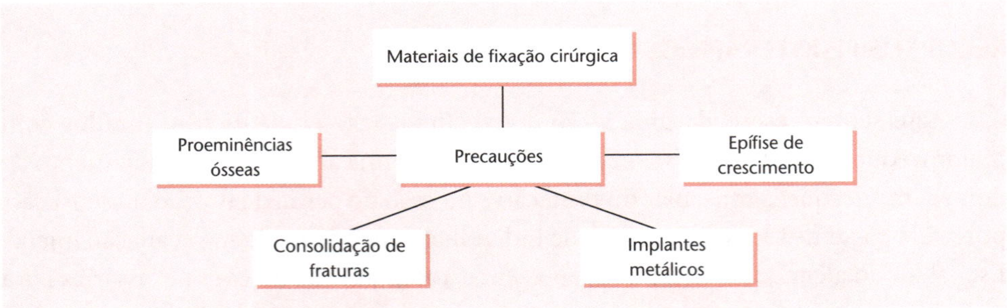

Figura 14.1 Precauções no uso do ultrassom terapêutico.
Fonte: Kahn[13].

incluindo técnicas subaquáticas e fonoforese (o uso de US para facilitar a aplicação de drogas ou medicações para uso tópico em tecido selecionado). As altas dosagens não apresentaram maior efetividade quando comparadas com dosagens menores[13].

Indicações do ultrassom:

- Traumatismo do tecido ósseo.
- Traumatismo de articulações e músculos.
- Distensões.
- Luxações.
- Contraturas.
- Espasmos musculares.
- Neuroma.
- Pontos-gatilho.

A crioterapia é a aplicação de um agente superficial frio para aliviar a dor e reduzir o edema e a inflamação após um trauma. O uso clínico de frio baseia-se nas alterações fisiológicas resultantes de redução da temperatura tecidual. Os efeitos biofísicos do resfriamento relacionam-se ao tempo de exposição. Como qualquer agente térmico, a monitoração da pele é essencial para evitar dano ao tecido. Há quatro métodos para administração do frio: compressas frias, cubos de gelo, banhos frios e aparelho de compressão controlada de frio. O uso mais comum da crioterapia é para o tratamento de lesão aguda e inflamação[11].

Eletroterapia

A estimulação elétrica com fim terapêutico refere-se à aplicação de corrente elétrica diretamente ao corpo com o objetivo de produzir um efeito fisiológico específico, efeitos que vão depender do tipo de tecido estimulado e da natureza da corrente aplicada[14].

É a aplicação de estímulos elétricos para realizar uma variedade de fins e objetivos terapêuticos. As aplicações, com frequência, são TENS (*transcutaneous eletric nerve stimulation* – estimulação elétrica nervosa transcutânea) e FES (*functional eletric stimulation* – estimulação elétrica funcional)[15,16].

Estimulação elétrica nervosa transcutânea

É uma corrente que atua sobre as fibras nervosas aferentes como um estímulo diferencial que utiliza a mesma via de transmissão do impulso doloroso, ativa as células da substância gelatinosa, promovendo uma modulação inibitória segmentar e, no nível do sistema nervoso central (SNC), estimula a liberação de endorfinas e encefalinas[15].

Os estudos demonstram que a estimulação elétrica nervosa transcutânea pode ser adotada para o tratamento de qualquer sintomatologia dolorosa desde que o terapeuta conheça o mecanismo de ação neurofisiológica e domine o conhecimento técnico do aparelho[15]. Os parâmetros elétricos, especialmente a amplitude e a frequência de estimulação, são estudados até hoje na busca da melhor combinação entre eles para aliviar dores crônicas e agudas, sugerindo que a estimulação em alta frequência e baixa amplitude (convencional) seja indicada para o alívio das dores agudas, enquanto a estimulação em baixa frequência e alta intensidade (*burst*, TENS-acupuntura), para o alívio das dores crônicas[16].

Em pacientes juvenis com fibromialgia, resultou em diminuição dos índices da dor, contribuindo para melhor disposição de realizar as atividades da vida diária[16].

Os parâmetros para a utilização da TENS são três: frequência ou taxa de repetição do pulso (indica o número de estímulos que estão sendo transmitidos por segundo), largura ou duração dos pulsos (é a duração de tempo em que a corrente realmente está atuando no paciente em cada pulso individual) e amplitude ou intensidade (é o estímulo sentido pelo paciente)[13].

A frequência dos pulsos é utilizada numa faixa de 80 a 120 Hz quando a condição é aguda, tendendo a oferecer alívio mais imediato. As menores, na faixa de 1 a 20 Hz, são aplicáveis em casos de dor crônica. Em relação aos pulsos, 100 a 150 us é recomendado, mas em pacientes com danos neurológicos as larguras de pulso maiores são indicadas, como 200 a 300 us[13].

Estimulação elétrica funcional

A eletroestimulação neuromuscular é indicada para ativar grupos musculares específicos, para substituição ortótica ou para facilitar o desempenho de atividades funcionais[14].

Principais aplicações da FES[13]:

- Aumento da força muscular.
- Aumento da amplitude de movimento.
- Facilitação do aprendizado motor.
- Diminuição da dor.
- Diminuição da espasticidade pelo ganho do controle muscular.
- Suporte ortótico.

Contraindicações e precauções para FES:

- Doenças que acometem a placa motora ou neurônio motor inferior, pois impede a propagação do potencial de ação.

- Em áreas de tecido adiposo significativo, pois o nível de estimulação para a contração pode ser muito alto e provocar reações autônomas diversas.
- Regiões de neoplasma, infecções, irritação ou feridas abertas porque os efeitos musculares e circulatórios da corrente elétrica podem agravar essas condições.
- Pacientes que são incapazes de fornecer *feedback* claro com relação ao nível de estimulação.

Pela avaliação cuidadosa do paciente, e conhecendo os efeitos específicos dos parâmetros da estimulação elétrica, o fisioterapeuta poderá ajustar os parâmetros de forma a minimizar um possível desconforto causado pela estimulação elétrica e otimizar os resultados obtidos[13,14].

Para a utilização desse tipo de corrente, o profissional deve saber quais são os benefícios e os parâmetros que auxiliarão no tratamento do paciente, bem como a intensidade e a amplitude da corrente, duração e frequência do pulso, e o ciclo de trabalho, este último definindo o intervalo de contração e relaxamento muscular. Existe uma relação entre esses dois tempos, pela qual o tempo OFF (relaxamento) deve ser maior que o tempo ON (contração) para que os tecidos excitáveis possam recompor-se entre uma contração e outra, e assim evitar a fadiga precoce. O movimento seletivo de contração muscular, que a estimulação elétrica promove, facilita o aprendizado motor pelo processo de *biofeedback*[14].

Bandagens Elásticas Funcionais

A bandagem elástica é um novo recurso que tem sido utilizado na clínica e na pesquisa no campo da fisioterapia[17]. Surgiu na década de 1970 no Japão pelo quiroprata Kenzo Kase, e no Brasil começou a ser aplicada no final da década de 1990, com a sedimentação do método *therapy taping* em 2006[18].

O método tem como objetivo a estimulação do sistema tegumentar (pele), por meio da estimulação somatossensorial. Auxilia na terapia por meios de estímulos mecânicos constantes e duradouros na pele, que, por meio dos mecanorreceptores, realizam um arco neural, podendo causar alteração no comportamento das unidades motoras dos músculos, aumentando ou diminuindo a excitação neuronal promovida pela força mecânica imposta pela elasticidade da bandagem, e contribuindo para a percepção da posição e do movimento articular[18].

Principais funções das bandagens:

- Melhorar a função muscular.
- Aliviar dores musculoesqueléticas.
- Estabilizar a articulação.

- Posicionar segmentos.
- Adequar tônus (hipotonias e espasticidade).
- Melhorar a circulação sanguínea e linfática.

O principal objetivo dos terapeutas é que o seu paciente tenha condições de realizar movimentos cada vez mais eficientes, sendo preciso contar com um aparelho locomotor adequado, comandado por um sistema motor que recebe informações dos processamentos neuronais[19]. Pela característica da pele da criança de ser mais fina que a dos adultos, o paciente pediátrico torna-se especialmente sensível para a estimulação dos mecanorreceptores encontrados na epiderme e na derme[18]. Essa informação proprioceptiva proporciona como resultado a melhora da percepção da criança em relação à sua movimentação, reforçando o *feedback* proprioceptivo para conseguir e manter um alinhamento corporal ideal e auxilia na contração muscular, correção de desvios articulares e alívio de dor. Para a utilização da técnica deve-se ter cautela, principalmente se a criança apresentar comprometimentos neurológicos[18].

A bandagem elástica é um tecido constituído por fibras de algodão (100%), com microfios de elastano aderente à pele, hipoalergênico, fina, porosa, não contém nenhum medicamento e se expande apenas no sentido longitudinal[18].

A técnica de aplicação consiste na colocação da bandagem elástica sobre a área a ser estimulada, onde a força mais importante é a força reativa da bandagem, associada com técnicas de analgesia, estimulação e corretiva. O método tem uma gama de opções para se alcançarem os objetivos propostos[18].

Principais indicações:

- Disfunções ortopédicas (desordens musculares, tendíneas, ligamentares e circulatórias).
- Disfunções neurológicas.

Principais contraindicações:

- Lesões de pele.
- Cicatrizes abertas.
- Áreas cancerosas.
- Região infecciosa.
- Trombose venosa profunda.
- Pele fina e sensível.

Deve-se atentar para a retirada da bandagem, evitando lesionar a pele. Caso o paciente sinta desconforto, coceira ou apresente alguma reação alérgica, retira-se a bandagem com cuidado e procura-se orientação do profissional.

Pesquisas científicas foram realizadas com o intuito de verificar a influência desse recurso nas condições musculoesqueléticas para diminuição de dor. No estudo realizado por Iwabe-Marchese[20], foi observado aumento nos escores de funcionalidade motora após o início da aplicação da bandagem elástica. A bandagem possibilitou que os mecanorreceptores da pele, e consequentemente os fusos musculares nas fibras musculares, recebessem informação proprioceptiva constante e adequada para executar as atividades motoras, aumentando assim os escores obtidos pela escala da medida da função motora em português (MFM-20P)[20].

Nos estudos realizados por Braz et al.[21] com o propósito de comprovar as alterações posturais após a aplicação da bandagem, obtiveram-se como resultado alterações no controle motor e na postura, aumentando a área de deslocamento, o deslocamento radial do corpo e a velocidade e rotação corporal a curto prazo. O estudo realizado por Karabay et al.[22] mostrou que o uso associado de bandagem elástica e eletroestimulação neuromuscular é mais eficiente no controle postural do que somente o uso da eletroestimulação, uma vez que a bandagem utiliza dois mecanismos para estimular os receptores cutâneos e fornecer propriocepção.

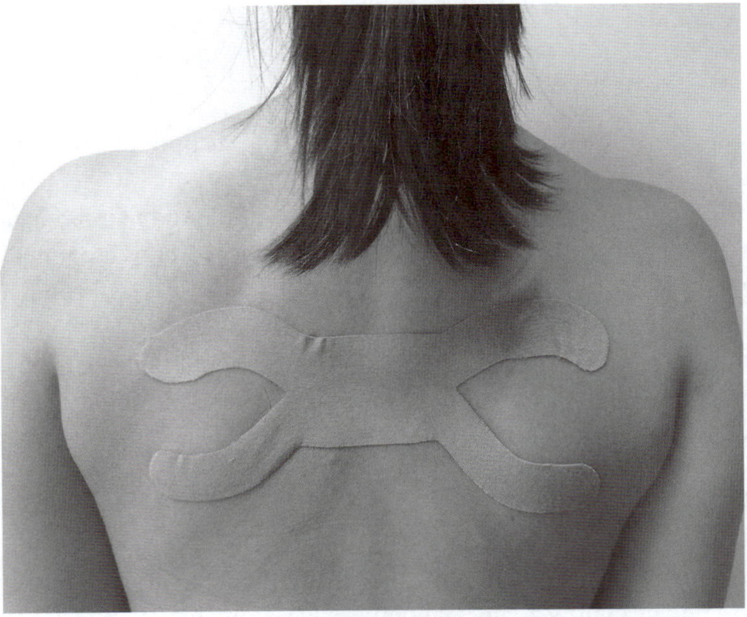

Figura 14.2 Aplicação da bandagem em adutores de escápula favorecendo postura e controle de tronco, indicado em casos ortopédicos e pacientes hipotônicos.

Como se trata de um método relativamente novo no campo da fisioterapia, há de se considerar a necessidade de busca de evidências sobre o assunto nas diversas áreas da fisioterapia, tanto na prática preventiva como na reabilitadora, reforçando que o uso das bandagens funcionais não é tratamento isolado, mas coadjuvante ao tratamento de fisioterapia.

Cinesioterapia

A cinesioterapia é a parte da fisioterapia que se utiliza de movimentos ativos do paciente, pela contração muscular voluntária, que pode também ser descrita como exercícios terapêuticos. Tem como objetivo a reabilitação do movimento (cinética funcional) detectada na avaliação específica e correlacionada com a disfunção e a queixa do paciente, sendo frequentemente utilizada em conjunto com técnicas de terapia manual. É de extrema importância a sua aplicação, pois sempre que existe uma disfunção do aparelho locomotor humano existe também uma deficiência ou desequilíbrio da função muscular[23].

Enquanto as técnicas são aplicadas nas crianças, elas também podem ser orientadas sobre a importância do que estão fazendo, qual parte do corpo está sendo trabalhada e como fazer para melhorar a postura na frente do computador e da televisão e nas cadeiras da escola, trazendo uma visão mais consciente para elas e, consequentemente, para as próximas gerações[24].

Fortalecimento Muscular

O fortalecimento muscular (FM) é baseado em três tipos de contrações:

- Isométrica, que ocorre quando o músculo se contrai, produzindo força sem mudar o seu comprimento. O músculo se contrai, mas nenhum movimento ocorre. O ângulo da articulação não muda. É indicada para pessoas sem condicionamento, em pós-operatório, imobilizações, entre outros.
- Isotônica, caracterizada pela alteração do comprimento muscular, em que a força excede a resistência, provocando um movimento. É dividida em *concêntrica* (quando há movimento articular, o músculo encurta e as fixações musculares se movem, aproximando a origem da inserção) e *excêntrica* (quando há movimento articular, mas o músculo parece se alongar, distanciando a origem da inserção).
- Isocinética, a força gerada pelo músculo ao se encurtar com velocidade constante; teoricamente, é máxima durante toda a amplitude do movimento. O trabalho com esse tipo de contração normalmente exige equipamento especial criado para permitir velocidade constante de contração, não importando a carga[23].

Além disso, os exercícios podem ser realizados em cadeia cinética aberta (CCA) ou fechada (CCF):

- Cadeia cinética aberta é definida como o exercício que ocorre quando o segmento distal de uma extremidade se move livremente no espaço, resultando no movimento isolado de uma articulação, sendo indicado quando a sustentação do peso está contraindicada.
- Cadeia cinética fechada é definida como o exercício em que as articulações terminais encontram resistência externa considerável, que impede ou restringe sua movimentação livre, normalmente utilizando mais que uma articulação[23].
- Exercícios pliométricos consistem na rápida desaceleração dos músculos, que criam um ciclo de alongamento e contração, combinando força e velocidade para produzir potência. Os exercícios treinam músculos, tecidos conectivos e sistema nervoso para passar efetivamente pelos ciclos de alongamento e contração, melhorando, assim, o desempenho do paciente. Exercícios pliométricos iniciam com rápido alongamento de um músculo (fase excêntrica) seguido de uma rápida contração do mesmo músculo (fase concêntrica), podendo ser parte fundamental do treinamento em todos os eventos esportivos[23].
- Exercícios resistidos consistem na realização de contrações de grupos musculares específicos contra alguma forma de resistência externa (manual, mecânica, pesos livres, máquinas e faixas elásticas ou o peso do próprio corpo). A principal vantagem desse método são as melhorias expressivas da aptidão física e da qualidade de vida de diferentes populações, com o adequado controle das variáveis do movimento (posição e postura, velocidade de execução, amplitude do movimento, volume e intensidade)[23].

Tipos de resistência:

- Exercício resistido manual é um exercício ativo resistido pelo fisioterapeuta (mão). Nessa técnica não há como medir a quantidade de resistência. É indicado em casos em que o músculo a ser fortalecido encontra-se enfraquecido, mas é capaz de vencer uma resistência leve; é indicado também em casos em que a ADM da articulação a ser trabalhada necessita ser controlada[23].
- Exercício resistido mecânico é um exercício ativo resistido por equipamento ou aparelhos mecânicos (faixas elásticas, pesos etc.). Nessa técnica há como medir a quantidade de resistência e, assim, ir aumentando progressivamente. É indicado nos casos em que a resistência necessária for maior que a resistência manual[23]. Além dos exercícios clássicos da fisioterapia, existem também linhas de reabilitação bastante específicas e eficazes.

EXERCÍCIOS POSTURAIS

Método da Coordenação Motora

Criado na França em 1960, por Suzanne Piret e Marie-Madeleine Béziers, ressalta a importância do processamento sensorial no desenvolvimento humano e fundamenta-se em aspectos neuromecânicos da estruturação do movimento. A criança percebe, por meio dos movimentos, as diferentes sensações motoras, orgânicas, sensoriais e afetivas[25].

Método Godelieve Denys Struyf

O método das cadeias musculares e articulares e as técnicas da fisioterapeuta e osteopata belga Godelieve Denys Struyf (GDS) foram criados e desenvolvidos nas décadas de 1960 e 1970, atuando na prevenção, no tratamento e na manutenção da boa organização corporal[26].

Reeducação Postural Global

Trata-se de uma técnica de tratamento fisioterápicos que aplica posturas ativas e simultâneas, isométricas, em posições excêntricas dos músculos da estática aplicadas em decoaptação articular progressiva. A técnica de reeducação postural global (RPG) preconiza a utilização de posturas específicas para o alongamento de músculos organizados em cadeias musculares, proporcionando o posicionamento correto das articulações e o fortalecimento dos músculos, o que corrige disfunções, não só da coluna vertebral, como também de outras articulações. O alongamento global alonga muitos músculos simultaneamente, pertencentes à mesma cadeia muscular, e parte do pressuposto de que um músculo encurtado cria compensações em músculos próximos ou distantes. Por exemplo, se ocorrer um encurtamento da cadeia muscular anterior, haverá a projeção da cabeça anteriormente, anteriorização dos ombros, aumento da cifose torácica, joelhos e calcâneo valgo e pés planos[27].

Pilates

É uma técnica criada em 1920 por Joseph Pilates, cujo foco é trabalhar corpo e mente em conjunto, possuindo como princípios básicos a concentração, o controle corporal, a centralização, a precisão e a respiração. Os exercícios de Pilates também foram adaptados para o universo infantil, pela variedade de instrumentos e técnicas, sendo utilizados acessórios como bolas, discos de rotação, disco de equilíbrio, rolos de espuma e meia-lua, aliados com atividades lúdicas, além de movimentos que compõem o universo infantil, como cambalhotas, trilhas sobre objetos que desafiam o equilíbrio e jogos com bolas[28].

Benefícios do pilates para crianças e adolescentes:

- Proteção do sistema locomotor.
- Melhora da postura e do alongamento.
- Fortalecimento muscular.

Estabilização Segmentar

Método inovador idealizado por fisioterapeutas da Universidade de Queensland (Austrália), na década de 1990, baseado em pesquisas científicas no retreinamento do sistema muscular estabilizador profundo por meio de exercícios de controle motor, sendo de fundamental importância na reabilitação de problemas neuromusculoesqueléticos, impedindo assim a reincidência do problema[29].

EXERCÍCIOS FISIOTERÁPICOS ESPECÍFICOS PARA ESCOLIOSE (PSSE)

Nas últimas décadas, houve um consenso para a mudança no tratamento e na gestão da escoliose idiopática durante o crescimento (curvas pequenas a moderadas - 10-25°). As intervenções terapêuticas aceitas desde 2011 pela Sociedade Internacional de Tratamento Ortopédico e Reabilitação da escoliose (Sosort) são observação e acompanhamento, exercícios fisioterapêuticos específicos para escoliose e órteses para posicionamento[30].

Principais características:

- Autocorreção em três dimensões.
- Treinamento das atividades de vida diária (AVD).
- Estabilização da postura correta.

Os exercícios terapêuticos para escoliose foram avaliados em quatro ensaios clínicos randomizados (ECR) em diferentes partes do mundo, observando-se forte evidência da sua eficácia[30-33].

Sete principais abordagens da escoliose utilizam o PSSE: a Escola de Lyon, na França; o método Schroth, na Alemanha; a abordagem de exercícios científicos para escoliose (SEAS), na Itália; a abordagem da Escola de Fisioterapia na Escoliose de Barcelona (BSPTS), na Espanha; a abordagem de Dobomed e a de terapia individual funcional para a escoliose (FITS), ambas na Polônia; e a abordagem de Side Shift, no Reino Unido[34].

CONCLUSÕES

Os recursos fisioterapêuticos citados neste capítulo contribuem para a viabilização de estratégias adequadas que promovam a aprendizagem motora. As alterações musculoesqueléticas podem acontecer em idade precoce, sendo imprescindível o trabalho em equipe multidisciplinar para prevenir futuras complicações e melhorar as alterações existentes.

REFERÊNCIAS BIBLIOGRÁFICAS

1. Coffito, Conselho Federal de Fisioterapia e Terapia Ocupacional. Disponível em: <http:// www.coffito.gov.br/>. (Acesso em: 3 out. 2016.)
2. Brandalize M, Leite N. Alterações ortopédicas em crianças e adolescentes obesos. Fisioter Mov. 2010;23(2):283-8.
3. Rebolho MCC. Estratégias para ensino de hábitos posturais em crianças: história em quadrinhos versus experiência prática. Fisioter Pesqui. 2009;16(1):46-51.
4. Sampaio LR, Moura CV, Resende MA. Recursos fisioterapêuticos no controle da dor oncológica: revisão da literatura. Rev Bras Cancerol. 2005;51(4):339-46.
5. Janick JA, Alman B. Scoliosis: Review of diagnosis and treatment. Paediatr Child Health. 2007;12(9):771-6.
6. Pereira DSL, Castro SS, Bertoncello Dernival, Damião Renata, Walsh Isabel AP. Relação da dor musculoesquelética com variáveis físicas, funcionais e alterações posturais em escolares de seis a 12 anos. Braz J Phys Ther. 2013;17(4).
7. Balagué F, Trussier B, Salmien J. Non-specific low pain in children and adolescentes: Risk factors. Eur Spine J. 1999;8(6):429-38.
8. Trevelyan F, Legg S. Back pain in school children: where to from here? Appl Ergon. 2006;37(1):45-54.
9. Moreira MCS, Voos MC, Caromano FA. Capacitação de professores sobre postura sentada. Cadernos de Pós-Graduação em Distúrbios do Desenvolvimento, São Paulo. 2014;14(1):20-31.
10. Moura EW, Silva PAC, Santos LSB. In: Moura EW, Lima E, Borges D, Silva PAC. Fisioterapia: aspectos clínicos e práticos da reabilitação. 2. ed. São Paulo: Artes Médicas; 2010. p. 3-10.
11. Bracciano AG, Earley D. Modalidade de agentes físicos. In: Trombly CA, Radomski MV. Terapia ocupacional para disfunções físicas. 5. ed. São Paulo: Santos; 2005. p. 421-41.
12. Marcucci FCI. O papel da fisioterapia nos cuidados paliativos a pacientes com câncer. Rev Bras Cancerol. 2005;51(1):67-77.
13. Kanh J. Princípios e prática de eletroterapia. São Paulo: Santos; 2001.
14. Yamada ABB, Jorio CL, Fischer DA, Masson L. In: Moura EW, Lima E, Borges D, Silva PAC. Fisioterapia: aspectos clínicos e práticos da reabilitação. 2. ed. São Paulo: Artes Médicas; 2010. p. 551-62.
15. Johnson M. Estimulação elétrica nervosa transcutânea (TENS). In: Kitchen S. Eletroterapia prática baseada em evidência. 11. ed. Barueri: Manole; 2003. p. 259-86.
16. Ido CS, Rothenbuhkler R, Janz Junior LL. Eletroestimulação nervosa transcutânea de baixa frequência nos "tender points" dos pacientes fibromiálgicos juvenis. Rev Fisioter Univ São Paulo. 2003;10(1):1-6.

17. Silva AP, Silva MAA. Efeitos da bandagem elástica na contração e fadiga muscular, por meio do uso de sinais da eletromiografia de superfície do músculo masseter. Disturb Comum. 2014;26(2):409-11.
18. Morini Jr N. Bandagem terapêutica: conceito de estimulação tegumentar. 2.ed. São Paulo: Roca; 2016.
19. Annunciato NF, Oliveira CEN. Importância dos sentidos na percepção e realização dos movimentos. In: Morini Jr N. Bandagem terapêutica: conceito de estimulação tegumentar. 2.ed. São Paulo: Roca; 2016. p. 15-27.
20. Iwabe-Marchese C. Plasticidade muscular e bandagem terapêutica. In: Morini Jr N. Bandagem terapêutica: conceito de estimulação tegumentar. 2.ed. São Paulo: Roca; 2016. p. 40-6.
21. Braz AG, Lima BE, Reis SS, Munin E. Controle motor e bandagem terapêutica. In: Morini Jr N. Bandagem terapêutica: conceito de estimulação tegumentar. 2. ed. São Paulo: Roca; 2016. p. 47-58.
22. Karabay I, Dogan A, Ekiz T, Koseoglu BF, Ersoz M. Training postural control and sitting in children with cerebral palsy: Kinesio Taping vs neuromuscular electrical stimulation. Complement Ther Clin Pract. 2016;24:67-72.
23. Kisner, Carolyn, Colby, LA. Exercícios terapêuticos fundamentos e técnicas. Barueri: Manole; 1998.
24. Roth-Isigkeit A, Thyen U, Raspe HH, Stöven H, Schmucker P. Reports of pain among German children and adolescents: an epidemiological study. Acta Paediatr. 2004;93(2):258-63.
25. Béziers MM, Hunsinger Y. O bebê e a coordenação motora: os gestos apropriados para lidar com a criança. São Paulo: Summus; 1994.
26. Denys SG. Cadeias musculares e articulares. São Paulo: Summus; 1995.
27. Souchard PE. O stretching global ativo. 2. ed. São Paulo: Manole; 1996.
28. Goulart IP, Teixeira LP, Lara S. Análise postural da coluna cervical e cintura escapular de crianças praticantes e não praticantes do método pilates. Fisioter Pesqui. 2016;23(1):38-44.
29. Renovato FJF, Burke TN, Claret DC, Marques AP. Estabilização segmentar da coluna lombar nas lombalgias: uma revisão bibliográfica e um programa de exercícios. Fisioter Pesqui. 2008;15(2):200-6.
30. Schreiber S, Parent EC, Hedden DM, Hill D, Moreau MJ, Lou E, et al. The effect of Schroth exercises added to the standard of care on the quality of life and muscle endurance in adolescents with idiopathic scoliosis: an assessor and statistician blinded randomized controlled trial: "Sosort 2015 Award Winner". Scoliosis. 2015;10:24.
31. Monticone M, Ambrosini E, Cazzaniga D, Rocca B, Ferrante S. Active self-correction and task-orientated exercises reduce spinal deformity and improve quality of life in subjects with mild adolescent idiopathic scoliosis. Results of a randomized controlled trial. Eur Spine J. 2014;23(6):1204-14.
32. Williams MA, Heine JP, Williamson EM, Toye F, Dritsaki M, Petrou S, et al. Active treatment for idiopathic adolescent scoliosis (ACTIvATeS): a feasibility study. Health Technol Assess. 2015;19(55):1-242.
33. Kuru T, Yeldan İ, Dereli EE, Özdinçler AR, Dikici F, Çolak İ. The efficacy of three-dimensional Schroth exercises in adolescent idiopathic scoliosis: A randomised controlled clinical trial. Clinil Rehabil. 2016;30(2):181-90.
34. Berdishevsky H, Lebel VA, Bettany-Saltikov J, Rigo M, Lebel A, Hennes A, et al. Physiotherapy scoliosis – specific exercises – a comprehensive review of seven major schools. Scoliosis Spinal Disord. 2016;11:20.

15 Protocolo de mobilização precoce

Ana Lúcia Capelari Lahóz
Bianca Azoubel de Andrade

Após ler este capítulo, você estará apto a:

1. Descrever as alterações relacionadas ao imobilismo.
2. Reconhecer a importância da mobilização precoce.
3. Identificar as possibilidades da cinesioterapia motora no paciente internado.
4. Observar um protocolo de mobilização durante a internação.

INTRODUÇÃO

Atualmente, com o progresso e os avanços tecnológicos da medicina em terapia intensiva, houve aumento na sobrevida dos pacientes gravemente enfermos, surgindo com isso sequelas decorrentes da permanência prolongada na unidade de terapia intensiva pediátrica (UTIP), o que tem elevado os custos assistenciais e reduzido a qualidade de vida dos pacientes e de seus cuidadores[1,2].

A permanência prolongada no hospital pode desencadear fraqueza e catabolismo muscular, gerando o que se chama hoje de polineuromiopatia do paciente gravemente crítico. Com o seu aparecimento, há aumento da morbidade e mortalidade do indivíduo durante sua internação na unidade, prolongando muitas vezes o tempo de ventilação mecânica (VM), o tempo de internação e os custos hospitalares[1].

Sabe-se ainda que, a cada dia de permanência na UTI, há perda de 3% das fibras musculares do tipo 1 e 4% das fibras musculares do tipo 2, com redução da eficiência muscular do paciente[3,4].

A imobilização e a restrição no leito acarretam redução da movimentação e da experimentação com o meio ambiente, gerando deterioração da função motora, principalmente naquelas crianças em suporte ventilatório prolongado[5-7].

A hospitalização pode ainda comprometer o processo de interação da criança com as pessoas e com o meio em geral. No ambiente da UTI, a criança não recebe de maneira adequada a estimulação dos componentes de desempenho sensorial, neurológico, musculoesquelético, motor e cognitivo, o que posteriormente pode alterar a sua independência na realização das atividades de vida diária e participação efetiva no brincar e no lazer[2].

Essa disfunção física, funcional e cognitiva nos sobreviventes de doenças graves em terapia intensiva, conhecida como PICS (síndrome pós-cuidados intensivos), pode perdurar por anos após a alta hospitalar, tendo portanto impacto social, financeiro e psicológico para o paciente e sua família, dificultando a reintegração social do indivíduo e sendo mais bem descrita em adultos[1-4,8].

Portanto, o foco do fisioterapeuta que trabalha em terapia intensiva e outras unidades de internação não deve ser somente voltado às disfunções e à preservação das funções respiratórias, mas ele deve atuar ativamente com o objetivo de prevenir, reduzir ou reverter o aparecimento das disfunções motoras[8-10].

SÍNDROME DO IMOBILISMO

A síndrome do imobilismo é um conjunto de alterações que ocorre no indivíduo acamado por período prolongado, e os seus efeitos são definidos como uma redução na capacidade funcional dos sistemas osteomioarticular, respiratório, metabólico, gastrointestinal, geniturinário, entre outros sistemas envolvidos no desempenho das atividades físicas diárias (Tabela 15.1)[6,11-13].

A disfunção neuromuscular faz parte da síndrome e foi primeiramente descrita em pacientes com asma grave que haviam utilizado altas doses de corticosteroide associada a bloqueadores neuromusculares, porém somente em 1984 Bolton et al. descreveram outras doenças como causadoras da polineuromiopatia, sendo a sepse, a síndrome da resposta inflamatória sistêmica (SIRS) e a falência de múltiplos órgãos e sistemas as principais (Quadro 15.1). Na sepse e na SIRS, há liberação de

Tabela 15.1 Efeitos do imobilismo nos diferentes sistemas[6,11-13]

Sistema	Efeitos
Musculoesquelético	Atrofia muscular, diminuição da força e *endurance* dos músculos, diminuição da força dos tendões e ligamentos, contraturas articulares, degeneração de cartilagem, desmineralização óssea
Cardiovascular	Redução do volume sistólico e do débito cardíaco, elevação da frequência cardíaca, risco de trombose
Respiratório	Redução da capacidade residual funcional, da complacência pulmonar, acúmulo de secreção, maior risco de formação de atelectasias
Nervoso central	Redução da função cognitiva, delírio e desorientação

Quadro 15.1 Fatores de risco para o desenvolvimento da polineuromiopatia[2,10,15]

1. Sepse, síndrome da resposta inflamatória sistêmica (SIRS), falência de múltiplos órgãos e sistemas
2. Transplante de órgãos
3. Hiperglicemia
4. Déficit nutricional
5. Insuficiência renal e/ou terapia de reposição renal
6. Ventilação mecânica prolongada
7. Nutrição parenteral
8. Anormalidades iônicas

mediadores inflamatórios, infiltrados celulares de células T e macrófagos, citocinas e aumento da proteólise, afetando a estrutura muscular[14].

Em crianças, a sua incidência varia de 1,7 a 30%, gerando efeitos deletérios ao desenvolvimento neuropsicomotor (DNPM), atividades de vida diária e qualidade de vida do paciente, mas o impacto funcional e os desfechos em longo prazo ainda permanecem desconhecidos[6,8,11,12,16].

Os sinais e os sintomas mais frequentes da polineuromiopatia são descritos no Quadro 15.2[12,17,18].

O manejo do paciente criticamente enfermo pode interferir e contribuir para o aparecimento da polineuromiopatia; portanto, cuidados com a sedação do paciente e o nível de sedação são importantes.

A sedação excessiva pode trazer múltiplos efeitos adversos, como[1,10]:

- Perda de contato com o ambiente.
- Depressão respiratória.
- Depressão do miocárdio com instabilidade hemodinâmica.
- Diminuição da motilidade gástrica.
- Aumento do risco de tromboflebite.
- Aumento do risco de úlceras de decúbito.
- Abstinência e delírio prolongado.
- Risco de pneumonia associado à ventilação mecânica (PAV).

Quadro 15.2 Sinais e sintomas mais frequentes da polineuromiopatia[12,18]

1. Tetraparesia flácida ou tetraplegia com acometimento principal de membros inferiores
2. Fraqueza de músculos respiratórios, inclusive o diafragma
3. Diminuição ou ausência dos reflexos tendíneos profundos
4. Perda sensorial

Todos esses fatores causarão maior risco de fraqueza muscular com prolongamento do tratamento e necessidade de reabilitação posterior. Por esses motivos, atualmente se preconiza-se a utilização de protocolos de sedação e analgesia, que reduzirão as doses de sedação e a abstinência, acelerando a retirada da VM, permitindo a comunicação do paciente com a equipe multidisciplinar e seus familiares, reduzindo sua ansiedade e possibilitando atividades ativas precocemente, com redução da disfunção muscular e aceleração da alta da UTIP[8-10,12].

Vale lembrar que os ventiladores microprocessados mais modernos promovem melhor sincronização do paciente. Com o ventilador não tendo mais necessidade de sedação profunda para esse fim, muito pelo contrário, reduzi-la permite a utilização de modos ventilatórios assistidos que permitirão maior atividade física do paciente, reduzindo a sua fraqueza muscular e o tempo da VM[9,10].

Otimizar a analgesia e a sedação pode manter a criança acordada e alerta durante o dia, mantendo um ciclo de sono no período noturno. No entanto, algum nível de sedação pode ser necessário para a segurança na mobilização, principalmente nos pacientes mais jovens, que não entendem a necessidade das intervenções[8].

A realização da mobilização cada vez mais precoce pelo fisioterapeuta deve ser estimulada, levando em consideração a segurança do paciente e suas condições prévias, já que crianças com atraso no DNPM ou disfunção neurológica grave e desnutridas podem apresentar essa disfunção mais precocemente[6,19].

MOBILIZAÇÃO NA INTERNAÇÃO

A mobilização precoce em pacientes com diagnósticos variados é uma área nova com poucas evidências até o momento na população pediátrica, porém o uso de protocolos e rotinas – como o despertar diário da sedação, atividades terapêuticas progressivas, como exercícios motores no leito, sedestação à beira do leito, ortostatismo e deambulação – tem se mostrado benéfico e seguro, devendo ser adotado[8,9,20].

A reabilitação, dentro da UTI e em outras unidades de internação, é importante para prevenir os efeitos adversos do imobilismo, como a atrofia e a fraqueza muscular, contraturas, encurtamentos e descondicionamento físico, devendo seguir critérios cardiovasculares e respiratórios, entre outros (Quadro 15.3) para a decisão sobre o seu início, independentemente do diagnóstico e do grau de sedação do paciente, dependendo de equipe multidisciplinar (médico, fisioterapeuta, terapeuta ocupacional, nutricionista, fonoaudiólogo)[18,21,22].

Na presença de febre (temperatura corporal acima de 38 °C), dor, saturação de oxigênio abaixo de 90%, assincronia paciente-ventilador, terapia de reposição renal

Quadro 15.3 Critérios para a mobilização precoce na internação do paciente[21]

Critério cardiovascular	▪ Estabilidade hemodinâmica ▪ Ausência de arritmia descontrolada ou disfunção cardíaca grave ▪ Menos de duas drogas vasoativas ▪ Sem risco de perda de cateteres
Critério respiratório	▪ Ventilação mecânica por mais de 72 h ▪ Sem riscos para extubação acidental ▪ $PaO_2/FiO_2 > 200$ ▪ $FiO_2 \leq 60\%$ com PEEP ≤ 10 cmH_2O ▪ Sem esforço respiratório excessivo
Outros critérios	▪ Hemoglobina (Hb) > 7 g/dL ▪ Plaquetas > 20.000 ▪ Glicemia controlada ▪ Sem pressão intracraniana elevada ▪ Sem contraindicações ortopédicas

contínua e risco elevado de queda, alguns cuidados devem ser levados em consideração antes de se iniciar a mobilização do paciente[22-24].

É importante ressaltar que outras barreiras, como a atitude e o conhecimento dos profissionais da equipe multidisciplinar no reconhecimento da importância da mobilização, o número adequado de profissionais no cuidado do paciente, facilitando possíveis intervenções, e a falta de equipamentos necessários para a mobilização (andadores e ventiladores portáteis), devem ser identificadas e tratadas antes da criação e realização de qualquer protocolo de mobilização[23,24].

A mobilização em indivíduos internados consiste no uso de técnicas como exercícios passivos, ativo-assistidos ou ativos, mudança de decúbito, saída precoce do leito, sedestação ou deambulação (Quadro 15.4), de acordo com a colaboração da criança, o seu nível de consciência e o seu DNPM, visando à manutenção ou à adequação das amplitudes articulares e do trofismo muscular, devendo ser realizadas pelo menos uma vez ao dia[6,18,20] (Figura 15.1).

Quadro 15.4 Cinesioterapia motora para pacientes na internação[20]

Exercícios passivos, ativo-assistidos ou ativos
Mudança de decúbito
Saída precoce do leito
Sedestação
Transferência à beira do leito e para a cadeira
Treino de equilíbrio
Ortostatismo
Deambulação

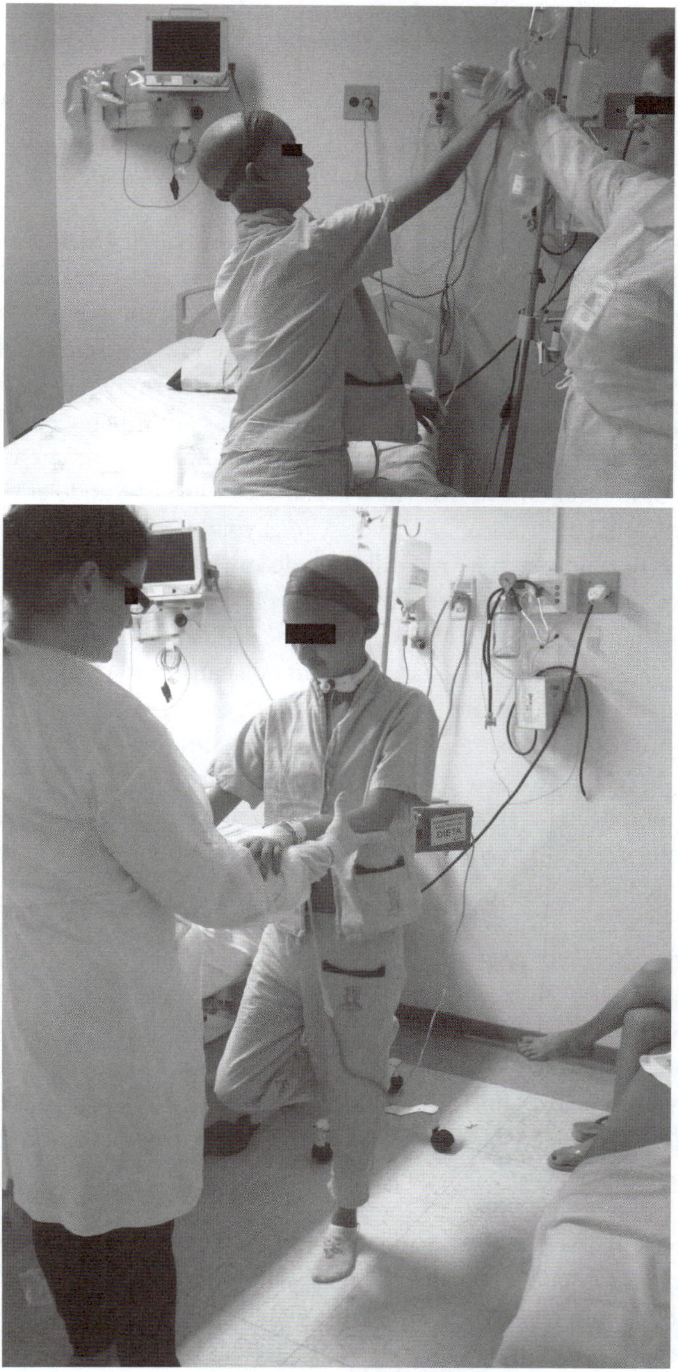

Figura 15.1 Pacientes realizando mobilização durante a internação.

PROTOCOLO DE MOBILIZAÇÃO

Enquanto diversos protocolos são encontrados para a população adulta, ainda há pouca evidência nessa área para a população pediátrica, mas de qualquer forma deve-se instituir um protocolo com base nas possíveis disfunções que os pacientes possam apresentar, com objetivos individualizados[8].

Se incorporado precocemente a um programa de exercícios, talvez seja possível impedir déficits a longo prazo na condição física e no atraso do desenvolvimento desses pacientes pediátricos, no entanto a modalidade de intervenção ideal – assim como a intensidade, o tempo e a duração dessa intervenção – é difícil de determinar[25].

Vale ressaltar que qualquer tipo de movimentação, mesmo que de forma passiva, pode aumentar o consumo de oxigênio em indivíduos gravemente enfermos, devendo o fisioterapeuta e toda a equipe multidisciplinar indicarem o momento certo dessa intervenção, monitorando os sinais vitais durante a terapia e levando em consideração o estado nutricional da criança[25]. Além disso, o envolvimento familiar pode facilitar a mobilização e, portanto, auxiliar na realização de atividades necessárias para esse fim[8].

Toda e qualquer atividade proposta a esses pacientes deve ser interrompida caso seja notada variação da pressão arterial sistólica (PAS) em 20%, elevação da frequência cardíaca (FC), arritmias, queda importante da saturação periférica de oxigênio ($SatO_2$) ou ansiedade importante com sinais de desconforto respiratório intenso[10,26].

Todo o programa de fisioterapia motora será definido de acordo com o nível de consciência da criança e o seu grau de força muscular (Tabela 15.2)[5,26-29].

A movimentação passiva tem como objetivo prevenir a limitação da amplitude de movimento, a manutenção da integridade e o alongamento dos músculos[2,10,19,25].

A movimentação passiva e ativa dos membros, sem mudanças no decúbito do paciente, parece não alterar a pressão intracraniana nem a pressão de perfusão cerebral, diferentemente dos exercícios de contração isométrica, que podem alterar ambas as pressões, devendo ser evitados nos pacientes que apresentem aumento da pressão intracraniana[16].

Sentar e deambular com o paciente são atividades que têm o objetivo de minimizar os efeitos adversos da imobilização prolongada, como a hipotensão ortostática, o consumo de oxigênio aumentado[25], a estase venosa, a atrofia e contraturas musculares, a diminuição da ADM, desde que a criança esteja tranquila, estável hemodinamicamente e acordada, com possibilidade de extubações acidentais e perda de sondas e cateteres eliminadas[5].

Entretanto, intervenções desse tipo requerem cuidados e devem ser mais estudadas, já que evidências sobre seus benefícios ainda são limitadas na população pediátrica[5,30].

Brinquedos com cores vivas, sons e diferentes texturas podem ser um estímulo adicional para o recrutamento da formação reticular e o sistema límbico, tornando a terapia mais lúdica e fazendo com que a criança participe dela ativamente[6].

Tabela 15.2 Atividades de fisioterapia motora na UTI e outras unidades de internação de acordo com o nível de consciência e a força muscular do paciente[5]

	Nível I	Nível II	Nível III	Nível IV	Nível V
Nível de consciência	Inconsciente	Consciente	Consciente	Consciente	Consciente
Atividade	Movimentação passiva (MP) Mudança de decúbito (MD)	MP, MD Exercícios ativos e resistidos Sedestação	MP, MD Exercícios ativos e resistidos Sedestação Se bíceps, força muscular (FM) grau III: sedestação à beira do leito	MP, MD Exercícios ativos e resistidos Sedestação Sedestação à beira do leito Se quadríceps com FM grau III: transferência para a cadeira, ortostatismo Deambulação	Protocolo de prevenção de perda de FM Exercícios lúdicos Exercícios resistidos de membros superiores e inferiores Ortostatismo e deambulação
Frequência	3 × ao dia (MP) A cada 2 h (MD)	3 x/dia (MP) A cada 2 h (MD) Sedestação, mínimo de 20 min	3 x/dia (MP) A cada 2 h (MD) Sedestação, mínimo 20 min	3 x/dia (MP) A cada 2 h (MD) Sedestação, transferência, ortostatismo e deambulação, mínimo 20 min	1 x/dia

Considerando o desinteresse e a falta de motivação como uma barreira na adesão à terapia, os fisioterapeutas vêm integrando de maneira crescente a tecnologia dos *videogames* nos atendimentos. A escolha do *videogame* e dos jogos baseia-se no tipo de atividade proposta pelo fisioterapeuta de acordo com a necessidade e a condição do paciente. Sem limite de idade, o *videogame* permite que pacientes com diferentes níveis de habilidade se beneficiem dessa atividade. É possível acoplar uma plataforma de equilíbrio com sensores nas laterais para treinar o equilíbrio nas crianças, de maneira lúdica e com *feedback* visual. Essa atividade pode ser realizada de 1 a 2 vezes por dia e complementar as atividades padrões da cinesioterapia motora, como a movimentação ativa e resistida de membros superiores (MMSS), membros inferiores (MMII) e o treino de equilíbrio[29-31] (Figura 15.2).

Para a realização de exercícios ativos, dispositivos como o cicloergômetro para MMSS e MMII também podem ser utilizados, porém dependem da idade da criança e do seu DNPM para a correta realização[18,29] (Figura 15.3).

Outro recurso importante é o posicionamento terapêutico. Seus objetivos são aumentar os volumes pulmonares, diminuir o trabalho respiratório, melhorar o transporte mucociliar e a oxigenação, além de fornecer estimulação sensorial ao paciente[6-8] (Figura 15.4).

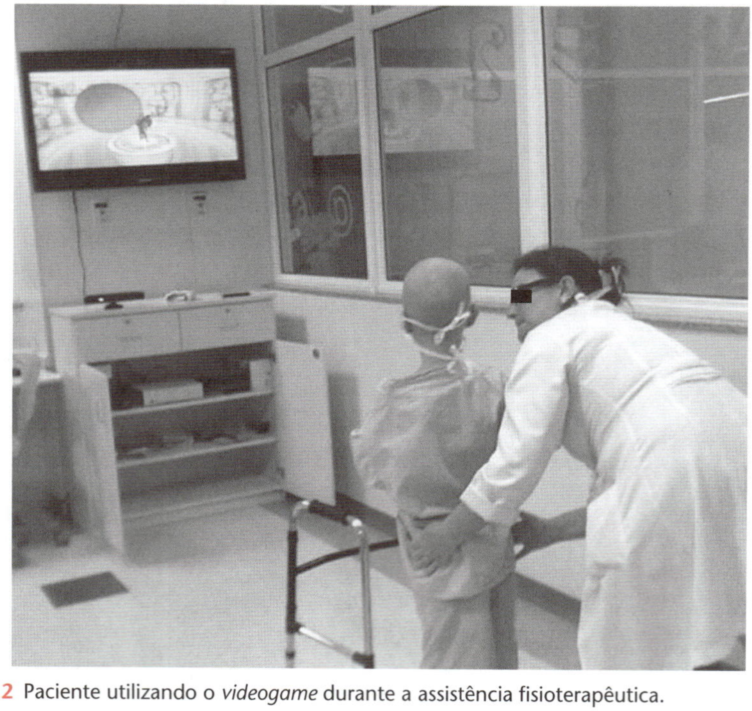

Figura 15.2 Paciente utilizando o *videogame* durante a assistência fisioterapêutica.

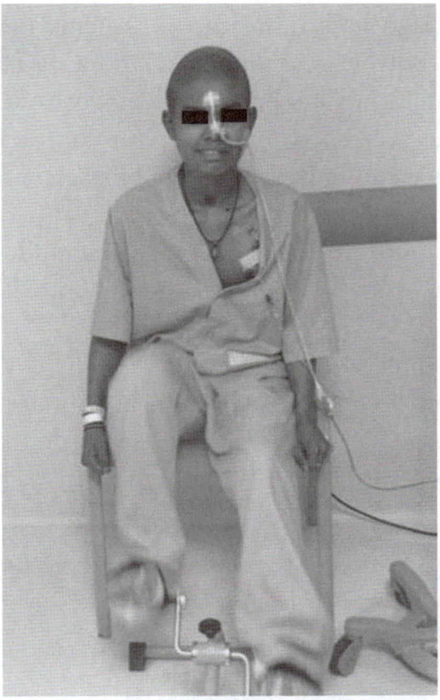

Figura 15.3 Paciente realizando exercícios com cicloergômetro de membros inferiores.

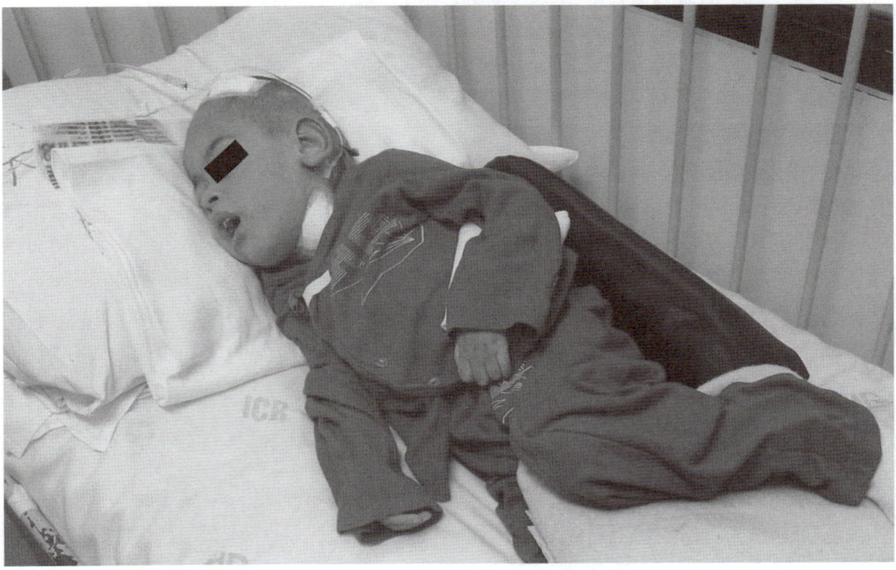

Figura 15.4 Posicionamento do paciente no leito.

Além disso, ele auxilia na estimulação do sistema neuromusculoesquelético, com benefícios para o controle autonômico, melhora do estado de alerta e da estimulação vestibular, além de facilitar boa resposta à postura antigravitacional, sendo ainda utilizado como técnica eficaz para prevenir contraturas musculares, edema linfático e minimizar os efeitos adversos da imobilização prolongada no leito[8].

A prescrição de órteses e coxins pelo terapeuta ocupacional auxilia no correto posicionamento do paciente, no leito e fora dele, incluindo a confecção de cadeira adaptada para a criança, principalmente para o momento da alta hospitalar, quando for necessário[6] (Figura 15.5).

Mesmo que essas intervenções não atinjam o nível de atividade ideal recomendado, em circunstâncias especiais, de crianças com doença crônica complexa e durante internações hospitalares prolongadas, elas podem ser úteis para romper o sedentarismo, motivando os pacientes a serem mais ativos fisicamente.

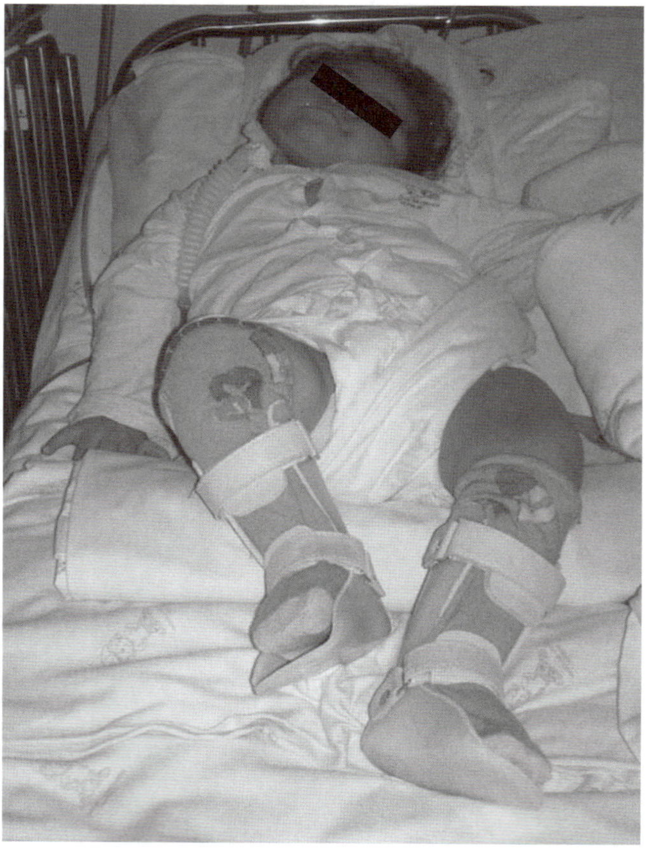

Figura 15.5 Paciente com órteses.

CONCLUSÕES

Disfunções físicas e funcionais e os déficits cognitivo e mental são importantes sequelas que podem afetar as crianças sobreviventes de doenças graves, dentro e fora da UTIP, comprometendo a qualidade de vida em curto e longo prazo após a alta hospitalar. Considerando esses impactos, novas estratégias devem ser desenvolvidas para prevenir e reduzir a severidade da fraqueza muscular e os déficits residuais. Portanto, um protocolo de mobilização precoce pode ser implementado como resultado de uma mudança de comportamento da equipe multidisciplinar, que dependerá por sua vez da disseminação do conhecimento, do treinamento adequado da equipe, do desenvolvimento e da aplicação de protocolos de sedação e da segurança do paciente.

REFERÊNCIAS BIBLIOGRÁFICAS

1. Malkoc M, Karadibak D, Yildirim Y. The effect of physiotherapy on ventilatory dependency and the length of stay in an intensive care unit. Int J Rehabil Res. 2009;32:85-8.
2. Pacciulio AM, Carvalho TSE, Pfeifer LI. Atuação terapêutica ocupacional visando à promoção do desenvolvimento de uma criança em internação prolongada: um estudo de caso. Cadernos de Terapia Ocupacional da UFSCar. 2011;19(1):93-9.
3. Vincent JL, Noremberg M. Intensive care unit-acquired weakness: Framing the topic. Crit Care Med. 2009;37(Suppl 10):S296-S298.
4. Doherty N, Steen CD. Critical illness polyneuropathy (CIPNM); rehabilitation during critical illness. Therapeutic options in nursing to promote recovery. A review of the literature. Int Crit Care Nurs. 2010;26:353-62.
5. Morris PE, Goad A, Thompson C, Taylor K, Harry B, Passmore L, et al. Early intensive care unit mobility therapy in the treatment of acute respiratory failure. Crit Care Med. 2008;36(8):2238-43.
6. Jerre G, Beraldo M, Silva TJ, Gastaldi A, Kondo C, Leme F, et al. Fisioterapia no paciente sob ventilação mecânica. Rev Bras Ter Intensiva. 2007;19(3):399-407.
7. Lahóz ALC, Venturini VA. Recursos da fisioterapia motora para o paciente crítico. In: Lahóz ALC, Nicolau CM, Paula LCS, Juliani RCTP. Fisioterapia em UTI pediátrica e neonatal. Barueri: Manole; 2009. (Coleção Pediatria do Instituto da Criança do Hospital das Clínicas FMUSP: n.: 10.) p.125-32.
8. Hopkins RO, Choong K, Zebuhr CA, Kudchadkar SR. Transforming PICU culture to facilitate early rehabilitation. J Pediatr Intensive Care. 2015;4(4):204-11.
9. William DS, Pohlman MC, Polhman AS, Nigos C, Pawlik AJ, Esbrook CL, et al. Early physical and occupational therapy in mechanically ventilated, critically ill patients: a randomized controlled trial. Lancet. 2009;373(9678):1874-82.
10. Borges VM, Oliveira LRC, Peixoto E, Carvalho NAA. Fisioterapia motora em pacientes adultos em terapia intensiva. Rev Bras Ter Intensiva. 2009;21(4):446-52.
11. De Jonghe B, Lacherade JC, Sharshar T, Outin H. Intensive care unit-acquired weakness: risk factors and prevention. Crit Care Med. 2009;37(Suppl 10):S309-S315.
12. Griffiths RD, Hall JB. Exploring intensive care unit – acquired weakness. Crit Care Med. 2009;37(Suppl 10):S295.
13. Fonseca MCM, Carvalho WB. Sedação da criança submetida à ventilação pulmonar mecânica: estamos avançando. Rev Bras Ter Intensiva. 2011;23(1):4-5.

14. Pattanshetty RB, Ganda GS. Critical illness myopathy and polyneuropathy – a challenge for physiotherapists in the intensive care units. Indian J Crit Care Med. 2011;15(2):78-85.
15. Banwell BL, Mildner RJ, Hassall AC, Becker LE, Vajsar J, Shemie SD. Muscle weakness in critically ill children. Neurology. 2003;61(12):1779-82.
16. Williams S, Honocks IA, Olivier RA, Gillis J, Ryan MM. Critical illness polyneuropathy and myopathy in pediatric intensive care: A review. Pediatr Crit Care Med. 2007;8(1):18-22.
17. Latronico N, Bolton C. Critical illness polyneuropathy and myopathy: a major cause of muscle weakness and paralysis. Lancet Neurol. 2011;10(10):931-41.
18. Stevens RD, Marshall SA, Cornblath DR, Hoke L, Needham DM, De Jonghe B, et al. A framework for diagnosing and classifying intensive care unit – acquired weakness. Crit Care Med. 2009;37(Suppl 10):S299-S308.
19. Visser LH. Critical illness polyneuropathy and myopathy: clinical features, risk factors, and prognosis. Eur J Neurol. 2006;13(11):1203-12.
20. França DC, Apolinário AQ, Velloso M, Parreira VF. Reabilitação pulmonar na unidade de terapia intensiva: revisão de literatura. Fisioter Pesqui. 2010;17(1):81-7.
21. Reid CL, Campbell IT, Little RA. Muscle wasting and energy balance in critical illness. Clin Nutr. 2004;23(2):273-80.
22. Zanni JM, Korupolu R, Fan E, Pradhan P, Janjua K, Palmer JB, et al. Rehabilitation therapy and outcomes in acute respiratory failure: An observational pilot project. J Crit Care. 2010;25(2):254-62.
23. Choong K, Koo KKY, Clark H, Chu R, Thabane L, Burns KEA, et al. Early mobilization in critically ill children: a survey of canadian practice. Crit Care Med. 2013;41(7):1745-53.
24. Hopkins RO, Mitchell L, Thomsen GE, Schafer M, Link M, Brown SM. Implementing a mobility program to minimize post-intensive care syndrome. AACN Adv Crit Care. 2016;27(2):187-203.
25. Chapman BL, Liebert RB, Lininger MR, Groth JJ. An introduction to physical therapy modalities. Adolescent Med. 2007;18(1):11-23.
26. Wiles L, Stiller K. Passive limb movements for patients in an intensive care unit: A survey of physiotherapy practice in Australia. J Crit Care. 2010;25(3):501-8.
27. Bailey P, Thomsen GE, Spuhler VJ, Blair R. Early activity is feasible and safe in respiratory failure patients. Crit Care Med. 2007;35(1):139-45.
28. Needham DM. Mobilizing patients in the intensive care unit. Improving neuromuscular weakness and physical function. JAMA. 2008;300(14):1685-90.
29. Stockley RC, Hughes J, Morrison J, Rooney J. An investigation of the use of passive movements in intensive care by UK physiotherapists. Physiotherapy. 2010;96(3):228-33.
30. Wieczorek B, Burke C, Ah-Harbi A, Kudchadkar SR. Early mobilization in the pediatric intensive care unit: a systematic review. J Pediatr Intensive Care. 2015;2015:129-70.
31. Salem Y, Gropack SJ, Coffin D, Godwin EM. Effectiveness of a low-cost virtual reality system for children with developmental delay: a preliminary randomized single-blind controlled trial. Physiotherapy. 2012;98(3):189-95.

Fisioterapia nas doenças reumatológicas 16

Maristela Trevisan Cunha
Paula Cristina Harumi Aoki Panegaci

Após ler este capítulo, você estará apto a:

1. Relacionar as doenças reumáticas pediátricas mais comuns.
2. Descrever os aspectos clínicos que indicam o tratamento de fisioterapia.
3. Explicar a importância da prática de atividades físicas nas crianças com doenças reumáticas.

INTRODUÇÃO

As doenças reumáticas também podem afetar a população infantil. Essas doenças geram nas crianças sintomas semelhantes aos que afetam os adultos, como dor e rigidez nas articulações, com dano e limitação permanentes, comprometendo o futuro do pequeno paciente. Portanto, as doenças reumáticas não são exclusividade da população adulta. No Brasil e em outros países subdesenvolvidos, a febre reumática (FR) é a doença reumática em pediatria mais frequente, seguida de artrite idiopática juvenil (AIJ), lúpus eritematoso sistêmico (LES), dermatopolimiosite (DMP), esclerodermia (ESP), vasculite e fibromialgia.

A ocorrência de doenças reumáticas na infância poderá determinar o surgimento de alterações e/ou limitações físicas, impostas pela doença ou por efeitos colaterais da terapêutica utilizada e, também, alterações na esfera do crescimento e do desenvolvimento. Esses fatos poderão interferir na consolidação da identidade da criança e do adolescente, dificultar o estabelecimento de relações fora do seu eixo familiar, retardar ou mesmo impedir a aquisição de independência em relação aos seus pais. Também podem dificultar sua independência do ponto de vista profissional, situação que se inicia com o absenteísmo escolar[1].

Na população pediátrica, podem ocorrer sintomas envolvendo o aparelho musculoesquelético, como as famosas dores do crescimento ou as dores decorrentes de defeitos ortopédicos e de má postura[1].

O tratamento da criança com doença reumática é multidisciplinar. Os tratamentos disponíveis incluem medicamentos e terapia física, e algumas vezes cirurgias para correção de sequelas[1].

AVALIAÇÃO DO PACIENTE REUMÁTICO

Os objetivos da fisioterapia nos pacientes com doenças reumáticas são: prevenção de disfunções, restauração e/ou manutenção da função, diminuição da dor e incapacidade e melhora da qualidade de vida dos pacientes[2]. Para que esses objetivos sejam alcançados, é necessário fazer uma avaliação minuciosa e criteriosa do paciente, a fim de planejar o melhor tipo de tratamento fisioterápico.

Na anamnese devem ser considerados alguns aspectos, como história da doença (identificação do paciente, queixa principal, história atual, antecedentes familiares, atividade de vida diária), exame físico (inspeção, palpação, goniometria, mobilidade articular, força muscular, marcha, equilíbrio), qualidade de vida (questionários)[2]:

- Inspeção: deve-se comparar cada área bilateralmente, observando as condições, o contorno da anatomia local, pele, volume articular, musculatura periarticular e presença de deformidades[2].
- Palpação: confirmam-se as alterações observadas pela inspeção, evidenciando alterações como calor articular, aumento de volume articular, crepitação, derrame articular e existência de pontos dolorosos à digitopressão[2].
- Movimento articular: presença de limitação articular, bloqueio articular ou hipermobilidade articular serão investigados quando realizados os movimentos articulares, que deverão ser avaliados de forma passiva, ativa, ativo-assistida e contra resistência[2].
- Goniometria: deve ser realizada bilateralmente de forma comparativa, avaliando-se a amplitude do movimento articular[2].
- Força muscular: pode ser mensurada com os testes de força muscular e com o dinamômetros manuais. Força, potência, resistência e outras variáveis do desempenho muscular podem ser objetivamente mensuradas pelo dinamômetro isocinético[2].

Alguns questionários de qualidade de vida utilizados na reumatologia são apresentados na Tabela 16.1.

Tabela 16.1 Questionários de qualidade de vida utilizados na reumatologia

Questionário	Descrição
HAQ (Stanford Health Assessment Questionnaire)[3]	Validado no Brasil em 1990, é composto por 20 itens que abrangem oito domínios: vestir e ajeitar-se, levantar, comer, andar, fazer a higiene, estender e abaixar, fazer preensão e realizar atividades da vida diária (AVD) Permite pontuação de 0 (melhor estado) a 3 (pior estado)
EPM-ROM SCALE (escala de amplitude articular)[4]	Desenvolvida no Brasil, avalia movimentos de pequenas e grandes articulações utilizadas em atividades da vida diária Permite pontuação de 0 (amplitude completa) a 3 (grave limitação) para cada movimento realizado
Lequesne de quadril (questionário algofuncional de Lequesne)[5]	Composto por 12 questões que abrangem quatro domínios: dor ou incômodo, marcha, atividades da vida diária e sexo Permite pontuação de 0 (sem limitação) a 26, considerando-se extrema limitação com 14 pontos ou mais
Lequesne de joelho[6]	Composto por 11 questões que abrangem três domínios: dor ou incômodo, marcha e atividades de vida diária Permite pontuação de 0 (sem limitação) a 26, considerando-se extrema limitação com 14 pontos ou mais
DASH (Disabilities of the Arm, Shoulder and Hand)[7]	Validado no Brasil, apresenta 30 questões que avaliam o membro superior na função física, sintomas e função social Opcionalmente, avalia também atividades relacionadas com o uso de instrumento musical, prática de esporte e trabalho Permite pontuação de 0 (melhor estado) a 240 (pior estado) e 0 a 100 na parte opcional
Índice de Dreiser[8]	10 perguntas sobre atividades diárias que envolvem a mão
NDI (Neck Disability Index)[9]	Validado no Brasil, consta de 10 itens que avaliam a dor e a incapacidade cervical Permite pontuação de 0 (sem disfunção) a –50 (disfunção máxima), sendo a pontuação maior que 34 considerada disfunção completa
Roland Morris[10]	Validado no Brasil, consta de 24 questões relacionadas com a incapacidade em razão da dor na coluna Permite pontuação de 0 (sem incapacidade) a 24 (extrema incapacidade), considerando-se importante incapacidade com 14 pontos ou mais
FIQ (Fibromyalgia Impact Questionnaire)[11]	Validado no Brasil, consta de 20 questões, abrangendo 10 domínios: deterioração física, bem-estar, falta ao trabalho, dificuldade no trabalho, dor, fadiga, cansaço, rigidez, ansiedade e depressão Permite pontuação de 0 a 100 A pontuação de 70 para cima relaciona-se com grande incapacidade
SF-36 (Medical Outcomes 36-item Short-form Health Survey)[12]	Validado no Brasil, consta de 36 questões abrangendo oito domínios: capacidade funcional, aspectos físicos, dor, estado geral da saúde, saúde mental, aspectos emocionais, aspectos sociais e vitalidade Permite pontuação de 0 (pior estado de saúde) a 100 (melhor estado de saúde)
BASFI (The Bath Ankylosing Spondylitis Functional Index)[13]	10 questões que avaliam o grau de limitação funcional nos portadores de espondilite anquilosante Pontua-se de 0 a 10
BASMI (Bath Ankylosing Spondylitis Metrology Index)[14]	Avalia rotação cervical, distância occipito-parede, flexão lombar, teste de Schober modificado e distância intermaleolar Cada medida é convertida em um escore de 0 (bom) a 10 (ruim), podendo ainda classificar a limitação em leve, moderada e grave

DOENÇAS REUMÁTICAS PEDIÁTRICAS

Dois conceitos são fundamentais para se realizar o tratamento do paciente com doença reumatológica: proteção articular e conservação de energia. A orientação para proteção articular é particular para cada articulação, devendo sempre respeitar o limite da dor[15].

O paciente reumático tem, potencialmente, menor disponibilidade de energia e custo energético maior para exercer suas atividades. Sua massa muscular é diminuída, e a velocidade de sua contração reduz a energia cinética, pois articulações inflamadas e instáveis consomem maior energia para manter sua função[15].

Febre Reumática

A febre reumática (FR) acontece por complicação das vias aéreas superiores pelo estreptococo beta-hemolítico do grupo A[16]. Pode acometer diferentes tecidos, incluindo articulações e sistema nervoso central, e ocorre principalmente em crianças e adolescentes na faixa etária de 5 a 15 anos geneticamente predispostos[17]. Na América Latina, ocorrem 21 mil novos casos por ano[18].

O diagnóstico da febre reumática é um dos mais difíceis em pediatria, em razão do polimorfismo do seu quadro clínico e da falta de exames laboratoriais específicos para essa doença. As principais manifestações são decorrentes do comprometimento inflamatório das articulações, do sistema nervoso central e da pele; as mais características são artrite, cardite, coreia, nódulos subcutâneos e eritema marginado[19].

Nesses casos, a fisioterapia consiste em avaliar a dor, combater o processo inflamatório, preservar a amplitude articular e a atividade muscular, prevenir deformidades, promover bem-estar físico, psíquico e social, assim como melhorar a qualidade de vida, lembrando que o tratamento fisioterapêutico é dividido em estágios agudo, subagudo e crônico. No estágio agudo, a fisioterapia ainda não é benéfica, e o paciente permanece em repouso, apenas auxiliado por medicamentos analgésicos, anti-inflamatórios e antibióticos. No estágio subagudo, a fisioterapia é indicada para mobilização articular direcionada para minimizar a dor e para o fortalecimento muscular. É indicado gelo em aplicações nas articulações para a diminuição da dor em estágio agudo, com exercícios ativos livres para movimentação das articulações[18].

Fibromialgia

A fibromialgia[20] é uma síndrome de etiologia desconhecida, caracterizada por dor musculoesquelética crônica ampla, difusa e bilateral no corpo, de característica não inflamatória e não autoimune. A dor geralmente começa em uma área específica, como ombro ou coluna lombar, e depois estende-se para todo o corpo, com pelo menos onze pontos dolorosos à palpação, os chamados *tender points* (pontos sensíveis em músculos ou na junção miotendinosa).

A piscina terapêutica é indicada no tratamento fibromiálgico no que diz respeito à evolução da qualidade de vida, melhorando o quadro de dor e o estado de depressão, com melhora da mobilidade, da qualidade de movimento corporal e da capacidade funcional.

Exercícios de alongamento são aqueles exercícios de flexibilidade realizados a fim de aumentar a amplitude de movimento (ADM) de uma articulação ou de uma série de articulações, já que pacientes fibromiálgicos apresentam, na maioria das vezes, limitações na ADM.

No fortalecimento, são recrutadas a força e a resistência muscular, tão diminuídas nesses pacientes. Deve-se dar algumas recomendações: os exercícios devem ser iniciados logo abaixo da capacidade dos pacientes e incrementados gradualmente até que atinjam intensidade moderada; os pacientes devem ser orientados sobre possíveis aumentos toleráveis da dor e da fadiga por curto período de tempo.

Artrite Idiopática Juvenil

A artrite idiopática juvenil (AIJ)[21], conhecida como artrite reumatoide juvenil (ARJ), é uma doença de etiologia desconhecida que se caracteriza pela presença de artrite crônica e manifestações gerais e viscerais. Muitos pacientes podem apresentar incapacidade física permanente. O diagnóstico é essencialmente clínico e de exclusão, feito na presença de artrite em uma ou mais articulações por período maior ou igual a 6 semanas em crianças com idade inferior a 16 anos.

O quadro clínico pode ter início com sintomas e sinais constitucionais (anorexia, fadiga, perda de peso e diminuição no crescimento) e artrite (dor, calor, rubor, edema e perda funcional) em uma ou mais articulações. Joelhos, tornozelos, punhos, cotovelos e quadril são as articulações mais acometidas. Observa-se também rigidez matinal. O *rash* (erupção cutânea macular e rósea) é comum em quadros sistêmicos, raramente pruriginoso e localiza-se, preferencialmente, no tronco e nas porções proximais dos membros.

Algumas crianças com AIJ podem apresentar baixa capacidade física com consequente redução da capacidade de executar atividades esportivas e atividades de vida diária (AVD). O comprometimento articular, as disfunções cardíacas e as autonômicas colaboram para a reduzida capacidade cardiovascular.

De acordo com a International League of Associations for Rheumatology (ILAR)[22], a AIJ foi subdividida em sete apresentações clinicamente distintas, sendo a ocorrência de artrite crônica em pacientes menores de 16 anos o ponto comum (Quadro 16.1).

Quadro 16.1 Critérios da International League of Associations for Rheumatology (ILAR)[22]

1. Artrite sistêmica

Artrite associada a febre de, no mínimo, 2 semanas de duração, sendo diária em pelo menos 3 dias e acompanhada por um ou mais dos seguintes sinais:

- Exantema evanescente
- Linfadenopatia generalizada
- Alargamento do fígado ou baço
- Serosite

Exclusão de a, b, c, d*

2. Artrite poliarticular com fator reumatoide negativo

Artrite em cinco ou mais articulações durante os 6 primeiros meses de doença
Fator reumatoide IgM ausente
Exclusão de a, b, c, d, e*

3. Artrite poliarticular com fator reumatoide positivo

Artrite em cinco ou mais articulações durante os 6 primeiros meses da doença
Fator reumatoide IgM em pelo menos duas ocasiões com, no mínimo, 3 meses de intervalo
Exclusão de a, b, c, e*

4. Artrite oligoarticular

Artrite em quatro ou menos articulações durante os 6 primeiros meses de doença:

- Oligopersistente: nunca acomete mais de quatro articulações
- Oligoestendida: mais de quatro articulações acometidas após os 6 primeiros meses

5. Artrite relacionada a entesite (ARE)

Artrite e entesite ou artrite ou entesite com, no mínimo, duas características seguintes:

- Dor em articulação sacroilíaca e/ou dor inflamatória em coluna lombossacral
- Presença de HLA-B27
- Uveíte anterior aguda, que geralmente está associada a dor, vermelhidão e fotofobia
- Início de artrite em menino após os 6 anos de idade
- História de espondilite anquilosante, ARE, sacroileíte com doença inflamatória intestinal, síndrome de Reiter ou uveíte anterior aguda em parente de primeiro grau

Exclusão de a, d, e*

6. Artrite psoriásica

Artrite e psoríase ou artrite e, no mínimo, dois dos seguintes itens:

- Dactilite
- Onicólise ou *nail pitting*
- História familiar de psoríase em parente de primeiro grau

Exclusão de b, c, d, e*

7. Artrite indiferenciada

Não preenche critérios para nenhuma categoria ou se encaixa em duas ou mais das categorias anteriores

* Exclusões:

a. Psoríase ou história de psoríase no paciente ou em parente de primeiro grau.

b. Artrite em menino HLA-B27 iniciada após os 6 anos de idade.

c. Espondilite anquilosante, ARE, sacroileíte com doença inflamatória intestinal, síndrome de Reiter, uveíte anterior aguda ou história de alguma dessas doenças em parente de primeiro grau.

d. Presença de fator reumatoide IgM em pelo menos duas ocasiões com, no mínimo, 3 meses de intervalo.

e. Presença de artrite sistêmica.

Os exercícios resistidos em crianças com AIJ são justificados pela redução da força muscular, da instabilidade articular e da densidade óssea.

A terapia aquática, por conta de seus princípios físicos e da termodinâmica da água, proporciona uso racional. A flutuação permite ao paciente caminhar com pouca sobrecarga articular em razão da redução dos efeitos da gravidade e do consequente aumento da amplitude de movimento articular. A pressão hidrostática exerce efeito positivo, durante a imersão, pois o sistema venoso redistribui o sangue das extremidades para o tórax. A resistência da água pode ser utilizada passiva e ativamente. Movimentos passivos na água facilitam o relaxamento e o alongamento de tecidos moles. Ativamente, a resistência da água aumenta o gasto energético necessário para movimentar as extremidades, promovendo fortalecimento muscular. A termodinâmica também deve ser levada em consideração e está relacionada com a capacidade do corpo submerso de trocar energia (calor) com a água por meio de condução e convecção, tendo efeito positivo sobre tecidos moles que podem facilmente ser mobilizados, aumentando o grau de movimento e diminuindo a dor articular. Os benefícios proporcionados pela água são: relaxamento muscular, aumento do fluxo sanguíneo e da flexibilidade, fortalecimento muscular, reeducação da marcha e melhora do equilíbrio e da coordenação[21].

Lúpus Eritematoso Sistêmico

O lúpus eritematoso sistêmico (LES)[23] é uma doença autoimune progressiva de etiologia desconhecida e com amplo espectro de manifestações clínicas, tendo curso crônico com períodos de exacerbação e remissão. As principais manifestações do LES são alterações cutâneas e musculoesqueléticas, doenças pulmonares e cardíacas, ansiedade, depressão e fadiga. O LES acomete, principalmente, mulheres entre 15 e 45 anos.

Diversas manifestações respiratórias do LES podem provocar sintomas respiratórios agudos, como espessamento pleural, derrame pleural e hemorragia alveolar; entretanto, alguns podem ser insidiosos e de difícil diagnóstico, como a doença pulmonar intersticial ou a doença vascular, frequentemente silenciosas durante longos períodos.

Algumas orientações devem ser seguidas pelos pacientes com LES: evitar bebida alcoólica e o fumo, para minimizar os riscos cardiovasculares; aumentar a ingestão de leite e derivados, para diminuir os riscos de osteoporose; diminuir a ingestão de sal, para evitar retenção de líquidos e hipertensão arterial por causa do uso de corticosteroides; evitar a exposição ao sol e usar fotoprotetores para evitar a reativação da doença; praticar exercícios regularmente, pois as atividades físicas diminuem os riscos de osteoporose, auxiliam na redução ponderal e na manutenção do perfil lipídico adequado, melhorando a tonicidade muscular e o movimento das articulações.

Dermatomiosite

Dermatomiosite juvenil (DMJ) é uma doença que pertence a um grupo heterogêneo das miopatias inflamatórias caracterizadas por vasculite sistêmica, fraqueza muscular proximal e simétrica, inflamação não supurativa da musculatura esquelética, condicionamento aeróbio deficiente e intolerância ao exercício. Pode iniciar-se súbita ou insidiosamente. A criança apresenta dificuldade em subir escadas, levantar-se de cadeiras, pentear os cabelos, escovar os dentes ou levantar a cabeça do travesseiro, além de mialgia. Casos mais graves podem exibir disfunção dos músculos da faringe com disfonia e disfagia associada à regurgitação nasal e a risco aumentado para broncoaspiração[1].

Dor de Crescimento

Na infância e na adolescência, muitas vezes, a dor articular relatada é mais acima do local em que o paciente aponta como doloroso. Assim, problemas de coluna lombar podem cursar com dores nos quadris, e problemas nas articulações coxofemorais podem ocasionar apenas dores nos joelhos.

A incidência da dor de crescimento[1] é de cerca de 12,5% entre crianças e adolescentes, ocorrendo principalmente na faixa etária de 4 a 12 anos, mais frequentemente até os 8 a 10 anos. Trata-se de uma condição benigna e autolimitada. Caracteriza-se pela presença de dores nas pernas, especialmente à noite, simultânea ou alternadamente, quase sempre associadas a exercícios extenuantes e/ou hipermobilidade articular, com duração superior a 3 meses, podendo repetir-se diariamente ou a longos intervalos, de forma recorrente, muitas vezes havendo história familiar semelhante. A localização das queixas é predominantemente muscular ou periarticular, raramente articular, sendo relatada dor em região inguinal, coxas, oco poplíteo e pernas, de forma vaga, e, às vezes, cãibras. Os exames laboratoriais e radiológicos estão normais nesses casos. As queixas cedem com calor e massagens, mas, eventualmente, analgésicos são necessários[24].

MANIFESTAÇÕES RESPIRATÓRIAS DAS DOENÇAS REUMÁTICAS EM PEDIATRIA

As manifestações respiratórias mais comuns nas doenças reumáticas da infância[25], de envolvimento multissistêmico, incluem doença restritiva em razão das inflamações intersticiais, pleurite e hemorragia pulmonar. Alguns medicamentos podem apresentar toxicidade pulmonar em adultos. Sais de ouro e metotrexato, entre outros medicamentos, têm sido relacionados como causa de dispneia, tosse, dor pleurítica. Entretanto, a toxicidade pulmonar não foi relatada em crianças.

Na AIJ, o envolvimento pulmonar é mais comum na doença sistêmica. Pleurite ocorre na associação com pericardite (cerca de 1 a 2%). A fibrose pulmonar intersticial é rara, entretanto ocorre diminuição do fluxo aéreo e dos volumes pulmonares, e desequilíbrio entre ventilação e perfusão após exercícios.

No LES, podem ocorrer tosse, dor torácica pleurítica ou dispneia. As complicações mais frequentes são pleurite e derrame pleural, seguidos por pneumonia intersticial crônica ou aguda e pela "síndrome do pulmão encolhido" – perda do volume pulmonar com elevação diafragmática e respirações curtas; os volumes pulmonares e a difusão diminuem cerca de 2/3 da sua capacidade. A hemorragia pulmonar aguda também pode ocorrer e está associada à alta taxa de mortalidade.

Na dermatopolimiosite juvenil, por causa dos distúrbios multissistêmicos com alterações inflamatórias da pele e dos músculos estriados, as crianças com maior gravidade da doença apresentam diminuição do movimento muscular respiratório e doença pulmonar restritiva. Além disso, podem desenvolver debilidade muscular de hipofaringe ou platô, com disfagia e motilidade esofágica alterada, com predisposição a pneumonia por aspiração.

ATIVIDADE FÍSICA EM REUMATOLOGIA PEDIÁTRICA

Sabe-se que a atividade física promove inúmeros benefícios ao paciente com osteoporose[26], osteoartrite[27], lúpus eritematoso sistêmico[28] e artrite idiopática juvenil[29], com raros relatos de efeitos adversos. Entretanto, estudos sobre os efeitos terapêuticos do treinamento físico em doenças reumatológicas pediátricas são escassos[30,31].

Deve-se realizar anamnese clínica e exame físico detalhado, incluindo avaliação osteoarticular e postural para detectar qualquer alteração física que contraindique ou limite a prática de exercício físico.

Os pacientes reumatológicos pediátricos apresentam diversas manifestações clínicas, como fadiga, dor crônica, rigidez, sinovite e deformidades articulares, que predispõem ao estilo de vida sedentário[30]. Além disso, os pais tendem a superproteger seus filhos acometidos por doenças crônicas, o que também pode contribuir para o isolamento social e o sedentarismo. Portanto, os sintomas dos pacientes e a inatividade física podem agravar o quadro clínico. Os benefícios da atividade física compensam os efeitos deletérios da inatividade física, e o paciente com doença reumatológica pediátrica deve realizar exercícios físicos, exceto em algumas condições (Quadro 16.2)[23].

Quadro 16.2 Contraindicações à prática de exercícios físicos para crianças e adolescentes com doença reumatológica pediátrica[23]

- Febre
- Anemia
- Insuficiência renal aguda
- Cardite, serosites e resposta isquêmica ao teste de esforço*
- Arritmias e hipertensão arterial não controladas
- Desnutrição grave com perda maior que 35% do peso corporal

Em caso de deformidades articulares, artrite ou miosite aguda, os exercícios devem ser adaptados para poupar a articulação e o grupo muscular afetados.
* É permitido exercício cuja intensidade seja 10% abaixo do limiar de isquemia.

ARTRITE IDIOPÁTICA JUVENIL

Pacientes com AIJ poliarticular, exceto aqueles com AIJ oligoarticular, possuem redução nas capacidades aeróbia e anaeróbia[32]. Crianças com AIJ apresentam baixa força isométrica em comparação com crianças saudáveis[33]. Acredita-se que a redução na força, frequentemente observada em AIJ, esteja relacionada com o quadro de atrofia muscular, que, por sua vez, está associado a artrite localizada, uso crônico de glicocorticoides e desuso. Takken et al.[34] também observaram associação positiva entre a capacidade anaeróbia e a função muscular em pacientes com AIJ, sugerindo que o descondicionamento físico afeta as atividades cotidianas nessa doença.

Estudos envolvendo programas de exercício físico têm produzido resultados bem satisfatórios em pacientes com AIJ. Em recente revisão, Klepper[31] demonstrou que os benefícios mais importantes foram aumento de força e de flexibilidade, melhora de dor, rigidez articular e qualidade de vida. Os protocolos de treinamento físico variaram em intensidade (60 a 70% da $FC_{máx}$), duração (30 a 60 min), frequência (1 a 3 sessões por semana), composição (treinamentos de força e aeróbio, flexibilidade, modalidades esportivas ou a combinação dos anteriores) e acompanhamento (6 a 20 semanas). Da mesma forma, programas de alta e baixa intensidade parecem ser igualmente efetivos e seguros[35]. É interessante notar que os exercícios físicos em meio aquático promovem benefícios semelhantes aos realizados na superfície[36]. Não há relatos de eventos adversos decorrentes do treinamento físico em pacientes com AIJ, e o treinamento deve ser estimulado.

DERMATOMIOSITE JUVENIL

Os pacientes com DMJ frequentemente apresentam grande intolerância ao esforço físico devido a diversos fatores, como aumento das concentrações musculares de citocinas inflamatórias, inflamação sistêmica e dos capilares que irrigam o sistema musculoesquelético, hipoatividade e uso crônico de glicocorticoides, que comprometem a síntese proteica e aumentam o acúmulo de gordura corporal[37,38].

Tanto em adultos como em crianças com dermatomiosite, o treinamento aeróbio e de força é capaz de aumentar a força e a função muscular, o condicionamento aeróbio e a massa magra, tanto em pacientes com a doença controlada como naqueles em atividade[39,40]. O exercício regular pode ser efetivo e bem tolerado pelas crianças com DMJ, embora o treinamento físico não reverta por completo os déficits de capacidade física[23].

LÚPUS ERITEMATOSO SISTÊMICO JUVENIL

Pacientes com LESJ comumente apresentam intolerância ao esforço, fraqueza muscular e fadiga exacerbada[30,41]. Além disso, obesidade, dislipidemia, resistência à insulina e baixa massa óssea são características prevalentes nessa doença[30,42]. Apesar de não haver evidência científica, o exercício físico pode melhorar a força, a tolerância ao esforço, o condicionamento aeróbio, a composição corporal e a qualidade de vida em pacientes com LESJ[23]. Gualano et al.[23] observaram efeitos positivos do treinamento aeróbio por três meses em crianças e adolescentes com LESJ, como aumento no $VO_{2máx}$, maior tolerância ao esforço e melhor economia de corrida. Além disso, o treinamento também beneficiou a qualidade de vida, a funcionalidade e a autoestima do paciente. Não foi observado nenhum efeito adverso, como sangramento induzido por trauma.

FIBROMIALGIA

Os pacientes podem apresentar dor crônica difusa, distúrbios do sono, ansiedade crônica, tensão, cefaleia, fadiga e baixa qualidade de vida. Stephens et al.[43] investigaram a eficácia e a exequibilidade de um programa de treinamento físico em crianças e adolescentes com FMJ ao longo de 12 semanas. Os pacientes foram aleatoriamente indicados para treinamento aeróbio de alta ou baixa intensidade. Ambos os grupos apresentaram melhoras na função muscular, nos sintomas da doença, na qualidade de vida e na dor, embora os pacientes submetidos a treinamento mais intenso tenham obtido maiores ganhos.

CONCLUSÕES

A fisioterapia proporciona ao paciente reeducação física e funcional pelo alívio da dor e da rigidez articular, da recuperação dos movimentos, do reforço e do relaxamento muscular, da prevenção ou tratamento das deformidades e, quando o paciente já apresentar sequelas definitivas, auxilia na reabilitação profissional, desenvolvendo ao máximo o potencial residual existente, adaptando-o às novas condições de vida. Além dos tratamentos fisioterapêuticos, a atuação da fisioterapia inclui o esclarecimento da doença aos pais, às crianças e aos adolescentes, e orientações que podem evitar complicações musculoesqueléticas.

REFERÊNCIAS BIBLIOGRÁFICAS

1. Sztajnbok FR, Serra CRB, Rodrigues MCF, Mendozas E. Doenças reumáticas na adolescência. J Pediatr (Rio J). 2001;77(Supl.2):S234-S44.
2. Furtado RV, Dias SAA. Avaliação do paciente reumatológico. In: Gobbi FCM, Cavalheiro LV. Fisioterapia hospitalar – avaliação e planejamento do tratamento fisioterapêutico. São Paulo: Atheneu; 2009. p. 369-84.
3. Ferraz MB, Oliveira LM, Araujo PM, Atra E, Tugwell P. Cross cultural reliability of the physical ability dimension of the health assessment questionnaire. J Rheumatol. 1990;17(6):813-7.
4. Len CA, Ferraz MB, Goldenberg J, Oliveira LM, Araujo PP, Quaresma MR, et al. Pediatric EPM--ROM scale: a reduced scale to be used in the daily juvenile rheumatoid arthritis practice and in clinical trials. Rev Bras Reumatol. 1999;39(3):151-5.
5. Hicks JE, Nicholas JJ, Swezey RL. Handbook of reahalbilitative. Rheumatology. Atlanta: Contact Associates International; 1998.
6. Marx FC, Oliveira LM, Bellini CG, Ribeiro MCC. Tradução e validação cultural do questionário algofuncional de Lequesne para osteoartrite de joelhos e quadris para a língua portuguesa. Rev Bras Reumatol. 2006;46(4):253-60.
7. Orfale AG, Araújo PMP, Ferraz MB, Natour J. Translation into Brazilian Portuguese, cultural adaptation and evaluation of the reliability of the Disabilities of the Arm, Shoulder and Hand Questionnaire. Braz J Med Biol Res. 2005;38(2):293-302.
8. Dreiser RL, Maheu E, Guillou GB, Caspard H, Grouin JM. Validation d'un indice algofonctionnel dans l'arthrose de la main. Rev Rhum. (Ed Fr). 1995;62:129S-39S.
9. Cook C, Richardson JK, Braga L, Menezes A, Soler X, Kume P, et al. Cross-cultural adaptation and validation of the Brazilian Portugese version of the Neck Disability Index and Neck Pain and Disability Scale. Spine. 2006;31(14):1621-7.
10. Nusbaum L, Natour J, Ferraz MB, Goldenberg J. Translation, adaptation and validation of the Roland-Morris questionnaire – Brazil Roland-Morris. Braz J Med Biol Res. 2001;34(2):203-10.
11. Vigatto R, Alexandre NM, Correa Filho HR. Development of a Brazilian Portuguese version of the Oswestry Disability Index: cross-cultural adaptation, reliability, and validity. Spine (Phila Pa 1976). 2007;32(4):481-6.
12. Ciconelli RM, Ferraz MB, Santos W, Meinão I, Quaresma MR. Tradução para a língua portuguesa e validação do questionário genérico de avaliação de qualidade de vida SF-36 (Brasil SF-36)/Brazilian-Portuguese version of the SF-36. A reliable and valid quality of life outcome measure. Rev Bras Reumatol. 1999;39(3):143-50.
13. Falkenbach A, Franke A, Van Tubergen A, Van der Linden S. Assessment of functional ability in younger and older patients with ankylosing spondylitis: Performance of the Bath Ankylosing Spondylitis Functional Index. Am J Phys Med Rehab. 2002;81(6):416-20.
14. Jenkinson TR, Mallorie PA, Whitelock H, Kennedy LG, Garrett SL, Calin A. Defining spinal mobility in anklosing Spondylitis (SA). J Rheumatol. 1994;21(9):1694-8.
15. Jardim JR, Nascimento AO. Reabilitação. In: Natou J, Furtado RNV. Reabilitação em reumatologia. Barureri: Manole; 2010. p. 411-416.

16. Silva AP, Silva ML, Silva DB. Frequência de internações por febre reumática em um hospital pediátrico de referência em um período de 20 anos. Rev Paul Pediatr. 2010;28(2):141-7.
17. Robazzi TCMV, Araujo JR, Costa AS. Manifestações articulares atípicas em pacientes com febre reumática. Rev Bras Reumatol. 2014;54(4):268-272.
18. Peixoto A, Linhares L, Scherr P, Xavier R, Siqueira SL, Pacheco TJ, et al. Febre reumática: revisão sistemática. Rev Bras Clin Med São Paulo. 2011;9(3):234-8.
19. Pereira BAF, Belo AR, Silva NA. Rheumatic fever: update on the Jones criteria according to the American Heart Association review-2015. Rev Bras Reumatol. 2015;57(4):364-8.
20. Mosmann A, Artunes C, Oliveira D, Neves CLM. Atuação fisioterapêutica na qualidade de vida de paciente fibromiálgico. Scientia Medica, Porto Alegre: PVCRS. 2006;16(4):172-177.
21. Bueno VC, Junior IL, Medeiros WM, Azevedo MMA, Len CA, Terreri MT, et al. Reabilitação em artrite idiopática juvenil. Rev Bras Reumatol. 2007;47(3):197-203.
22. Petty RE, Southwood TR, Manners P, Baun J, Glass DN, Goldenberg J, et al. International League of Associations for Rheumatology classification of juvenile idiopathic arthritis. 2.ed. Edmonton, 2001. J Rheumatol. 2004;31(2):390-2.
23. Gualano B, Pinto ALS, Perondi MB, Roschel H, Sallum AME, Hayashi APT, et al. Efeitos terapêuticos do treinamento físico em pacientes com doenças reumatológicas pediátricas. Rev Bras Reumatol. 2011;51(5):484-96.
24. Lehman PJ, Carl RL. Growing pains: when to be concerned. Sports Health. 2017;9(2):132-38.
25. Goldsmith DP. Manifestações respiratórias dos distúrbios reumáticos pediátricos. In: Schidlow DV, Smith DS. Doenças respiratórias em pediatria – diagnóstico e tratamento. Rio de Janeiro: Revinter; 1999. p. 205-7.
26. Guadalupe-Grau A, Fuentes T, Guerra B, Calbet JA. Exercise and bone mass in adults. Sports Med. 2009;39(6):439-68.
27. Zhang W, Nuki G, Moskowitz RW, Abramson S, Altman RD, Arden NK, et al. OARSI recommendations for the management of hip and knee osteoarthritis: part III: Changes in evidence following systematic cumulative update of research published through January 2009. Osteoarthritis Cartilage. 2010;18(4):476-99.
28. Prado DM, Benatti FB, de Sá-Pinto AL, Hayashi AP, Gualano B, Pereira RM, et al. Exercise training in childhood-onset systemic lupus erythematosus: a controlled randomized trial. Arthritis Research & Therapy. 2013;15(2):R46.
29. Long AR, Rouster-Stevens KA. The role of exercise therapy in the management of juvenile idiopathic arthritis. Curr Opin Rheumatol. 2010;22(2):213-7.
30. Gualano B, Sa Pinto AL, Perondi B, Leite Prado DM, Omori C, Almeida RT, et al. Evidence for prescribing exercise as treatment in pediatric rheumatic diseases. Autoimmun Rev. 2010;9(8):569-73.
31. Klepper SE. Exercise in pediatric rheumatic diseases. Curr Opin Rheumatol. 2008;20(5):619-24.
32. Van Brussel M, Lelieveld OT, Van der Net J, Engelbert RH, Helders PJ, Takken T. Aerobic and anaerobic exercise capacity in children with juvenile idiopathic arthritis. Arthritis Rheum. 2007;57(6):891-7.
33. Giannini MJ, Protas EJ. Comparison of peak isometric knee extensor torque in children with and without juvenile rheumatoid arthritis. Arthritis Care Res. 1993;6(2):82-8.
34. Takken T, Van der Net J, Helders PJ. Relationship between functional ability and physical fitness in juvenile idiopathic arthritis patients. Scand J Rheumatol. 2003;32(3):174-8.
35. Singh-Grewal D, Schneiderman-Walker J, Wright V, Bar-Or O, Beyene J, Selvadurai H, et al. The effects of vigorous exercise training on physical function in children with arthritis: a randomized, controlled, singleblinded trial. Arthritis Rheum. 2007;57(7):1202-10.
36. Epps H, Ginnelly L, Utley M, Southwood T, Gallivan S, Sculpher M, et al. Is hydrotherapy cost-effective? A randomised controlled trial of combined hydrotherapy programmes compared with physiotherapyland techniques in children with juvenile idiopathic arthritis. Health Technol Assess. 2005;9(39):iii-iv, ix-x, 1-59.

37. Takken T, Elst E, Spermon N, Helders PJ, Prakken AB, Van der Net J. The physiological and physical determinants of functional ability measures in children with juvenile dermatomyositis. Rheumatology (Oxford). 2003;42(4):591-5.
38. Takken T, van der Net J, Helders PJ. Anaerobic exercise capacity in patients with juvenile-onset idiopathic infl ammatory myopathies. Arthritis Rheum. 2005;53(2):173-7.
39. Omori CH. Efeitos de um programa de exercícios físicos em crianças e adolescentes com dermatomiosite juvenil. [Tese.] São Paulo: Faculdade de Medicina da Universidade de São Paulo; 2014. 41p.
40. Omori C, Prado DM, Gualano B, Sallum AM, Sa-Pinto AL, Roschel H, et al. Responsiveness to exercise training in juvenile dermatomyositis: a twin case study. BMC Musculoskelet Disord. 2010;11:270.
41. Gualano B, Bonfá H, Pereira RMR, Silva CA. Physical activity for paediatric rheumatic diseases: standing up against old paradigms. Nature Reviews. 2017;13:368-78.
42. Paupitz JA, Lima GL, Alvarenga JC, Oliveira RM, Bonfá E, Pereira RMR. Bone impairment assessed by HR-pQCT in juvenile-onset systemic lupus erythematosus. Osteoporosis Int. 2016;27(5):1839-48.
43. Stephens S, Feldman BM, Bradley N, Schneiderman J, Wright V, Singh-Grewal D, et al. Feasibility and effectiveness of an aerobic exercise program in children with fi bromyalgia: results of a randomized controlled pilot trial. Arthritis Rheum. 2008;59(10):1399-406.

Assistência fisioterapêutica no politrauma

17

Adriana Carvalho Gomes da Silva
Claudia Yumi Suzuki Ikezaki

Após ler este capítulo, você estará apto a:

1. Descrever a epidemiologia e as principais causas do politrauma infantil.
2. Orientar o manuseio e os cuidados da criança após sofrer traumas ortopédicos.
3. Reconhecer os principais déficits funcionais apresentados.
4. Identificar as fases do processo de reabilitação e sua aplicação.

INTRODUÇÃO

O politrauma é definido como o conjunto de lesões traumáticas simultâneas em diversos regiões, órgãos ou sistemas do corpo, quando pelo menos uma das lesões pode colocar o paciente em risco de morte. Em grande número de casos, ocorre também o trauma cranioencefálico[1].

No paciente politraumatizado, as fraturas são elementos bastante frequentes, e deve-se considerar, concomitantemente, a lesão dos tecidos moles que circundam o osso, o sangramento, a dor, o estresse, a contaminação e outros elementos. O risco da criança ter uma fratura depende de três fatores principais: da gravidade do trauma, da exposição ao potencial trauma e da estrutura óssea, incluindo densidade óssea, tamanho e qualidade[2].

Outros fatores que diferenciam o trauma esquelético pediátrico são: rápida taxa de cicatrização; tendência à remodelação da fratura, exceto no plano rotacional; alta incidência de lesões vasculares, por exemplo, no cotovelo, que, embora não representem risco imediato de perda do membro, podem ocasionar contratura isquêmica; baixa incidência de lesões ligamentares associadas; distúrbios em longo prazo do crescimento em fraturas que envolvem a cartilagem de conjugação e a diáfise de ossos longos[3].

As prioridades da avaliação e condução do politrauma na infância seguem os mesmos preceitos e dogmas aplicados à população adulta, salvaguardando em primeiro plano a vida do paciente e reservando a avaliação do sistema musculoesquelético para um segundo momento, seguindo especificamente os princípios do *advanced trauma life support* (ATLS). Este capítulo abordará especificamente a assistência e a reabilitação fisioterapêutica no trauma ortopédico pediátrico, com ênfase no polifraturado.

EPIDEMIOLOGIA

O trauma permanece como a principal causa de morte e incapacidade nos pacientes pediátricos. Na maioria dos países desenvolvidos, já é a primeira causa de mortalidade após o primeiro ano de vida e, no Brasil, a primeira causa após os 4 anos de idade[4].

No Brasil, os acidentes de trânsito estão entre as principais causas de morte de crianças e adolescentes com idade até 14 anos. De acordo com os dados do Datasus/Ministério da Saúde (2014), entre 1.605 mortes nessa faixa etária, 35% correspondem a atropelamentos, uma vez que cerca de 6% representam a criança na condição de ciclista[5], o que determina 140 mil atendimentos hospitalares a um custo de 60 milhões de reais, sem mencionar os anos de vida útil produtiva que o futuro adulto teria, bem como os terríveis custos humanos[4].

A cada ano, 1/4 das crianças apresenta uma lesão que requer atenção médica. Além disso, 10 a 25% de todas as lesões pediátricas resultam de fraturas. A incidência de fraturas varia de 16-20/1.000 crianças[6].

ETIOLOGIA

As causas dos traumas em crianças e a sua incidência são muito variáveis, como diferentes faixas etárias, local de residência, sexo e renda familiar, e podem ser ainda marcadores de fatores subjacentes[4].

Crianças de até 1 ano de idade representam um grupo especial. O início da habilidade de andar, por volta de 1 ano de idade, está associado com o aumento do risco de quedas[7]. No entanto, o tipo de fratura da criança menor é diferente em relação à criança maior[6].

Crianças menores de 2 anos correm mais risco de lesões neurológicas em caso de traumatismo craniano, bem como de riscos deflagrados por terceiros, como queimaduras, intoxicações, lesões por colisão de veículos e quedas. O pré-escolar está mais exposto a atropelamentos, quedas de alturas maiores, ferimentos, lacerações e queimaduras. Na idade escolar, verifica-se maior ocorrência de atropelamentos, quedas de bicicleta e de locais altos, traumatismos dentários e ferimentos por arma de fogo. Os adolescentes são mais propensos a lesões e fraturas por práticas esportivas, desastres com veículos e motocicletas, atropelamentos, quedas de bicicleta e afogamentos, além de intoxicações por abuso de drogas[8,9].

TRAUMA ORTOPÉDICO/MÚLTIPLAS FRATURAS

Múltiplas fraturas tipicamente resultam de trauma de alta energia e são associadas a extensas lesões de tecidos moles, geralmente acidentes envolvendo veículos em alta velocidade. Raramente, as fraturas por si só oferecem risco de morte. Assim, órteses e talas gessadas são amplamente utilizadas durante o atendimento ortopédico inicial, enquanto a condição clínica da criança é estabilizada[10].

A estabilização cirúrgica precoce das fraturas entre os primeiros 2 a 3 dias após o trauma leva à redução do tempo de internação hospitalar, inclusive na unidade de terapia intensiva, diminuindo o tempo de assistência ventilatória[10]. Já os pacientes cujas fraturas são tratadas tardiamente (após 72 horas) apresentam aumento da frequência de complicações pela imobilização, incluindo complicações pulmonares[10].

Nos pacientes pediátricos com múltiplas fraturas, aproximadamente 10% delas são abertas[12,13]; 25 a 50% desses indivíduos apresentam lesões adicionais envolvendo cabeça, tórax, abdome e outras extremidades[10].

O tratamento das fraturas abertas em crianças é similar ao tratamento oferecido aos adultos, cujos objetivos primários são prevenir a infecção da ferida e do local da fratura e auxiliar o eventual retorno à função ótima[10].

No último estágio do manejo das fraturas consta a reabilitação, mas não se pode esquecer que ela deve ser aplicada ao longo de todo o processo de tratamento, tanto na fase de internação (unidade de terapia intensiva e enfermarias) como na fase ambulatorial.

REABILITAÇÃO FISIOTERAPÊUTICA

A abordagem fisioterapêutica deve iniciar-se, sempre que possível, logo após a conduta ortopédica, seja conservadora ou cirúrgica. A integração entre as equipes cirúrgica e de reabilitação é fundamental no sucesso do tratamento do paciente. Logo, o encaminhamento para a reabilitação deve ser precoce, e as informações referentes às intercorrências ou às dificuldades observadas durante o ato cirúrgico, restrições impostas pela doença ou pela técnica cirúrgica, assim como a programação cirúrgica futura, devem ser discutidos entre a equipe que assiste o paciente[14].

Para a elaboração do plano de tratamento, é imprescindível que o paciente seja submetido a uma avaliação criteriosa. Em razão da imaturidade da sua estrutura anatômica e de sua resposta fisiológica, o politraumatizado pediátrico requer atenção especial na avaliação inicial.

Devem ser considerados os fatores sistêmicos, como lesão pulmonar e traumatismo craniano, verificando-se a necessidade de intervenção pulmonar e/ou neurológica durante o processo de reabilitação. Neste capítulo será tratada a avaliação musculoesquelética, dada a ênfase no trauma ortopédico.

Uma avaliação completa começa pela entrevista do indivíduo, a fim de obter informações relevantes sobre história clínica anterior, sintomas, habilidades funcionais, atividades recreacionais[15] e fase do desenvolvimento neurossensoriopsicomotor. No caso da criança, é de grande valia a entrevista com o familiar que passa a maior parte do tempo com ela e que a conhece bem.

Basicamente, além do que já foi citado, compõem a avaliação musculoesquelética: dor, goniometria, função muscular e funcionalidade.

Dor

Muitas vezes, a dor após a cirurgia ortopédica é intensa[16], logo o fisioterapeuta deve atentar para as medicações prescritas pelos médicos da equipe e para os horários de administração, programando seu atendimento após a analgesia nesses casos, além de conversar com a criança e seus familiares sobre o desconforto provocado durante a sessão de fisioterapia.

A avaliação da dor pode ser um desafio para os profissionais da saúde. Por isso, faz-se necessário o uso de instrumentos adequados para diferentes faixas etárias e situações em que não é possível a expressão verbal da criança.

Para avaliar a dor nas crianças e nos adolescentes, são utilizados dois instrumentos, ambos traduzidos e adaptados transculturalmente por Silva e Thuler[17]: o primeiro, a escala de faces revisada (Figura 17.1), consiste em seis faces sem expressões de choro ou sorrisos, fazendo a correlação métrica de 0 a 10; o segundo, a FLACC (Tabela 17.1), avalia padrões de face, pernas, atividade, choro e consolabilidade, utilizada principalmente nas situações em que há limitação ou ausência de fala, como sugerido por Tachdjian[16].

Goniometria

Ao fazer a goniometria de uma articulação, esta pode ter movimentos normais, diminuídos ou aumentados. Para informações mais precisas e confiáveis, o registro

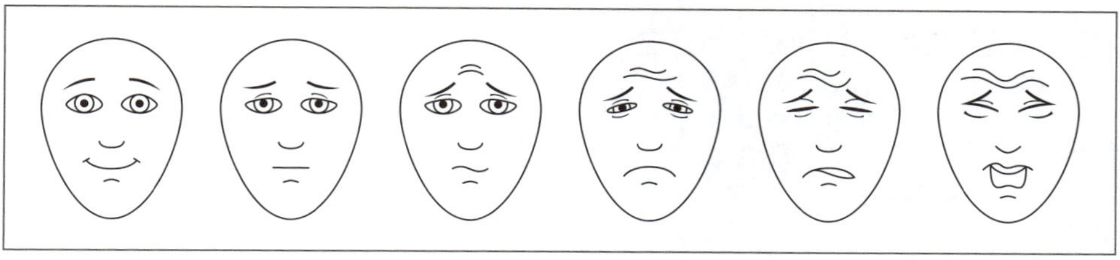

Figura 17.1 Escala de faces revisada.

Tabela 17.1 Escala FLACC

Categorias	Pontuação 0	1	2
Face	Nenhuma expressão especial ou sorriso	Caretas ou sobrancelhas franzidas de vez em quando, introversão, desinteresse	Tremor frequente do queixo, mandíbulas cerradas
Pernas	Normais ou relaxadas	Inquietas, agitadas, tensas	Chutando ou esticadas
Atividade	Quieta, na posição normal, movendo-se facilmente	Contorcendo-se, movendo-se para a frente e para trás, tensa	Curvada, rígida ou com movimentos bruscos
Choro	Sem choro (acordada ou dormindo)	Gemidos ou choramingos; queixa ocasional	Choro continuado, grito ou soluço; queixa frequente
Consolabilidade	Satisfeita, relaxada	Tranquilizada por toques, abraços ou conversas ocasionais; pode ser distraída	Difícil de consolar ou confortar

da amplitude de movimento deve indicar os valores inicial e final, chamados de arco de movimento.

Se o indivíduo tem um lado comprometido e outro considerado sadio, este também deve ser medido para efeito de comparação. Caso os dois lados estejam comprometidos, pode-se utilizar o quadro de ângulos normais (Tabelas 17.2 e 17.3). As mudanças de posição também devem ser programadas para não manipular o paciente excessivamente[15], em especial se ele se encontra sob cuidados clínicos intensivos.

Os valores obtidos com a goniometria podem fornecer informações valiosas, como determinar a presença ou não de disfunção, estabelecer objetivos de tratamento, avaliar a recuperação de limitações articulares e direcionar a confecção de órteses[15].

Função Muscular

A função muscular é avaliada por meio da escala da graduação da força muscular descrita por Kendall et al.[18] com pontuação de 0 a 10, embora na prática sejam utilizados somente os números inteiros, 0 a 5 da escala, conforme apresentado na Tabela 17.4.

Tabela 17.2 Ângulos articulares dos membros superiores

Articulação	Movimento	Graus de movimento (°)
Ombro	Flexão	0-180
	Extensão	0-45
	Adução	0-40
	Abdução	0-180
	Rotação medial	0-90
	Rotação lateral	0-90
Cotovelo	Flexão	0-145
	Extensão	145-0
Radioulnar	Pronação	0-90
	Supinação	0-90
Punho	Flexão	0-90
	Extensão	0-70
	Adução	0-45
	Abdução	0-20
Carpometacarpal do polegar	Flexão	0-15
	Abdução	0-70
	Extensão	0-70
Metacarpofalângicas	Flexão	0-90
	Extensão	0-30
	Abdução	0-20
	Adução	0-20
Interfalângicas	Flexão	0-110
	Extensão	0-10

Tabela 17.3 Ângulos articulares dos membros inferiores

Articulação	Movimento	Graus de movimento (°)
Quadril	Flexão	0-125
	Extensão	0-10
	Adução	0-15
	Abdução	0-45
	Rotação medial	0-45
	Rotação lateral	0-45
Joelho	Flexão	0-140

(continua)

Tabela 17.3 Ângulos articulares dos membros inferiores *(continuação)*

Articulação	Movimento		Graus de movimento (°)
Tornozelo	Flexão dorsal		0-20
	Flexão plantar		0-45
	Abdução		0-20
	Adução		0-40
Metatarsofalângicas	Flexão –	primeiro dedo	0-45
		segundo ao quinto dedo	0-40
	Extensão –	primeiro dedo	0-90
		segundo ao quinto dedo	0-45
Interfalângicas	Flexão (intermédia) – primeiro dedo		0-90
	Proximais – segundo ao quinto dedo		0-35
	Distais – segundo ao quinto dedo		0-60

Tabela 17.4 Função muscular

Classificação	
0	Nenhuma contração é sentida ou vista no músculo – não há movimento
1	Uma contração fraca é sentida no músculo – sem movimento visível
2	Movimento no plano horizontal pela amplitude completa de movimento para o músculo que estiver sendo testado (o paciente não consegue realizar o movimento contra a ação da gravidade)
3	Teste na posição antigravitacional sem acrescentar pressão
4	Teste na posição antigravitacional contra uma pressão moderada
5	Teste na posição antigravitacional contra uma pressão forte

Para a população pediátrica, muitas vezes se faz necessária uma abordagem lúdica, exigindo do fisioterapeuta criatividade. Por exemplo, tendo-se como objetivo avaliar a função muscular do bíceps braquial, uma possibilidade seria pedir ao paciente para carregar um objeto de seu interesse e ir aumentando a carga do objeto progressivamente (trocar o objeto) até que ele consiga realizar ou não a atividade com o membro contralateral, conseguindo-se, assim, a colaboração da criança.

Funcionalidade

Existem poucos instrumentos de avaliação para a funcionalidade das crianças, sendo necessário adaptar escalas utilizadas em adultos para essa população, como Jacobsen et al.[19] fizeram em 2015, modificando a escala IKDC para PEDI-IKDC (*modified International Knee Documentation Commitee subjective knee form*), para avaliação das afecções do joelho, incluindo fraturas.

Esse tipo de avaliação auxilia o fisioterapeuta no processo de reabilitação, evidenciando a melhora ou não da funcionalidade e em quais pontos é preciso enfatizar o tratamento.

A incapacidade resultante da lesão pode ser manifestada por dificuldade de movimentação, dor ou alterações cognitivas. Tais incapacidades podem predispor a novas lesões. A avaliação e o tratamento da incapacidade, assim como o desenvolvimento do potencial dos pacientes, são os objetivos da reabilitação[20]. Para fins didáticos, pode-se dividir o processo de reabilitação em duas fases, evidenciadas na Figura 17.2.

Fisioterapia após Controle de Danos

O conceito *damage control orthopedics* é amplamente utilizado na literatura para o manejo do trauma ortopédico em adultos[21-23]. A fixação externa temporária das fraturas é utilizada para estabilização dos ossos longos enquanto o paciente é estabilizado sistemicamente o suficiente para permitir o tratamento definitivo das fraturas. Existem poucos estudos na literatura aplicando os princípios do controle de danos em crianças[24] (Figuras 17.3 e 17.4).

Esse conceito permite a mobilização precoce desses pacientes, facilitando o manejo nas atividades da vida diária e prevenindo as complicações do imobilismo.

Nessa fase, o fisioterapeuta deve iniciar a fisioterapia motora, mobilizando as articulações livres, uma vez que não existam outras lesões que o impeçam de fazê-lo, o que é discutido minuciosamente com o ortopedista responsável pelo caso.

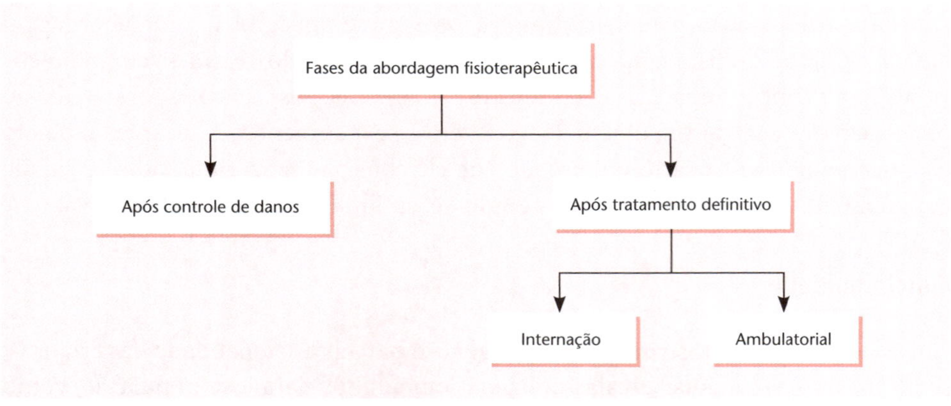

Figura 17.2 Fases da abordagem fisioterapêutica.

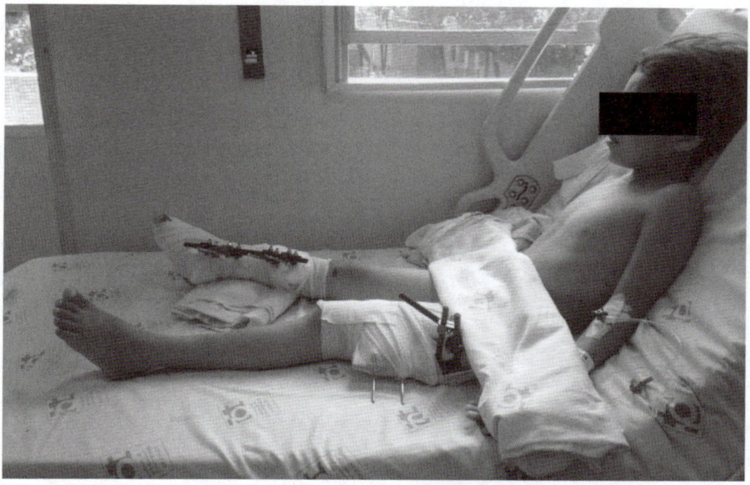

Figura 17.3 Paciente com fraturas diafisárias do fêmur esquerdo e da tíbia direita.

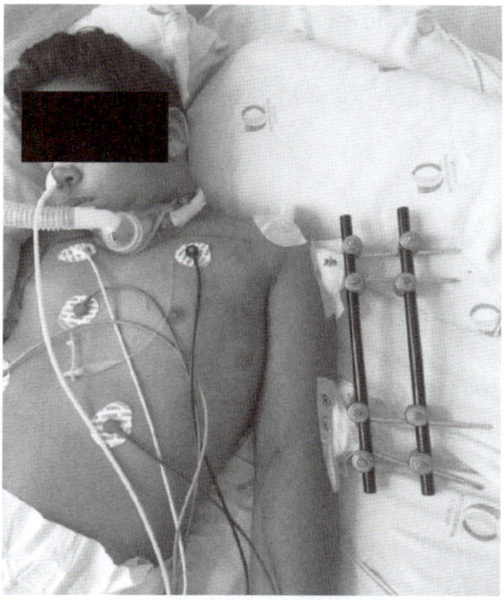

Figura 17.4 Paciente com fratura diafisária do úmero esquerdo.

No caso ilustrado na Figura 17.3, por exemplo, iniciou-se o trabalho de mobilização passiva e ativo-assistida dos membros inferiores com ênfase no tornozelo direito e no joelho esquerdo, articulações que apresentam mais complicações relacionadas à amplitude de movimento nessas situações. As atividades da vida diária, durante o período de internação, puderam ser facilitadas com a fisioterapia, pois o paciente foi treinado a realizar, com auxílio, a transferência para a cadeira, o que o ajudava nos momentos de higiene pessoal, como o banho, mantendo ambos os membros inferiores sem descarga de peso.

Já no caso representado pela Figura 17.4, iniciou-se precocemente o trabalho das articulações do ombro e do cotovelo, principalmente considerando a lesão em questão.

Enquanto o paciente estiver restrito ao leito, além dos membros acometidos, o profissional precisa avaliar e abordar os membros não envolvidos, prevenindo possíveis contraturas e deformidades causadas pelo imobilismo, uma vez que, segundo Lianza[20], tais deformidades são lesões frequentemente encontradas em pacientes que sofreram politraumatismos, responsáveis por agravar a intensidade das incapacidades e dificultar o processo de reabilitação.

O mau posicionamento das articulações é a causa mais comum das deformidades, condicionado pela dor ou por alterações do movimento secundárias a lesões do sistema nervoso central ou periférico. A maneira mais eficiente de combater a deformidade é prevenir o seu aparecimento com o seguinte plano de ação: posicionamento adequado, aplicação de órteses, exercícios passivos e ativos. Além disso, toda a equipe deve estar treinada em relação ao posicionamento correto para cada paciente, evitando que ele seja, por exemplo, modificado após cuidados de higiene ou na troca de curativos[20].

Fisioterapia após tratamento definitivo

Fase de internação

Após o tratamento definitivo das fraturas, na fase de internação, muitas vezes o paciente permanece hospitalizado por curto período. Dessa forma, a orientação tem papel importante no processo de reabilitação, para que a criança, com auxílio e supervisão de seu cuidador, possa dar sequência ao que foi iniciado na internação referente aos exercícios, posicionamento, treino de marcha e atividades da vida diária.

A Figura 17.5 demonstra o treino da posição sentada à beira do leito (A), após a realização dos exercícios para ganho de amplitude de movimento e o treino de marcha (B) realizado com a criança 1 dia após a fixação definitiva das fraturas diafisárias do fêmur esquerdo e da tíbia direita com hastes flexíveis realizada pela equipe médica da ortopedia.

Nessa fase é possível dar continuidade ao ganho de amplitude de movimento, já iniciado anteriormente na fase após o controle de danos, além do fortalecimento muscular, iniciado com exercícios isométricos e ativo-assistidos. A descarga de peso parcial foi liberada pela equipe médica para ambos os membros inferiores, nesse caso tornando possível o treino precoce da marcha com auxílio do andador.

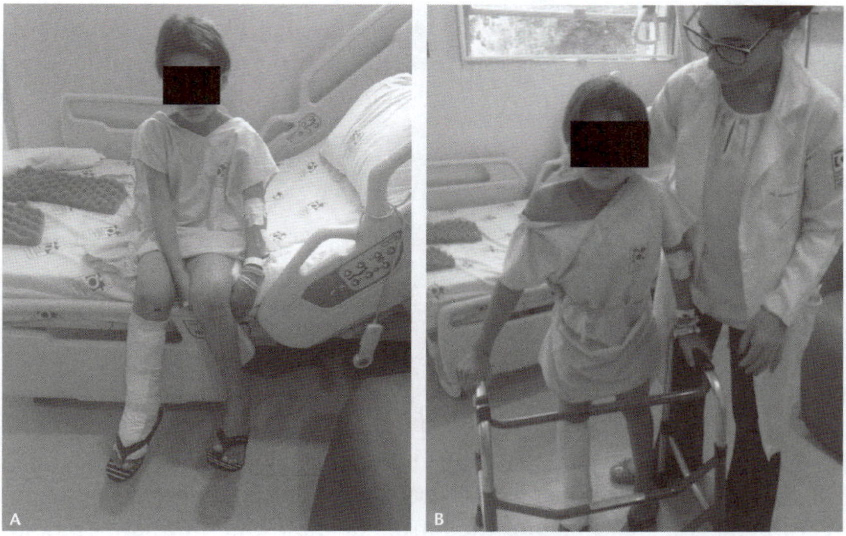

Figura 17.5 Primeiro dia após fixação interna das fraturas (unidade de internação).

Na prática clínica, nota-se que a fisioterapia, quando guiada de maneira lúdica – explicando cada etapa do processo não somente para o cuidador, mas também para a criança, em linguagem de fácil entendimento para ambos –, estimula maior participação e colaboração com o tratamento.

Em alguns hospitais, pode-se utilizar a brinquedoteca para que as crianças possam fazer a fisioterapia. Quando a visita não é viável pelo quadro funcional apresentado pelo paciente, os brinquedos podem ser levados até o quarto.

Fase ambulatorial

Após o tratamento definitivo, na fase ambulatorial é dada continuidade ao tratamento iniciado na unidade de internação, uma vez que o fisioterapeuta orientará a progressão do ganho de amplitude de movimento, assim como o fortalecimento muscular, com exercícios ativos livres e resistidos. Muitas vezes é utilizado o peso corporal para esses exercícios quando permitido, preconizando maior ganho funcional.

Nessa fase trabalha-se a progressão da descarga de peso, a propriocepção, o retorno às atividades escolares, recreativas e esportivas, avaliando a necessidade de adaptações. O contato com a equipe médica se faz tão importante quanto na fase de internação, pois nos retornos é acompanhada a evolução do processo de consolidação óssea.

A interação do profissional fisioterapeuta com o cuidador durante todo o processo é de grande valia, pois este conhece bem o paciente e pode identificar comportamentos e padrões de movimentos que não eram habituais antes do trauma.

CONCLUSÕES

O trauma permanece como a principal causa de morte e incapacidade nos pacientes pediátricos, e suas causas e incidência são muito variáveis, dependendo da faixa etária, do local de residência, do sexo e de renda familiar.

A estabilização cirúrgica precoce das fraturas nos primeiros 2 a 3 dias após o trauma leva à redução do tempo de internação hospitalar.

A abordagem fisioterapêutica deve iniciar-se após a conduta ortopédica, conservadora ou cirúrgica. É necessário avaliação musculoesquelética (dor, goniometria, função muscular e funcionalidade) para a elaboração do plano de tratamento.

A fisioterapia é aplicada após o controle de danos, permitindo a mobilização precoce dos pacientes, prevenindo complicações do imobilismo e, após o tratamento definitivo, na fase de internação, ajudando no treino de marcha e no retorno às atividades da vida diária. Posteriormente, na fase ambulatorial, trabalhando a progressão dos exercícios, a propriocepção e o retorno às atividades escolares, recreativas e esportivas.

O atendimento adequado ao politraumatizado, particularmente à criança, exige profissionais devidamente qualificados, disponibilidade de equipamentos e centros de assistência especializados.

REFERÊNCIAS BIBLIOGRÁFICAS

1. Abramovici S, Souza RL. Abordagem em criança politraumatizada. J Pediatr. 1999;75(2):S268-S278.
2. Harrington J, Sochett E. Fractures, what next? Pediatr Clin N Am. 2015;62(4):841-55.
3. Junior GAP, Andreghetto AC, Filho AB, Andrade JI. Trauma no paciente pediátrico. Medicina, Ribeirão Preto, Simpósio Trauma I. 1999;32:262-81.
4. Stape A, Troster EJ, Pinus J, Waksman RD, Carrera RM, Aramovici S. Trauma na criança: da prevenção à reabilitação. São Paulo: Roca; 2013.
5. Brasil. Informações de saúde. DataSus: Ministério da Saúde. Disponível em: <http://tabnet.datasus.gov.br/cgi/tabcgi.exe?sim/cnv/ext10uf.def>. (Acesso 31 jan. 2017.)
6. Wegmann H, Orendi I, Singer G, Eberl R, Castellani C, Schalamon J, et al. The epidemiology of fractures in infants — which accidents are preventable? Injury. 2016;47(1):188-91.
7. Passali D, Corallo G, Yaremchuk S, Longini M, Proietti F, Passali GC, et al. Foreign body injuries in children: a review. Acta Otorhinolaryngol Ital. 2015;35(6):265-71.
8. Johnston BD, Rivara FP. Injury control: new challenges. Pediatr Rev. 2003;24(4):111-8.
9. Pickett W, Molcho M, Simpson K, Janssen I, Kuntsche E, Mazur J, et al. Cross national study of injury and social determinants in adolescents. Inj Prev. 2005;11(4):213-08.

10. Scherl SA, Kay RM. Management of the multiply injured child. In: Flynn JM, Skaggs DL, Waters PM. Rockwood and Wilkins' Fractures in Children. Philadelphia: Wolters Kluwer; 2015. 8. ed. p. 95-115.
11. Mooney JF, Argenta LC, Marks MW, Morykwas MJ, DeFranzo AJ. Treatment of soft tissue defects in pediatric patients using the V.A.C system. Clin Orthop Relat Res. 2000;376:26-31.
12. Canale ST, Kelly Jr FB. Fractures of the neck of the talus. Long-term evaluation of 71 cases. J Bone Joint Surg Am. 1978;60 (2):143-56.
13. Swanson TV, Bray TJ, Holmes Jr GB. Fractures of the talar neck. A mechanical study of fixation. J Bone Joint Surg Am. 1992;74(4):544-51.
14. Chamlian TR, Wasserstein S, Masiero D. Reabilitação no trauma ortopédico. In: Faloppa F, Albertoni WM. Guias de medicina ambulatorial e hospitalar da Unifesp-EPM: ortopedia e traumatologia. 2. ed. Barueri: Manole; 2008. p. 679-93.
15. Marques AP. Manual de goniometria. 2. ed. Barueri: Manole; 2008.
16. Safavi FZ. Anesthesiology. In: Herring JA, Texas Scottish Rite Hospital for Children. Tachdjian's Pediatric Orthopaedics. Philadelphia: Elsevier; 2014. 5. ed. p. 101-112.
17. Silva FC, Thuler LC. Cross-cultural adaptation and translation of two pain assessment tools in children and adolescents. J Pediatr (Rio J). 2008;84(4):344-9.
18. Kendall FP, McCreary EK, Provance PG, Rodgers MM, Romani WA. Músculos: provas e funções, com postura e dor. 5. ed. Barueri: Manole; 2007. p. 1-47.
19. Jacobsen JS, Knudsen P, Fynbo C, Rolving N, Warming S. Reproducibility and responsiveness os a Danish Pedi-IKDC subjective knee form for children with knee disorders. Scand J Med Sci Sports. 2015;26(12):1408-14.
20. Lianza S. A reabilitação do politraumatizado. In: Avanzi O, Camargo OPA, Mercadante MT, Meyczari AN. Ortopedia e traumatologia: conceitos básicos, diagnóstico e tratamento. São Paulo: Roca; 2004. p.369-78.
21. Pape HC, Hildebrand F, Pertschy S, Zelle B, Garapati R, Grimme K, et al. Changes in the management of femoral shaft fractures in polytrauma patients: from early total care to damage control orthopaedic surgery. J Trauma. 2002;53(3):452-62.
22. Taeger G, Ruchholtz S, Waydhas C, Lewan U, Schmidt B, Nast-Kolb D. Damage control orthopaedics in patients with multiple injuries is effective, time saving, and safe. J Trauma. 2005;59(2):408-16.
23. Tuttle MS, Smith WR, Williams AE, Agudelo JF, Hartshorn CJ, Moore EE et al. Safety and efficacy of damage control external fixation versus early definitive stabilization for femoral shaft fractures in the multiply injured patient. J Trauma. 2009;67(3):602-5.
24. Mooney JF. The use of "damage control orthopedics" techniques in children with segmental open femur fractures. J Pediatr Orthop B. 2012;21(5):400-3.

18 Assistência fisioterapêutica nas doenças ortopédicas pediátricas

Klévia Bezerra Lima
Georgia Melges de Souza

Após ler este capítulo, você estará apto a:

1. Compreender o diagnóstico de displasia do desenvolvimento do quadril.
2. Reconhecer as fases do tratamento da displasia do desenvolvimento do quadril.
3. Reconhecer os tipos de órteses (suspensório de Pavilik, Milgran e Dennis-Brown).
4. Compreender o tratamento fisioterapêutico para pacientes com displasia do desenvolvimento do quadril.
5. Orientar cuidadores e familiares quanto aos exercícios e importância do uso da órtese.

A reabilitação motora com crianças na fase do desenvolvimento neuropsicomotor (DNPM) é desafiadora para o fisioterapeuta, que deve levar em consideração fatores sociais, físicos e emocionais, a fim de que o tratamento proposto pela equipe multidisciplinar alcance um resultado satisfatório.

Um dos desafios do processo de reabilitação é a adesão ao tratamento, tanto por parte do paciente quanto da família e/ou cuidador, já que, em alguns casos, o tratamento pode ser de longa duração[1]. Portanto, cabe à equipe multidisciplinar orientar e acompanhar o paciente e a família para que haja sucesso, resultando em melhor qualidade de vida.

Dentre as doenças ortopédicas pediátricas, destacam-se a displasia do desenvolvimento do quadril (DDQ) e o pé torto congênito (PTC). Para o tratamento dessas doenças, é importante a atuação de uma equipe interdisciplinar composta de médico, fisioterapeuta, psicóloga, assistente social, fonoaudiólogo, terapeuta ocupacional e enfermeiro para que seja eficaz e alcance o sucesso desejado.

DISPLASIA DO DESENVOLVIMENTO DO QUADRIL

A DDQ é uma condição anormal ao nascimento, em que ocorre perda da relação articular normal entre a cabeça femoral e o acetábulo[1].

A incidência está situada na faixa de 1-2:1.000 recém-nascidos (RN). Nos Estados Unidos, 10:1.000 RN aproximadamente, segundo Howorth e Coleman; em nosso meio espera-se uma incidência de aproximadamente 5:1.000 RN quanto à positividade do sinal de Ortolani[1].

A afecção é mais frequente nas meninas (3-5:1). No Brasil, a relação observada é de 4:1, sendo mais frequente na raça branca. Quanto à lateralidade, a distribuição aproximada é bilateral (23,9%), lado direito (47,8%) e lado esquerdo (28,2%).

Várias teorias tentam explicar a etiologia da DDQ, como: genética (genes ligados ao cromossomo sexual), posição intrauterina, fatores hormonais (hormônios sexuais femininos que causam a frouxidão dos ligamentos da cápsula pélvica) e fatores ambientais (questões culturais de posicionamento do RN, com as extremidades pélvicas em extensão e adução total)[1,2].

O exame clínico do RN é o melhor método para o diagnóstico precoce, por meio dos testes de Ortolani e de Barlow, e sinais clássicos, como pregas glúteas assimétricas, limitação da abdução do quadril e sinal de Galeazzi positivo.

O tratamento tem como objetivo a redução concêntrica e atraumática, mantendo o quadril em posição até que ocorra a estabilidade da articulação[1].

Fisioterapia

Nos primeiros dias de vida

Assim que o paciente é diagnosticado com DDQ, nos primeiros dias de vida, inicia-se o tratamento médico com o objetivo de estabilização da cabeça femoral no acetábulo por meio de órtese – suspensório de Pavlik –, que proporciona a simultânea flexão e abdução da articulação coxofemoral, permanecendo com a órtese por 6 a 8 semanas[1].

Atuação da fisioterapia

Havendo sucesso no tratamento, o paciente será acompanhado pelo médico com retornos a seu critério. Observando-se atraso no desenvolvimento neuropsicomotor, o paciente é encaminhado para a fisioterapia, não esquecendo que ele ficou, em geral, os 3 primeiros meses de vida com o suspensório de Pavlik.

Tratamento

Serão realizados exercícios para estimular o DNPM, começando com o controle cervical, caso ainda não alcançado e progredindo, respeitando o amadurecimento do sistema nervoso central.

Do terceiro ao sexto mês

Caso não haja sucesso com o uso do suspensório e a criança ainda não tenha adquirido a marcha (6 meses de vida), a opção é a redução incruenta, com tenotomia dos músculos adutores do quadril e imobilização em aparelho gessado (quadris em flexão de 90° e abdução de 60°). A troca do aparelho gessado será realizada após 8 a 12 semanas (2 a 3 meses). Se os quadris estiverem estáveis, é indicado o uso da órtese de abdução do tipo Milgran[1] (Figura 18.1).

A órtese deverá ser usada por aproximadamente 3 meses (de acordo com a indicação médica). É permitida a sua retirada, nos 2 primeiros meses, somente para a realização da fisioterapia (Figura 18.2) e higiene da criança. Sendo reavaliada pelo médico, progredirá no terceiro mês para o uso noturno da órtese.

Atuação da fisioterapia

Objetivo: alcançar a amplitude do movimento (ADM) do quadril, ganhar força muscular (FM) dos membros inferiores, principalmente do músculo glúteo médio, e marcha, o mais próximo do normal, se a criança já estiver na fase da marcha.

Avaliação: será realizada a anamnese, constando os dados pessoais, familiares e a história da doença. Além disso, será avaliada ADM dos quadris e joelhos por meio da goniometria e a FM, pela escala de força muscular (graduada de 0 a 5)[3].

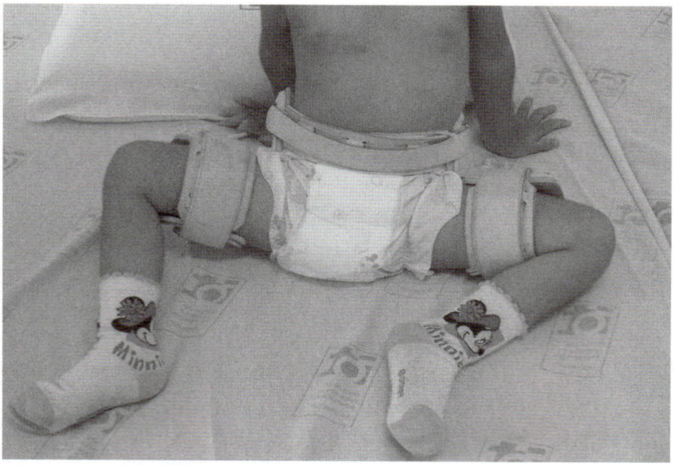

Figura 18.1 Criança com a órtese de abdução do tipo Milgran.

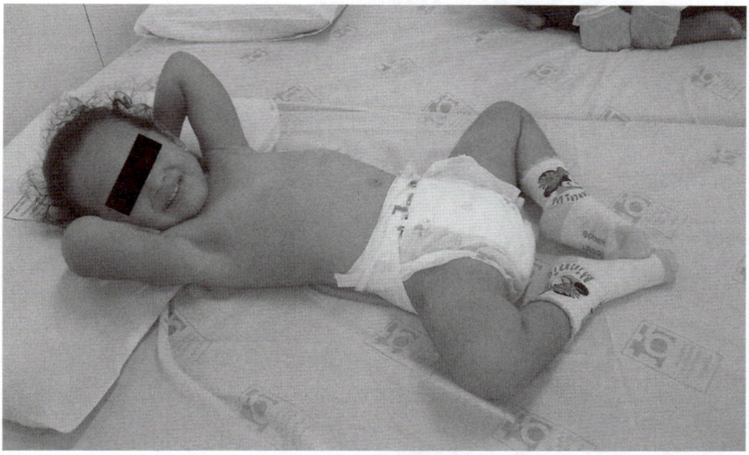

Figura 18.2 Criança sem a órtese de Milgran liberada para a realização da fisioterapia.

Orientações para familiares e/ou cuidadores: o aparelho Milgran deve ser retirado somente para a realização dos exercícios e a higiene, e para realizar os exercícios diariamente em casa, orientados pelo fisioterapeuta.

Tratamento:

- Serão realizados exercícios passivos para o ganho de ADM dos quadris e joelhos.
- Alcançada a ADM dos quadris, o mais próximo da normalidade (flexão entre 110 e 130º; abdução entre 30 e 45°), e dos joelhos (ADM total), inicia-se com exercícios para ganho de FM, exercícios isométricos de quadríceps (Figura 18.3) e glúteos, progredindo para ativos livres (Figura 18.4) e ativos resistidos.
- O *treino de marcha* será realizado após a liberação médica. Inicia-se com o treino de ortostatismo, com ênfase no alinhamento dos membros inferiores, progredindo para o treino de marcha em barras paralelas com apoio bilateral e, em seguida, para marcha sem apoio e com obstáculos.

Recursos: para alcançar os objetivos, é importante sempre ter estratégias, como brinquedos lúdicos e escadas, para auxiliar no treino de marcha (transpor cada degrau incentiva a criança a fletir o quadril e o joelho espontaneamente) – Figuras 18.5 e 18.6.

Alta: ocorrerá quando a ADM da articulação do quadril e do joelho estiver mais próximo da normalidade (flexão do quadril na criança entre 110 e 130°; abdução entre 30 e 45°)[4], com FM grau 5 dos músculos do quadril, principalmente do glúteo médio, marcha independente e bom equilíbrio (Figuras 18.7 a 18.9).

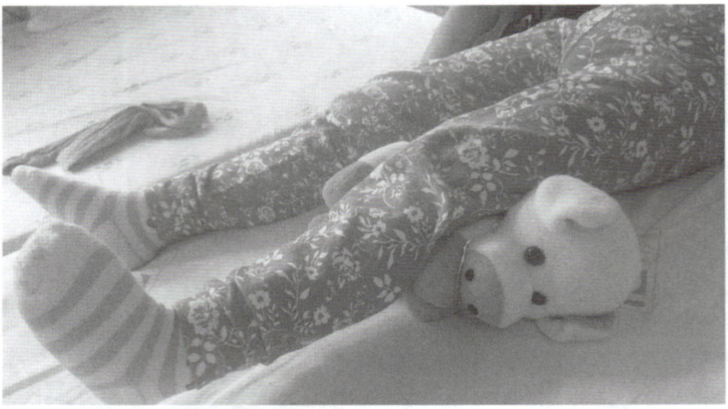

Figura 18.3 Paciente realizando exercícios isométricos de quadríceps com recurso lúdico.

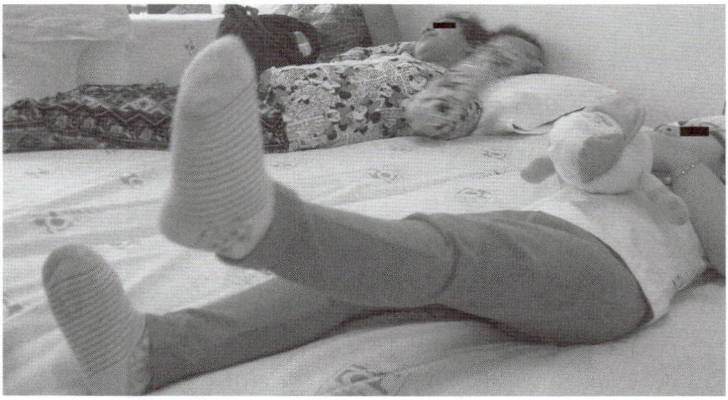

Figura 18.4 Paciente realizando exercícios ativos livres de quadril.

Deve-se ter em mente sempre a idade da criança, o tempo de uso do gesso e o desconforto da órtese. Muitas vezes, há necessidade da intervenção do profissional psicólogo para que medos, angústias e outros sentimentos sejam abordados e os objetivos da fisioterapia sejam alcançados.

Diagnóstico tardio

Quando a criança portadora de DDQ for diagnosticada tardiamente e tiver atingido a idade da marcha, a conduta é realizar cirurgia, como osteotomia femoral ou pélvica e encurtamento femoral. Para crianças acima dos 7 a 8 anos[1], há indicação de osteotomias dos tipos de Salter e Pemberton[1].

Os pacientes serão encaminhados à fisioterapia assim que forem liberados pelo médico e seguirão o protocolo já citado.

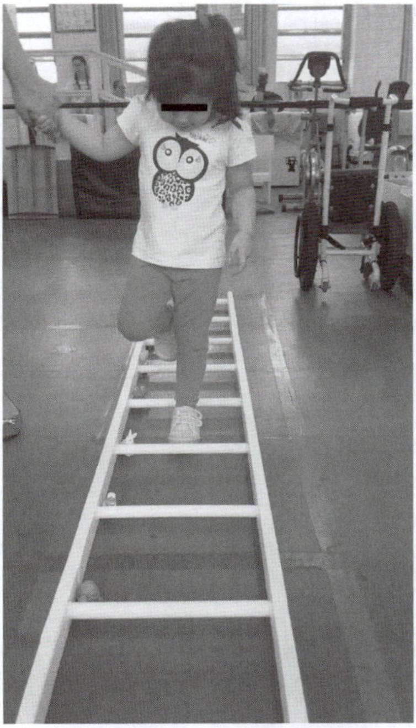

Figura 18.5 Treino de marcha com obstáculos.

Figura 18.6 Exercícios ativos para flexão-extensão de quadril e joelho usando recursos lúdicos.

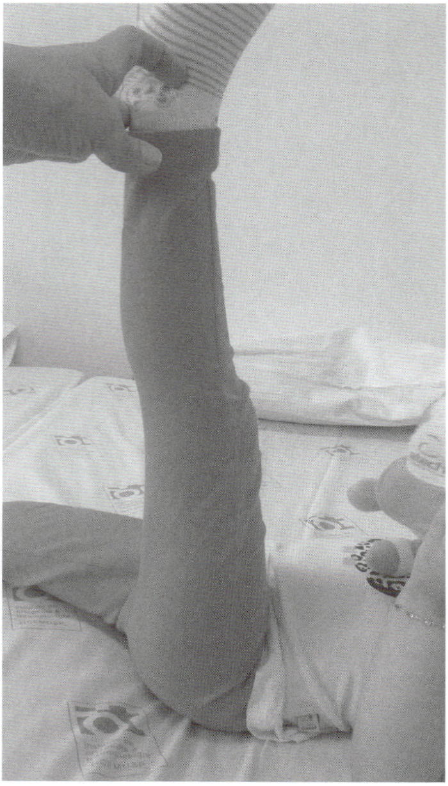

Figura 18.7 Amplitude do movimento de quadril após a reabilitação.

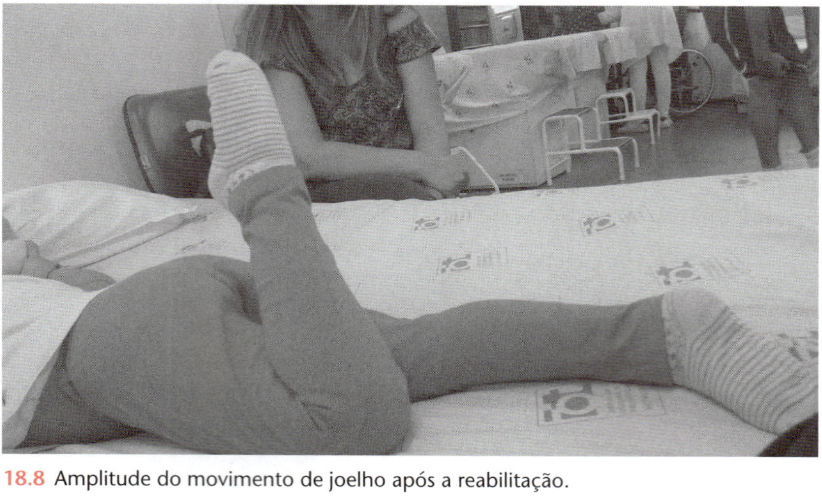

Figura 18.8 Amplitude do movimento de joelho após a reabilitação.

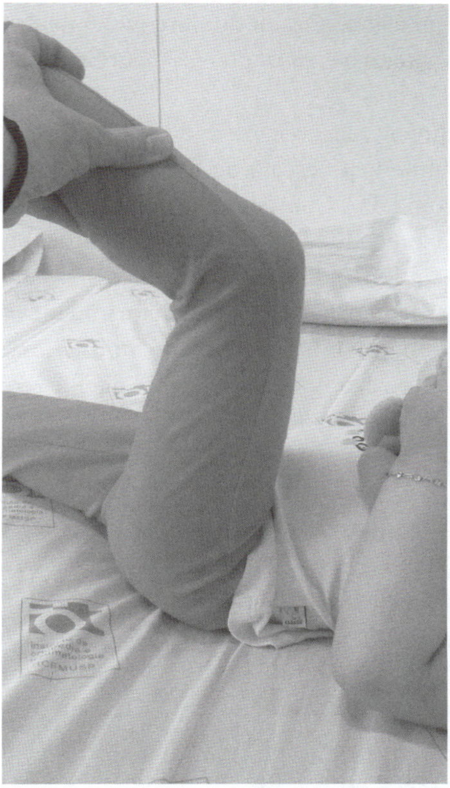

Figura 18.9 Amplitude do movimento de quadril e joelho após a reabilitação.

PÉ TORTO CONGÊNITO

O PTC é um acometimento ortopédico congênito, indolor, caracterizado por retropé equino e varo, e médio e antepé cavo aduto, podendo estar associado a outras deformidades, como metatarso varo aduto, displasia do desenvolvimento do quadril, bandas de tensão e sindactilia[1,5].

Apresenta incidência aproximada de 1:1.000 nascidos vivos, variando de acordo com a etnia, com predominância no sexo masculino de 1:2 e acometimento bilateral em 40% dos casos[1,5].

A etiologia é desconhecida, mas existem algumas teorias a respeito das causas. Estudos sugerem fator genético, mostrando que, quando um dos pais tem PTC, a probabilidade de a criança apresentar a deformidade é de 3 a 4% e essa possibilidade aumenta para 15% no caso de ambos os pais terem a deformidade. Outras causas possíveis são: posição intrauterina do feto, compressão mecânica ou aumento da pressão hidráulica intrauterina, parada do desenvolvimento fetal, infecções virais, deficiências vasculares, alterações musculares e neurológicas, e defeito no desenvolvimento das estruturas ósseas[1,5].

O diagnóstico é clínico, feito por meio de exame físico, como inspeção e palpação e utiliza-se, geralmente, a escala de Piriani para classificar clinicamente os pacientes ou crianças com PTC. Consiste em avaliar sinais clínicos quanto ao médio pé (borda lateral do pé, prega medial e cobertura do tálus) e retropé (prega posterior, redutibilidade do equino, palpação do calcâneo)[1].

O objetivo do tratamento é a correção da deformidade para que o pé seja plantígrado, indolor e com boa mobilidade. Assim como na maior parte dos serviços, usa a técnica de Ponseti, pela simplicidade, efetividade e redução das cirurgias extensas[6,7].

A técnica proposta pelo dr. Ignácio Ponseti consiste em uma manipulação gessada seriada, de início precoce, a partir de sete dias de nascido, com bons resultados. O pé é manipulado por 1 minuto antes da aplicação do gesso. O médico manipula o pé aplicando contrapressão na cabeça lateral do tálus, com o polegar, e coloca o dedo indicador atrás do maléolo lateral do mesmo lado; com a mão oposta, o antepé é abduzido simultaneamente. Essa manipulação é realizada semanalmente no consultório, pelo período de 4 a 8 semanas. A cada troca, a rotação externa do pé, medida pelo eixo coxa-pé, é aumentada ate 70°, retirando o gesso no consultório para manter a correção alcançada. Ao final desse processo, o calcâneo está valgo e deve ocorrer a correção do equino, que em 90% dos casos é conseguida por tenotomia percutânea de tendão-calcâneo e mantida em imobilização gessada inguinopodálica com o pé em 70° de rotação externa e dorsiflexão máxima por 3 semanas[1,8].

Após esse período, o paciente inicia o uso da órtese de abdução dos pés por 23 horas ao dia por 3 meses, evoluindo para 14 horas de uso até completar 4 anos de idade[1].

Caso haja recidiva do quadro de deformidade, são realizadas avaliações para traçar a melhor conduta, sendo reiniciada a manipulação gessada. Para crianças mais velhas com supinação dinâmica, é indicada a transferência do tendão tibial anterior para cunha lateral, a partir dos 3 meses[1].

O acompanhamento fisioterapêutico é associado ao acompanhamento médico; o trabalho em equipe multidisciplinar é fundamental para o sucesso do tratamento.

O tratamento fisioterapêutico inicia-se logo após a retirada do gesso e o início do uso da órtese de Dennis-Brown. Assim que ocorrer o encaminhamento para o serviço de fisioterapia, é aplicada uma avaliação padrão, sendo coletados dados pessoais dos pais, informações sobre nascimento, desenvolvimento neuropsicomotor, data de cirurgia, data de início de uso da órtese e informação sobre recidiva durante o tratamento.

A primeira abordagem com esses pais/cuidadores tem objetivo informativo, explicando o que é a doença, qual é o percurso natural do tratamento, esclarecendo dúvidas que forem apresentadas. É sabido que muitos buscam informações na internet, chegando à fisioterapia com dúvidas e confusões quanto à doença e ao tratamento. Quanto mais informados esses pais/cuidadores estiverem, mais aderentes ao tratamento serão, favorecendo o seu sucesso[9].

Durante a avaliação do desenvolvimento neuropsicomotor, são sempre observadas a idade da criança e as suas aquisições motoras, mas é sabido que a órtese de Dennis-Brown, se utilizada adequadamente, não interfere no ganho motor até cerca de 12 meses, quando a criança estará na fase de ortostatismo. Caso ela necessite do uso diurno ultrapassando essa idade, pode haver pequeno atraso no ganho da marcha, o que ocorre pela impossibilidade de deambular com a órtese[10].

Observa-se que, em alguns casos, os pais/cuidadores apresentam certa superproteção com relação a essas crianças, e isso pode acarretar pequeno atraso no DNPM, o que rapidamente é corrigido com a estimulação realizada na fisioterapia.

No caso de recidiva desses pacientes submetidos à transposição do tendão do tibial anterior, o objetivo da fisioterapia será melhorar e adequar a nova função muscular. Serão mantidos os exercícios passivos de dorsiflexão associados à eversão, além da estimulação da eversão ativa, com o uso de estímulos táteis e visuais, treino de marcha para melhor apoio e função do pé submetido à correção cirúrgica, treino funcional adequado para a idade da criança, lembrando-se da especificidade de cada fase do DNPM.

REFERÊNCIAS BIBLIOGRÁFICAS

1. Filho TEB, Camargo OP, Camanho GL. Clínica ortopédica. Barueri: Manole; 2012. p. 113-4; 200-5; 242-3.
2. Andrade MN, Avila PES, Bossini ES. Tratamento fisioterapêutico da displasia do quadril: revisão bibliográfica. Rev Para Med. 2015;29(1):45-50.
3. Kendall FP, McCreary EK. Músculos – provas e funções. 3. ed. São Paulo: Manole; 1987.
4. Barros Filho TEP, Lech O. Exame físico em ortopedia. 2. ed. São Paulo: Sarvier; 2002. p. 228-231.
5. Maranho, ADC, Volpon JB. Pé torto congênito. Acta Ortop Bras. 2011;19(3):163-9.
6. Gray K, Pacey V, Gibbons P, Little D, Burns J. Interventions for congenital talipes equinovarus (clubfoot) – review. The Cochrane Collaboration. 2014;8.
7. Lara LCR et al. Tratamento do pé torto congênito idiopático pelo método Ponseti: 10 anos de experiência. Rev Bras Ortop. 2013;48(4):362-7.
8. Ponseti I et al. Pé torto: tratamento pelo método de Ponseti. Global-Help; 2003. Disponível em: http://global-help.org/. (Acesso 01 jul. 2017.)
9. Paulsen-Miller M, Dolan LA, Stineman A, Morcuende JA. Understanding the educational needs for parents of children with clubfoot. Orthop Nursing. 2011;30(4):273-8.
10. Garcia NL1, McMulkin ML, Tompkins BJ, Caskey PM, Mader SL, Baird GO. Gross motor development in babies with treated idiopathic clubfoot. Pediatr Phys Ther. 2011;23(4):347-52.

Seção IV

Abordagem fisioterapêutica nos distúrbios neurológicos

19 Escalas de avaliação do desenvolvimento

Adriana Della Zuana
Anna Paula Bastos Marques Costa

Após ler este capítulo, você estará apto a:

1. Identificar as principais escalas de avaliação do desenvolvimento neuromotor empregadas pela fisioterapia.

INTRODUÇÃO

O desenvolvimento infantil é o resultado da interação entre fatores genéticos, biológicos e ambientais. Os fatores biológicos podem influenciar o desenvolvimento em curto e longo prazo, uma vez que interferem na formação e na maturação dos diversos sistemas desde a fase gestacional[1].

Atrasos motores são as primeiras manifestações de possíveis desordens do desenvolvimento. A criança vulnerável exposta a fatores de risco pode resistir aos efeitos negativos dessa exposição se diagnosticada precocemente, uma vez que as aprendizagens são potencializadas em decorrência da plasticidade cerebral. Com a identificação precoce dos níveis de desenvolvimento e função motora, intervenções planejadas otimizam o prognóstico, possibilitando a adequada tomada de decisão quanto a estratégias para o melhor desempenho[2].

A avaliação do desenvolvimento é ineficaz quando utilizada somente na investigação clínica. Escalas confiáveis, com comprovadas sensibilidade e especificidade, devem ser empregadas para identificar alterações neuropsicomotoras. Inúmeros são os métodos empregados para a avaliação do desenvolvimento infantil. Escalas e testes são utilizados em nível mundial, na tentativa de quantificar e qualificar o desenvolvimento da criança[1].

No Brasil, o desafio do diagnóstico de alterações no desenvolvimento é agravado pela escassez de dados normativos e de instrumentos padronizados e validados na primeira infância. Instrumentos que avaliam o desenvolvimento motor, padronizados no país de origem, podem sofrer interferência em seus resultados frente à adaptação a outro meio e a fatores socioeconômicos, étnicos e culturais diversos[2].

Antes de iniciar a avaliação, o profissional deve selecionar qual instrumento utilizará e para isso precisa estar atento a algumas informações, como o que deseja avaliar, a doença da criança, a idade, o local onde será aplicado o teste, o custo do material, a necessidade de treinamento e se o teste sofreu adequação cultural.

A seguir serão abordadas as principais escalas de avaliação do desenvolvimento neuromotor, que podem ser empregadas por profissionais aptos e conhecedores desses instrumentos de avaliação. Além das escalas aqui descritas encontram-se disponíveis na literatura diversos outros instrumentos.

TESTE DE TRIAGEM DE DESENVOLVIMENTO DENVER II (TTDD II)

Na tentativa de acompanhar objetivamente o desenvolvimento neuropsicomotor de crianças de 0 a 6 anos, foi elaborado o teste de triagem de desenvolvimento de Denver (TTDD), criado por Frankenburg et al., em 1967. Ele foi revisado em 1990, surgindo o TTDD II, utilizado até os dias atuais. É um instrumento de detecção precoce das condições de desenvolvimento da criança, avaliando 125 itens agrupados em quatro áreas: motor grosseiro (controle motor corporal, como sentar e andar), motor fino adaptativo (coordenação mão/olho, manipulação de pequenos objetos), linguagem (produção de som, capacidade de reconhecer, entender e usar a linguagem) e pessoal-social (aspectos da socialização da criança dentro e fora do ambiente familiar)[3].

Vale ressaltar que esse instrumento não foi criado para diagnosticar atraso no desenvolvimento e coeficientes de inteligência, mas para triar e direcionar a atenção e o cuidado às crianças com risco de problemas no seu desenvolvimento[3].

O teste registra o surgimento e a estabilização de cada comportamento a ser observado e permite notar a área de melhor desempenho. Tem como objetivos: prover os profissionais de saúde com uma impressão clínica e organizada do desenvolvimento global da criança, alertar para as dificuldades e avaliar esse desenvolvimento com base no desempenho de uma série de tarefas apropriadas para a idade[4].

Os materiais utilizados para a avaliação com esse instrumento são: formulário padronizado (Figura 19.1), um pompom de lã vermelho, um chocalho, uma xícara, 10 blocos de madeira coloridos de 2,5 cm, uma caixa de uvas-passas ou cereais de formato redondo, uma caneta e um lápis (Figura 19.2)[5].

O desempenho da criança é registrado por meio de observação direta e, em alguns itens, aceita-se o relato do cuidador. Os itens são interpretados como avan-

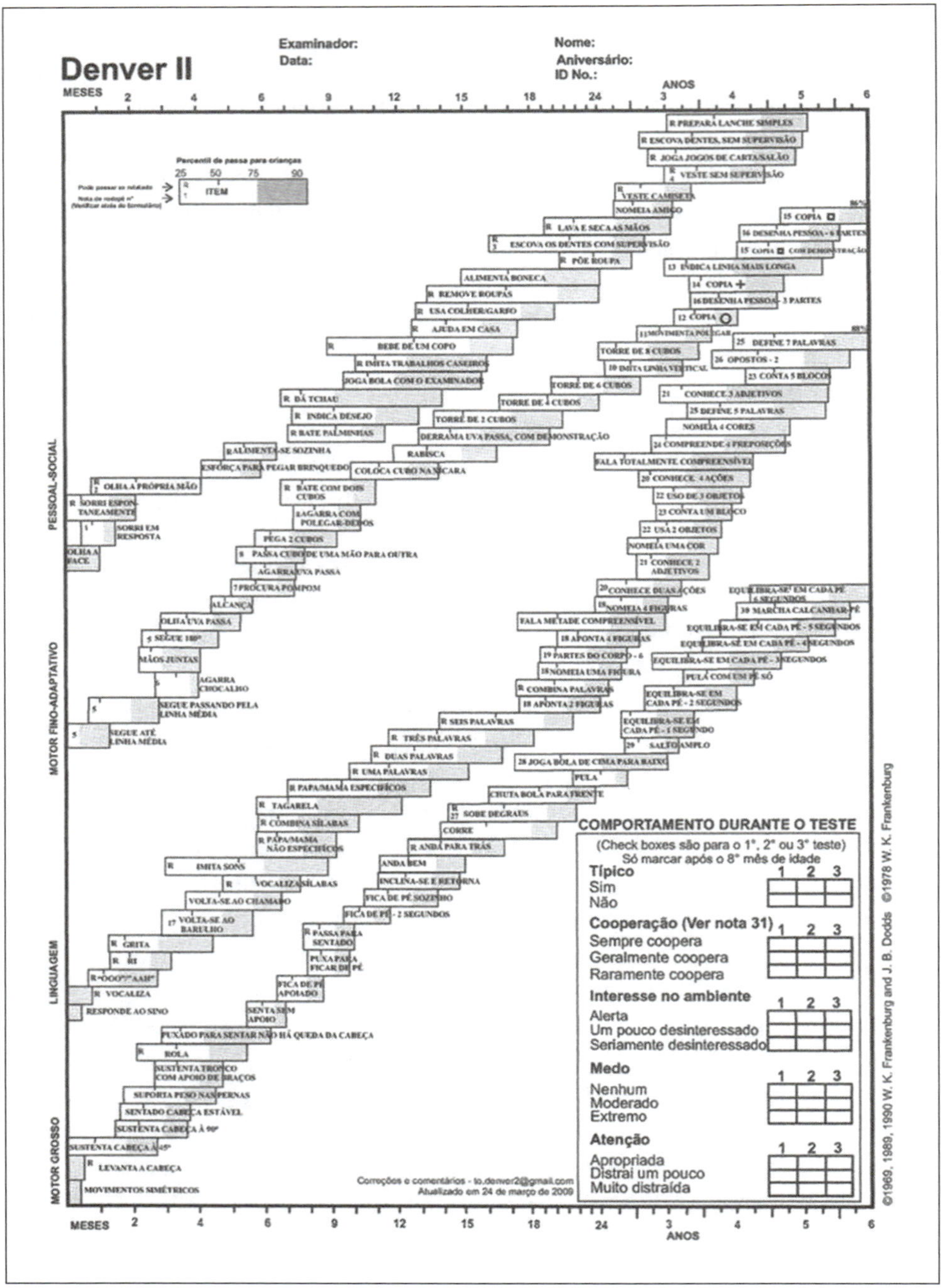

Figura 19.1 Formulário padronizado para teste de triagem de desenvolvimento Denver II.

Figura 19.2 Materiais utilizados para a avaliação.

çado, normal, com risco, dom atraso e sem oportunidade. Com base nessa interpretação, o desenvolvimento da criança é classificado como normal, suspeito e não examinável[5].

Os dados coletados são utilizados para determinar se a criança está progredindo como esperado para sua idade, assim como para o planejamento de estratégias junto a ela e para orientações aos pais.

ALBERTA INFANT MOTOR SCALE

A *Alberta infant motor scale* (AIMS) foi desenvolvida por Pipper et al., em 1994, e tem como objetivos avaliar e identificar crianças com atraso no desenvolvimento motor, avaliar o desenvolvimento da motricidade grosseira e a eficácia de programas de intervenção realizados pelo fisioterapeuta de recém-nascidos a termo e pré-termo de 0 a 18 meses de idade gestacional cronológica ou corrigida. A AIMS é uma medida observacional baseada no repertório de movimentação espontânea demonstrado pela criança e não exige seu manuseio excessivo. O profissional deve ter conhecimento sobre conceitos do desenvolvimento motor, como maturação do sistema nervoso central, perspectiva da dinâmica motora e avaliação da sequência do desenvolvimento motor[6].

É uma escala constituída de 58 itens que avaliam os padrões motores e posturas usando os critérios: alinhamento postural, movimentos antigravitacionais e superfície de contato (sustentação de peso) em quatro posturas (prona, supina, sentada e em pé)[6]. A pontuação é registrada como observada ou não observada e, ao final, os pontos em cada postura são somados em uma pontuação total dos itens observados[7]. Essa pontuação total é então comparada com amostras normativas de crianças da mesma idade. Quanto mais alta a posição do percentil, menos provável será a existência de atraso no desenvolvimento neuromotor[8].

Em virtude das influências culturais sobre o repertório motor da população brasileira, a escala foi traduzida oficialmente e validada por Valentini e Saccani em 2011, possibilitando o seu uso adequado[2].

TEST OF INFANT MOTOR PERFORMANCE

O *test of infant motor performance* (TIMP) foi desenvolvido por Campbell e Girolani, em 1994, e tem como objetivos identificar atraso motor precocemente e avaliar a eficácia da intervenção da fisioterapia na prática clínica. Foi desenvolvido para uso de profissionais da saúde com conhecimento do desenvolvimento motor e experiência em examinar e intervir em recém-nascidos pré-termo e a termo e lactentes de alto risco[9].

É um teste normatizado para avaliar bebês na faixa etária de 34 semanas de idade gestacional corrigida até 4 meses de idade pós-termo, levando em consideração as influências da maturação neurológica da criança, do ambiente, da força de gravidade e da postura no desenvolvimento motor. O teste é apropriado para uso em berçários e unidades de cuidados especiais, clínicas de acompanhamento e programas de intervenção precoce e reabilitação[6].

A versão 5.1 do TIMP, a mais recente, é composta por 42 itens que avaliam o desenvolvimento do controle de cabeça, tronco e seletivo dos membros superiores e inferiores. A escala é dividida em itens a serem observados e itens a serem testados, sendo 13 os itens observados que registram os movimentos espontâneos do recém-nascido, com respostas possíveis presentes ou ausentes, e 29 itens a serem testados que registram suas respostas motoras frente a diferentes manuseios e posicionamentos no espaço, bem como a sua atenção para estímulos visuais e auditivos pontuados numa escala que varia de 0 a 6 subitens de cada função[6].

Os materiais recomendados conforme o manual do teste para a avaliação com esse instrumento são: formulário padronizado, um chocalho, uma bola vermelha, um brinquedo de borracha que emite som e um tecido macio (Figura 19.3)[10].

Figura 19.3 Materiais utilizados para a avaliação.

PEDIATRIC EVALUATION OF DISABILITY INVENTORY

O teste *pediatric evaluation of disability inventory* (PEDI) foi desenvolvido por Haley et al., em 1992, e tem como propósito fornecer uma descrição detalhada do desempenho funcional da criança, predizer seu desempenho futuro e documentar mudanças longitudinais no desempenho funcional de crianças na faixa etária entre 6 meses e 7 anos e 6 meses de idade. Também pode ser utilizado com crianças de idade superior ao limite indicado, desde que o desempenho funcional delas esteja dentro dessa faixa etária[11].

As três partes do teste informam sobre aspectos importantes da funcionalidade da criança no seu ambiente doméstico, incluindo as habilidades da criança sobre sua independência, da ajuda fornecida pelo cuidador e as modificações do ambiente físico doméstico utilizadas na rotina diária da criança. Cada parte do teste disponibiliza informações sobre três áreas de função: autocuidado, mobilidade e função social. Esse teste é realizado por meio de entrevista estruturada com pais ou responsáveis pela criança ou pela observação direta dos profissionais[11].

Apesar de o PEDI apresentar três áreas de desempenho, cada área pode ser avaliada de forma independente, de acordo com o interesse funcional. Para a fisioterapia, por exemplo, a área de maior interesse é a mobilidade[11].

Desde sua publicação, em 1992, muitas mudanças foram incorporadas à aplicação, inclusive itens de avaliações que considerem novas tecnologias[12].

Em virtude das influências culturais sobre o repertório funcional da população brasileira, a escala foi traduzida oficialmente e validada por Marisa Cotta Mancini em 2005, possibilitando o seu uso adequado[11].

GROSS MOTOR FUNCTION CLASSIFICATION SYSTEM

O *gross motor function classification system* (GMFCS) foi desenvolvido por Palisano et al., em 1997, e visa classificar o paciente com diagnóstico de paralisia cerebral quanto à sua função motora grossa com base no movimento iniciado voluntariamente, com ênfase no ato de sentar, transferências e mobilidade de crianças antes de 2 anos de idade até 18 anos[13].

O enfoque do GMFCS está em determinar qual nível melhor representa as habilidades e limitações na função motora grossa da criança ou do adolescente. É dividido em cinco níveis, e a distinção entre eles baseia-se na limitação funcional e na necessidade de tecnologia assistida[13].

O objetivo é classificar a função motora grossa atual da criança, e não julgar a qualidade do movimento ou o potencial de melhora. Existe caracterização para níveis na faixa etária inferior a 2 anos, de 2 a 4 anos, de 4 a 6 anos, de 6 a 12 anos e de 12 a 18 anos[14].

Os níveis de classificação dividem-se basicamente em:

- Nível I: crianças e adolescentes que andam sem limitações.
- Nível II: limitações para andar por longas distâncias e em equilíbrio.
- Nível III: a criança anda com dispositivo manual de mobilidade (andador, muletas, bengala).
- Nível IV: geralmente é transportada em cadeira de rodas manual ou motorizada.
- Nível V: há limitação grave no controle de cabeça e tronco, requerendo tecnologia assistente extensa e assistência física.

Em virtude das influências culturais sobre a população brasileira, a escala foi traduzida oficialmente e validada por Erika Hirakuta et al., em 2010[14], possibilitando o seu uso adequado.

CONCLUSÕES

Este capítulo fornece aos profissionais de saúde o conhecimento sobre algumas escalas de avaliação neuromotora, incentivando o interesse na utilização de ferramentas padronizadas que facilitam a comunicação entre os profissionais. Descreve objetivamente habilidades e dificuldades dos pacientes e define os objetivos da intervenção pelos diversos profissionais, além de possibilitar planejar metas terapêuticas e verificar se elas estão sendo alcançadas. Também facilita a padronização no ensino e o desenvolvimento de pesquisas.

REFERÊNCIAS BIBLIOGRÁFICAS

1. Brito CML, Vieira GO, Costa MCO, Oliveira NF. Desenvolvimento neuropsicomotor: o teste de Denver na triagem dos atrasos cognitivos e neuromotores de pré-escolares. Cad. Saúde Pública. 2011;27(7):1403-14.
2. Valentini NC, Saccani R. Escala motora infantil de Alberta: validação para uma população gaúcha. Rev Paul Pediatr. 2011;29(2):231-8.
3. Moraes MW, Weber APR, Santos MCO, Almeida FA. Teste de Denver II: avaliação do desenvolvimento de crianças atendidas no ambulatório do Projeto Einstein na Comunidade de Paraisópolis. Einstein. 2010;8(2 Pt 1):149-53.
4. Council on Children with Disabilities, Section on Developmental Behavioral Pediatrics, Bright Futures Steering Committee, Medical Home Initiatives for Children with Special Needs Project Advisory Committee. Identifying Infants and young children with developmental disorders in the medical home: An algorithm for developmental surveillance and screening. Pediatrics. 2006;118(1):405-20.
5. Frankenburg WK, et al. Denver II – training manual. Colorado: Denver Developmental Materials Inc; 1992.
6. Herrero D, Gonçalves H, Siqueira AAF, Abreu LC. Escalas de desenvolvimento motor em lactentes: Test of Infant Motor Performance e Alberta Infant Motor Scale. Rev Bras Crescimento Desenvolv Hum. 2011;21(1):122-32.
7. Manacero S, Nunes ML. Evaluation of motor performance of preterm newborns during the first months of life using the Alberta Infant Motor Scale (AIMS). J Pediatr (Rio J). 2008;84(1):53-9.
8. Piper M, Darrah J. Motor assessment of the developing infant. Philadelphia: W.B. Saunders Company; 1994.
9. Guimarães CLN, Reinaux CM, Botelho ACG, Lima GMS, Cabral Filho JE. Desenvolvimento motor avaliado pelo Test of Infant Motor Performance: comparação entre lactentes pré-termo e a termo. Rev Bras Fisioter. 2011;15(5):357-62.
10. Campbell SK. Test user's manual for the test of infant motor performance V.3 for the TIMP Version 5, 2012.
11. Mancini MC. Inventário de avaliação pediátrica de incapacidade (PEDI): manual da versão brasileira adaptada [com base em Stephen M. Haley et al.]. Belo Horizonte: UFMG; 2005.
12. Haley SM, Coster WI, Kao YC, Dumas HM, Fragala-Pinkham MA, Kramer JM, et al. Lessons from use of the pediatric evaluation of disability inventory: where do we go from here? Pediatr Phys Ther. 2010;22(1):69-75.
13. Silva DBR, Dias LB, Pfeifer LI. Confiabilidade do sistema de classificação da função motora grossa ampliado e revisto (GMFCS E & R) entre estudantes e profissionais de saúde no Brasil. Fisioter Pesqui. 2016;23(2):142-7.
14. Hiratuka E, Matsukura TS, Pfeifer LI. Adaptação transcultural para o Brasil do sistema de classificação da função motora grossa (GMFCS). Rev Bras Fisioter. 2010;14(6):537-44.

20 Estimulação sensório-motora em pacientes com risco para atraso do desenvolvimento neuromotor

Glaucia Yuri Shimizu
Amanda Guadix Viganó
Luciana Giachetta

Após ler este capítulo, você estará apto a:

1. Reconhecer os diferentes tipos de estimulação sensório-motora.
2. Identificar os benefícios da realização da estimulação sensório-motora para os recém-nascidos de risco.
3. Compreender como a estimulação sensório-motora é aplicada pelos profissionais especializados.
4. Reconhecer a importância da estimulação sensório-motora em ambiente de terapia intensiva neonatal até o acompanhamento ambulatorial e nas crianças em idade escolar.

INTRODUÇÃO

O aumento da sobrevida de recém-nascidos (RN) deve-se ao aprimoramento na unidade de terapia intensiva neonatal (UTIN). No entanto, paradoxalmente, é um ambiente onde a qualidade e a quantidade da estimulação dificilmente são controladas, podendo ser dolorosa, estressante, realizada em excesso ou de forma inadequada, prejudicando o desenvolvimento neuromotor normal desses RN[1].

Ao contrário do que se acreditava, o desenvolvimento motor não ocorre apenas como reflexo da maturação do sistema nervoso, mas como um processo dinâmico entre fatores ambientais e biológicos que podem influenciar de forma negativa e contribuir para o atraso do desenvolvimento[2]. São considerados de risco os RN que, no período pré/peri/pós-natal, tiveram alguma interferência dos fatores ambientais, biológicos e sociais, como prematuridade, baixo peso ao nascimento, tempo prolongado de internação e em ventilação pulmonar mecânica, entre outros[3].

O impacto da prematuridade com o baixo peso ao nascimento pode se estender até a vida adulta em decorrência dos problemas cognitivos, comportamentais e sociais, que, muitas vezes, dificultam o progresso escolar, tornando-o um dos fatores de risco mais dispendiosos por movimentar cerca de 18 bilhões de dólares ao ano, considerando-se desde o tratamento hospitalar no nascimento até gastos adicionais com os problemas relacionados ao desenvolvimento[1].

A estimulação sensório-motora é benéfica para os RN de risco e deve ser incentivada, principalmente, entre os primeiros 12 meses até os 18 meses de vida por causa do efeito de neuroplasticidade, impulsionando os ganhos e melhorando as aquisições motoras dessa população. Assim, a fisioterapia pode contribuir para a prevenção e o tratamento das alterações neuromotoras, identificando e triando precocemente os RN de risco por meio de ferramentas específicas para a avaliação (mais informações no Capítulo 19, "Avaliação motora"), sendo menor o impacto das alterações futuras quanto mais precoces forem o diagnóstico e a intervenção[2].

ESTIMULAÇÃO TÁTIL

A estimulação tátil (ET) é uma intervenção não invasiva, segura e não dolorosa, explorada desde a década de 1960 com o objetivo de minimizar os efeitos negativos da prematuridade e baixo peso ao nascimento, pela ativação de mecanorreceptores e vias neurais, promovendo redução do estresse, melhora no ganho de peso e desenvolvimento neurológico, redução de infecção e, consequentemente, diminuição do tempo de internação hospitalar[4].

A ET não possui efeitos nocivos e pode ser realizada por meio de massagem terapêutica, com o terapeuta treinado ou o próprio cuidador aplicando o toque de forma sistemática. O efeito positivo de melhora no ganho de peso ocorre por diferentes fatores e é o resultado mais expressivo, principalmente quando associado à estimulação cinestésica, atuando na regulação vagal, que é sensível ao estímulo, aumentando a liberação de insulina, favorecendo a motilidade e o esvaziamento gástrico, e auxiliando na regulação dos níveis séricos de cortisol e norepinefrina, reduzindo sinais de estresse e o gasto energético[4].

O desenvolvimento neurossensorial ocorre entre 16 e 20 semanas gestacionais, o que favorece a resposta do RN à ET melhor que qualquer outro estímulo nos primeiros dias de vida. Estudos controlados e randomizados sugerem que a ET seja realizada com pressão moderada, com tempo de 10 a 15 minutos, 2 a 3 vezes ao dia, como demonstrou Diego et al.[5] em 2007, durante cinco dias de intervenção, notando-se melhora no ganho de peso em 21 a 48% nos recém-nascidos prematuros e redução do tempo de internação de 3 a 6 dias comparados ao grupo-controle.

Em 2009, Guzzetta et al.[6] verificaram que a ET realizada em RN prematuros saudáveis entre 30 e 33 semanas de idade gestacional gerou níveis elevados do fator de crescimento insulina 1 (IGF-1) no sangue, fundamental para o crescimento e o desenvolvimento, e paralelamente no córtex cerebral de filhotes de roedores no mesmo estudo experimental, além de impactar positivamente na acuidade visual e melhorar a maturação da atividade elétrica cerebral, avaliada por eletroencefalograma.

Os benefícios da ET estendem-se aos cuidadores, principalmente as mães, que se encontram em momento de estresse e sofrimento em razão da necessidade dos cuidados intensivos do RN prematuro. Tais fatores psicológicos ocorrem por causa dos níveis elevados de ansiedade, das preocupações e da percepção da interrupção da função maternal forçada pela hospitalização. Observou-se que esses sinais de estresse são amenizados quando a mãe ou o cuidador tem papel ativo na recuperação desses RN comparados ao grupo-controle. No estudo de Holditch-Davis et al.[7], em 2014, as mães que aplicaram o protocolo de estimulação ATVV (auditivo, tátil, visual e vestibular) apresentaram redução mais rápida dos sintomas de depressão, enquanto as mães que participaram do método "mãe canguru", com contato pele a pele, mostraram redução do sentimento de preocupação, fortalecendo o vínculo e a interação mãe-filho, principalmente nos primeiros 6 meses de vida.

ESTIMULAÇÃO PROPRIOCEPTIVA E VESTIBULAR

As vivências sensoriais de percepção do corpo no espaço, em movimento e em equilíbrio são controladas pelos sistemas proprioceptivo e vestibular.

A propriocepção está intimamente ligada ao tato, utilizando informações provenientes de receptores existentes na pele, assim como os presentes nos músculos e articulações. Por intermédio desses sinais, o ser humano é capaz de perceber o posicionamento de cada parte do corpo no espaço a qualquer instante e quantificar a força com que um músculo deve ser contraído para exercer determinada função. Os bebês têm esse sistema completo ao nascimento, mas ainda não são capazes de interpretar e dar sentido a esses sinais[8].

As primeiras noções proprioceptivas se dão pela constante mudança de posição. Na UTIN, o posicionamento terapêutico é primordial para a organização do RN, minimizando os efeitos iatrogênicos ocasionados pela internação hospitalar[8].

Os benefícios posturais permitem respostas adaptativas semelhantes àquelas apresentadas por RN a termo saudáveis, pois facilitam a regulação do estado neurocomportamental e a autorregulação, o suporte postural e de movimento, a facilitação das expectativas sensório-motoras normais, a otimização do sistema musculoesquelético e o alinhamento biomecânico, bem como o ganho ponderal, o aumento na densidade e no conteúdo mineral ósseo[9].

É importante que o RN possua sempre limites ao seu redor, que propiciem tônus flexor e simetria, além de proporcionar segurança e conforto semelhante ao espaço intrauterino. Os posicionamentos devem ser alterados a cada 1 a 3 horas entre decúbito dorsal (contra a gravidade inicia-se o ganho de força e a coordenação motora), decúbitos laterais direito e esquerdo (favorecem a linha média e estimulam a percepção do rolar) e decúbito ventral (favorece o controle de cabeça e musculatura extensora de tronco, além do apoio abdominal que auxilia a mecânica respiratória)[10]. Em casa, os pais devem ser orientados a deixar o bebê em decúbito dorsal durante o sono. Segundo a Sociedade Brasileira de Pediatria, esse posicionamento diminui em 70% o risco de morte súbita[11].

O controle postural adequado é pré-requisito para os movimentos voluntários coordenados, comunicação e interação com o ambiente. Além da integridade muscular, as informações vestibulares, proprioceptivas e visuais são essenciais. Segundo estudo de Heck[12], após a avaliação de variadas posições, a posição prona sem inclinações da superfície é a que mais favorece o desenvolvimento adequado do controle postural da criança, pois é a que permite melhor descarga de peso em membros superiores.

Até os 6 meses de idade, a melhor forma de estimulação proprioceptiva é a utilização do próprio corpo da criança. Incentivar o bebê a se tocar é extremamente importante para o início do reconhecimento corporal, começando a explorar e a integrar as imagens do corpo[13].

Depois dos sistemas tátil e proprioceptivo, a sensibilidade vestibular, propiciada pelo ouvido interno, é a habilidade sensorial mais precoce; já durante o início da gestação permite ao feto seus primeiros reflexos. É a maturação do sistema vestibular que permite ao feto, por exemplo, orientar-se pela gravidade e entrar em posição apropriada para o nascimento. O sistema vestibular possui papel importante no desenvolvimento mental e neurológico da criança e é testado repetidamente pelos reflexos primários, sendo um preditor de possível atraso motor[14].

O sistema vestibular é um dos sistemas menos estimulados dentro de uma UTIN. Desde o nascimento, os bebês adoram a sensação de movimento, encontrando conforto em movimentos lentos e rítmicos. Crianças mais velhas gostam de correr, rodar e saltar[10,14]. Nos RN, a estimulação vestibular (EV) tem impacto na qualidade do sono, efeito positivo sobre a estabilização da frequência cardíaca e respiratória e maior maturação neuromuscular.

A EV na UTIN pode promover benefícios por tornar o ambiente externo semelhante ao intrauterino, proporcionando relaxamento e ganho de peso. Para isso pode-se utilizar recursos como colchões d'água, rede e o próprio colo dos pais. Ela pode ser aplicada mesmo quando o paciente é submetido a ventilação mecânica invasiva ou não invasiva, desde que o RN esteja estável hemodinamicamente[8,15].

O balanço constante, com variação de direções e planos, é característico dessa terapia; a intensidade e a frequência são colocadas de acordo com as respostas comportamentais da criança[8].

Em ensaio clínico randomizado e controlado, Jesus et al.[15] realizou estimulação vestibular por meio do balanço rítmico de RN pré-termos entre 31 e 37 semanas gestacionais no sentido horizontal, utilizando um lençol em formato de rede, tendo observado diminuição da perda de peso e do estresse, além de melhora da autorregulação e da qualidade do sono.

As estimulações proprioceptiva e vestibular ganham mais amplitude conforme a criança cresce. Desafios com superfícies instáveis geram contrações musculares para manutenção do equilíbrio e criam um estado de alerta importante para o controle postural e a organização corporal.

ESTIMULAÇÃO AUDITIVA

O desenvolvimento auditivo de crianças, especialmente as prematuras, gera preocupação e deve fazer parte dos cuidados da equipe multidisciplinar. O primeiro ano de vida é considerado período crítico para o desenvolvimento da audição. A detecção e a atuação precoces são importantes para a prevenção e a correção de problemas de audição, linguagem e aprendizado futuros.

Na gestação, o feto encontra-se bem protegido dos ruídos externos, uma vez que a parede uterina e o líquido amniótico reduzem os sons internos e a audição. Os estímulos auditivos do meio ambiente são filtrados, com atenuação de até 40 decibéis (dB – unidade de medida de intensidade sonora). Esse ambiente sonoro atenuado permite a discriminação auditiva, a memória e a preferência pela voz materna quando comparada à de outras mulheres[16].

O sistema auditivo é o terceiro sistema a amadurecer em termos anatômicos e fisiológicos. Na UTIN, perdendo a proteção uterina e passando a escutar por via aérea, o RN prematuro fica exposto a níveis de ruído muito elevados, bem acima do limite recomendado de 55 dB[9].

A poluição sonora faz-se presente diariamente na rotina da UTIN, onde os ruídos graves e agudos podem ultrapassar intensidades de 110 dB, nocivos à cóclea do ouvido humano, tornando-se mais perigosos aos RN de alto risco, que ficam expostos a esse ambiente durante vários dias ou meses[16].

Os níveis de ruído em berçários de alto risco tendem a ser mais elevados que os encontrados em berçários comuns, em decorrência da utilização de equipamentos que aumentam consideravelmente o ruído ambiental, como os respiradores mecânicos e os monitores com sistema de alarme. O ruído intermitente, de alta intensidade, pode causar danos aos cílios da cóclea, provocando diminuição da acuidade auditiva e favorecendo alterações na estabilidade fisiológica na forma de sustos, apneia, bradicardia, cianose, queda da saturação de oxigênio, alterações na pressão arterial, entre outros[17].

Após períodos prolongados de internação, o RN pode apresentar acuidade auditiva que se sobressalta por ruídos ambientais, mas que não reage de modo peculiar ao escutar a voz de pessoas implicadas em seus cuidados. Na Tabela 20.1 estão alguns exemplos de intensidade sonora presentes na UTIN.

Sendo assim, tanto a intensidade quanto a duração da exposição sonora devem ser consideradas quando se avaliam o ruído do ambiente e o seu efeito para o RN internado.

Já a estimulação auditiva na forma de tratamento pode ser realizada pela musicoterapia e estímulo verbal. Ambas as técnicas têm se mostrado benéficas para os RN sob cuidados intensivos, minimizando os efeitos da hospitalização prolongada[17].

Para o estímulo verbal, utiliza-se a fala natural dos familiares, sem amplificação sonora, a 50 cm de distância no plano lateral, no nível do pavilhão auricular da criança, sem fornecer pistas visuais. Os estímulos sonoros utilizados para elicitar respostas, por meio de tons puros e verbais (voz materna), têm sido amplamente recomendados na literatura[17,18].

A musicoterapia é a aplicação sistemática de música para promover mudanças positivas, tanto fisiológicas como comportamentais. Vários estudos sugerem que a música ajuda o RN a manter a integridade fisiológica e comportamental, promovendo relaxamento e diminuindo o estresse e a ansiedade[18].

Alguns dos efeitos da musicoterapia para o RN são: aumento da produção de endorfinas, diminuição dos níveis dos hormônios do estresse (cortisol), aumento do período de sono e diminuição da expressão facial de dor, das caretas e da irritação. A seleção de músicas deve ser baseada em músicas relaxantes com arranjos simples (clássicas suaves), com amplitudes baixas, timbres calmos, ritmos lentos com frequência (tempo) de aproximadamente 60 a 70 batidas por minuto[18].

Tabela 20.1 Intensidade sonora presente na UTIN[17]

Atividade	Intensidade (dB)
Conversa normal	45 a 50
Alarme de bomba de infusão	60 a 78
Alarme de incubadora	67 a 96
Fechamento da portinhola da incubadora	70 a 95
Manuseios no recém-nascido	109 a 126
Esbarrar na incubadora	Até 140
Colocar mamadeira sobre a incubadora	84

Se utilizada de forma inapropriada, a música pode contribuir para o aumento dos ruídos danosos no ambiente de cuidado intensivo. Para que não haja risco de lesão ao RN, deve-se realizar a medição sonora dos ruídos do local por meio do decibelímetro, segundo normas sugeridas pela American Academy of Pediatrics. Deve-se somar os ruídos do ambiente aos da música, para que não ultrapasse 55 dB[17,18].

Conforme a literatura médica, a música deve ser tocada dentro da incubadora, próximo ao ouvido do RN, a 45 dB. Pequenas caixas de som devem ser posicionadas em frente à portinhola mais próxima da cabeça do RN para que a distribuição do estímulo sonoro seja uniforme. Uma única música deve ser utilizada, 1 hora após a mamada, sendo ouvida por até 15 minutos ininterruptos[18].

Pode ser utilizada em RN a partir de 28 semanas de idade gestacional corrigida, clinicamente estável e que apresente respostas positivas a esse estímulo. Além disso, deve-se tentar adequar a emissão sonora na UTIN pela fala baixa, pelo manuseio suave de incubadoras e pela diminuição dos níveis de alarme dos equipamentos[9].

ESTIMULAÇÃO VISUAL

Após períodos prolongados de internação, é frequente o estabelecimento no recém-nascido de um "olhar vazio" que não marca a preferência pelo rosto humano.

O sistema visual é o último a se desenvolver, e grande parte de sua maturação será efetuada após o nascimento, por meio da interação com o meio. O feto apresenta respostas de piscar ou de susto a partir de 25 a 28 semanas de gestação. Com 26 a 30 semanas já podem ser obtidas evocações visuais, indicando percepção cortical da luz. As respostas consistentes de atenção e alerta surgem a partir de 32 a 34 semanas[19].

Dentro do útero, o feto fica exposto a pouca iluminação – apenas 2% de luz atinge o útero. As UTIN, por sua vez, são ambientes com excesso de iluminação, podendo interferir no desenvolvimento visual central, que ainda é muito imaturo, mesmo no nascimento a termo. O excesso de estimulação luminosa pode interferir nos estados comportamentais dos ciclos de sono e vigília dos RN, levando à privação do sono ou interferindo na sua qualidade; também pode aumentar a incidência de estrabismo e do comportamento de fechamento dos olhos. A exposição a níveis menores parece favorecer o interesse e a capacidade de interação, os quais são essenciais para o desenvolvimento motor da criança[16].

O RN prematuro apresenta características de anatomia ocular que fazem com que maior quantidade de luz atinja sua retina. Portanto, deverá responder muito mais que o adulto aos níveis elevados de iluminação da UTIN[20].

A estimulação visual em RN prematuros deve respeitar os princípios de formação do sistema e se adequar à capacidade de resposta dele, podendo ser iniciada a partir da 30ª semana de gestação, quando o sistema visual já é responsivo. Sendo iniciada em uma UTIN, auxilia na aquisição de experiências visuais, na estimulação da visão residual funcional e no desenvolvimento de outros órgãos perceptíveis, promovendo a organização comportamental e a estabilidade fisiológica. Também auxilia na detecção precoce de distúrbios oculares[17,19].

Para a realização da estimulação visual, o RN deve se encontrar em estado comportamental de vigília alerta espontânea, ou seja, não é aconselhável que ele seja acordado para ser estimulado. O ambiente deve estar calmo, suficientemente iluminado, e o RN posicionado confortavelmente semissentado, com a cabeça apoiada na mão do terapeuta, mas sem limitar seus movimentos[16,19].

Devem ser utilizados objetos com cores contrastantes – preferencialmente branco e preto, amarelo e preto –, pontos luminosos de baixa intensidade e contornos circulares em relação às linhas retas. Também podem ser utilizados cartões de Teller e o próprio rosto do terapeuta e/ou dos pais. Justifica-se a utilização de diferentes cores e formatos para que haja modificação da estimulação visual. Deve-se buscar o equilíbrio entre cores e formas para que o RN forme a memória visual, mas sem monotonia na estimulação[9].

Os RN prematuros conseguem fixar uma figura por 1,5 a 2,5 segundos, e o seu campo visual está localizado entre 10 a 30 cm dos seus olhos; portanto, esta será a distância de exposição dos artefatos à sua frente. Deve-se observar atentamente as suas reações para se certificar de que o seu olhar captou o objeto[19].

A partir da linha média, o objeto deve ser movimentado em um campo visual de cerca de 30° na linha horizontal para ambos os lados. Com o amadurecimento das conexões nervosas, a percepção e a fixação do objeto evoluem, podendo iniciar-se o deslocamento do objeto, lentamente no início, variando progressivamente sua velocidade, seu movimento e sua direção. Iniciar movimentação vertical a partir do terceiro mês de idade corrigida; a estimulação na linha diagonal poderá ser iniciada após o sexto mês de idade corrigida[16,19].

O tempo médio considerado ideal para a exposição é de 3 a 5 minutos, obedecendo à tolerância do RN. Caso apresente sinais de irritabilidade, sono ou choro, a estimulação deve ser suspensa, mas demonstrando vivacidade e interesse o tempo poderá ser estendido. O RN deve ser estimulado 1 a 2 vezes ao dia[9].

As respostas apresentadas pelo RN dependem de variáveis fisiológicas, como fome, grau de nutrição e período do ciclo de sono e vigília em que se encontra. Para a avaliação da resposta ao estímulo pode ser utilizada a escala apresentada na Tabela 20.2.

O estímulo deve ser interrompido ao se observarem sinais de estresse, que caracterizam o excesso de estimulação, devendo-se interromper a terapia na presença de caretas e extensão de língua, opistótono, mudança repentina do tônus muscular,

Tabela 20.2 Classificação da resposta do recém-nascido ao estímulo visual[19]

Classificação do recém-nascido	Resposta ao estímulo
Não reagente	Não mostra interesse no objeto, não fixa o olhar
Pouco reagente	Olha, mas não fixa e não acompanha o objeto
Reagente	Olha e fixa o objeto, mas não o acompanha em deslocamento
Intensamente reagente	Olha, fixa e acompanha o deslocamento do objeto em movimento

regurgitação, náuseas e vômitos, soluços, bocejos, queda de saturação periférica de oxigênio, mudança na frequência ou no ritmo respiratório, mudança na frequência cardíaca e/ou choro[9].

A adequação luminosa do ambiente da UTIN deve ser feita pela iluminação individualizada com reguladores da intensidade luminosa, evitando direcionar a luz nos olhos do RN e utilizar ciclos dia/noite, permitindo a sincronização dos ritmos biológicos.

INTEGRAÇÃO SENSORIAL

A integração sensorial (IS) é uma teoria criada por Jean Ayres[21], que consiste na capacidade do indivíduo de organizar, interpretar sensações e responder apropriadamente ao ambiente. Na maioria das crianças, esse processo ocorre de maneira natural; no entanto, nem sempre ocorre da maneira esperada, caracterizando o distúrbio de integração sensorial (DIS), o qual não é correlacionado essencialmente a uma doença ou deficiência, podendo ocorrer em qualquer período do desenvolvimento, limitando a aquisição de habilidades necessárias à criança[22].

Não há quadro clínico específico para o DIS, pois este depende da resposta dada ao estímulo recebido, podendo apresentar-se diminuída (hiporreatividade), aumentada (hiper-reatividade) ou variar entre as duas e a normalidade (flutuante). Na criança, isso tem consequências no desenvolvimento da coordenação motora e da linguagem, frequentemente levando a déficits na adaptação social ou dificuldades de interpretar as emoções, além de interferir na capacidade de aprendizado[22].

As aquisições sensório-motoras no primeiro ano de vida são fatores importantes no prognóstico do desenvolvimento global da criança, pois nesse período o desenvolvimento apresenta ritmo acelerado de mudanças. O RN não apresenta estratégias e conhecimentos para perceber as complexidades dos estímulos ambientais, habilidade que se desenvolve com o passar do tempo e com as experiências vividas, quando se aprende a usar os órgãos sensoriais e a atribuir significado às sensações. Entre 2 e 4 anos, a criança integra os hemicorpos e desenvolve as reações de equilíbrio, o planejamento motor grosso e a imitação no brincar. Entre 5 e 7 anos de idade, já há melhora da habilidade de discriminação sensorial e de planejamento motor fino, estabelecendo-se a lateralização (dominância por um hemicorpo) e o brincar passa a ser social[23].

Os principais sistemas envolvidos na IS são o tato, o vestibular e o proprioceptivo, que conectados entre si e aos outros sentidos influenciam na adaptação ao ambiente. A literatura atual mostra esses sentidos com maior déficit em crianças, tanto aquelas com risco para atraso de desenvolvimento como as sem riscos pré-conhecidos[22].

CONCLUSÕES

A estimulação precoce foi desenvolvida para minimizar sequelas e promover capacidade quando já se conhecem os riscos de atraso no desenvolvimento, como na população de RN pré-termos e crianças hospitalizadas por longos períodos.

A neuroplasticidade é a grande aliada da fisioterapia quando se trata de crianças. O desenvolvimento infantil é altamente influenciável, principalmente nos 3 primeiros anos de vida, o que traz a importância do início do tratamento durante a internação e sua continuidade após a alta hospitalar. O acompanhamento ambulatorial e a orientação aos pais também se tornam essenciais para o desenvolvimento adequado da criança.

REFERÊNCIAS BIBLIOGRÁFICAS

1. Pickier RH, McGrath JM, Reyna BA, McCain N, Lewis M, Cone S, et al. A model of neurodevelopmental risk and protection for preterm infants. Adv Neonatal Care. 2013;13(Suppl 5):S11-20.
2. Willrich A, Azevedo CCF, Fernandes JO. Desenvolvimento motor na infância: influência dos fatores de risco e programas de intervenção. Rev Neurocienc. 2009;17(1):51-6.
3. Nicolau CM, Costa APBM, Hazime OH, Krebs VLJ. Desempenho motor em recém-nascidos pré-termo de alto risco. Rev Bras Crescimento Desenvol Hum. 2011;21(2):327-34.
4. Akhavan Karbasi S, Golestan M, Fallah R, Golshan M, Dehghan Z. Effect of body massage on increase of low birth weight neonates growth parameters: a randomized clinical trial. Iran J Reprod Med. 2013;11(7):583-8.
5. Diego MA, Field T, Hernandez-Reif M, Deeds O, Ascencio A, Begert G. Preterm infant massage elicits consistent increases in vagal activity and gastric motility that are associated with greater weight gain. Acta Paediatr. 2007;96(11):1588-91.
6. Guzzetta A, Baldini S, Bancale A, Baroncelli L, Ciucci F, Ghirri P, Putignano E, Sale A, Viegi A, Berardi N, Boldrini A, Cioni G, Maffei L. Massage accelerates brain development and the maturation of visual function. J Neurosci. 2009;29(18):6042-51.
7. Holditch-Davis D, White-Traut RC, Levy JA, O'Shea TM, Geraldo V, David RJ. Maternally administered interventions for preterm infants in the NICU: effects on maternal psychological distress and mother-infant relationship. Infant Behav Dev. 2014;37(4):695-710.
8. Duarte DTR et al. Estimulação sensoriomotora no recém-nascido. In: Sarmento GJV. Fisioterapia respiratória em pediatria e neonatologia. 2. ed. Barueri: Manole; 2011. p. 340-360.

9. Nicolau CM, Giachetta L. Recursos de fisioterapia para o recém-nascido com atraso no desenvolvimento neuromotor. In: Lahóz ALC, Nicolau CM, Paula LCS, Juliani RCTP. Fisioterapia em UTI pediátrica e neonatal. Barueri: Manole; 2009. (Coleção Pediatria do Instituto da Criança do Hospital das Clínicas da FMUSP, n. 10.) p. 141-54.
10. Martins TB, Silva CF, Rafael AD, Martinello M, Jonhston C, Santos GM. Acquisition of posture control through of high postures in extremely preterm infants with diagnoses of bronchopulmonary dysplasia severe: case report. MTP & Rehab Journal. 2016;14:1-4.
11. Sociedade Brasileira de Pediatria (SBP). Bebês devem dormir de barriga para cima. [online.] 29 set. 2009. Disponível em: http://www.sbp.com.br. (Acesso 15 out. 2016.)
12. Heck APF, Martinello M, Medeiros DL, Coelho JJ, Ries LGK. Effect of the inclination of support in cervical and upper limb development. Fisioter Mov. 2014;27(4):601-9.
13. Béziers MM, Hunsinger Y. O bebê e a coordenação motora. São Paulo: Summus; 1994.
14. Caminha RC. Investigação de problemas sensoriais em crianças autistas: relações com grau de severidade do transtorno. [Tese.] Rio de Janeiro: Pontifícia Universidade Católica do Rio de Janeiro; 2013.
15. Jesus AJS, David MMC, Moran CA. Estimulação vestibular na unidade de terapia intensiva neonatal. Pediatr Mod. 2015;51(9):343-8.
16. Murakami, SH, Santos APA. Abordagem motora do neonato. Fisioterapia neonatal e pediátrica. Barueri: Manole; 2012. p. 411-53.
17. Field T, Hernandez-Heif, Feijo L, Freedman J. Prenatal, perinatal and neonatal stimulation: a survey of neonatal nurseries. Infant Behav Dev. 2006;29(1):24-31.
18. Field T, Hernandez-Heif, Feijo L, Freedman j. Prenatal, perinatal and neonatal stimulation: a survey of neonatal nurseries. Infant Behav Dev. 2006; 29 (1): 24-31.
19. Amon S, Shapsa a, Forman L, Regev R, Dolfin T. Live music beneficial to preterm infants in the neonatal intensive care enviromment. Birth. 2006;33(2);131-6
20. Amon S, Shapsa A, Forman L, Regev R, Dolfin T. Live music beneficial to preterm infants in the neonatal intensive care enviromment. Birth. 2006;33(2);131-6.
21. Sousa KM, Pagliuca LMF. Estimulação visual para recém-nascidos prematuros: intervenção de enfermagem. Rev Bras Enferm. 1998;51(12):170.
22. O'Connor AR, Stephenson TJ, Johnson A, Tobin MJ, Ratib S, Moseley M, et al. Visual function in low birthweight children. Br J Ophthalmol. 2004;88:1149-53.
23. Ayres AJ. Types of sensory integrative dysfunction among disabled learners. Am J Occup Ther. 1972;26(1):13-8.
24. Viganó AG, Domingues LP, Mendes MF, Silva MTB, Lima MVAF. Perfil sensorial de crianças de 7 a 36 meses frequentadoras de creches municipais. Pediatr Mod. 2014;50(3):106-12.
25. Shimizu VT, Miranda MC. Processamento sensorial na criança com TDAH: uma revisão de literatura. Rev Psicopedagogia. 2012;29(89):256-68.

Manuseio de pacientes com alterações de tônus 21

Adriana Della Zuana

Após ler este capítulo, você estará apto a:

1. Explicar o mecanismo pelo qual o tônus muscular anormal influencia a qualidade da postura e dos movimentos de uma criança com distúrbio neurológico.
2. Indicar a fisioterapia motora a pacientes com risco para desenvolver alterações do tônus.

INTRODUÇÃO

O tônus muscular é a condição de tensão natural da musculatura, e pode ser avaliado pela resistência encontrada no movimento passivo e pela adaptabilidade às mudanças posturais[1].

O desenvolvimento neuromotor normal é decorrente da interação de vários sistemas, como o sensorial, de percepção, o cognitivo e o motor. Uma criança que apresenta distúrbio neurológico e consequente alteração desse tônus muscular pode apresentar, em diferentes graus, comprometimento da função motora, isto é, alteração do controle da postura e do movimento[1].

O tônus muscular anormal já é estabelecido na literatura como sendo uma característica na paralisia cerebral (PC) e identificado como o maior causador de prejuízo para a função. É relatado que 80% das crianças com diagnóstico de PC são espásticas[2,3]. Também pode-se encontrar alterações do tônus muscular em algumas síndromes, como na síndrome de Down, que é bastante conhecida[1]. É importante ressaltar que qualquer criança que apresente alteração do tônus muscular, independentemente da etiologia do seu distúrbio neurológico, necessita de intervenção.

CLASSIFICAÇÃO DO TÔNUS

Em relação à distribuição do tônus nos diferentes segmentos corporais, pode-se nomear os tipos como quadriplegia, hemiplegia, monoplegia e diplegia. Ainda em relação à qualidade desse tônus, são chamados de hipertonia, hipotonia e tônus flutuante (atetose e ataxia). Essa classificação é meramente didática, e os tipos encontram-se na maioria das vezes representados na criança de forma difusa[4].

As anormalidades do tônus variam desde a flacidez – em que a ausência de contração muscular é maior –, passando por hipotonia, tônus normal, hipertonia e até rigidez, na qual o estado de contração é maior. Pode-se encontrar, também, a flutuação do tônus, que varia de hipotonia a hipertonia, podendo ser uma transição súbita ou passando pelo tônus normal[1].

POR QUE TRATAR AS ALTERAÇÕES DE TÔNUS?

O manejo do tônus é um dos principais papéis do fisioterapeuta e de outros profissionais de reabilitação e, ao mesmo tempo, um desafio para esses profissionais[5].

O objetivo da intervenção é promover a melhora da função e da qualidade do movimento, prevenindo complicações secundárias e utilizando uma combinação de intervenções apropriadas para cada indivíduo com distúrbio neurológico para que ele possa atingir e manter o seu funcionamento ideal, sua participação no lar, na escola e em sua vida na comunidade em que está inserido[2].

TÉCNICAS EMPREGADAS PARA MODIFICAR A QUALIDADE DO TÔNUS

Estratégias intervencionistas – como a fisioterapia e seus manuseios específicos, a terapia ocupacional, a fonoterapia, a oficina de equipamentos de adaptação e órteses, a prescrição de medicamentos e toxina botulínica, cirurgias ortopédicas e outras – são utilizadas como intervenções terapêuticas nos pacientes com alterações do tônus muscular[6,7].

Outras intervenções, como a utilização de jogos de realidade virtual com equipamentos apropriados, também são interessantes no ambiente de reabilitação, pois melhoram o equilíbrio e o desempenho motor, incentivando a participação coletiva nessas brincadeiras[8].

O tratamento mais amplamente utilizado em crianças com distúrbios neurológicos, que visa maximizar o potencial dessas crianças em relação à melhora da função motora enquanto previne complicações musculoesqueléticas decorrentes desse mau funcionamento do controle motor, chama-se *neurodevelopmental treatment* (NDT), também conhecido como método Bobath[9].

O objetivo desse tratamento é aplicar na criança um manuseio que utiliza técnicas de inibição, facilitação e estimulação de padrões de postura e movimento mais normais, com base nos movimentos do desenvolvimento motor normal, de forma a modular o tônus e modificar padrões de postura e movimento anormais com ênfase nas habilidades funcionais[1].

O fisioterapeuta deve ser habilitado em relação ao método Bobath a fim de aplicá-lo e deter conhecimento para modificar os manuseios da técnica e traçar estratégias durante o tratamento de acordo com a avaliação e a evolução dos pacientes[1].

O tratamento de crianças com distúrbios neurológicos pode envolver o uso terapêutico de ferramentas atuais com caráter de reabilitação. Estudos demonstraram que a aplicação do método Bobath, em associação à utilização de jogos de realidade virtual, melhora a qualidade do tônus muscular de membros superiores em pacientes hemiplégicos e, consequentemente, o desempenho da função desse segmento[9].

Da mesma forma, como medida coadjuvante na reabilitação, a utilização da toxina botulínica intramuscular para a diminuição da hipertonia de segmentos musculares em pacientes com distúrbios neurológicos tem demonstrado sua eficácia[6].

Tão precocemente o pediatra perceba o atraso do desenvolvimento neuromotor decorrente de possível alteração de tônus e dificuldade da criança no controle motor de posturas e de movimentos, deve encaminhá-la para avaliação com um fisioterapeuta.

CONCLUSÕES

A análise de artigos científicos atuais mostra que pacientes com distúrbios neurológicos apresentam alterações de tônus com consequentes padrões de postura e movimento inadequados. Esses pacientes devem ser encaminhados aos profissionais especializados para que possam ser avaliados e ter as ferramentas para o seu tratamento elencadas por eles.

REFERÊNCIAS BIBLIOGRÁFICAS

1. Gusman S, Torre CA. Habilitação e reabilitação: fisioterapia. In: Diament A, Cypel S. Neurologia infantil. 5. ed. São Paulo: Atheneu; 2010. p. 1753-75.
2. Ward R, Reynolds JE, Bear N, Elliott C, Valentine J. What is the evidence for managing tone in young children with, or at risk of developing, cerebral palsy: a systematic review. Disabil Rehabil. 2016;39(7):619-30.
3. Deon LL, Gaebler-Spira D. Assessment and treatment of movement disorders in children with cerebral palsy. Orthop Clin North Am. 2010;41(4)507-17.
4. Hoon Jr AH, Faria AV. Pathogenesis, neuroimaging and management in children with cerebral palsy born preterm. Dev Disabil Res Rev. 2010;16(4):302-12.
5. Vadivelu S, Stratton A, Pierce W. Pediatric tone management. Phys Med Rehabil Clin N Am. 2015;26(1):69-78.

6. Kahraman A, Seyhan K, Deger U, Kutluturk S, Mutlu A. Should botulinum toxin A injections be repeted in children with cerebral palsy? A systematic review. Dev Med Child Neurol. 2016;58(9):910-7.
7. Steinbok P. Selection of treatment modalities in children with spastic cerebral palsy. Neurosurg Focus. 2006;21(2):1-8.
8. Baque E, Sakzewski L, Barber L, Boyd RN. Systematic review of physiotherapy interventions to improve gross motor capacity and performance in children and adolescentes with an acquired brain injury. Brain Inj. 2016;30(8):948-59.
9. Acar G, Altun GP, Yurdalan S, Polat MG. Efficacy of neurodevelopmental treatment combined with the Nintendo Wii in patients with cerebral palsy. J Phys Ther Sci. 2016;28(3):774-80.

Trauma cranioencefálico pediátrico 22

Catherine Cely Oliveira
Leandro do Nascimento Camargo

Após ler este capítulo, você estará apto a:

1. Identificar aspectos clínicos e fisiopatológicos do traumatismo cranioencefálico.
2. Reconhecer o papel da fisioterapia na situação de traumatismo cranioencefálico pediátrico.

APRESENTAÇÃO

A atuação do fisioterapeuta na assistência à vítima de traumatismo cranioencefálico (TCE) ainda não é bem elucidada por causa da escassez de evidências estatísticas nos estudos que possam contribuir com a assistência a ser prestada. Assim, o cuidado de fisioterapia no raumatismo cranioencefálico pediátrico (TCEP) decorre do conhecimento dos principais mecanismos fisiopatológicos envolvidos e das complicações em virtude do trauma. Portanto, a assistência deve ser aplicada respeitando-se a fase do trauma, tanto de maneira preventiva como na interferência aguda das possíveis comorbidades respiratórias, motoras e cognitivas até a promoção e/ou restauração do maior nível possível de independência funcional.

INTRODUÇÃO

O TCE é uma das principais causas de mortalidade e incapacidade em crianças e adultos em todo o mundo. No Brasil, existem poucos estudos epidemiológicos caracterizando o seu impacto. Estima-se que haja cerca de 125.500 admissões de pacientes com TCE, correspondendo a uma incidência de 65,5:100.000 habitantes/ano e de 9.700 mortes hospitalares, com índice de mortalidade hospitalar de 5/100.000 habitantes anualmente[1].

O TCE na faixa etária pediátrica constitui uma das principais causas de morte na infância. Em muitos casos, o tratamento necessita de tempo de internação prolongado na unidade de terapia intensiva (UTI), além de ter elevado custo[2]. Entre os principais fatores causais do TCE na faixa etária pediátrica estão os acidentes automobilísticos por colisão e atropelamento, queda de altura, queda por prática esportiva, diversão, lazer e abuso (ou trauma não acidental)[3].

FISIOPATOLOGIA

A lesão encefálica é resultado dos mecanismos fisiopatológicos que se iniciam desde o trauma e podem se estender por dias e até semanas[4]. Do ponto de vista didático, classifica-se em lesão primária decorrente de força biomecânica (direta ou indireta) gerada pelo trauma e lesão secundária decorrente do prejuízo ao tecido cerebral, amplificado por processos como hipóxia, hipercapnia ou hipocapnia, hipotensão arterial, crises convulsivas, hipertermia, distúrbios hidroeletrolíticos e metabólicos, perda da autorregulação cerebral, levando ao desenvolvimento de edema cerebral, hipertensão intracraniana (HIC) e diminuição da pressão de perfusão cerebral (PPC)[4,5].

Segundo a doutrina de Monro-Kelie, a hipertensão intracraniana ocorre quando estão esgotados os mecanismos fisiológicos de compensação volumétrica do compartimento intracraniano. Se um dos três componentes da caixa craniana (sangue, liquor e parênquima) aumentar, outro deve diminuir para que haja acomodação volumétrica; caso contrário, a pressão do compartimento aumenta. Na presença de HIC, o fluxo sanguíneo cerebral (FSC) diminui, gerando deficiência na oferta dos nutrientes (oxigênio e glicose) ao cérebro, o que contribui para a formação de edema do parênquima, acarretando piora da HIC[6].

CLASSIFICAÇÕES DO TRAUMATISMO CRANIOENCEFÁLICO

Quanto ao Mecanismo do Trauma

A compreensão do mecanismo do TCE possibilita predizer as possíveis lesões a serem encontradas e estabelecer um parâmetro quanto à gravidade e ao prognóstico. As variações anatomopatológicas de lesões são diversas: ferimento cortante ou contuso do escalpo, fratura do crânio, laceração, hematoma epidural ou subdural, hemorragia subaracnóidea, hemorragia intraventricular ou parenquimatosa (contusão cerebral), além de lesão axonal difusa (LAD)[2,3].

Quanto à Topografia

As lesões encefálicas no TCE são classificadas quanto à topografia em difusas ou focais e podem coexistir, embora haja o predomínio de um tipo[3,7].

- Lesões focais: são compostas por hematomas intra-axiais ou extra-axiais e/ou áreas isquêmicas delimitadas a uma região afetada.
  - Fraturas cranianas: são lineares ou associadas a afundamento.
  - Hematoma extradural (HED): ocorre em impacto de baixa energia, não estando descartado o risco de sangramento.
  - Hematoma subdural agudo (HSDA): associado a mecanismo de aceleração e desaceleração dos traumas com grande energia cinética.
  - Contusão cerebral: formação de áreas hemorrágicas em decorrência da agressão direta ao encéfalo no caso da fratura por afundamento ou pelo movimento do encéfalo contra a caixa craniana, esmagando as estruturas.
- Lesões difusas: são as mais comuns em crianças com TCE, acometendo o cérebro como um todo, e decorrem de força cinética que leva à rotação do encéfalo dentro da caixa craniana. Em geral, estão presentes no TCE grave[3].
  - Concussão cerebral: resulta do traumatismo direto do crânio, com distúrbio transitório da função neurológica.
  - Lesão axonal difusa: caracterizada pela ruptura axonal, não sendo visível na tomografia, acompanhada de ruptura de pequenos vasos adjacentes, com perda da consciência de instalação imediata.
  - Tumefação cerebral (*brain swelling*): aumento da massa cerebral por aumento do volume sanguíneo dos vasos cerebrais e edema no tecido cerebral.
  - Lesão cerebral hipóxica: isquemia cerebral por interrupção de fluxo sanguíneo cerebral.

Quanto à Gravidade

Atualmente, existem várias ferramentas de apoio para classificação do TCE quanto à gravidade, entre elas: *Crussells coma grades*, *Grady coma grades*, *Innsbruck coma scale*, escala Four e escala de coma de Glasgow (ECGL)[3].

A escala de coma de Glasgow permite identificar a gravidade do trauma de forma simples e rápida durante a emergência, podendo ser reproduzida facilmente durante a evolução do quadro neurológico nos instantes seguintes. Para crianças menores de 5 anos, utiliza-se a ECGL adapatada para obtenção de melhor resposta verbal (Tabela 22.1)[2].

Tabela 22.1 Escala de coma de Glasgow adaptada para crianças com menos de 5 anos de idade[2]

Parâmetro		Pontos
Melhor resposta motora	Obedece a comandos, movimentos espontâneos normais	6
	Localiza os estímulos	5
	Flexão inespecífica ao estímulo	4
	Decorticação	3
	Descerebração	2
	Sem resposta	1
Melhor resposta verbal	Ativa, reativa, balbucia palavras	5
	Verbaliza menos que o normal, choro irritadiço	4
	Chora em resposta à dor	3
	Geme em resposta à dor	2
	Sem resposta	1
Melhor resposta ocular	Abertura ocular espontânea	4
	Abertura ocular apenas ao chamado	3
	Abertura ocular ao estímulo de dor	2
	Sem abertura ocular	1

Os valores da escala de coma de Glasgow estão relacionados a mortalidade e gravidade do TCE. De acordo com essa escala, o TCE é dividido em leve (pontuação 13 a 15), moderado (pontuação 8 a 12) e grave (pontuação 3 a 7)[8].

TOMOGRAFIA DE CRÂNIO

A tomografia de crânio (TC) é o exame de escolha para identificar as anormalidades no TCE e ajudar na escolha da melhor conduta terapêutica. Pela TC, é possível avaliar partes moles, cavidades do crânio, arcabouço ósseo, espaços epidural e subdural, parênquima encefálico, sulcos, cisternas e sistema ventricular. Mesmo que o exame não revele lesão focal para tratamento neurocirúrgico imediato, pondera-se repeti-lo em 6 horas na busca de lesões ainda em expansão e/ou em desenvolvimento não detectadas no primeiro exame[3].

MANEJO E TRATAMENTO DO TRAUMA CRANIOENCEFÁLICO

O tratamento à vítima de TCE é realizado inicialmente pela equipe médica de emergência e segue as normas do *avanced trauma life support* (ATLS). O objetivo do atendimento inicial é assegurar a via respiratória, a estabilidade e a hemodinâmica.

Também fazem parte dessa sequência coletar a história clínica, realizar exame físico geral e fazer avaliação neurológica específica: determinar o nível e o conteúdo da consciência, fazer avaliação pupilar e fotorreação, checar déficits de força e/ou tônus muscular, alterações da sensibilidade e presença dos reflexos tendinosos, além de alterações dos reflexos do tronco[3,7].

Os sinais e sintomas de hipertensão intracraniana também devem ser investigados – cefaleia, vômitos, alterações do nível de consciência, crise convulsiva, edema de papila, sinais focais (por exemplo, alterações pupilares ou déficits motores localizados) – e, em pacientes comatosos, a tríade de Cushing, composta por hipertensão arterial, bradicardia e alterações do ritmo respiratório[3,7].

Tratamento Cirúrgico

A abordagem neurocirúrgica ocorre na presença de lesões focais e expansivas como medida de descompressão para diminuir a pressão intracraniana (PIC), lesões associadas a desvio de estruturas da linha mediana e/ou no tratamento dos hematomas epidurais, subdurais e intraparenquimatosos (quando o acesso cirúrgico é possível)[3,9].

Tratamento Clínico

As crianças com TCE moderado e grave necessitam de monitoração contínua, pois as lesões secundárias, causadas por alterações sistêmicas (hipotensão, hipóxia, hipoglicemia, hipercapnia, entre outras), podem ocorrer a qualquer momento e contribuir para deterioração neurológica, com impacto direto no prognóstico desses pacientes[3,9,10].

Medidas gerais:

- Os casos que apresentam Glasgow ≤ 8 exigem suporte ventilatório para a manutenção da pressão arterial de oxigênio (PaO_2) ≥ 80 mmHg.
- A monitoração e o controle da pressão parcial de gás carbônico ($PaCO_2$) é de extrema importância. O gás carbônico (CO_2) provoca vasorreatividade e, em resposta aos níveis abaixo de 35 mmHg, gera vasoconstrição cerebral, e vasodilatação, com valores acima de 45 mmHg. Ambos interferem diretamente no FSC, na quantidade de sangue dentro do compartimento intracraniano e, consequentemente, na PIC.
- Sedação e analgesia são indicadas na fase aguda do TCE para controle da dor e redução do consumo metabólico cerebral.
- A manutenção da pressão de perfusão cerebral (PPC) deve ficar em nível adequado e estável (40 a 65 mmHg), de acordo com a faixa etária. O doppler transcra-

niano, se disponível, deve ser utilizado para auxiliar a encontrar a pressão arterial média (PAM) ideal nesses pacientes, pelo achado de uma curva de fluxo adequada, individualizando e otimizando o tratamento.

- A temperatura é um fator importante de ser controlado. A hipertermia aumenta o metabolismo cerebral e o consumo, podendo acarretar novas lesões neurológicas (lesão secundária) caso o aporte de nutrientes não seja adequado (como ocorre em casos de elevação da PIC).
- Suporte nutricional e controle glicêmico adequados em decorrência do aumento da demanda metabólica.
- A anemia deve ser evitada na fase aguda, e os níveis de hemoglobina (Hb) mantidos acima de 10 g/dL.
- O cateter de PIC é recomendado em todos os pacientes com TCE grave e TCE moderado com lesão de efeito em massa, permitindo a monitoração contínua da pressão intracraniana (PIC < 20 mmHg) e ajuste preciso das medidas terapêuticas.

Fisioterapia

A fisioterapia tem papel importante na terapia de pacientes graves, e o resultado de uma assistência adequada com base no conhecimento fisiopatológico pode influenciar e contribuir para a redução de comorbidades e sequelas, promovendo melhor qualidade de vida, com benefícios a curto e médio prazo na recuperação dos pacientes.

Embora o impacto das intervenções da assistência de fisioterapia no TCE grave seja pouco estudado, algumas delas interferem diretamente na hemodinâmica cerebral e aumentam potencialmente a ocorrência de eventos adversos. A monitoração contínua dos parâmetros hemodinâmicos e respiratórios é necessária durante o atendimento e fornece segurança adicional à execução da terapia, tornando-a mais segura e eficaz[11].

As infecções respiratórias são uma das principais causas de complicações associadas ao tempo prolongado de internação, aumentando com a necessidade de ventilação mecânica invasiva (VMI) prolongada. Os cuidados de fisioterapia visam promover a manutenção da função respiratória e prevenir essas complicações.

A aspiração traqueal é o recurso mais utilizado para promover a remoção de secreções e higiene brônquica em pacientes com via aérea artificial. Embora seja uma intervenção importante, a aspiração pode contribuir para a ocorrência de eventos hemodinâmicos cerebrais indesejáveis e elevação da PIC no TCE grave. Os mecanismos responsáveis por esses eventos são o reflexo de tosse gerado pela desconexão do circuito do ventilador mecânico e religação ao tubo endotraqueal, e a estimulação mecânica da sonda de aspiração, que, além de tosse e dor, causam drenagem do fluxo de ar durante a aspiração de secreção, provocando perda de volume corrente e diminuição da PaO_2 e hipoxemia[12].

Algumas medidas e o uso de agentes farmacológicos podem minimizar esses efeitos negativos, como o uso de sistema fechado de aspiração, evitando queda da PaO_2, e a aplicação de sedativo antes da aspiração, a fim de evitar o reflexo de tosse. Desse modo, evitam-se aumentos da pressão intratorácica acompanhados por diminuição do retorno venoso cerebral, causadores do aumento da PIC. O uso de anestésico local em alguns casos ou até mesmo o uso de bloqueadores neuromusculares é indicado[11,13].

A manobra de hiperinsuflação manual é indicada para minimizar efeitos da hipoxemia gerada durante a aspiração traqueal, recomendando-se não ultrapassar tempo maior que 10 segundos. As manobras de vibrocompressão (MVC) e a manobra de aceleração de fluxo expiratório (AFE) não demostraram impacto na hemodinâmica cerebral relacionado a efeitos deletérios sobre a PPC e a PIC, e podem ser usadas com segurança desde que os pacientes estejam adequadamente sedados e pré-oxigenados[11,14].

Durante o suporte ventilatório no TCE grave, o objetivo é manter valores de PCO_2 em normocapnia (entre 35 e 41 mmHg), porém com risco de complicações respiratórias iminente, sendo indicadas estratégias de ventilação protetora com valores de volume corrente limitados a 6 a 8 mL/kg de peso. Os valores de pressão expiratória final positiva (PEEP) também fazem parte desse manejo e devem ser suficientes para manter a PaO_2 acima de 80 mmHg. Valores de PEEP entre 5 e 10 cmH_2O não causam efeito sobre a PIC. O modo ventilatório com pressão controlada (PCV) é o mais usado em pediatria, e, embora não haja consenso sobre a melhor prática ventilatória, o uso do modo pressão reguladora de volume corrente (PRVC) neste caso tem resultado em menor variação do volume corrente (VC), mantendo a PCO_2 mais estável[15].

O bom posicionamento no leito é um cuidado importante em pacientes pediátricos, além de favorecer o estímulo do desenvolvimento motor, previne deformidades posturais. No TCE a posição do corpo e da cabeça influenciam diretamente na hemodinâmica cerebral, sendo recomendado o uso da cabeceira elevada a 30° para auxiliar o retorno venoso do crânio; e manutenção da cabeça em linha média para evitar compressões e/ou desvios das veias jugulares e alterações da PIC[16].

Reabilitação de Crianças com Traumatismo Cranioencefálico em Unidade de Terapia Intensiva

Os avanços nos cuidados do paciente pediátrico com TCE têm aumentado significativamente a sobrevida dessa população.

Na fase aguda, a hipertensão intracraniana é considerada complicação comum em grande parte dos pacientes vítimas de TCE. Na UTI, um dos principais objetivos do atendimento na fase aguda é evitar a injúria secundária, mantendo estabilidade hemodinâmica, metabólica e respiratória, com o intuito de garantir adequada oferta de oxigênio e de nutrientes ao tecido cerebral[17,18].

Sabe-se que a fraqueza muscular adquirida na UTI pediátrica também é comum, apesar de depender da faixa etária, com maior prevalência em crianças maiores. A imobilidade prolongada e o repouso absoluto das crianças também levam ao catabolismo, que, associado à degeneração nervosa axonal, gera perda de miosina e atrofia muscular. Tratando-se de crianças maiores, as consequências são idênticas às do adulto, enquanto em lactentes o impacto nas etapas do desenvolvimento neuropsicomotor torna-se notório[19,20].

Entretanto, estudos mostram que a reabilitação da criança com TCE deve ocorrer dentro do ambiente hospitalar assim que apresentar estabilidade clínica. O elevado índice de óbitos está diretamente relacionado à imobilidade, podendo a fisioterapia interferir no melhor prognóstico desses pacientes, de forma a promover o reaprendizado das funções sensoriomotoras perdidas, por meio do mecanismo de readaptação neural. Esse reaprendizado é devido à plasticidade neural, que é considerada a habilidade do cérebro em recuperar uma função por meio de proliferação neural, migração e interações sinápticas, sendo maior na infância e declinando gradativamente, sem se extinguir na vida adulta. Ocorre tanto no hemisfério intacto como no lesionado. Acontece não somente no córtex cerebral, mas também em regiões subcorticais, como tálamo e tronco cerebral[21-23].

Avaliação fisioterapêutica é necessária para garantir um plano de tratamento e a sua implementação aprimorada.

A reabilitação precoce proporciona otimização dos resultados, com maior recuperação funcional, redução do tempo de internação e da duração do processo de reabilitação, inclusive em crianças com TCE grave[24].

É importante ressaltar que a reabilitação da criança com TCE é diferente quando comparada à do adulto, uma vez que a criança ainda está completando o processo de desenvolvimento normal, sendo a recuperação geralmente melhor para a criança que para o adulto[25,26]. O tratamento deve levar em conta tanto a progressão do desenvolvimento físico como a recuperação do dano neurológico.

Dessa forma, os objetivos do fisioterapeuta na fase aguda são:

- Minimizar lesões secundárias e deficiências.
- Evitar complicações do imobilismo absoluto no leito.
- Prevenir úlceras de pressão, limitações articulares, contraturas e espasticidade.
- Prevenir o atraso no desenvolvimento neuropsicomotor.

- Inibir reflexos primitivos.
- Evitar posicionamentos incorretos no leito.
- Facilitar a restauração da função.

A intervenção fisioterapêutica pode ser realizada por intermédio de um programa de exercícios e/ou métodos graduais a ser iniciado assim que o paciente apresentar estabilidade clínica com mobilização passiva, alongamento, estímulo sensoriomotor de acordo com a sua fase de desenvolvimento[25,27-29].

Mobilizações articulares podem ser realizadas a fim de evitar limitações articulares, diminuição da amplitude de movimento e rigidez articular cujo fator causal é a estática do líquido sinovial, que gera déficit nutricional articular, com atrofia da cartilagem, espessamento da sinóvia e fibrose da cápsula[30,31].

Apesar do tratamento fisioterapêutico precoce ser de grande valia na reabilitação do TCE, de acordo com estudo realizado pela National Head Injury Foundation, estimou-se que, em 1988, menos de 10% dos pacientes com TCE moderado a grave recebiam serviços adequados de reabilitação[32].

Em resumo, a reabilitação precoce deve ser iniciada ainda na UTI, estendendo-se após a alta hospitalar. O seu contexto engloba cuidados físico, cognitivo e mental, afetivo e social, e as ações devem ser em conjunto, envolvendo a equipe multiprofissional.

CONCLUSÕES

O TCE pode ser considerado um dos principais responsáveis pelas elevadas taxas de mortalidade e incapacidade no adulto e na criança em todo o mundo. O tipo de lesão e sua gravidade são fatores relevantes para o prognóstico, estabelecendo relação direta com a função e a qualidade de vida pós-alta hospitalar.

O atendimento inicial segue as diretrizes do ATLS e dos cuidados intensivos, com monitoração criteriosa a fim de prevenir e minimizar a injúria secundária.

O tratamento fisioterapêutico deve ser realizado de forma eficiente, levando em conta a fisiopatologia do trauma, e sua atuação pode se iniciar na fase mais aguda do TCE, estendendo-se até os níveis de recuperação do maior nível funcional, juntamente com a equipe multiprofissional.

REFERÊNCIAS BIBLIOGRÁFICAS

1. Almeida CE, de Sousa Filho JL, Dourado JC, Gontijo PA, Dellaretti MA, Costa BS. Traumatic brain injury epidemiology in Brazil. World Neurosurg. 2016;87:540-7.
2. Carvalho LFA, Affonseca CA, Guerra SD, Ferreira AR, Goular EMA. Severe traumatic brain injury in children and adolescents. Rev Bras Ter Intensiva. 2007;19(1):98-106.

3. Andrade AF, Figueiredo EG, Teixeira MJ, Taricco MA, Amorim RLO, Paiva WS. Neurotraumatologia. Rio de Janeiro: Guanabara Koogan; 2015.
4. Andrade AF, Paiva WS, Amorim RL, Figueiredo EG, Rusafa Neto E, Teixeira MJ. Mecanismos de lesão cerebral no traumatismo cranioencefálico. Rev Assoc Med Bras. 2009;55(1):75-81.
5. Kinoshita K. Traumatic brain injury: pathophysiology for neurocritical care. J Intensive Care. 2016;4:29.
6. Werner C, Engelhard K. Pathophysiology of traumatic brain injury. Br J Anaesth. 2007;99(1):4-9.
7. Gentile JKA, Himuro HS, Rojas SSO, Veiga VC, Amaya LEC, Carvalho JC. Managements in patients with traumatic brain injury. Rev Bras Ciên Mov. 2011;9(1):74-82.
8. Settevall CHC, Souza RMC, Silva SCF. Escala de coma de Glasgow nas primeiras 72 horas após o trauma cranioencefálico e mortalidade hospitalar. Rev Lat Am Enfermagem. 2011;19(6):1337-43.
9. Lohr AJ. Conduta frente à criança com trauma de crânio. J Pediatr (Rio J). 2002;78(Supl1):S40-S47.
10. Haddad SH, Arabi YM. Critical care management of severe traumatic brain injury in adults. Scand J Trauma Resusc Emerg Med. 2012;20:12.
11. Cerqueira NML, Moura AV, Cerqueira TC, Aquim EE, Reá-Neto A, Oliveira MC, et al. Acute effects of physiotherapeutic respiratory maneuvers in critically ill patients with craniocerebral trauma. Clinics (Sao Paulo). 2013;68(9):1210-4.
12. Ugras AG, Aksoy G. The effects open and closed endotracheal suctioning on intracranial pressure: a crossover, single-blind clinical trial. J Neurosci Nurs. 2012;44(6):E1-8.
13. Bilotta F, Branca G, Lam A, Cuzzone V, Doronzio A, Rosa G, et al. Endotracheal lidocaine in preventing endotracheal suctioning-induced changes in cerebral hemodynamics in patients with severe head trauma. Neurocrit Care. 2008;8(2):241-6.
14. Cerqueira-Neto ML, Moura AV, Scola RH, Arquim EE, Rea-Neto A, Oliveira MC, et al. The effect of breath physiotherapeutic maneuvers on cerebral hemodynamics. Arq Neuropsiquiatr. 2010;68(4):567-72.
15. Schirmer-Mikalsen K, Vik A, Skogvoll E, Moen KG, Solheim O, Klepstad P, et al. Intracranial pressure during pressure control ventilation in patients with traumatic brain injury: a randomized crossover trial. Neurocrit Care. 2016;24(3):332-41.
16. Ivan NG, Joyce L, Wong HB. Effects of head posture on cerebral hemodynamics: its influences on intracranial pressure, cerebral perfusion pressure, and cerebral oxygenation. Neurosurgery. 2004;54(3):593-7.
17. Thiesen RA, Dragosavac D. Influence of the respiratory physiotherapy on intracranial pressure in severe head trauma patients. Arq Neuropsiquiatr. 2005;63(1):110-3.
18. Toledo C, Garrido C, Troncoso E, Lobo SM. Efeitos da fisioterapia respiratória na pressão intracraniana e pressão de perfusão cerebral no traumatismo cranioencefálico grave. Rev Bras Ter Intensiva. 2008;20(4):339-43.
19. Lipshutz AK, Gropper MA. Acquired neuromuscular weakness and early mobilization in the intensive care unit. Anesthesiology. 2013;118(1):202-15.
20. Darras BT, Jones Jr HR. Neuromuscular problems of the critically ill neonate and child. Semin Pediatr Neurol. 2004;11(2):147-68.
21. Aisen ML. Justifying neurorehabilitation: a few steps forward. Neurology. 1999;52(1):8-10.
22. Fontes SV, Fukujima MM, Cardeal JO. Fisioterapia neurofuncional: fundamentos para a prática. São Paulo: Atheneu; 2007.
23. Byl N, Roderick J, Mohamed O, Hanny M, Kotler J, Smith A, et al. Effectiveness of sensory and motor rehabilitation of the upper limb following the principles of neuroplasticity: patients stable poststroke. Neurorehabil Neural Repair. 2003;17(3):176-91.
24. Choi JH, Jakob M, Stapf C, Marshall RS, Hartmann A, Mast H. Multimodal early rehabilitation and predictors of outcome in survivors of severe traumatic brain injury. J Trauma. 2008;65(5):1028-35.

25. Khan S, Khan A, Feyz EM. Decreased length of stay, cost savings and descriptive findings of enhanced patient care resulting from an integrated traumatic brain injury programme. Brain Inj. 2002;16(6):537-54.
26. Tecklin JS. Fisioterapia pediátrica. 3. ed. Porto Alegre: Artmed; 2002. p. 207-32.
27. Tarico M. National consensus conference. The rehabilitation management of traumatic brain injury patients during the acute phase: criteria for referral and transfer from intensive care units to rehabilitative facilities. Eura Medicophys. 2006;42(1):73-84.
28. Sorbo A, Rydenhag B, Sunnerhagen KS, Blomqvist M, Svensson S, Emanuelson I. Outcome after severe brain damage, what makes the difference? Brain Inj. 2005;19(7):493-503.
29. Niemeier JP, Kreutzer JS, Marwitz JH, Gary KW, Ketchum JM. Efficacy of a brief acute neurobehavioural intervention following traumatic brain injury: a preliminary investigation. Brain Inj. 2011;25(7-8):680-90.
30. Ada L, Canning C. Key issues in neurological physiotherapy. Oxford: Butterworth and Heinemann; 1990. p. 13-36.
31. Selikson S, Damus K, Hamerman D. Risk factors associated with immobility. J Am Geriatr Soc. 1988;36(8):707-12.
32. Carli P, Orliaguet G. Severe traumatic brain injury in children. Lancet. 2004;363(9409):584-5.

23 Indicação e orientação do uso de órteses e cadeiras de rodas

Aline Costa Ferraz Barbosa
Patrícia Yuri Capucho
Thais Romanelli de Carvalho

Após ler este capítulo, você estará apto a:

1. Definir os conceitos e termos-chave relacionados às órteses.
2. Reconhecer algumas das principais órteses indicadas nos distúrbios neurológicos pediátricos e suas finalidades.
3. Identificar os fatores-chave a considerar na seleção da órtese mais apropriada.
4. Explicar os principais cuidados de higiene e de utilização das órteses.
5. Descrever os fatores que deverão ser considerados na seleção da cadeira de rodas de acordo com as necessidades e características de cada paciente.
6. Demonstrar conhecimento dos diferentes modelos de cadeira de rodas e dos seus componentes mais comuns.

INTRODUÇÃO

O conhecimento das principais órteses e modelos de cadeira de rodas e suas indicações nos distúrbios neurológicos pediátricos é parte fundamental na atuação do fisioterapeuta da área de reabilitação. A prescrição de dispositivos apropriados para cada diagnóstico e necessidade clínica deve ser utilizada como método complementar de tratamento, tendo como objetivo auxiliar a reabilitação física, e contribui para uma recuperação mais segura, rápida e eficaz, favorecendo a autonomia, a funcionalidade e a melhora da qualidade de vida em pacientes com comprometimentos neuromusculoesqueléticos[1].

SELEÇÃO E INDICAÇÃO DE ÓRTESES

Órtese é um dispositivo usado externamente ao corpo, para restringir ou assistir o movimento ou transferir a carga de uma área para outra[2]. As órteses também são utilizadas para prevenir deformidades musculoesqueléticas e proporcionar melhora funcional da postura ortostática e do alinhamento biomecânico durante a marcha[3]. Sua indicação deve ser sempre bem avaliada por toda a equipe que acompanha o paciente, inclusive pelo fisioterapeuta. É importante lembrar que as órteses não corrigem deformidades previamente instaladas.

CLASSIFICAÇÃO

Quanto à Funcionalidade

- Órteses estáticas: são utilizadas com o objetivo de proporcionar repouso, suporte, imobilização, proteção, propriocepção, estabilização de algum segmento corpóreo e prevenção de deformidades.
- Órteses dinâmicas: permitem mobilidade controlada das articulações pelo uso de tração (elástico ou molas)[4].

Quanto à Confecção

As órteses podem ser classificadas conforme o tipo de fabricação, sendo divididas em pré-fabricadas, pré-fabricadas ajustáveis ou moldadas. As órteses atuais podem ser confeccionadas com diversos materiais, levando-se em conta a durabilidade, o custo, a aparência, a flexibilidade e a leveza do material, o tempo de utilização, as reações alérgicas e a aceitação do equipamento por parte do paciente.

ÓRTESES PARA OS MEMBROS INFERIORES

São numerosos os tipos de órteses utilizadas nos distúrbios neurológicos pediátricos. Neste capítulo, abordaremos apenas as principais órteses de membros inferiores.

Calçados Especiais

Os calçados podem ser modificados, de acordo com a finalidade terapêutica, adicionando materiais aplicados externamente na sola ou no seu interior, alterando as forças que o calçado exerce[5]. Podem ser utilizados para compensar desigualdades

(Figura 23.1), imobilizar ou estabilizar, amortecer impactos e melhorar a descarga de peso, apoio e correção durante a marcha.

Palmilhas

São consideradas as órteses mais comuns para o pé e podem ser pré-fabricadas ou feitas sob medida. As palmilhas podem ser utilizadas para auxiliar no alinhamento de pés varos, valgos, planos ou cavos e planos valgos (Figura 23.2). Também são usadas na compensação de dismetrias dentro do calçado < 1,5 cm de diferença ou no solado > 1,5 cm de diferença.

Figura 23.1 Calçado com compensação.

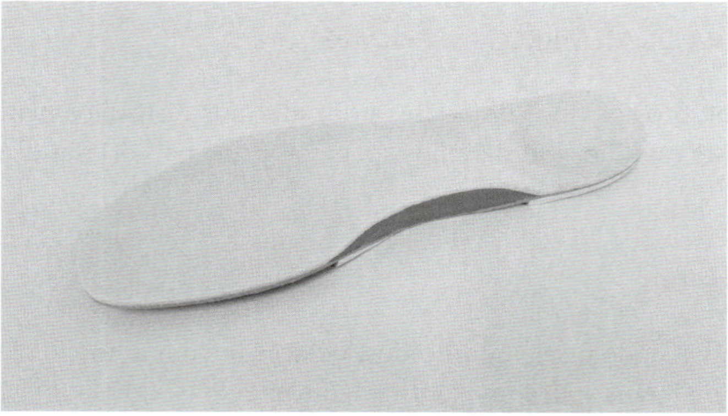

Figura 23.2 Palmilha.

A baropodometria é um exame que identifica as alterações biomecânicas nos pés, tanto na postura ortostática quanto durante a dinâmica da marcha, e é um importante recurso auxiliar na prescrição das palmilhas.

Ankle Foot Orthose

As *ankle foot orthosis* (AFO) são definidas como órteses de pé e tornozelo, e são utilizadas para manutenção das articulações tibiotársica e subtalar em posição funcional. São indicadas para assistir pacientes portadores de sequelas neuromusculares de origem central ou periférica. Os materiais mais utilizados são os termoplásticos (polipropileno e polietileno), os quais são moldados em altas temperaturas e confeccionados a partir de molde gessado. Também podem ser confeccionadas em fibra de carbono, que são mais leves e mais caras, ou ser pré-fabricadas. As AFO podem ser classificadas, conforme suas características funcionais, em diversos tipos, descritos a seguir.

AFO rígida

Também chamada de órtese suropodálica rígida ou goteira (Figura 23.3). É utilizada na prevenção do equino dos pés em pacientes com paralisia cerebral, lesão medular, lesões encefálicas e em doenças neuromusculares. Estudos demonstram que as órteses suropodálicas proporcionam benefícios, tanto nos parâmetros qualitativos da marcha quanto no desempenho motor grosso de crianças com paralisia cerebral, independentemente do diagnóstico topográfico, e reforçam a indicação das órteses como auxiliares de outras técnicas de tratamento da criança com paralisia cerebral, que têm como objetivo a melhora da qualidade de locomoção e a facilitação da mobilidade funcional[6].

AFO articulada

Trata-se de órtese com articulação no tornozelo, permitindo movimentos ativos de dorsiflexão, sem flexão de joelhos na marcha (Figura 23.4). É indicada para pacientes deambuladores que apresentam passivamente movimentos de dorsiflexão, em sequelas espásticas ou flácidas.

AFO dinâmica

Indicada para pacientes com lesões periféricas ou paralisias flácidas, que apresentam alterações na marcha causadas por fraqueza da musculatura dorsiflexora, e inversoras (pé caído), como nas lesões do nervo fibular e na doença de Charcot-Marie-Tooth.

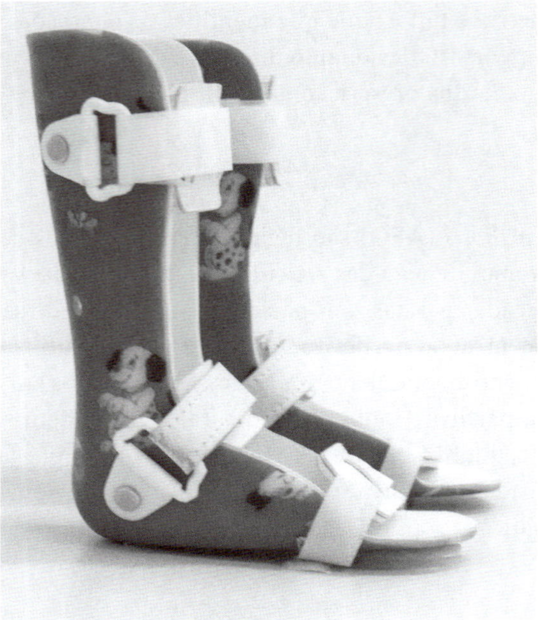

Figura 23.3 AFO rígida.

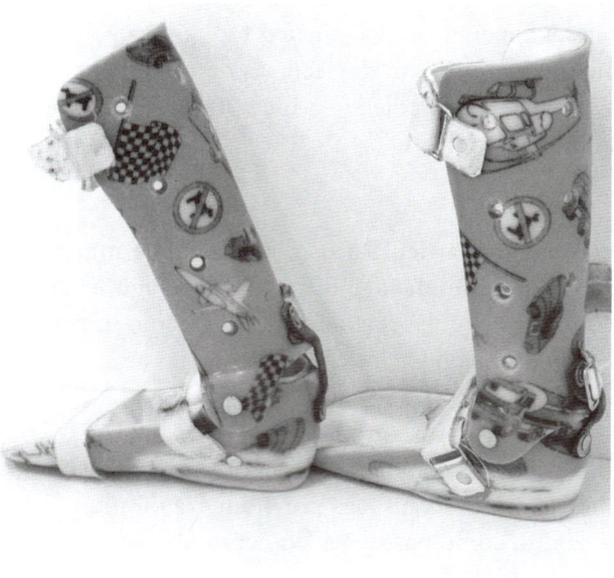

Figura 23.4 AFO articulada.

AFO submaleolar (SubMO)

Indicada para pacientes hipotônicos e para pés pronados em crianças com paralisia cerebral. Promove estabilidade do calcâneo.

AFO supramaleolar (SMO)

Indicada para pacientes que apresentam instabilidade e desvios significativos em inversão ou eversão (Figura 23.5). A SMO não mantém controle dos movimentos no plano sagital.

AFO de reação ao solo

Indicada para pacientes com marcha em *crouch* (em agachamento) e para pacientes com fraqueza dos músculos sóleo e gastrocnêmio (Figura 23.6). A órtese de reação ao solo é eficaz quando indicada para aumentar a extensão do joelho e do tornozelo durante a fase de apoio na marcha em crianças com paralisia cerebral[7]. As principais dificuldades para o uso dessas órteses são as deformidades dos pés, as deformidades rotacionais e o flexo fixo dos joelhos.

Molas de Codivilla

Indicadas para paralisia dos dorsiflexores dos pés, como no caso das paralisias periféricas, hemiplegias, lesões medulares flácidas e no caso de espasticidade leve. São compostas por hastes metálicas flexíveis, unidas em sua extremidade proximal a um aro posterior e em sua extremidade distal a calçados ou palmilhas. Atualmente são pouco utilizadas, sendo substituídas pelas AFO dinâmicas (Figura 23.7).

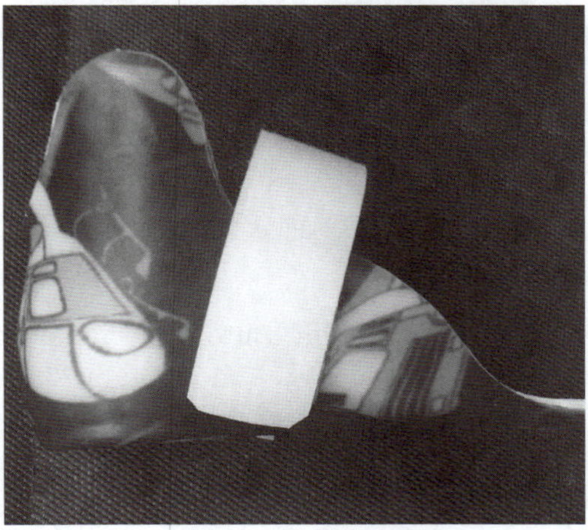

Figuras 23.5 AFO supramaleolar.

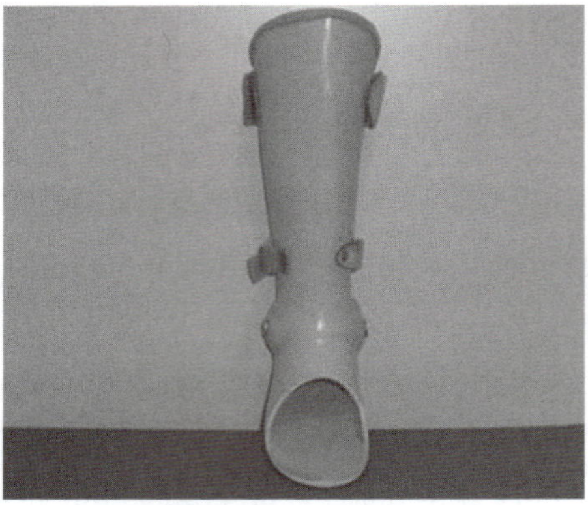

Figura 23.6 AFO de reação ao solo.

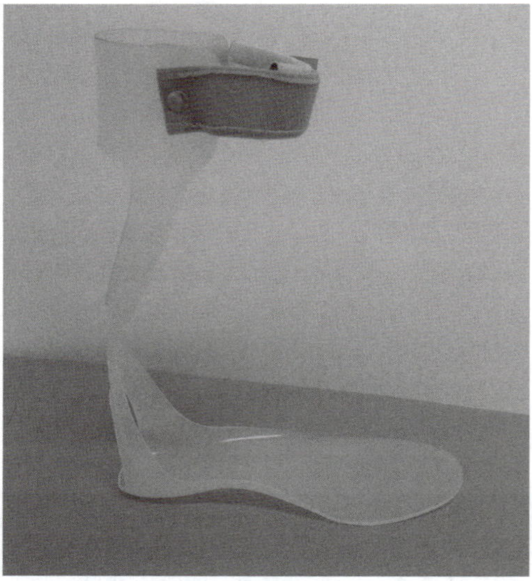

Figura 23.7 AFO dinâmica.

Tira Antiequino

É composta por uma braçadeira em couro ou tecido e uma tira elástica que deve ser fixada na extremidade distal do calçado (Figura 23.8). É utilizada em pacientes com fraqueza da musculatura flexora do tornozelo, sem sinais de espasticidade. A tira de Stus é um tipo de tira antiequino, porém possui duas faixas elásticas reguláveis, que permitem melhorar, por tracionamento, a inversão ou a eversão do antepé durante a marcha (Figura 23.9).

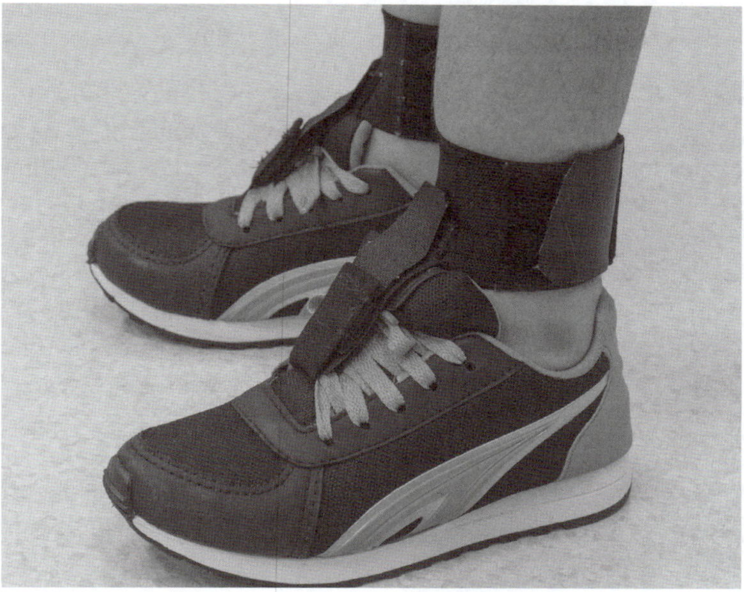

Figura 23.8 Tira antiequino.

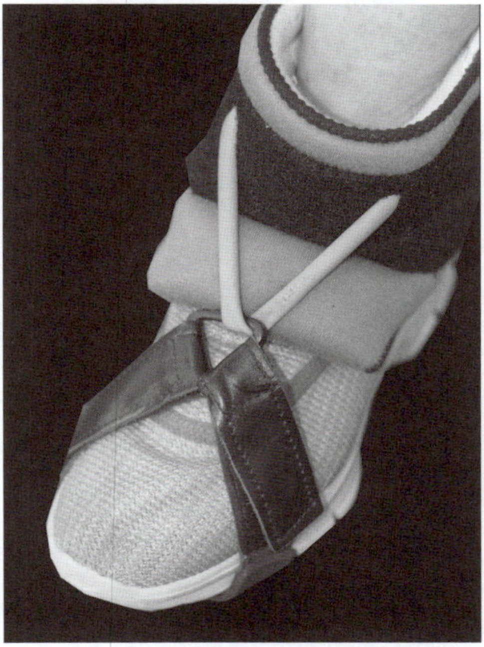

Figura 23.9 Tira de Stus.

Órtese Elétrica Funcional

Walkaide® é um novo sistema proposto para "pés caídos", tratando-se de um estimulador neuromuscular funcional externo, com a vantagem de não necessitar do uso de calçados ou órteses (Figura 23.10). Promove a dorsiflexão durante a fase de balanço, permitindo marcha mais funcional, além de auxiliar na manutenção da amplitude de movimento (ADM) da articulação do tornozelo. É indicada em caso de paralisia cerebral, lesões medulares incompletas, paraparesia espástica familiar e lesões encefálicas. É contraindicada em lesões nervosas periféricas, marca-passo cardíaco, deformidades e aumento da espasticidade. Em crianças, a tolerabilidade ao estímulo deve ser avaliada. Como pré-requisitos são necessários condicionamento prévio e realização de dorsiflexão parcial.

Há evidências de melhora da plasticidade muscular com seu uso em crianças com paralisia cerebral[8]. O uso do Walkaide® pode ser uma ferramenta útil para melhorar o padrão de marcha e diminuir o gasto energético em crianças com paralisia cerebral do tipo hemiplegia espástica[9].

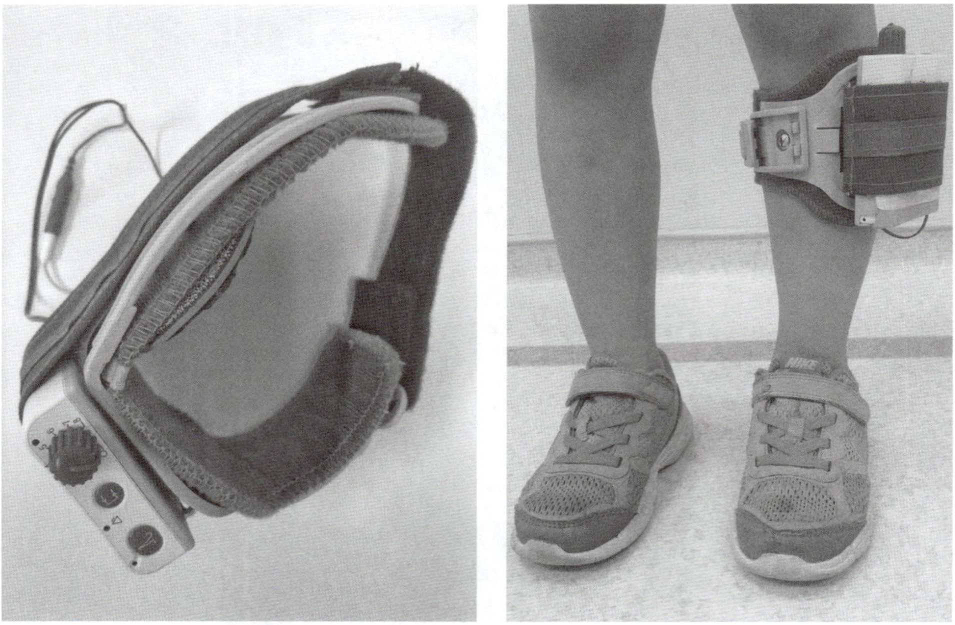

Figura 23.10 Walkaide®.

Outras Órteses para Membros Inferiores

Órtese de lona para extensão de joelho

Também conhecida com tala de lona ou tala extensora de joelho (Figura 23.11). É confeccionada com tecido de lona e espuma, com hastes longas posteriores e laterais em duralumínio ou plástico. Serve para imobilizar o joelho em extensão, podendo auxiliar na prevenção de encurtamentos dos flexores de joelho. Também é utilizada no auxílio do ortostatismo e do treino de marcha em crianças com lesões neurológicas.

Órtese longa bilateral com cinto pélvico

Utilizada em pacientes portadores de mielomeningocele, dos níveis torácico e lombar alto, que possuem bom equilíbrio de tronco e prontos para o treino de deambulação.

Órtese de reciprocação (RGO – *reciprocating gait orthosis*)

Semelhante à órtese longa com cinto pélvico, porém dotada de um mecanismo de reciprocação nas articulações dos quadris. É frequentemente indicada em pacientes com dificuldades de flexão do quadril.

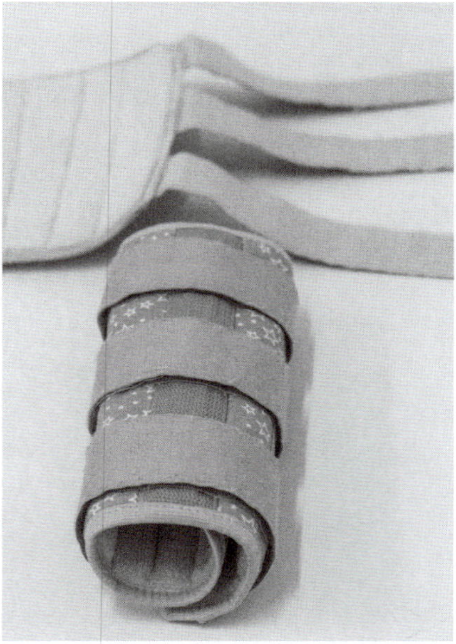

Figura 23.11 Tala extensora de joelho.

Sling

É uma tira elástica ajustável na cintura e nos pés, utilizada para correção de desvios rotacionais dos membros inferiores, por meio de efeito de mola elástica (Figura 23.12). Utiliza-se em associação com outras órteses, como as AFO. Cuidados devem ser tomados em relação ao excesso de pressão da tira durante a colocação, evitando o garroteamento dos membros inferiores do paciente. A força elástica da órtese pode oferecer ajuda para o correto alinhamento dos membros inferiores e para a melhora do desempenho da marcha[10].

Scottish-Rite

Órtese utilizada, principalmente, para tratamento da doença de Legg-Perthes (necrose avascular da cabeça do fêmur), mantendo a cabeça femoral centrada mediante o posicionamento dos membros inferiores em abdução e permitindo a flexão dos quadris.

Órtese de abdução dos pés

Utilizada para manutenção da correção do pé torto congênito e para evitar recidiva.

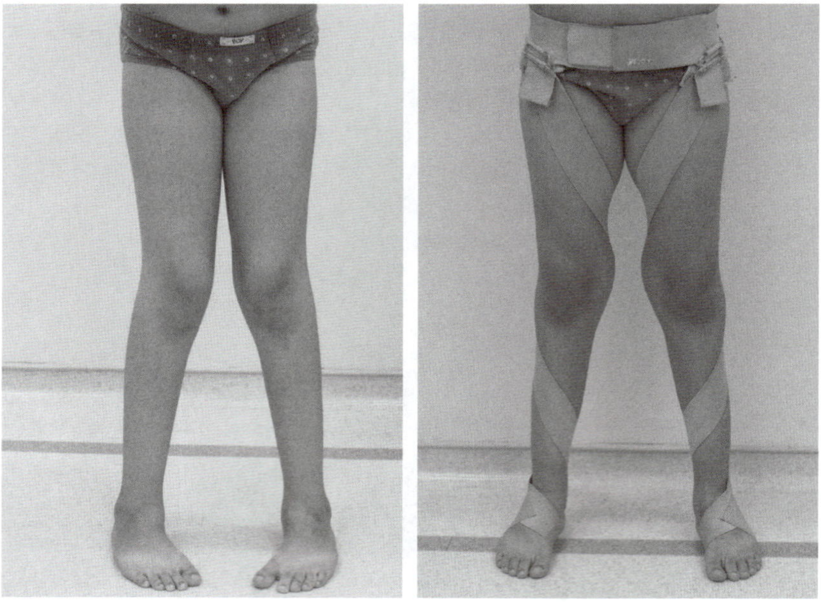

Figura 23.12 *Sling*.

Dennis Brown

Órtese utilizada para crianças com anteversão femoral, torção tibial, metatarso aduzido e para manutenção da correção do pé torto congênito, evitando recidiva.

Suspensório de Pavlik

Órtese confeccionada em tecido e utilizada nos casos de displasia do desenvolvimento do quadril[11].

ÓRTESES E ANÁLISE TRIDIMENSIONAL DA MARCHA

Os exames de análise tridimensional da marcha podem oferecer dados importantes para a melhor compreensão da biomecânica e também das alterações dinâmicas nos distúrbios neurológicos. Assim, pode ser uma importante ferramenta para auxiliar na adequada prescrição das órteses, já que avalia a repercussão delas sobre a marcha. É indicada somente para pacientes aptos a deambular de maneira independente ou com dispositivos de marcha e que tenham habilidades cognitivas suficientes para obedecer a ordens simples e colaborar com o exame.

CUIDADOS DE HIGIENE E UTILIZAÇÃO DAS ÓRTESES

- Limpar periodicamente com pano úmido e sabão neutro, e secar com pano limpo.
- Não expor a órtese/tutor ao sol.
- Sempre usar a órtese curta com meias de algodão para proteger a pele.
- Não tomar banho com a órtese.
- Não apertar excessivamente os velcros e tiras.
- Comunicar o responsável pelo paciente caso este apresente vermelhidão, feridas, hematomas na pele ou danos na órtese. Cuidado com áreas de hiperpressão e úlceras.
- O paciente e seus familiares devem sempre ser informados pelo profissional responsável sobre o tempo de uso de uma órtese, a forma de colocação e higienização, a necessidade de manutenção preventiva e de revisões periódicas.
- Uma órtese só deve ser indicada por profissional habilitado e após avaliação detalhada dos déficits do paciente e dos efeitos que sua aplicação pode gerar. Os benefícios provenientes do uso das órteses estão relacionados com a prescrição correta e com o posicionamento adequado do membro no dispositivo[12].

SELEÇÃO E INDICAÇÃO DE CADEIRA DE RODAS

A cadeira de rodas ainda é um estigma de incapacidade e dependência, no entanto a liberdade de ir e vir está diretamente relacionada a melhor qualidade de vida e maior independência. Por essa razão, é muito importante a correta seleção desse equipamento, que pode tornar-se indispensável para grande parte das pessoas portadoras de deficiência física[13].

Como bem descrito por Warren (1990), "a mobilidade é uma parte fundamental da vida. Estar apto a movimentar-se, explorar os arredores, sob controle da própria vontade, é a chave da independência"[14]. No caso de crianças com deficiência física, a restrição da mobilidade pode levar ao prejuízo de seu desenvolvimento cognitivo e de sua autonomia.

Ao selecionar um dispositivo de auxílio à mobilidade, deve-se procurar combinar o tipo de equipamento às reais necessidades do usuário. Aspectos funcionais como força, equilíbrio, coordenação, julgamento, medidas antropométricas e postura funcional precisam ser avaliados[15].

O bom posicionamento do indivíduo na cadeira de rodas aumenta a mobilidade, a autonomia, o conforto e a segurança, levando a uma melhoria na postura sentada e favorecendo funções básicas, como respiração, nutrição e fluxo sanguíneo, prevenindo dores e, além disso, melhorando a sociabilidade[16].

Processo de Avaliação

São diversas as patologias que podem levar à necessidade do uso de cadeira de rodas, sendo as principais: paralisia cerebral, mielomeningocele, lesão raquimedular, lesão cranioencefálica, doenças neurodegenerativas e neuromusculares, acidente vascular encefálico e amputações traumáticas ou congênitas. Assim como a prescrição das órteses, a cadeira de rodas também deve ser selecionada por uma equipe de profissionais qualificados, e é importante que toda a equipe participe da avaliação e das decisões ligadas à sua prescrição.

O sucesso na prescrição da cadeira de rodas depende de vários fatores, como:

- Necessidades e objetivos do usuário.
- Ambientes doméstico, de trabalho e outros na comunidade.
- Estado físico e mental, e evolução prevista das deficiências.
- Recursos financeiros e da comunidade.
- Visões a respeito da aparência e aceitabilidade social.
- Interface do sistema da cadeira de rodas com outras tecnologias assistivas.
- Cooperação da família.
- Avaliação adequada.

Avaliação da Postura Sentada

Considerando que a postura sentada é assumida pelos pacientes quando utilizam a cadeira de rodas, é nessa posição que deve ser realizada a análise postural e de medidas antropométricas. A avaliação deve ser iniciada pela pelve, tentando-se o melhor alinhamento dessa articulação com uma angulação entre 90 e 100° de flexão de quadril e joelhos, e o mais próximo da posição neutra do tornozelo (90°).

A avaliação para seleção do equipamento mais adequado deve levar em consideração o diagnóstico, a etiologia, o tempo de lesão, o perfil pessoal do paciente, abrangendo fatores como idade e estatura, estado de desenvolvimento, ambiente de vida, planejamento educacional, busca de recreação e outras necessidades ou usos de tecnologia assistencial[17].

Medidas da Cadeira de Rodas

- Largura do assento: largura do quadril + 2 cm de cada lado. É o que determina a largura da cadeira a ser prescrita.
- Para os pacientes que propulsionam a cadeira de rodas de maneira independente, considera-se medir a distância entre os epicôndilos mediais, com ombros abduzidos a 10°.
- Profundidade do assento: distância da parte mais posterior da região glútea até uma distância de 3 a 5 cm anterior à fossa poplítea do joelho.
- Altura do encosto: dependerá do controle de tronco, estabilidade postural e liberdade de movimento do paciente. Baixa: 2 cm abaixo do ângulo inferior da escápula, indicada para os pacientes com bom controle de tronco, boa funcionalidade e tocadores independentes. Média: entre o ângulo inferior e a espinha da escápula, indicada para pacientes com controle razoável de tronco. *Alta*: altura dos ombros, indicada para pacientes com controle de tronco precário e que não propulsionam a cadeira de rodas.
- Altura do apoio de braços: repouso do antebraço com contato total do olécrano em uma posição de 90° de flexão do cotovelo e ombros relaxados em posição neutra.
- Altura do apoio de pés: o paciente deve estar usando o calçado e/ou órtese de que costuma fazer uso, com joelhos a 90° de flexão e contato total da região anterior de coxa no assento. Também se recomenda manter uma distância mínima de 0,5 cm em relação ao chão.

Principais Componentes e Recursos das Cadeiras de Rodas

A escolha da cadeira de rodas deve considerar os modelos de cadeiras de rodas, seus componentes e a possibilidade de ajustes que cada uma oferece.

- Freios: importantes itens de segurança, impedem que a cadeira se movimente durante a realização de transferências e *push-up*, e ao realizar atividades com os membros superiores (MMSS) enquanto a cadeira estiver parada. Sistema de alavanca localizado na região anterior da roda traseira pelo próprio usuário, quando este possui funcionalidade de MMSS. Sistema de freios acionados pelo pé por cuidadores, encontrados nos modelos do tipo carrinho.
- Rodas antitombo: item de segurança ao impedir que a cadeira tombe para trás, pode ser opcional nas cadeiras do tipo paraplégico de acordo com a necessidade, mas sempre obrigatório nas cadeiras do tipo carrinho e com *tilt*.
- Manoplas: localizam-se posteriormente ao encosto, na parte superior. Utilizadas pelos cuidadores para conduzir a cadeira de rodas quando o próprio paciente não é capaz de realizar a propulsão. Em alguns modelos infantis, é possível o ajuste da altura.
- Rodas dianteiras: podem ser maciças ou infláveis, de borracha, gel ou plástico, com tamanho de 3 a 6 polegadas, variando de acordo com o modelo e fabricante.
- Rodas traseiras: podem ser maciças ou infláveis, de borracha ou plástico, com tamanho de 16 ou 20 polegadas, variando de acordo com o modelo e o fabricante. Os modelos que permitem que o próprio paciente conduza a cadeira possuem um sobrearo de alumínio ou plástico para a preensão e consequente propulsão. Em pacientes com diminuição de força nas mãos, é possível acoplar pinos para a melhora da pegada.
- Cinto pélvico: utilizado para segurança, mantém o posicionamento da pelve para evitar deslizamento do quadril e conter o padrão extensor da pelve.

Estrutura:

- Dobrável em X: por ser dobrável, é mais indicada pela facilidade de transporte, porém é menos resistente por causa do maior número de encaixes (Figura 23.13).
- Em monobloco: dobrável em L, com fechamento frontal. Sua estrutura é mais resistente e é indicada para terrenos acidentados ou para pacientes muito ativos.
- Tipo carrinho: também chamada tetraplégica ou postural. Possui assento-encosto anatômico almofadado em espuma e apoio de cabeça. Permite diferentes posições por meio de ajuste no *tilt* móvel, somente podendo ser conduzida por terceiros. Possui estrutura tipo monobloco e é desmontável em duas partes: assento e estrutura da roda.
- Regulagem do mancal: nem todas as cadeiras possuem esse ajuste, que possibilita a regulagem do alinhamento entre o eixo dos ombros do paciente e o eixo da roda traseira. A posição ideal indicada é a de eixos do ombro e da roda traseira alinhados ou com o eixo do ombro ligeiramente atrás e o posicionamento do cotovelo a 120° de flexão (Figuras 23.14 e 23.15).

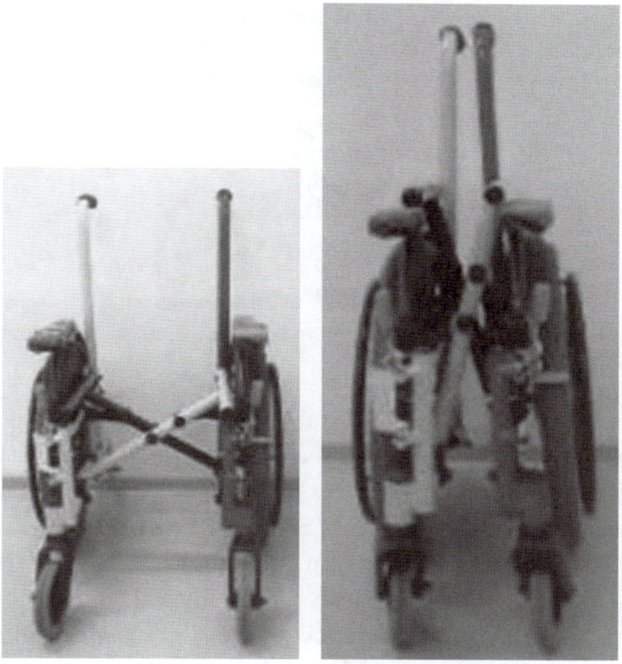

Figura 23.13 Cadeira de rodas com estrutura dobrável em X.

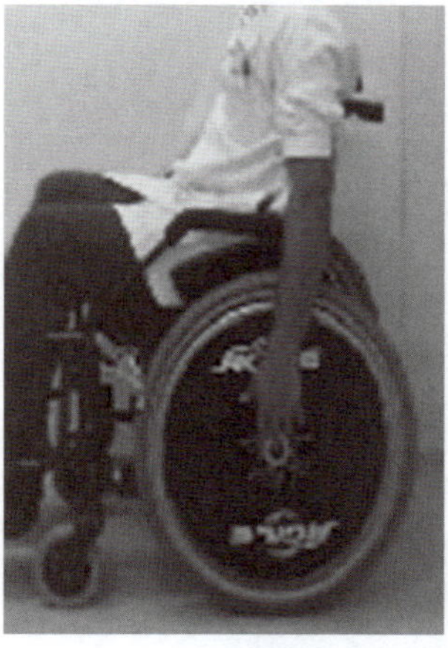

Figura 23.14 Regulagem do mancal: eixo do ombro e da roda traseira alinhados.

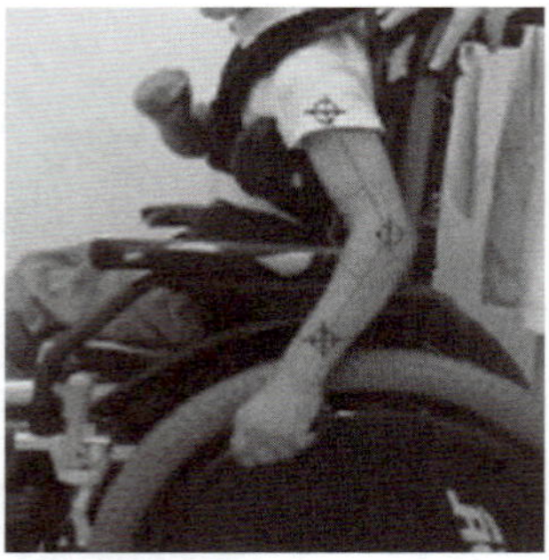

Figura 23.15 Regulagem do mancal: eixo do ombro ligeiramente atrás e cotovelos a 120° de flexão.

Esse alinhamento visa à melhor estabilidade do paciente na postura sentada, facilitando a propulsão da cadeira de rodas, minimizando a sobrecarga, o risco de lesão por esforços repetitivos nos ombros e o gasto energético.

A regulagem da placa do mancal (Figuras 23.16 e 23.17), em alguns casos, permite também o ajuste de inclinação posterior, chamado *tilt*[17,18]. O *tilt* pode ser definido como a alteração da inclinação do conjunto assento-encosto em relação ao solo (Figura 23.18). Algumas cadeiras de rodas possuem regulagem móvel do *tilt* (manual), e outras possuem regulagem fixa, ou seja, por meio da regulagem do mancal. Esse ajuste permite melhores posicionamento e estabilidade, principalmente nos pacientes com déficit de controle de tronco[19] (Figura 23.19). Em alguns

Figura 23.16 Placa do mancal.

Figura 23.17 Placa do mancal.

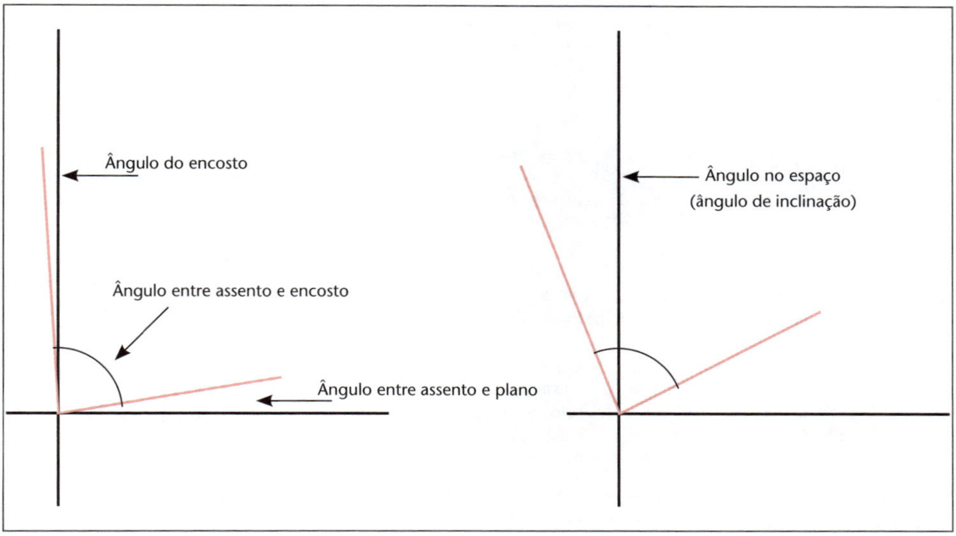

Figura 23.18 *Tilt* no espaço.
Fonte: adaptada de Trombly e Radomsky[17].

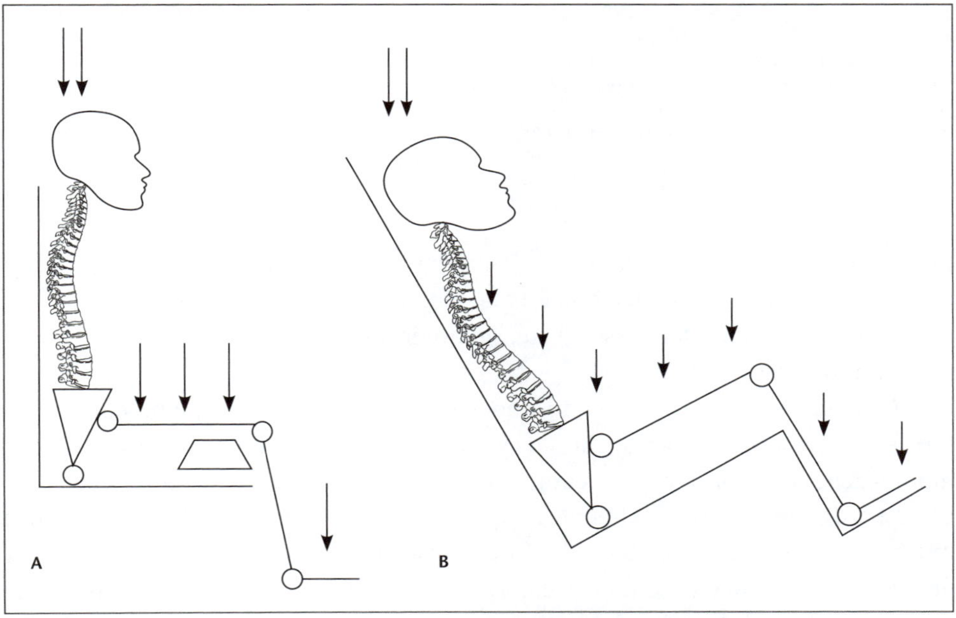

Figura 23.19 Efeitos da gravidade com o indivíduo sentado a 90° (A) e com *tilt* (B).
Fonte: adaptada de Mayall e Desharnais[19].

Tabela 23.1 Modelos de cadeira de roda infantil

Modelos e tamanhos disponíveis	Características de fábrica	Indicações
Infantil tipo paraplégico X simples; 30-33-36	Alumínio, X simples, mancal sem regulagem Suporte de peso: até 50 kg	Crianças ativas que propulsionam a cadeira de rodas de forma independente, apresentam controle de tronco e cabeça, podem ser encaminhadas para adequação postural
Infantil tipo paraplégico monobloco; 25-28-30-33	Alumínio, monobloco, não dobrável Suporte de peso: até 50 kg	Crianças ativas que propulsionam a cadeira de rodas de forma independente, apresentam controle de tronco e cabeça, podem ser encaminhadas para adequação postural
Infantil tipo tetraplégico "carrinho"; 30-36-40	Ferro, conjunto assento-encosto, tipo poltrona, *tilt* acionado por pedal de 5-35°, apoio de cabeça Suporte de peso: até 50 kg	Crianças tetraplégicas com controle postural deficitário, sem propulsão independente, podem ser encaminhadas para adequação postural
Infantil tipo tetraplégico "carrinho" reclinável; 30-38-40-42-44	Alumínio, conjunto assento-encosto, tipo poltrona, *tilt* milimétrico de 0-25°, reclino de encosto, independente do assento da poltrona de 0-40°, apoio de cabeça Suporte de peso: até 70 kg	Crianças tetraplégicas com controle postural deficitário, sem propulsão independente, limitação para flexão de quadril > 15°, cifose torácica estruturada, podem ser encaminhadas para adequação postural
Infantil tipo tetraplégico "carrinho" alumínio; 30-38-40-42-44	Alumínio, conjunto assento-encosto, tipo poltrona, *tilt* milimétrico de 0-40°, apoio de cabeça Suporte de peso: até 70 kg	Crianças tetraplégicas com controle postural deficitário, sem propulsão independente, podem ser encaminhadas para adequação postural
Infantil tipo tetraplégico duplo X com mancal; 28-30, 5-33-35, 5-38	Alumínio, duplo X, mancal com duas posições de regulagem horizontal, garfo adaptado para diferentes tamanhos de rodas dianteiras Suporte de peso: até 90 kg	Pacientes com propulsão semidependente (p. ex., PC diparético com funcionalidade comprometida em membros superiores), que necessitem de *tilt* posterior e ajuste para melhor alinhamento do eixo ombro-roda traseira, lesões de ombro, podem ser encaminhados para adequação postural

casos muito específicos, como nas distrofias musculares de Duchenne, os pacientes relatam melhora da sensação e funcionalidade com o *tilt* anterior, porém as cadeiras nacionais não possibilitam esse ajuste, sendo encontrado somente em cadeiras de rodas importadas.

Além da seleção apropriada dos modelos de cadeira de rodas, também poderá ser necessária a adequação postural (*seating*) sob medida para cada paciente, com modificações de acordo com as características da patologia, suas complicações clínicas e prognóstico, principalmente no que diz respeito à evolução de deformidades musculoesqueléticas e alterações da força muscular ao longo do tempo. Em casos de maior complexidade, como nas deformidades graves de pelve e tronco, pode ser indicado o sistema digitalizado de assento e encosto para melhora do suporte, contato, distribuição de pressão e conforto do paciente.

A cadeira de rodas motorizada também pode ser indicada em alguns casos, porém é necessária criteriosa avaliação por parte do fisioterapeuta e equipe, considerando fatores como segurança da criança e das pessoas à sua volta, coordenação motora, idade e cognição para manejo. São mais frequentemente indicadas nas doenças degenerativas, malformações dos membros e amputações.

Treinamento de Mobilidade

O treinamento de mobilidade no sistema de cadeira de rodas é essencial, podendo envolver outros membros da equipe, assim como o fisioterapeuta. Durante o treinamento, o paciente aprenderá como fazer a propulsão da cadeira de rodas em todas as direções, em ambiente interno e externo. Também poderá aprender como transferir-se para a cadeira e sair dela com a menor assistência possível. Algumas crianças sempre precisarão de máxima assistência para as atividades de transferência, mas outras serão capazes de obter independência funcional. O treino com a cadeira motorizada concentra-se sobretudo na habilidade de dirigir e na segurança[2].

Orientações e cuidados de uso da cadeira de rodas:

- Permanecer sentado por período prolongado pode promover encurtamentos em determinados grupos musculares, portanto é recomendado alternar com outras posturas.
- Ficar atento aos fatores que contribuem para o aparecimento de úlceras de pressão: alterações de sensibilidade, má higiene, calor, umidade local e bolsos ou costuras proeminentes.
- Recomenda-se realizar o alívio de pressão em intervalos regulares por meio de ajuste no *tilt*, e, para os pacientes com maior controle motor, realizar transferências do peso do tronco anteriormente e para as laterais.
- Calibrar os pneus e realizar a manutenção de freios e encaixes regularmente.

CONCLUSÕES

A abordagem integrada em equipe, o uso correto das órteses e a adequada seleção da cadeira de rodas têm gerado resultados satisfatórios no tratamento de crianças com distúrbios neurológicos. É função do fisioterapeuta orientar e conscientizar os pais e/ou cuidadores e o paciente a respeito da importância e dos objetivos do uso dos dispositivos no processo terapêutico, assim como realizar o treinamento para seu uso adequado. O fisioterapeuta também deve estar apto a oferecer aos pacientes e cuidadores informações atuais sobre as vantagens e desvantagens dos vários tipos de cadeiras de rodas, componentes e características. Com o rápido avanço da tecnologia e o surgimento constante de novos modelos e componentes de cadeira de rodas, é um contínuo desafio para o profissional manter-se atualizado.

REFERÊNCIAS BIBLIOGRÁFICAS

1. Carvalho JA. Órteses: um recurso terapêutico complementar. Barueri: Manole; 2006.
2. O'Sullivan SB, Schmitz TJ. Fisioterapia: avaliação e tratamento. 5. ed. Barueri: Manole; 2010.
3. Roque AH, Kanashiro MG, Kazon S, Grecco LAC, Salgado ASI, Oliveira CS. Análise do equilíbrio estático em crianças com paralisia cerebral do tipo diparesia espástica com e sem o uso de órtese. Fisioter Mov. 2012;25(2):311-6.
4. Fernandes AC, Ramos ACR, Morais Filho MC, Ares MJJ. Reabilitação. 2. ed. Barueri: Manole; 2015.
5. Edelstein JE, Bruckner J. Órteses: abordagem clínica. Rio de Janeiro: Guanabara Koogan; 2006.
6. Cury VCR, Mancini MC, Melo AP, Fonseca ST, Sampaio RF, Tirado MGA. Efeitos do uso de órtese na mobilidade funcional de crianças com paralisia cerebral. Rev Bras Fisioter. 2006;10(1):67-74.
7. Lucareli PRG, Lima MO, Lucarelli JGA, Lima FPS. Changes in joint kinematics in children with cerebral palsy while walking with and whithout a floor reaction ankle-foot orthosis. Clinics. 2007;62(1):63-8.
8. Damiano DL, Prosser LA, Curatalo LA, Alter KE. Muscle plasticity and ankle control after repetitive use of a functional electrical stimulation device for foot drop in cerebral palsy. Neurorehabil Neural Repair. 2013;27(3):200-7.
9. El Shamy SM, Abdelaal AA. Walkaide efficacy on gait and energy expenditure in children with hemiplegic cerebral palsy: a randomized controlled trial. Am J Phys Med Rehabil. 2016;95(9):629-38.
10. Chang WD, Chang NJ, Lin HY, Lai PT. Changes of plantar pressure and gait parameters in children whit mild cerebral palsy who used a customized external strap orthosis: A crossover study. Biomed Res Int. 2015:813942.
11. Van de Sande MAJ, Melisie F. Successful Pavllik treatment in late-diagnosed developmental dysplasia of the hip. Int Orthop. 2012;36(8):1661-8.
12. Medeiros DL, Pacheco SCS, Bobbio TG, Coelho JJ, Ries LGK. Treatment for feet deformities in children whit cerebral palsy — a literature review. Pediatr Mod. 2013;49(4):156-60.
13. Teixeira E, et al. Terapia ocupacional na reabilitação física. São Paulo: Roca; 2003.
14. Warren CG. Powered mobility and its implications. J Rehabil Res Dev Clin Suppl. 1990;2:74-85.
15. De Carlo MMRP, Luzo MCM. Terapia ocupacional: reabilitação física e contextos hospitalares. São Paulo: Roca; 2004.
16. Burns SP, Betz KL. Seating pressures with conventional and dynamic wheelchair cushions in tetraplegia. Arch Phys Med Rehabil. 1999;80(5):566-71.
17. Trombly CA, Radomski MV. Terapia ocupacional para disfunções físicas. 5. ed. São Paulo: Santos; 2005.
18. Moura EW, Lima E, Borges D, Silva PAC. Fisioterapia: aspectos clínicos e práticos da reabilitação. 2. ed. São Paulo: Artes Médicas; 2010.
19. Mayall JK, Desharnais G. Positioning in a wheelchair: a guide for professional caregivers of the disabled adult. 2. ed. NJ, Slack; 1995.

Seção V

Abordagem fisioterapêutica em situações específicas

24

Fisioterapia no paciente oncológico pediátrico

Glazia André Landy
Maria Letícia B. Simalha Forte
Tamiris Mattos Poblete

Após ler este capítulo, você estará apto a:

1. Relacionar as neoplasias mais frequentes na infância.
2. Descrever os objetivos da fisioterapia na oncologia pediátrica.
3. Identificar as técnicas fisioterapêuticas de acordo com a doença oncológica e a alteração hematológica.
4. Descrever o atendimento fisioterapêutico nas diferentes fases do tratamento oncológico.

INTRODUÇÃO

No Brasil, o câncer infantil é a primeira causa de morte por doença, representando 7% do total em todas as regiões. Estima-se que ocorrerão cerca de 12.600 casos novos por ano em 2016 e 2017. O câncer pediátrico caracteriza-se por um grupo de várias doenças que têm em comum a proliferação descontrolada de células anormais e pode ocorrer em qualquer local do organismo. As neoplasias mais frequentes são leucemias, tumores do sistema nervoso central e linfomas. Também podem ocorrer neuroblastoma, tumor de Wilms, retinoblastoma, tumor germinativo, osteossarcoma e sarcomas[1].

O tratamento oncológico baseia-se em quatro principais modalidades terapêuticas: quimioterapia, radioterapia, cirurgia e transplante de medula óssea. Nas últimas quatro décadas, o progresso do tratamento foi extremamente significativo. Hoje, em torno de 70% das crianças e adolescentes acometidos por câncer podem ser curados se diagnosticados precocemente e tratados em centros especializados[1].

Contudo, mesmo com o avanço de novas terapias, crianças e adolescentes oncológicos ainda evoluem com uma série de efeitos colaterais que comprometem muitas funções orgânicas de forma aguda ou tardia. Problemas musculoesqueléticos, circulatórios, cutâneos, respiratórios, urinários, intestinais e psicológicos também ocorrem por consequência do tratamento ou da própria doença[2]. Em vista disso, a atenção ao paciente oncológico pediátrico não tem foco apenas na sobrevida, mas também na qualidade de vida[3].

A fisioterapia aplicada à oncologia surge, então, como meio de preservar, manter e restaurar a integridade cinético-funcional de órgãos e sistemas do paciente oncológico, bem como prevenir os distúrbios causados pelo tratamento[4].

INTERVENÇÃO FISIOTERAPÊUTICA NO CÂNCER INFANTIL

As propostas terapêuticas na oncologia pediátrica devem ser planejadas cuidadosamente. As crianças com câncer estão crescendo física, cognitiva e emocionalmente vulneráveis a insultos resultantes de uma doença grave, e induzidas por tratamentos que causam elevado grau de morbidade, interferindo no desenvolvimento normal.

Logo, para a realização de um planejamento terapêutico mais cauteloso, é necessário acompanhar a criança, antecipando problemas específicos nos vários estágios do desenvolvimento para que as intervenções possam estar de acordo com suas necessidades[3].

A fisioterapia possui uma abrangência de técnicas e métodos que permitem alcançar tais benefícios, tanto na sintomatologia como na qualidade de vida desses pacientes. Entretanto, diante das limitações hematológicas que acometem as crianças oncológicas, é imprescindível, antes de qualquer aplicação de técnicas, levar em conta os valores de plaquetas, hemoglobina e hematócrito ao iniciar qualquer terapêutica[4].

A orientação e a precaução para pacientes oncológicos requerem atenção especial. Pacientes plaquetopênicos apresentam risco de sangramento quando manipulados ou até mesmo hemorragias espontâneas. Crianças com anemia evoluem com menor tolerância física, prostração e indisposição. Além disso, outra situação com a qual se deve ter o cuidado do fisioterapeuta é na presença de metástase óssea, pois ocorrem fraturas patológicas em 8 a 30% dos casos. Os exercícios são limitados pela extensão do comprometimento ósseo.

Portanto, na presença de valores inferiores a 50% do córtex envolvido, não são indicados exercícios, realizando-se toque leve sem descarga de peso, com o uso de muletas e andador. Se 25 a 50% do córtex ósseo estiver envolvido, são realizados exercícios ativos de amplitude máxima, sem tração e descarga de peso parcial. Entretanto, se até 25% do córtex ósseo estiver envolvido, podem ser feitos exercícios aeróbicos leves, descarga de peso total, evitando atividades de levantar ou fazer esforço.

Encontram-se na Tabela 24.1 as recomendações utilizadas para atendimento fisioterapêutico na área motora para o paciente oncológico, conforme utilizado na maioria dos serviços de fisioterapia em centros especializados em tratamento do câncer[5].

Em relação à função respiratória, sua integridade é outro foco no manejo da fisioterapia na criança com câncer. Paralelamente ao tratamento médico, a fisioterapia respiratória é indicada para adequação ventilatória, manutenção da permeabilidade da via aérea e, principalmente, para prevenção de infecções e quadros de dispneia[6]. Na Tabela 24.2, encontram-se as recomendações utilizadas para atendimento fisioterapêutico respiratório no paciente oncológico em relação à sua limitação hematológica.

INTERVENÇÃO FISIOTERAPÊUTICA NA LEUCEMIA E NOS LINFOMAS

A leucemia é uma neoplasia maligna hematológica, caracterizada por proliferação anormal e descontrolada de células leucocitárias (mielógenas ou linfógenas) na medula óssea, ocasionando acúmulo de células anormais no sangue circulante,

Tabela 24.1 Orientações e precauções de exercícios para pacientes oncológicos[5]

Plaquetas – valores normais: 150.000 a 450.000/mm³	
Abaixo de 20.000/mm³	Suspende fisioterapia motora Atividade de vida diária (apenas as essenciais)
20.000 a 30.000/mm³	Exercícios ativos ou passivos Deambulação Atividade de vida diária assistida (se necessário)
30.000 a 50.000/mm³	Exercícios ativos para ADM Deambulação Atividade de vida diária
Hematócrito – valores normais: 37 a 47%/Hemoglobina – valores normais: 12 a 16 g/dL	
Ht < 25 e Hb < 8 g/dL	Exercícios leves para ADM Exercícios de fortalecimento (isométrico) Atividades de vida diária essenciais (com assistência, se necessário)
Ht: 25 a 35% e Hb 8 a 10 g/dL	Exercícios ativos Deambulação Atividade de vida diária (conforme tolerado)
Ht > 35% e Hb > 10 g/dL	Exercícios de fortalecimento Deambulação Atividade de vida diária (conforme tolerado)

ADM: amplitude de movimento; Hb: hemoglobina; Ht: hematócrito.

Tabela 24.2 Orientações e precauções de exercícios respiratórios para paciente oncológico[5]

	20.000 a 50.000 plaquetas	Abaixo de 20.000 plaquetas	Presença de sangramento ativo
Manobras e dispositivos de remoção de secreção	Sim	Sem compressão torácica	Com cautela
Manobras e dispositivos para reexpansão pulmonar	Sim	Utilizar parâmetros fisiológicos com cautela	Utilizar parâmetros fisiológicos com cautela
Cinesioterapia respiratória	Sim	Com cautela	Com cautela
Incentivadores inspiratórios	Sim	Sim	Com cautela
Aspiração de vias aéreas	Com cautela	Com cautela e avaliar necessidade	Avaliar necessidade

as quais vêm substituir as células sanguíneas normais. A sua etiologia exata é desconhecida, porém alguns autores acreditam que determinados fatores de risco possam desencadear esse processo, como predisposição genética e exposição à radiação ionizante, a vírus oncogênicos e a substâncias químicas[4].

As leucemias podem ser agudas (de progressão rápida) ou crônicas (de progressão lenta). Praticamente todas as leucemias infantis são agudas. Há dois tipos de leucemia aguda: leucemia linfocítica aguda (LLA, também chamada leucemia linfoide aguda), que tem origem nas células linfoides da medula, e leucemia mieloide aguda (LMA ou mielocítica ou leucemia não linfocítica aguda), que tem origem nas células que formam os glóbulos vermelhos, glóbulos brancos e plaquetas.

As taxas de sobrevida da LLA deram um salto nos últimos anos e estão em torno de 85%, basicamente por causa de avanços no tratamento. A sobrevida das crianças com leucemia mieloide aguda também aumentou, mas os índices de cura são bem menores. Esses indicadores se baseiam nos tratamentos realizados e avaliados nas últimas décadas, sendo constantemente revistos, o que significa perspectivas ainda melhores para as crianças com diagnóstico recente[7].

Os linfomas são o terceiro tipo de câncer mais frequente em crianças e adolescentes. Eles apresentam bom prognóstico, com sobrevida global de até 90%, dependendo do subtipo histológico e do estadiamento da doença. São divididos em linfoma não Hodgkin e linfoma de Hodgkin[8]. O linfoma de Hodgkin é caracterizado pela presença de células Reed-Sternberg. Nele, os principais gânglios afetados são os cervicais e os mediastinais, tendo o tumor proliferação ordenada, isto é, ele se alastra de gânglio em gânglio, de acordo com a disposição do sistema linfático[9]. O linfoma não Hodgkin (LNH) é um câncer do sistema linfático no qual as células iniciam uma modificação, multiplicando-se desordenadamente, formando tumores. Em crianças, os LNH são um grupo heterogêneo de doenças que retratam as diferentes fases da maturação das células B e T das quais têm origem[10]. Em geral, esse tipo de linfoma tem maior incidência no sexo masculino[9].

Os métodos de tratamento comumente realizados nesses pacientes oncológicos são quimioterapia, radioterapia e transplante de medula óssea. Durante o período de tratamento, algumas alterações cineticofuncionais podem ser observadas. Podem ocorrer diminuição na amplitude dos movimentos ativo e passivo, além de redução da força muscular, atraso do desenvolvimento motor grosseiro, limitação da mobilidade funcional e descondicionamento físico[4].

A fadiga é relatada por 95% dos pacientes em tratamento com quimioterapia. Esse sintoma gera diminuição da capacidade física com consequente catabolismo muscular, contribuindo para a manutenção da inatividade e descondicionamento. Afeta o desempenho das atividades de vida diária (AVD) e resulta em efeitos negativos na qualidade de vida[11].

Dessa forma, o objetivo principal da fisioterapia nesses pacientes é evitar a inatividade e o descondicionamento por meio de um programa de exercícios gradual que pode ser iniciado tão logo o paciente se torne hemodinamicamente estável. Assim, é essencial realizar a estimulação na realização de trocas posturais, sedestação, ortostatismo, deambulação, exercícios metabólicos, mudanças de decúbito e ganhos de força e resistência muscular, preservando, dentro dos níveis de normalidade, as amplitudes de movimento e garantindo adequado desenvolvimento neuropsicomotor[2].

INTERVENÇÃO FISIOTERAPÊUTICA NOS TUMORES DO SISTEMA NERVOSO CENTRAL

Os tumores do sistema nervoso central são o maior grupo de tumores sólidos na infância[12] e o segundo tipo mais comum entre as doenças oncológicas que acometem as crianças na primeira década de vida. São determinados e definidos de acordo com a sua localização e a sua celularidade. Para o diagnóstico, inúmeros exames complementares são realizados, como tomografia, ressonância magnética, PET-scan, exames de sangue complexos. Esses exames serão essenciais para definir o estadiamento e o grau de malignidade, indicando a evolução e o prognóstico, além da incidência ou não de metástases[12-15].

Entre os tumores mais comuns estão astrocitoma, meduloblastoma, ependimoma, tumor neuroectodérmico primitivo, craniofaringioma, tumores do plexo coroide e de células germinativas do SNC[16].

O acometimento dos pacientes com tumor do sistema nervoso central é grande, e os sinais e sintomas mais comuns são alterações de fala, deglutição, distúrbios visuais e cognitivos e, principalmente, déficit motor importante, de piora progressiva, concomitante à evolução da piora do quadro respiratório em razão do imobilismo, perda de função do centro respiratório, evoluindo na maioria dos casos para traqueostomia e ventilação mecânica permanente[12].

O tratamento dos pacientes engloba a quimioterapia, a radioterapia e a cirurgia[16], juntamente com o acompanhamento da equipe multidisciplinar. A fisioterapia tem papel importante na evolução dos pacientes com tumor do SNC, desde o início do tratamento, no diagnóstico, até a fase final, passando por todo o processo de evolução da doença. Os pacientes devem ser avaliados, observando-se seus sintomas e acometimentos.

De forma geral, os pacientes realizam a fisioterapia respiratória e motora diariamente, 3 a 4 vezes, com o objetivo de retardar e/ou tratar os acometimentos motores, como perda de força, de equilíbrio e de tônus, encurtamentos, deformidades, adequação do posicionamento, evitando as úlceras de pressão e também os acometimentos respiratórios, como a diminuição da expansibilidade e da força dos músculos respiratórios, o que acarreta o aumento das secreções e a dificuldade na expectoração, cuidados com a ventilação mecânica não invasiva e invasiva quando necessários, nos casos mais graves. Além disso, a fisioterapia também orienta pais e cuidadores a estarem sempre atentos a qualquer alteração nas condições do paciente. Deve-se sempre reforçar que a estimulação é importante ferramenta no tratamento[17,18].

As técnicas e dispositivos utilizados variam de acordo com a necessidade do paciente, o acometimento, a idade e o grau de entendimento para executá-la, afinal cada paciente é único e seu tratamento é traçado de forma específica e individualizada.

INTERVENÇÃO FISIOTERAPÊUTICA NOS TUMORES ÓSSEOS

Os tumores ósseos representam cerca de 8% das doenças oncológicas na infância e, na maioria dos casos, aparecem na segunda década de vida. Originam-se no tecido ósseo e podem ser malignos ou benignos[12,13].

Os tumores malignos mais comuns na infância são o osteossarcoma, que acomete normalmente a região de metáfise óssea, e o sarcoma de Ewing, que aparece na região da diáfise óssea e, diferentemente dos osteossarcomas, acomete também partes moles adjacentes, sendo mais comuns os localizados na região pélvica[12]. Para o diagnóstico, são realizados exames de imagem e de sangue, estadiamento, localização, presença ou não de metástases, definindo assim o tratamento e o prognóstico[14].

Os sinais e sintomas dos tumores ósseos são dor e calor local, edema, em alguns casos fratura patológica pela rarefação óssea, além de necrose e hemorragia, comuns no osteossarcoma de Ewing[12]. O tratamento nos tumores ósseos engloba quimioterapia, radiação (pouco usada) e cirurgia, seja para remoção parcial da região, seja para amputação do membro afetado, juntamente com o trabalho da equipe multidisciplinar.

Como em todo procedimento cirúrgico, o paciente lida com a dor, a limitação e a insegurança na realização e na retomada das atividades. No caso das crianças oncológicas, existe ainda um fator maior debilitante referente aos tratamentos realizados previamente, como a quimioterapia. Sendo assim, é importante que a fisioterapia seja iniciada antes da cirurgia de forma preventiva, uma vez que o pós-operatório é difícil e doloroso. Nesse momento pré-operatório, a fisioterapia tem o objetivo de orientação, prevenção do imobilismo causado pela internação, expansão pulmonar e manutenção da força da musculatura respiratória[17,18].

No pós-cirúrgico, muitos aspectos precisam ser observados, e deve-se atentar às cicatrizes cirúrgicas (calor, rubor e secreções) e ao posicionamento correto do membro no leito, evitando a incidência de edema, trombose e lesões. A movimentação do coto ou do membro operado se dá assim que ocorrer a liberação médica, mas a movimentação dos demais membros e a fisioterapia respiratória são iniciadas precocemente. Os objetivos da fisioterapia nesse momento são evitar o imobilismo e a restrição em decorrência da dor e do posicionamento, evitar o acúmulo de secreções e a expansibilidade pulmonar[17,18].

Nos pacientes que sofrem amputação, o trabalho da fisioterapia é mais detalhado, porque eles necessitam de cuidados adicionais com o coto. Além do citado anteriormente, tem-se de fazer um trabalho de dessensibilização cicatricial e manipulação da área cirúrgica, reforçar o trabalho de fortalecimento e descarga de peso e adaptar a marcha com o uso de andador e muletas[18].

É importante saber que a fisioterapia trabalha o paciente de forma global, observando as necessidades e respeitando a individualidade da doença, suas características e complicações apresentadas.

TRANSPLANTE DE MEDULA ÓSSEA

O transplante de medula óssea consiste na infusão de células-tronco para auxiliar na recuperação medular pós-quimioterapia ou para reposição da medula deficitária. É realizado em algumas doenças oncológicas e também, em alguns casos, em doenças hematológicas, autoimunes e genéticas. É dividido em duas formas: transplante autólogo e alogênico (Tabela 24.3)[19,20].

O transplante autólogo consiste na coleta de células-tronco do próprio paciente, por meio de estimulação medular medicamentosa, sendo realizada a infusão com o objetivo de auxiliar na recuperação mais rápida após quimioterapia, podendo ser dividido em uma a quatro frações, dependendo da doença e da programação do transplante autólogo[19].

O transplante alogênico utiliza células-tronco originárias da doação de medula óssea e cordão umbilical, sendo dividido em aparentado, não aparentado, singênico

Tabela 24.3 Tipos e indicações do transplante de medula óssea[19,20]

Tipo	Doador
Autólogo	Células do próprio paciente Indicações: meduloblastomas, neuroblastomas, linfomas não Hodgkin
Alogênico	Outro indivíduo com compatibilidade HLA Indicações: leucemias, linfomas, doenças hematológicas, doenças autoimunes, doenças genéticas Aparentado: células provenientes da coleta de familiares compatíveis Não aparentado: células provenientes de doação pelo banco mundial de doadores de medula Pode ser de medula óssea e cordão umbilical Haploidêntico: células provenientes de doadores 50% compatíveis Singênico: doação de gemelar idêntico(a)

HLA: antígeno leucocitário humano.

Tabela 24.4 Fases do transplante de medula óssea[19,20]

Fase do transplante	Doador
Condicionamento	Tempo: 5 a 10 dias antes da infusão Tratamento: quimioterapia, radioterapia em alguns casos Função: destruição medular e erradicação da doença residual
Transplante ou infusão de células	Tratamento: infusão das células-tronco coletadas através de transfusão sanguínea Função: auxiliar na renovação e recuperação medular
Pós-infusão de células	Função: recuperação medular, em que ocorre a "pega" do enxerto transfundido, o retorno da produção de células sanguíneas da medula Tratamento: isolamento, tratamento de sintomas e complicações decorrentes da quimioterapia

e haploidêntico. Seu objetivo é a destruição da medula deficitária, com sua substituição pela medula do doador, sendo realizada somente uma vez, na maioria dos casos. Durante esse processo, o paciente passa por complicações devido à quimioterapia, como mucosite, vômitos, diarreia, jejum, às vezes necessitando de controle da dor e infusão de morfina contínua. Outra complicação muito comum que ocorre durante o transplante de medula óssea alogênico é a DECH (doença enxerto-hospedeiro), que se caracteriza por manifestações devidas à rejeição ao transplante, que podem ocorrer na forma aguda ou crônica, em órgãos extramedulares, sendo os mais comuns: pele, sistema gastrointestinal, fígado, sistemas pulmonar e muscular[21,22].

Durante o período de internação, a fisioterapia atua principalmente no atendimento de fisioterapia motora, estimulando a atividade física e evitando a síndrome do imobilismo. Sabe-se que os pacientes apresentam fraqueza muscular importante após a realização do transplante, podendo estar relacionada às complicações relacionadas ao tratamento, tempo de internação e imobilismo. Também é papel do fisioterapeuta estar atento a sintomas respiratórios, podendo evitar a instalação de maiores complicações, como pneumonias e atelectasias. É importante ter conhecimento das técnicas que poderão ser utilizadas com base no hemograma diário, evitando complicações iatrogênicas, como as hemorragias[21,22].

CUIDADOS PALIATIVOS EM ONCOLOGIA PEDIÁTRICA

O conhecimento sobre cuidados paliativos em oncologia pediátrica é de extrema importância. Entender todas as fases do tratamento da criança oncológica, inclusive quando não há mais possibilidade curativa, é necessário para o atendimento ao paciente oncológico[23].

A fisioterapia atua também nessa fase final do tratamento, com o objetivo de trazer conforto para o paciente e a família, pelo atendimento de fisioterapia respiratória e motora, auxiliando no controle da dor e no desconforto respiratório. A atuação mais detalhada é discutida no Capítulo 25 – Atuação da fisioterapia nos pacientes em cuidados paliativos[23].

CONCLUSÕES

No câncer infantil, a fisioterapia tem papel fundamental durante todas as fases do tratamento. Sua intervenção visa à prevenção, reabilitação e paliação, atuando nas complicações respiratórias e motoras, recorrentes da própria doença ou do tratamento empregado. Ao compreender as peculiaridades dessa população, é possível realizar o atendimento mais adequado, de forma segura e individualizada.

REFERÊNCIAS BIBLIOGRÁFICAS

1. Ministério da Saúde. Instituto Nacional do Câncer. Disponível em: <http://www2.inca.gov.br/wps/wcm/connect/tiposdecancer/site/home/infantil>. (Acesso em out. 2016.)
2. Sarmento GJV. Fisioterapia respiratória em pediatria e neonatologia. Barueri: Manole; 2007.
3. Andrade LB, Nicolau CM. Programa de atualização Profisio – fisioterapia pediátrica e neonatal cardiorrespiratória e terapia intensiva. Porto Alegre: Artmed; 2013. v. 4.
4. Cipolat S, Pereira BB. Fisioterapia em pacientes com leucemia: revisão sistemática. Rev Bras Cancerologia. 2011;57(2):229-36.
5. Magno K, Cardoso M, França L, Godoy Neto R, Silva MEM, Rosa GJ, et al. Terapia por exercício no decurso do tratamento oncológico pediátrico. Pediatr Mod. 2012;18(12):509-13.
6. Sarmento GJV. Fisioterapia respiratória em pediatria e neonatologia. Barueri: Manole; 2007.
7. Camargo AC. A crianca com cancer. 2011. Disponivel em <http://www.accamargo.org.br/tudo-sobre-o-cancer/leucemias-infantis/23/>. (Acesso em out. 2016.)
8. Oliveira MCLA, Campos MK. Linfomas em pediatria. Pediatr Mod. 2015;51(5):173-80.
9. Marinho DF, Paiva SG, Santos GJ von G. Linfoma de Hodgkin: relato de caso. Rev Cientif ITPAC Araguaina. 2012;5(2):1-6.
10. ABC do cancer: abordagens básicas para o controle do câncer. Rio de Janeiro: Inca; 2011.

11. Oliveira KM, Macêdo TM, Borja RO, Nascimento RA, Medeiros Filho WC, Campos TF, et al. Força muscular respiratória e mobilidade torácica em crianças e adolescentes com leucemia aguda e escolares saudáveis. Rev Bras Cancerol. 2011;57(4):511-7.
12. Loggetto SR, Park MVF, Braga JAP. Oncologia para o pediatra. São Paulo: Atheneu; 2013.
13. Teixeira MJD. Doenças neoplásicas. In: Marcelino Gomes LS, Schuroff AA, Honda EK, et al. (eds.). São Paulo: Atheneu; 2010.
14. Camargo B, Lopes LF. Oncologia pediátrica – noções fundamentais para o pediatra. São Paulo: Lemar; 2008.
15. Meleragno R, Camargo B. Oncologia pediátrica – diagnóstico e tratamento. São Paulo: Atheneu; 2013.
16. Araújo OL, Trindanelli KM, Trompirelli NM, Fontenelliiv JB, Felix FH. Análise de sobrevida e fatores prognósticos de pacientes pediátricos com tumores cerebrais. J Pediatr (Rio J). 2011;87(5):425-32.
17. Prado C, Vale LA. Fisioterapia neonatal e pediátrica. Barueri: Manole; 2012.
18. O'Sullivan SB, Schmitz TJ. Fisioterapia – avaliação e tratamento. 5.ed. Barueri: Manole; 2010.
19. Gaballa S, Alousi A, Giralt S, Champlin R. Hematopoietic stem cell transplantation. Rossi's Principles of Transfusion Medicine. 5.ed. Hoboken: Wiley-Blackwell; 2016. p. 440-51.
20. Machado LM, Camandoni VO, Leal KPH, Moscatello ELM. Transplante de medula óssea: abordagem multidisciplinar. São Paulo: Lemar; 2009.
21. Rossi F, Coppo M, Zuccheti G, Bazzano D, Ricci F, Vassalo E, et al. Rehabilitative intervention during and after pediatric hematopoietic stem cell transplantation: an analysis of the existing literature. Pediatr Blood Cancer. 2016;63(11):1895-904.
22. Adav H, Nolan ME, Bohman JK, Cartin-Ceba R, Peters SG, Hogan WJ, et al. Epidemiology of acute respiratory distress syndrome following hematopoietic stem cell transplantation. Crit Care Med. 2016;44(6):1082-90.
23. Andrade BA, Sera CTN, Yasukawa SA. In: Carvalho TR, Parsons, HA. Manual de cuidados paliativos. 2.ed. São Paulo: ANCP; 2012. p. 353-7.

25 Atuação da fisioterapia nos pacientes em cuidados paliativos

Bianca Azoubel de Andrade
Viviane Aparecida Cabrera

Após ler este capítulo, você estará apto a:

1. Conceituar o cuidado paliativo pediátrico.
2. Identificar as condições para as quais estão indicados os cuidados paliativos.
3. Reconhecer o controle de sintomas.
4. Reconhecer o papel do fisioterapeuta na equipe de cuidados paliativos em pediatria e neonatologia.

INTRODUÇÃO

O avanço tecnológico aliado ao desenvolvimento terapêutico na saúde fez com que diversas doenças antes mortais se transformassem em doenças crônicas. No entanto, a cura nem sempre pode ser alcançada, e esses pacientes "fora de possibilidade terapêutica de cura" estão presentes nos hospitais na nossa prática diária e seguem recebendo assistência focada na tentativa de cura por meio de abordagens invasivas exageradas ou até desnecessárias, que quase sempre ignoram o sofrimento e são incapazes de identificar e controlar os sintomas mais prevalentes que impactam na qualidade de vida, incluindo o alívio da dor, por falta de conhecimento adequado[1,2].

DEFINIÇÃO

A Organização Mundial da Saúde (OMS)[3] define o cuidado paliativo pediátrico (CPP) como o cuidado ativo e total da criança no contexto de seu corpo, mente e alma, que envolve também dar apoio à família. Além disso, ainda segundo a OMS:

- O cuidado paliativo começa quando a doença é diagnosticada e continua independentemente de a criança receber ou não tratamento curativo.
- Os profissionais de saúde devem avaliar e aliviar o sofrimento físico, psicológico e social da criança.
- O cuidado paliativo requer abordagem abrangente e multidisciplinar, que inclui a família e faz uso dos recursos disponíveis na comunidade, podendo ser implementado com sucesso mesmo que os recursos sejam limitados.
- O cuidado paliativo pode ser fornecido em instituições de nível terciário, em centros de saúde e até mesmo no atendimento domiciliar.

É fundamental a distinção entre o cuidado paliativo e o cuidado dos pacientes na sua terminalidade, pois isso influenciará a elegibilidade dos pacientes, norteando os critérios e soluções para um cuidado apropriado, principalmente no ambiente pediátrico. Os cuidados terminais se referem ao cuidado das crianças e seus pais durante o tempo que está intimamente relacionado com a sua morte (semanas, dias ou horas). O cuidado paliativo inclui o cuidado terminal, porém o cuidado ao paciente somente na terminalidade não completa todos os requisitos para os cuidados paliativos[1]. O paciente em CPP deve receber atendimento altamente especializado, realizado por profissionais capacitados na área pediátrica.

EPIDEMIOLOGIA

Embora seja uma realidade, a morte na infância não é vista como um processo natural e, normalmente, não é esperada, causando importante repercussão para a família, os amigos, os cuidadores e a sociedade.

A incidência de pacientes pediátricos portadores de condições clínicas complexas tem aumentado no mundo moderno. Nos Estados Unidos, aproximadamente 55 mil crianças e adolescentes entre 0 e 19 anos morrem anualmente em decorrência dessas condições, sendo que um terço das mortes ocorre no período neonatal, metade no primeiro ano de vida, e um quarto entre 15 e 19 anos[1].

O cuidado paliativo pediátrico deve ser considerado para uma gama de doenças que evoluem com condições clínicas complexas crônicas, definidas como condição médica que apresenta ao menos 12 meses de sobrevida e envolve o acometimento de um ou mais sistemas do corpo e necessitam do atendimento pediátrico especializado[1].

As condições para as quais o cuidado paliativo pediátrico está indicado são subdivididas em quatro categorias (Tabela 25.1)[1].

A importância do tratamento da dor e dos outros sintomas no fim da vida deriva da alta prevalência dos sintomas e do sofrimento. Por exemplo, no último mês

Tabela 25.1 Condições para as quais o cuidado paliativo pediátrico está indicado

Categoria	Definição	Exemplo	Observações
1	Situações nas quais o tratamento curativo é possível O tratamento paliativo pode ser necessário durante os períodos de incerteza ou quando o tratamento falha na obtenção da cura	Câncer e algumas doenças congênitas ou adquiridas cardíacas, renais e hepáticas de grande repercussão	
2	Condições que exigem longos períodos de tratamento intensivo e prolongado que visam a permitir a participação nas atividades infantis normais, existindo sempre o risco de morte prematura	Fibrose cística, infecção por HIV/aids, imunodeficiências graves, epidermólise bolhosa grave	A sobrevida nesse grupo tem aumentado gradativamente, em decorrência dos progressos médicos e maior *expertise* nos cuidados. A morte, que antes ocorria na primeira infância, passou a ocorrer na adolescência e na fase adulta jovem
3	Condições progressivas e sem opções de tratamento curativo, cujo tratamento é exclusivamente paliativo e pode estender-se por muitos anos	Mucopolissacaridose, distúrbios metabólicos, doenças neurodegenerativas, formas graves de osteogênese imperfeita	
4	Condições irreversíveis, mas não progressivas, que causam incapacidade grave, levando à suscetibilidade a complicações de saúde e probabilidade de morte prematura	Acidentes com dano neurológico, encefalopatias, paralisia cerebral grave ou malformações	Esse grupo merece atenção especial por se tratar de pacientes que apresentam grande sobrevida com muito envolvimento familiar

de vida, 89% das crianças com câncer relatam experiências de grande sofrimento de pelo menos um sintoma, e 51% das crianças sofrem de três ou mais sintomas. O manejo intensivo dos sintomas é prioridade do cuidado e requer uma avaliação dos sintomas, intervenções constantes, reavaliações frequentes e flexibilidade para combinar as diversas modalidades terapêuticas[1,4].

DIAGNÓSTICO E QUADRO CLÍNICO

O paciente pediátrico em cuidado paliativo deve ser avaliado do ponto de vista clínico e funcional, antes do início da reabilitação, para a definição das demandas, etapas do programa e plano terapêutico.

A avaliação do paciente é o primeiro passo, devendo ser sistemática e rigorosa, incluindo[1,5]:

- História da doença e seu tratamento (pode ser obtida de registros prévios em prontuário).
- Sintomas atuais.

- Percepção do paciente sobre seus problemas.
- Avaliação física, emocional e cognitiva.

Uma avaliação integral compreende, ainda, escuta, observação, testes apropriados para cada sintoma/problema apresentado. Há escalas bem descritas na literatura para a avaliação de dor em pediatria que são adequadas para diferentes idades e níveis de compreensão. Entretanto, para os outros sintomas a avaliação é mais complexa, dificultada ainda mais no caso de crianças pré-verbais e com atraso do desenvolvimento. A avaliação pode ser dividida em mais de uma sessão, de acordo com a tolerância do paciente.

TRATAMENTO

Tradicionalmente, a reabilitação está associada a doenças estáveis, com pacientes que apresentam bom prognóstico funcional e possuem potencial para alcançar os objetivos de ganho funcional significativo em curto e médio prazos. No entanto, gradativamente vêm sendo incorporados no âmbito da reabilitação os pacientes com incapacidades graves crônicas e estáveis de mau prognóstico funcional e aqueles com doenças graves e progressivas. Esses pacientes não possuem expectativa de ganho de função, mas de um declínio generalizado que pode ser mais lento ou rápido[1].

Para adequado programa de reabilitação, também é necessária uma abordagem que vise ao cuidado total, considerando-se não apenas os aspectos físicos, mas também psicossociais e espirituais.

Para esses pacientes, os objetivos de curto ou longo prazo, assim como as estratégias da reabilitação, devem ser realistas e viáveis, dentro das limitações impostas pela doença, focando a melhora da qualidade de vida, o controle de sintomas, o alívio do sofrimento e o melhor aproveitamento do tempo de vida remanescente. Mui-

Figura 25.1 Escala para avaliação da dor em pediatria.
Fonte: Wong-Baker FACES Foundation[6].

Tabela 25.2 Escala de Lansky para avaliação de desempenho funcional em pediatria *(play-performance scale for children)*

100	Totalmente ativo, normal
90	Restrições menores em atividade física vigorosa
80	Ativo, mas se cansa mais rapidamente
70	Maior restrição e menos tempo gasto em brincadeiras ativas
60	Levanta e se movimenta, mas em brincadeiras minimamente ativas; mantém-se ocupado com atividades mais calmas
50	Veste-se, mas fica deitado a maior parte do dia, não brinca ativamente, é capaz de participar de brincadeiras e atividades tranquilas
40	Principalmente na cama; participa de atividades tranquilas
30	Na cama, precisa de ajuda até mesmo para brincadeiras tranquilas
20	Dorme com frequência; brincadeiras totalmente limitadas a atividades passivas
10	Não brinca; não sai da cama
0	Não responde (óbito)

Fonte: adaptada de Lansky et al.[7] (1987).

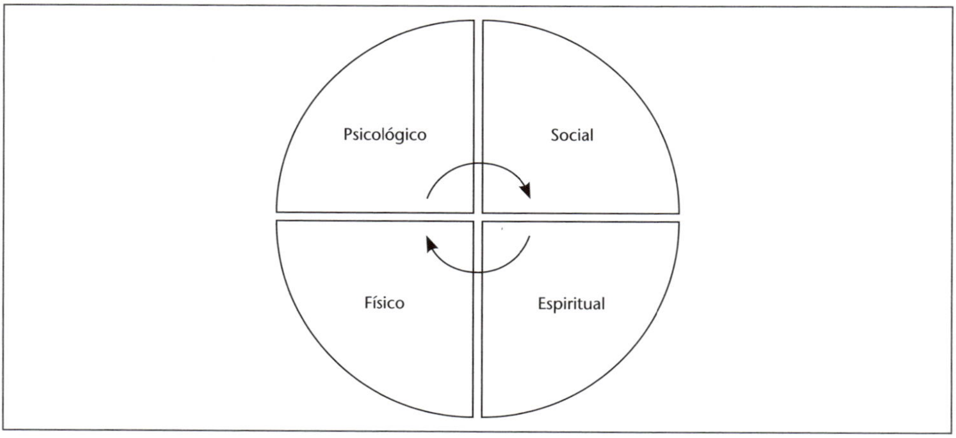

Figura 25.2 Conceito para cuidado total.

tos pacientes com doença avançada permanecem desnecessariamente com restrição sobre suas atividades cotidianas, quando seriam capazes de realizar atividades com maior grau de independência[1,5].

A reabilitação requer uma equipe que atue de forma interdisciplinar, ou seja, em esforço colaborativo entre os membros, com os serviços integrados em razão da variedade dos potenciais problemas a serem enfrentados e trabalhando com o paciente e sua família[1]:

- Conhecimento das doenças pediátricas e seus tratamentos.
- Trabalho ativo dentro da equipe.
- Conduta proativa frente aos problemas potenciais.
- Promoção de cuidados e suporte para toda a família.
- Ser capaz de trabalhar com famílias de diferentes estilos, culturas, níveis sociais, estruturas e crenças, reconhecendo que cada uma tem influência sobre o cuidado da criança.

Equipe, paciente e família/cuidador devem ter igual poder de decisão e participação no processo de reabilitação em cuidados paliativos. As famílias, no cuidado paliativo pediátrico, são receptoras e doadoras de cuidados. Deve-se incentivar a participação de membros da família nas atividades propostas, nos cuidados e nas orientações, favorecendo a convivência entre si e aproximando-a dos profissionais da equipe.

O adequado manuseio da dor e dos demais sintomas implica a familiaridade no uso de estratégias terapêuticas farmacológicas e não farmacológicas para o tratamento da dor e outros sintomas desagradáveis. A Tabela 25.3 lista alguns dos sintomas mais comuns e estratégias não farmacológicas pela atuação da fisioterapia. A consulta à equipe de cuidado paliativo pediátrico não deve ser descartada.

A duração da intervenção do cuidado paliativo pediátrico pode durar poucos dias, poucos meses ou muitos anos, diferentemente do cuidado paliativo em adultos. A base dos cuidados paliativos está no trabalho em equipe e na relação estabelecida entre a equipe e a família do paciente.

A associação das diversas modalidades terapêuticas e intervenções tem como objetivo tornar a criança o centro das atenções, e não um ser isolado com sintomas. A construção de uma abordagem holística cujas diversas dimensões do ser humano são integradas tem o objetivo de aliviar o sofrimento, com isso preservando a dignidade. Esse é o significado maior de valorizar a vida até o último momento[1].

CUIDADO PALIATIVO NEONATAL

O cuidado paliativo neonatal, que compreende o indivíduo desde o nascimento até os 28 dias de vida, é uma intervenção focada no recém-nascido e na sua família, com base em cuidados holísticos prestados em situação sem expectativa de cura. Assim, são candidatos a esse tipo de cuidados os recém-nascidos não viáveis com prematuridade extrema, aqueles com anomalias congênitas incompatíveis com a vida em curto prazo e os que têm prognóstico letal a médio ou longo prazo[8,9].

Atualmente, a inserção de cuidados paliativos nas unidades de cuidados intensivos neonatais (UCIN) vem sendo considerada fundamental, tendo como objetivos principais[8]:

Tabela 25.3 Atuação da fisioterapia no controle de sintomas[1,4,5]

Sintoma	Definição	Sintomas associados	Atuação da fisioterapia
Dor	Experiência única e individual desagradável		Eletroterapia (p. ex., TENS), termoterapia, terapia manual, cinesioterapia, técnicas de relaxamento, acupuntura
Alterações respiratórias			
Dispneia	Sensação desconfortável para respirar, contínua ou intermitente, também sendo descrita como falta de ar, sufocamento, respiração rápida e superficial, aperto no peito	Irritabilidade, medo de dormir, sonolência diurna, cefaleia matutina, palpitações e náuseas	Posicionamento, cinesioterapia respiratória, relaxamento da musculatura acessória, remoção de secreção brônquica, manutenção de ventilação adequada, indicação de oxigenoterapia em caso de hipoxemia associada, indicação criteriosa para uso de VNI, se necessário, combate ao imobilismo
Hipersecreção de vias aéreas	Também conhecida como broncorreia, é a produção de grande quantidade de secreção e expectoração	Tosse, dificuldade para dormir e obstrução de vias aéreas	Evitar o acúmulo de secreções, posicionamento da cabeça e via aérea, técnicas para remoção de secreções
Tosse	Sintoma transitório ou persistente, de causas semelhantes às da dispneia	Dor, dispneia, fadiga, dificuldade para dormir	Inaloterapia, conscientização da respiração, técnicas de remoção de secreções, se produtivas, melhorar a efetividade da tosse
Alterações físicas			
Fadiga	Sensação de cansaço extremo Frequentemente expressa como sintoma físico, também pode estar relacionada a declínio cognitivo ou fatores emocionais	Declínio da função, imobilismo, fraqueza	Estabelecer um balanço entre atividade física e conservação de energia
Fraqueza	Distúrbio da capacidade de executar um ato motor voluntário em razão da perda de força muscular	Fadiga, declínio da função, imobilismo	Cinesioterapia motora, treino de equilíbrio e propriocepção, estimular atividades com descarga de peso, independência nas AVD avaliar necessidade de dispositivos auxiliares
Imobilismo	Composto por fraqueza muscular (hipotrofia), descondicionamento cardiovascular, respiração superficial e alterações posturais	Fadiga, fraqueza, dor, dispneia	Cinesioterapia, atividades com descarga de peso
Úlceras de pressão	Qualquer lesão causada por pressão não aliviada que resulta em danos aos tecidos subjacentes, geralmente em áreas de proeminência óssea	Dor, dificuldade para dormir, declínio da função	Cuidados de pobre qualidade; o foco deve ser a prevenção O alívio de pressão é essencial, sendo necessário o trabalho conjunto da equipe na mobilização do paciente

AVD: atividades de vida diária. VNI: ventilação não invasiva.

- Proporcionar a melhor qualidade de vida possível dentro do quadro clínico do neonato durante a fase terminal.
- Promover conforto e aliviar a dor do recém-nascido.
- Aliviar o sofrimento emocional e espiritual do familiar.
- Respeitar a integridade da família no que se refere às crenças culturais e espirituais.
- Manter suporte emocional à família, mesmo no luto.

O fisioterapeuta que atua nos cuidados neonatais deve lançar um plano de tratamento que vise aliviar a dor e o sofrimento do recém-nascido por meio de posturas confortáveis e que favoreçam a respiração e a mobilização global. Também deve ter papel fundamental na reabilitação, a partir de técnicas que respeitem as condições clínicas, a utilidade e os resultados esperados, e no caráter preventivo, como em úlceras de decúbito, infecções, desconforto respiratório, bem como na parada cardiorrespiratória.

CONCLUSÕES

O fisioterapeuta, assim como os demais profissionais da área da saúde, está sujeito a presenciar frequentemente situações de óbito, devendo estar preparado para tais ocorrências. No entanto, a comunidade pediátrica sofre uma carência ainda maior de experiência em lidar com a morte, havendo falta de educação formal em cuidados paliativos[1,5].

É papel do fisioterapeuta instituir um plano de assistência que ajude o paciente a se desenvolver o mais ativamente possível, facilitando a adaptação ao progressivo desgaste físico e suas implicações emocionais, sociais e espirituais até a chegada de sua morte.

O potencial máximo de uma criança só será alcançado se os sintomas desagradáveis forem aliviados de forma adequada por profissionais dedicados e capacitados. Nem sempre é possível curar uma doença, mas sempre é possível cuidar de uma criança doente, diminuindo o seu sofrimento e de seus familiares.

REFERÊNCIAS BIBLIOGRÁFICAS

1. Carvalho RT, Parsons HA (orgs.). Manual de cuidados paliativos. 2. ed. Rio de Janeiro: ANCP; 2012.
2. Santiago-Palma J, Payne R. Palliative care and rehabilitation. Cancer. 2001;92(4 Suppl):1049-52.
3. World Health Organization. Cancer pain relief and palliative care in children. Geneva: WHO; 1998.
4. Camargo B, Kurashima AY. Cuidados paliativos em oncologia pediátrica: o cuidar além do curar. São Paulo: Lemar; 2007.
5. Marcucci FCI. O papel da fisioterapia nos cuidados paliativos a paciente com câncer. Rev Bras Cancerologia. 2005;51(1):67-77.

6. Wong-Baker Faces Foundation. Wong-Baker Faces Pain Rating Scale. Disponível em: www.wong-bakerfaces.org. (Acesso jun. 2017.)
7. Lansky SB, List MA, Lansky LL, Ritter-Sterr C, Miller DR. The measurement of performance in childhood cancer patients. Cancer. 1987;60(7):1651-6.
8. Soares C, Rodrigues M, Rocha G, Mantins A, Guimarães H. Fim de vida em neonatologia: integração dos cuidados paliativos. Acta Med Port. 2013;26(4):318-26.
9. Verhagen E, Dorscheid JH, Engel B, Hubben JH, Sauer PJ. End-of-life decisions in dutch neonatal intensive care units. Arch Pediatr Adolesc Med. 2009;163(10):895-901.

Atuação da fisioterapia em crianças com cirurgias abdominais e torácicas

26

Alessa Castro Ribeiro
Nathália Lima Videira Bueno
Priscila Uzum Caldiron

Após ler este capítulo, você estará apto a:

1. Reconhecer as principais doenças torácicas e abdominais que cursam com cirurgia.
2. Compreender as possíveis complicações respiratórias e motoras das abordagens cirúrgicas.
3. Identificar os objetivos da fisioterapia respiratória e motora, nas cirurgias abdominais e torácicas, e planejar o tratamento fisioterapêutico adequado para prevenir e tratar complicações pulmonares e motoras.

INTRODUÇÃO

O avanço das técnicas cirúrgicas, associado à melhora da assistência multiprofissional e ao avanço tecnológico, possibilitou o aumento da sobrevida e a diminuição da morbidade de pacientes submetidos a cirurgias[1].

Muitas são as alterações neonatais e pediátricas que cursam com a necessidade de intervenção cirúrgica abdominal ou torácica, como gastrosquise, onfalocele, hérnia diafragmática congênita, atresia de esôfago, cardiopatias congênitas, abscesso pulmonar, pneumatoceles, bronquiectasia progressiva, estenose de traqueia, subestenose subglótica, paralisia de cordas vocais, enfisema lobar congênito, sequestro pulmonar e malformações torácicas[1,2].

As cirurgias nas regiões torácica e abdominal podem cursar com complicações pulmonares, sensoriomotoras e cognitivas, decorrentes de alterações da mecânica respiratória e do imobilismo no leito, e prejuízo da capacidade das aquisições posturais, respectivamente. A intervenção fisioterapêutica precoce está indicada com o objetivo de reduzir o risco de complicações pulmonares e motoras, bem como tratá-las[2,3].

CIRURGIAS ABDOMINAIS

Evidências científicas mostram altas incidências de complicações pulmonares em pós-operatórios de pacientes submetidos à cirurgia abdominal alta (CAA), as quais são as principais responsáveis pela morbidade e mortalidade neste período. Umas das principais vias de acesso nas CAA é a laparotomia, uma abertura cirúrgica da parede abdominal[4,5]. As laparotomias têm como principal objetivo o acesso aos órgãos abdominais em cirurgias eletivas (apendicite aguda, cistos, enterocolite necrosante, atresia de vias biliares), via de drenagem de secreção líquida (abscessos abdominais) e método diagnóstico chamado de exploradora (obstruções intestinais, neoplasias e afecções genitais e urológicas)[5].

Estudos científicos mostraram que as CAA podem apresentar importante redução dos volumes, capacidades pulmonares e função pulmonar em torno de 40 a 60%. Essas alterações no pós-operatório geram alteração do padrão respiratório e hipoventilação alveolar (respiração superficial e rápida), fraqueza da musculatura respiratória e diminuição da capacidade residual funcional (CRF), o que provoca diminuição da ventilação e expansibilidade das áreas pulmonares não dependentes, resultando em atelectrauma e possível hipoxemia[5,6].

A fisioterapia tem papel fundamental em pacientes submetidos à CAA, evitando o imobilismo e a diminuição do *clearence* mucociliar e da troca gasosa, levando ao acúmulo de secreção e pulmonar e, consequentemente, à pneumonia, a principal complicação dessas cirurgias[6].

Gastrosquise e Onfalocele

Grande parte dos casos de malformação da parede abdominal pode ser diagnosticada a partir da 18ª semana à 22ª semana gestacional pela ultrassonografia morfológica[7]. A incidência de gastrosquise e onfalocele, na América Latina, é estimada em 2-4:10.000 nascidos vivos[8].

A gastrosquise (Figura 26.1) é um defeito da parede abdominal anterior, em geral à direita, paraumbilical, associado à evisceração de órgãos abdominais, sem a presença de membrana recobrindo-os; o cordão umbilical fetal apresenta-se normal[8].

A onfalocele é uma herniação do conteúdo da cavidade abdominal, no nível do anel umbilical. As vísceras são revestidas pela membrana amniótica e pelo peritônio. Em geral, vem acompanhada de outras anomalias cromossômicas[8].

Tratamento

A correção cirúrgica, em ambos os casos, se faz necessária e nem sempre é imediata. Em geral, cursam com dor, aumento da pressão intra-abdominal, alteração

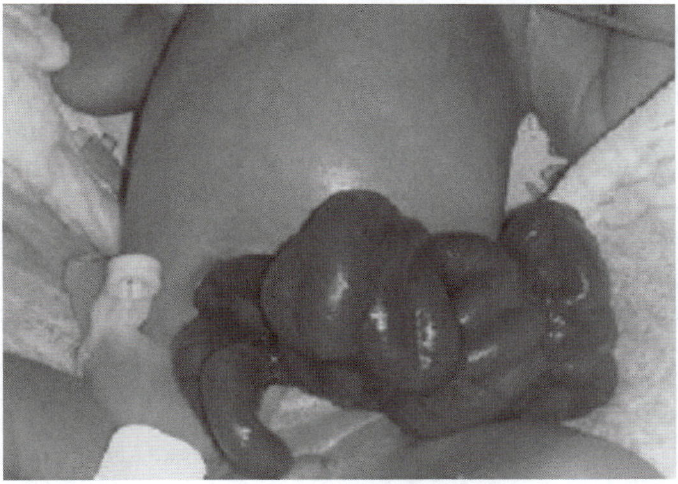

Figura 26.1 Gastrosquise.

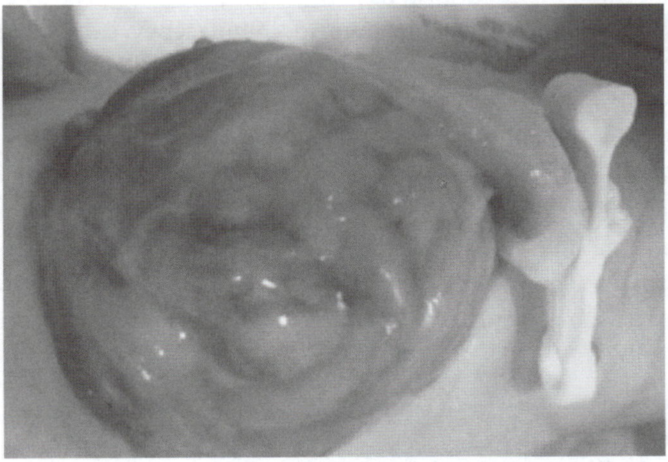

Figura 26.2 Onfalocele.

Tabela 26.1 Principais características da gastrosquise e da onfalocele

Gastrosquise	Onfalocele
Evisceração de órgãos abdominais sem a presença de membrana recobrindo-os	Herniação do conteúdo da cavidade abdominal revestido pela membrana amniótica e pelo peritônio

biomecânica dos músculos respiratórios, alteração da relação ventilação/perfusão, redução da capacidade vital pulmonar, redução da capacidade residual funcional e aumento do trabalho respiratório, levando a variável grau de insuficiência respiratória[9-12]. Nos casos de onfaloceles gigantes podem ocorrer deslocamento do diafragma e hipoplasia pulmonar, podendo cursar com hipertensão pulmonar[8].

Os problemas secundários ao fechamento da cavidade abdominal incluem também síndrome compartimental abdominal[9] – definida como disfunção orgânica sintomática que resulta do aumento da pressão intra-abdominal, ocorrendo em 40% dos casos cirúrgicos abdominais[13] –, distúrbio da motilidade gastrointestinal e refluxo gastroesofágico, além do período prolongado de internação hospitalar, que pode prejudicar o desenvolvimento neuropsicomotor (DNPM)[14-16].

A fisioterapia tem papel relevante no pré e no pós-operatório dessas doenças, incluindo avaliação fisioterapêutica, posicionamento adequado no leito, manejo adequado da ventilação mecânica invasiva (convencional e de alta frequência), desmame precoce dela, escolhendo a modalidade adequada de ventilação mecânica não invasiva (NIPPV ou CPAP) e, se não houver necessidade, optar pela oxigenoterapia de alto fluxo (cateter nasal de alto fluxo) ou de baixo fluxo (cateter nasal de oxigênio ou nebulização de oxigênio)[17].

Entre os recursos muito utilizados para a remoção de secreção pulmonar visando à melhora do volume corrente expiratório, complacência e resistência pulmonar estão: drenagem postural, vibração torácica, vibrocompressão torácica, aumento do fluxo expiratório, inalação com solução salina e aspiração das vias aéreas em sistema aberto ou fechado, atentando para o aspecto e a coloração da secreção pulmonar[12].

Em razão do tempo prolongado de hospitalização, com o intuito de evitar o imobilismo no leito e déficit no DNPM, a intervenção sensoriomotora faz-se necessária assim que houver estabilização do quadro álgico. Escalas como a TIMP (*test of infant motor performance*)[10], aplicada em neonatos internados na unidade de terapia intensiva, são aplicadas com o objetivo de direcionar a intervenção motora fisioterapêutica[18].

Fisioterapia

A avaliação fisioterápica deve ser criteriosa e individualizada, tanto no pré-operatório como no pós-operatório, levando em consideração a doença a ser tratada, aspectos radiológicos, hemodinâmicos, respiratórios e motores[12].

Ao chegar no centro de tratamento intensivo neonatal (CTIN), bebês com gastrosquise e onfalocele necessitam de aquecimento e hidratação, além de suporte ventilatório adequado, podendo ser oxigenoterapia ou ventilação mecânica invasiva, ressaltando-se que, na fase pré-operatória e pós-operatória imediata, o uso de ventilação mecânica não invasiva é contraindicado, assim como o uso de cateter de alto fluxo[17].

O posicionamento de escolha é o decúbito dorsal elevado, principalmente em casos de gastrosquise com desproporção visceral-abdominal, em que a correção primária não pôde ser realizada, havendo a necessidade da colocação de silo para preservação dos órgãos e introdução lenta desses órgãos na cavidade abdominal, até o fechamento completo posterior.

O fisioterapeuta fica responsável por verificar a necessidade de oxigenoterapia e seu manejo, assim como da ventilação mecânica invasiva, em relação à fixação e ao posicionamento da cânula orotraqueal, devendo esta estar localizada na radiografia de tórax entre a segunda e a terceira vértebra torácica, para os parâmetros ventilatórios, observando-se expansibilidade torácica, volume corrente, saturação periférica de oxigênio (SpO_2), frequência cardíaca (FC) e sinais de desconforto respiratório.

Na fase pré-operatória, visando à retirada de secreção pulmonar, podem ser usadas técnicas como a drenagem postural (apenas em decúbito dorsal), vibração torácica, aspiração de vias aéreas superiores quando necessário, atentando-se para o tamanho da sonda de aspiração traqueal, aspiração da cânula orotraqueal em sistema aberto ou sistema fechado, a fim de manter as vias aéreas pérvias e evitar áreas de *shunt* pulmonar[12]. Em casos de ocorrência de atelectasias, usam-se manobras de reexpansão pulmonar, como compressão/descompressão, aumento da pressão expiratória positiva final (PEEP) na ventilação mecânica invasiva[19], observando na radiografia de tórax a expansibilidade pulmonar através dos espaços intercostais e evitando a hiperinsuflação pulmonar, a qual aumenta o risco de pneumotórax.

Após a correção cirúrgica, ou seja, no pós-operatório imediato, o paciente sempre chega ao CTIN sob ventilação mecânica invasiva, e pode ocorrer a síndrome compartimental abdominal, prejudicando a expansibilidade torácica e a ventilação pulmonar. O fisioterapeuta é responsável pelo posicionamento adequado em decúbito dorsal elevado, pelos parâmetros hemodinâmicos e respiratórios, posicionamento do tubo orotraqueal na radiografia de tórax e manejo da ventilação mecânica, observando expansibilidade torácica e alterando os parâmetros ventilatórios quando necessário.

Nesse momento, a fim de promover permeabilidade de vias aéreas, as técnicas de remoção de secreção brônquica de escolha são drenagem postural (em decúbito dorsal), vibração torácica, aspiração de vias aéreas superiores quando necessário, aspiração do tubo orotraqueal através de sistema aberto ou fechado, atentando-se para o tamanho da cânula orotraqueal e da sonda de aspiração, e o aspecto da secreção[12].

Quando possível, inicia-se o desmame de ventilação mecânica visando à extubação precoce, a qual deve ser planejada juntamente com a equipe médica, objetivando o sucesso. Entretanto, cabe ressaltar que a ventilação mecânica não invasiva na fase pós-operatória imediata está completamente contraindicada[17].

No pós-operatório tardio, o uso de ventilação mecânica não invasiva está indicado desde que haja consentimento e liberação da equipe cirúrgica e clínica. A mudança de decúbito deve ser enfatizada, dando preferência ao decúbito ventral, quando possível, devido aos benefícios mecânico-respiratórios que ele oferece, principalmente nos casos cirúrgicos que cursam com refluxo gastroesofágico. Além da drenagem postural e vibração torácica, a vibrocompressão torácica e o aumento do fluxo expiratório podem ser utilizados para remoção de secreção brônquica, assim como a aspiração de vias aéreas superiores, se necessário. A estimulação sensoriomotora pode ser realizada desde que o quadro álgico esteja controlado.

Hérnia Diafragmática

O desenvolvimento do diafragma se inicia na quinta semana embrionária, quando a cavidade torácica se comunica com a cavidade abdominal através dos canais pericardioperitoniais, que se fundem com o mesentério esofágico e com o septo transverso, no início da sexta semana, vedando essa comunicação e originando o aspecto periférico diafragmático. O diafragma se forma a partir de quatro estruturas: septo transverso, mesentério esofágico, membranas pleuroperitoniais e musculatura da parede do corpo[21,24].

Na hérnia diafragmática congênita, ocorre uma falha no fechamento dos canais pericardioperitoniais, permitindo que os órgãos abdominais transitem para a cavidade torácica, comprimindo o pulmão e impedindo o seu desenvolvimento[21].

A movimentação dos órgãos abdominais para a cavidade torácica causa deslocamento no mediastino e consequente compressão do pulmão contralateral, levando à hipoplasia pulmonar bilateral, ao aumento da resistência vascular pulmonar e à hipertrofia das arteríolas, causando hipertensão pulmonar e insuficiência respiratória hipoxêmica[24].

A hipertensão pulmonar é uma condição que está associada à hérnia diafragmática congênita, em que há hipoplasia pulmonar (evento multifatorial, em que o

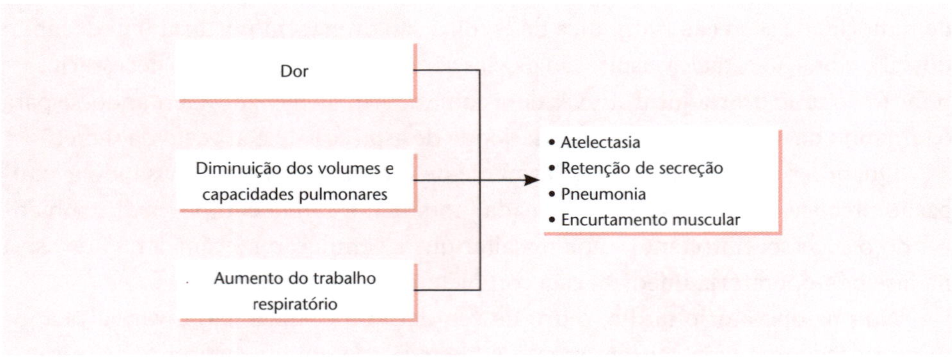

Figura 26.3 Principais consequências do pós-operatório e suas repercussões pulmonares.

volume de fluido pulmonar e o líquido amniótico influenciam no processo de desenvolvimento pulmonar; os efeitos da compressão afetam tanto o parênquima alveolar como o aumento da espessura da parede dos vasos distais), e é caracterizada pelo aumento da resistência vascular pulmonar, com consequente interrupção do crescimento brônquico, pelo menor número total de alvéolos para troca gasosa, pela redução no total de ramos arteriais e pela hipertrofia do músculo liso das artérias pulmonares[22].

Tratamento

O tratamento inicial inclui a estabilização do quadro cardiorrespiratório, da hipertensão pulmonar e da hipoplasia pulmonar, e, logo após, a intervenção cirúrgica para reparação. Ao nascer, a intubação orotraqueal é indicada para ventilação e oxigenação adequadas, devendo ser introduzida uma sonda orogástrica e mantida aberta, para esvaziamento gástrico. O uso de máscara orofacial durante a reanimação é contraindicado, pois esse procedimento pode provocar aerofagia e piorar o quadro clínico do recém-nascido[24].

Outra manobra de grande importância é o cateterismo de vasos umbilicais – a pressão das artérias de oxigênio (paO_2) obtida do cateter arterial umbilical reflete a oxigenação do sangue pós-ductal. Cuidadosa monitoração da pressão arterial de dióxido de carbono ($paCO_2$) deve ser realizada, evitando hipocapnia. Queda dos valores de $paCO_2$ de 50 para 20 mmHg tem sido relacionada à diminuição de 50% do fluxo sanguíneo cerebral e a maior risco de hipóxia cerebral. A maior afinidade da hemoglobina por oxigênio durante a alcalose exacerba ainda mais a hipóxia tecidual. Assim, as estratégias ventilatórias objetivam uma $paCO_2$ pouco menor que 40 mmHg. É importante a monitoração da saturação periférica de oxigênio pré-ductal (oxímetro posicionado em membro superior direito)[24].

A correção cirúrgica é realizada por laparotomia, realizando-se avaliação e redução cuidadosa das vísceras de dentro do tórax e remoção do saco herniário, se presente[24].

Fisioterapia

Os recém-nascidos portadores da hérnia diafragmática podem desenvolver complicações secundárias induzidas pela ventilação pulmonar convencional (displasia broncopulmonar, hipertensão pulmonar persistente, infecções recorrentes do trato respiratório)[23].

Melhores estratégias de ventilação podem ajudar na prevenção de doenças pulmonares crônicas. A ventilação mecânica convencional é a mais utilizada, e ventilar com pressões mais baixas inicialmente é mais indicado, por causa do maior risco de barotrauma[23].

A pressão deve permitir boa oxigenação, isto é, saturação periférica de oxigênio pré-ductal maior que 90%. Entretanto, em alguns casos se elege a ventilação de alta frequência como tratamento, como na falha da ventilação convencional e como estratégia de resgate, que resulta em insuflação pulmonar mais homogênea, melhor oxigenação e troca gasosa, e menor risco de lesões pulmonares.

A fisioterapia tem como objetivo prevenir e minimizar as complicações respiratórias pelo auxílio à assistência ventilatória, otimizando a função pulmonar e facilitando as trocas gasosas. Os recém-nascidos apresentam grande labilidade na oxigenação arterial; desse modo, todos os procedimentos, inclusive a aspiração traqueal, devem ser realizados com cautela, em decorrência do risco de hipoxemia grave. A manipulação em conjunto é uma estratégia usada pela equipe multiprofissional a fim de garantir melhor qualidade de cuidado ao paciente.

Síndrome do Intestino Curto

A síndrome de intestino curto (SIC) é caracterizada pela insuficiência intestinal causada por ressecções extensas de intestino delgado, associado ao comprometimento anatômico e funcional, ocasionando perda de área absortiva, resultando em má absorção de macro e micronutrientes, eletrólitos e água, e consequente perda de peso, desidratação e desnutrição[25,26].

A SIC tem etiologia multifatorial e, na população pediátrica, as anomalias congênitas são as causas mais frequentes como enterocolite necrosante, vólvulo de intestino médio, gastrosquise, onfalocele, entre outros[27].

Tratamento

O tratamento clínico é indicado para todos os pacientes com insuficiência intestinal; e inclui jejum, avaliação da extensão e topografia do intestino remanescente, correção das alterações hidroeletrolíticas, acompanhamento por equipe multidisciplinar especializada, avaliação dos acessos venosos disponíveis, infecções prévias relacionadas, avaliação da necessidade de nutrição enteral ou parenteral (NPP), avaliação da função hepática e o fechamento precoce das enterostomias para reconstrução do trânsito intestinal sempre que possível[26].

Se o processo de adaptação intestinal com consequente reintrodução de nutrientes utilizando-se do trato digestivo remanescente não for alcançado, a necessidade de NPP permanente com todas suas implicações (infecções por cateteres, tromboses venosas etc.) poderá ser necessária[25].

Algumas técnicas cirúrgicas para alongamento do intestino estão em desenvolvimento, como a duplicação longitudinal de segmentos dilatados de intestino delgado e a enteroplastia transversa em série, ou STEP, ainda sem sucesso e com resultados abaixo do esperado.

Dessa forma, o transplante de intestino surgiu como uma modalidade terapêutica alternativa nas complicações que pudessem comprometer a sobrevivência dos pacientes. Atualmente, os pacientes encaminhados ao transplante de intestino possuem insuficiência intestinal irreversível, que apresenta falhas ou complicações relacionadas ao tratamento com nutrição parenteral, como sepse recorrente e doença hepática relacionada à NPP.

Fisioterapia

Sabe-se que a SIC é multifatorial e geralmente leva à internação hospitalar prolongada. Por isso, o desenvolvimento neuropsicomotor da criança é prejudicado e inevitável, assim como afecções pulmonares adquiridas dentro do âmbito hospitalar.

A fisioterapia atua de forma cuidadosa e holística nesses pacientes. É importante o fisioterapeuta sempre considerar os possíveis distúrbios da massa óssea da criança que, associados à pouca descarga de peso nas articulações, podem desenvolver osteopenia ou osteoporose.

Assim, a atuação do fisioterapeuta, especialista na área, é essencial para a prevenção de possíveis complicações motoras, sensórias e pulmonares que o paciente possa vir a desenvolver no decorrer da internação. Além disso, é importante que ele seja acompanhado ambulatoriamente com o objetivo de garantir sua qualidade de vida e acessibilidade em seu ambiente familiar e cotidiano.

CIRURGIAS TORÁCICAS

A cirurgia torácica pediátrica trata de doenças do tórax e das vias aéreas do adolescente, das crianças e dos recém-nascidos. As cirurgias torácicas mais comuns são as que cursam com esternotomias (cardiopatias congênitas) e toracotomias (retiradas totais ou parciais de pulmão e correção de malformações torácicas)[28].

Esternotomias (Cardiopatias Congênitas)

A incidência de cardiopatias congênitas é de cerca de 8 a 10 crianças em cada 1.000 nascidas vivas, sendo estimado o surgimento de 28.846 novos casos por ano no Brasil. Na maioria dos casos, é necessário intervenção cirúrgica, com correção total ou parcial, totalizando, em média, 23.077 procedimentos cirúrgicos por ano[28].

As cardiopatias congênitas se dividem em dois grandes grupos: acianóticas e cianóticas. As anomalias acianóticas mais comuns são: comunicação interventricular (30,5%), comunicação interatrial (19,1%), persistência do canal arterial (17%), estenose pulmonar valvar (11,3%) e coarctação da aorta (6,3%). As cardiopatias cianóticas mais frequentes são: tetralogia de Fallot (6,9%), transposição dos grandes vasos da base (4,1%), atresia tricúspide (2,3%) e drenagem anômala total de veias pulmonares (2%)[28-30].

Toracotomias

Muitos são os diagnósticos clínicos que evoluem com necessidade de procedimentos cirúrgicos com realização de toracotomia – a retirada total ou parcial de pulmão e a correção de malformações torácicas. Esse procedimento é necessário em situações de lobectomias totais ou parciais ou pneumectomias, em casos de abscesso pulmonar encistado, pneumatoceles, bronquiectasia progressiva, estenose de traqueia, subestenose subglótica, paralisia de cordas vocais, enfisema lobar congênito e sequestro pulmonar. Outras situações em que são realizadas toracotomias são as correções de malformações de tórax, como o *pectus excavatum* ou *pectus*.

Atresia de Esôfago Congênita

A atresia do esôfago congênita é uma malformação resultante de falha no desenvolvimento embrionário, e consiste na ausência de parte do canal esofágico, podendo ser diagnosticada já no período pré-natal pela ultrassonografia fetal. O diagnóstico pré-natal é suspeitado em 95% dos casos nos quais há polidramnia (excesso de líquido amniótico) e a câmara gástrica não pode ser visualizada[31].

Logo após o parto, a impossibilidade de passagem de sonda gástrica sugere o diagnóstico, que será confirmado pelo exame radiológico. Em casos em que o diagnóstico pré-natal não é realizado, durante o exame clínico do recém-nascido pode-se observar salivação abundante, aspiração maciça para os pulmões, estridor respiratório, choro normal ou mesmo ausência de qualquer ruído durante o choro, podendo ocasionar complicações, como pneumonia aspirativa ou atelectasia[31].

Os primeiros cuidados devem ser tomados já na sala de parto, mantendo-se o paciente em decúbito ventral e com o tórax elevado (30 a 45°) para evitar o refluxo do conteúdo gástrico para a traqueia através da possível fístula traqueoesofágica distal[32].

Os casos mais comuns de atresia do esôfago estão associados à fístula traqueoesofágica distal, ocorrendo em cerca de 85% dos casos, embora muitas outras anomalias – como cardiopatia, VACTER (vertebrais, anorretais, cardíacas, traqueais, esofágicas, renais) ou VACTERL (vertebrais, anorretais, cardíacas, traqueais, esofágicas, renais, de membros) – possam ocorrer concomitantemente, levando a um prognóstico menos favorável. A incidência de cromossomopatias, como trissomia do 13, 18, 21 e 29, é bastante variável na literatura (3 a 53%), sendo recomendado o estudo do cariótipo no pré-natal[33].

Tratamento

A correção cirúrgica da atresia esofágica é feita por toracotomia direita tão logo se tenham condições clínicas adequadas e estabilização clínica do quadro. Nos casos de prematuridade extrema, a conduta torna-se mais cautelosa e o tratamento inicial é conservador, aguardando o momento mais adequado para a cirurgia. O prognóstico do recém-nascido dependerá das malformações associadas, das complicações respiratórias e do peso ao nascer.

Fisioterapia

A fisioterapia na atresia de esôfago tem como objetivo prevenir complicações respiratórias e garantir oxigenação e trocas gasosas adequadas. A assistência da fisioterapia inicia-se na admissão do recém-nascido na unidade de terapia intensiva com avaliação criteriosa e individualizada, assistência e manejo de ventilação mecânica invasiva e não invasiva, desmame da ventilação e uso de oxigenoterapia posterior, se necessário.

A possiblidade de diagnóstico de fístula traqueoesofagiana distal aumenta o risco de pneumonia por broncoaspiração química de suco gástrico. Dessa forma, é necessário manter a elevação em 30º nas trocas de decúbito. A fisioterapia atua com o uso de técnicas de remoção de secreção brônquica e reexpansão pulmonar com o objetivo de evitar acúmulo de secreção pulmonar e atelectasias. Ao final do atendimento, geralmente é realizada aspiração das vias aéreas artificiais e das vias aéreas superiores, observando-se a quantidade e o aspecto da secreção.

Alguns procedimentos são contraindicados no pós-operatório como: uso de chupeta, aspiração das vias aéreas superiores, estímulo de fúrcula, hiperinsuflação manual com máscara orofacial e ventilação não invasiva, por causa do risco de distensão ou rotura gástrica.

Abscesso Pulmonar Encistado

Caracterizado por presença de lesão escavada (cavidade) no parênquima pulmonar, com mais de 2 cm de diâmetro, paredes do abscesso espessas, irregulares, com conteúdo interno hidroaéreo (líquido e ar). Em 85% dos pacientes, o tratamento é clínico, associado à fisioterapia e endoscopias respiratórias, utilizando, inicialmente, antibioticoterapia empírica. Somente em alguns casos haverá necessidade de intervenção cirúrgica, com ressecção pulmonar (lobectomias).

Pneumatoceles

Na evolução de uma pneumonia em crianças, pode haver a formação de pneumatoceles, que são bolhas pulmonares. A evolução cicatricial dessas pneumatoceles pode gerar a formação de uma grande bolha pulmonar, responsável pela compressão de parte do pulmão sadio. Dessa forma, pode ocorrer insuficiência respiratória em recém-nascido ou, com o passar de semanas ou meses de vida, infecções pulmonares de repetição. Na maioria das vezes deve ser indicada a ressecção cirúrgica.

Bronquiectasia Progressiva

Presença de dilatação crônica dos brônquios de uma área pulmonar, gerando alterações estruturais dos brônquios, como áreas císticas ou cilíndricas. Essas áreas serão fontes de infecções pulmonares de repetição e, consequentemente, poderão gerar destruição de áreas sadias do pulmão homolateral ou contralateral.

Geralmente, surge como complicação ou em decorrência de outras doenças, como fibrose cística ou obstrução brônquica por aspiração de corpo estranho. A abordagem cirúrgica é realizada quando o tratamento clínico não está controlando a doença e quando a doença é localizada em um segmento ou lobo pulmonar.

Estenose de Traqueia, Subestenose Subglótica, Paralisia de Cordas Vocais

Obstruções da região interna da laringe podem ser classificadas conforme as regiões anatômicas: subglótica, glótica (pregas vocais) e região supraglótica. Podem acontecer após o processo de intubação ou traqueostomia, em decorrência de tumor benigno ou maligno nas regiões vizinhas, como tireoide, esôfago ou linfonodos cervicais, lesão no nervo laríngeo, geralmente após cirurgias cardíacas ou do tórax, ou após um trauma na região cervical (pescoço).

Enfisema Lobar Congênito

Distensão aérea de um lobo pulmonar, podendo ser também de um segmento ou de todo o pulmão. O tratamento é realizado com ressecção cirúrgica da área enfisematosa.

Sequestro Pulmonar

Sequestro pulmonar é uma malformação congênita em que ocorre a formação de uma área pulmonar anômala e não funcionante. Essa área não tem conexão com as estruturas do restante do pulmão. Os brônquios não têm comunicação com a árvore brônquica normal. O suprimento sanguíneo é através de uma artéria sistêmica anômala, geralmente originada da artéria aorta abdominal ou aorta torácica.

Esses pacientes devem ser operados (ressecção da área comprometida) no primeiro ano de vida, com o objetivo de prevenir infecções pulmonares de repetição e consequente comprometimento de áreas pulmonares não comprometidas.

A maioria dos pacientes com sequestração pulmonar tem boa evolução após a ressecção cirúrgica de sua doença. Se a cirurgia for realizada precocemente, haverá espaço na cavidade torácica para que o pulmão se desenvolva até os 6 anos de idade.

CORREÇÕES DE MALFORMAÇÕES DE TÓRAX (*PECTUS*)

Tipos de deformidades da parede torácica que podem estar presentes em recém-nascidos, crianças e adolescentes.

Pectus Excavatum

É preciso corrigir as curvaturas de todas as cartilagens costais defeituosas, associando a correção das curvaturas do osso esterno e dos ossos das costelas. Muitas vezes, há necessidade de corrigir outras estruturas em *conjunto* (mamas, parede abdominal, músculos peitorais etc.).

Pectus Carinatum

Nesta cirurgia são realizadas duas cicatrizes que ficam na região lateral de cada lado do tórax (e não na frente). Essa técnica cirúrgica consiste na colocação de uma barra metálica curva. Esse dispositivo atravessa o tórax superficialmente de um lado a outro e, assim, empurra para dentro o *pectus carinatum*. A barra é, então, fixada nas costelas.

Tratamento

Grande parte das correções cirúrgicas consta de procedimentos longos e complexos, fazendo uso de circulação extracorpórea (CEC). O uso desse dispositivo proporciona a exteriorização do débito sanguíneo corpóreo, garantindo o manuseio cardíaco adequado para a correção cirúrgica necessária. Seu uso é feito por profissional especializado, e o principal efeito colateral é um processo inflamatório sistêmico, o que pode contribuir para inúmeras complicações pulmonares no pós-operatório. Grande parte dessas complicações são responsáveis pelos altos índices de morbidade e mortalidade nas unidades de cuidados intensivos[30].

Fisioterapia

A fisioterapia[29,30] tem papel importante no tratamento do paciente em dois momentos: pré e pós-operatório.

O principal objetivo da intervenção fisioterapêutica no pré-operatório é evitar e tratar complicações relacionadas ao sistema respiratório (como atelectasia, hipersecreção pulmonar, fraqueza e encurtamento da musculatura respiratória acessória) e fazer o manejo de oxigenoterapia ou ventilação mecânica invasiva (VMI), se necessário.

A intervenção fisioterapêutica, nesse momento, utiliza fluidificação da secreção (inalação com soro fisiológico 0,9%); manobras de remoção de secreção brônquica e reexpansão pulmonar são de extrema importância a fim de contribuir com adequada função pulmonar do paciente e menores complicações no pós-cirúrgico. Uma particularidade importante é a contraindicação de intervenção de fisioterapia em diagnósticos de pneumatocele, devido ao risco de rompimento dessa lesão.

Em um segundo momento, pós-operatório, a função da fisioterapia é garantir ao paciente, na sua chegada à unidade de cuidados intensivos, adequada monitoração da ventilação mecânica invasiva (VMI) ou oxigenoterapia, sendo de extrema importância a compreensão da fisiopatologia e o procedimento de correção realizado, já que em alguns casos a saturação periférica de oxigênio varia de acordo com o tipo de correção cirúrgica. Nesse momento, geralmente a criança se encontra lábil hemodinamicamente, sendo necessário respeitar a indicação de manipulação mínima, priorizando-a com membros da equipe multiprofissional.

O desmame ventilatório e a programação de extubação devem ser iniciados precocemente, evitando prováveis complicações da VMI (pneumonia associada à ventilação mecânica, redução do retorno venoso e débito cardíaco, diminuição da oxigenação do miocárdio das artérias coronarianas, entre outras). Podem acontecer outros tipos de complicações em consequência do manuseio intratorácico durante a cirurgia, como a alteração da integridade das pleuras pulmonares (drenos pleurais e mediastinal) e vasos linfáticos (quilotórax) na excursão diafragmática (paralisia diafragmática por lesão cirúrgica do nervo frênico), entre outros (Quadros 26.1 e 26.2).

Após a extubação traqueal, esse paciente pode evoluir com atelectrauma, fraqueza da musculatura respiratória e hipersecreção pulmonar decorrente de hipoventilação pulmonar e tosse ineficaz em consequência da dor na incisão cirúrgica. Dessa maneira deve-se evitar, nos primeiros dias, realização de manobras de remoção de secreção brônquica e expansão pulmonar que piorem esse sintoma. Uma das técnicas usadas pela equipe de fisioterapia, nesses casos, é o uso de pressão positiva intermitente (RPPI), apoio torácico para estimular a tosse eficaz (em caso de crianças maiores), desobstrução rinofaríngea retrógrada e, se necessário, aspiração de vias aéreas superiores.

Quadro 26.1 Principais alterações pulmonares decorrentes do pós-operatório de cirurgias torácica e abdominal

- Alteração da relação V/Q
- Alteração dos volumes e capacidades pulmonares
- Alteração da complacência e resistência pulmonar
- Aumento do trabalho respiratório

Quadro 26.2 Principais complicações pulmonares das cirurgias torácicas e abdominais

- Pneumonias
- Atelectasias
- Derrame pleural
- Pneumotórax

Após o controle álgico e a resolução das complicações decorrentes da correção cirúrgica e dos procedimentos que ela envolve, é necessário observar o melhor momento para iniciar a estimulação sensoriomotora desse paciente. A mobilização precoce é de extrema importância, garantindo aquisições posturais, indicadas de acordo com a idade do paciente, funções da vida diária e melhor qualidade de vida.

Essa estimulação deve ser feita de forma individualizada e atenta. Os cardiopatas, geralmente, são pacientes desnutridos (devido ao alto gasto energético do metabolismo cardiorrespiratório, nesses casos), necessitando de balanço hídrico rigoroso, com o objetivo de evitar sobrecarga cardíaca no órgão recém-operado.

O acompanhamento fisioterapêutico após a alta da unidade de terapia intensiva deve ser mantido com o objetivo de dar continuidade ao tratamento das alterações pulmonares e musculoesqueléticas. O tratamento ambulatorial contribui de forma significativa para a reinserção desse paciente no cotidiano da família.

FISIOTERAPIA MOTORA E INTERVENÇÃO PRECOCE

O tempo prolongado de internação, imobilização no leito e submissão à ventilação mecânica invasiva proporciona atraso no DNPM, assim como nas aquisições das habilidades motoras, cognitivas e psicossociais, além da perda de massa e atrofia muscular[34-8].

O fisioterapeuta tem papel fundamental na intervenção precoce tanto em neonatologia quanto em pediatria, visando minimizar os déficits de desenvolvimento neuropsicomotor, proporcionando aos recém-nascidos, assim como crianças, desenvolver-se em todo seu potencial. Quando iniciada precocemente, melhora a força muscular musculoesquelética e respiratória, além da otimização da função respiratória e cardíaca, alongamento muscular, alinhamento postural e favorecimento da funcionalidade, reduzindo os prejuízos causados durante a internação hospitalar[39-41].

Importante considerar sempre a tolerância do neonato ou da criança durante a terapia, observando possíveis sinais de desconforto respiratório e dor, além de cuidados com dispositivos como cateteres e acessos venosos, tubos endotraqueais ou de cateteres nasais de oxigênio.

Escalas de avaliação como TIMP e Alberta podem ser utilizadas de acordo com a faixa etária de cada criança, a fim de identificar quais os déficits neuropsicomotores do recém-nascido e direcionar a terapia de estimulação precoce[35,42].

É importante adequar a estimulação de acordo com a idade do paciente e o estágio cirúrgico em que ele se encontra, pois nesses casos os exercícios propostos podem ser passivos, ativos ou ativo-resistidos.

Em neonatologia, os exercícios podem ser realizados de forma passiva a princípio, iniciando com mobilizações, alongamentos e posteriormente trabalhando com as aquisições motoras adequadas para a idade.

Em pediatria, os exercícios podem ser iniciados de forma passiva, principalmente no momento em que a criança ainda estiver submetida à ventilação mecânica invasiva e pós-cirúrgico imediato. A evolução do paciente e a estabilidade do quadro respiratório e álgico e, desde que seja possível, os exercícios podem ser ativo-assistidos e posteriormente ativos, podendo ser realizadas mobilizações ativas, alongamentos ativos, sedestação no leito ou poltrona e deambulação, com auxílio e livre. Importante salientar a necessidade de realização da terapia associada a atividades lúdicas e funcionais[43].

Os pacientes devem ser encaminhados para terapias ambulatoriais, enfatizando-se a funcionalidade destas e a independência deles, além de serem fornecidas orientações para a família no manejo das atividades diárias.

CONCLUSÕES

O papel da fisioterapia nas cirurgias torácicas e abdominais é de extrema importância, com o objetivo de amenizar e tratar possíveis complicações pulmonares, musculoesqueléticas, sensórias e cognitivas. O início precoce da intervenção fisioterapêutica por um profissional especializado permite garantir melhor qualidade de vida ao paciente e seus familiares.

REFERÊNCIAS BIBLIOGRÁFICAS

1. Felcar JM, Guitti JCS, Marson AC, Cardoso JR. Fisioterapia pré-operatória na prevenção das complicações pulmonares em cirurgia cardíaca pediátrica. Rev Bras Cir Cardiovasc. 2008;23(3):383-8.

2. Nicolau CM, Lahóz AL. Fisioterapia respiratória em terapia intensiva pediátrica e neonatal: uma revisão baseada em evidências. Pediatria. 2007;29(3):216-21.
3. Stayer AS, Diaz LK, East DL, Gouvion JN, Vencill TL, Mckenzie ED, et al. Changes in respiratory mechanics among infants undergoing heart surgery. Anesth Analg. 2004;98(1):49-55.
4. Nichol PF, Byrne JL, Dodgion C, Saijoh Y. Clinical considerations in gastroschisis: incremental advances against a congenital anomaly with severe secondary effects. Am J Med Genet C Semin Med Genet. 2008;148C(3):231-40.
5. Marques CC, Milan C, Zanella PL, Steibel G, Dias MG, Golin PV. Defeitos de fechamento de parede abdominal: estudo de casos atendidos no Ambulatório de Medicina Fetal do Hospital São Lucas da PUC-RS. Scientia Medica. 2009;19(4):176-81.
6. Bersani AL, Gomes JO, Braga IL, Guimarães HP, Lopes RD. Síndrome compartimental abdominal. Rev Bras Clin Med. 2009;7(5):313-21.
7. Savoie KB, Huang EY, Aziz SK, Blaskeçy ML, Dassinger S, Dorale AR. Improving gastroschisis outcomes: Does birth place matter? J Pediatr Surg. 2014;49(12):1771-5.
8. Partridge EA, Hanna BD, Panitch HB, Rintoul NE, Parenteau WH, Flake AW, et al. Pulmonary hypertension in giant omphalocele infants. J Pediatr Surg. 2014;49(12):1767-70.
9. Schivinsk CIS, Brito JN, Saltiél RV, Paulin E, Assumpção MS. Arq Catarin Med. 2012;41(3):26-31.
10. Moreira SR, Figueiredo EM. Instrumentos de avaliação para os dois primeiros anos de vida do lactente. J Hum Growth Dev. 2013;23(2):215-21.
11. Mayer S, Metzger R, Kluth D. The embryology of the diaphragm. Semin Pediatr Surg. 2011;20(3):161-9.
12. Gallindo R, Gonçalves F, Figueira R, Sbragia L. Manejo pré-natal da hérnia diafragmática congênita: presente, passado e futuro. Rev Bras Ginecol Obstet. 2015;37(3):140-7.
13. Hout L, Tibboel D, Vijfhuize S, Beest H, Hop W, Reiss I. The VICI-trial: High frequency oscillation versus conventional mechanical ventilation in newborns with congenital diaphragmatic hernia: an international multicentre randomized controlled trial. BMC Pediatr. 2011;11(98).
14. Dias MG, Margotto PR, Assreuy S, Resende J. Hérnia diafragmática. In: Margotto PR. Assistência ao recém-nascido de risco. 2. ed. São Paulo: Pórfiro; 2004.
15. Kluth D, Habernicht R. The embryology of usual and unusual types of esophageal atresia. Pediatr Surg Int. 1987;2:223-7.
16. Bianca S, Etorre G. Isolated esophageal atresia and perinatal risk factors. Dis Esophagus. 2003;16(1):39-40.
17. Driver CP, Shankar KR, Jones MO, Lamont GA, Turnock RR, Lloyd DA, et al. Phenotypic presentation and outcome of esophageal atresia in the era of the Spitz classification. J Pediatr Surg. 36(9):1419-21.
18. Pinto Jr VC, Daher CV, Sallum FS, Janete MB, Croti UA. Situação das cirurgias cardíacas congênitas no Brasil. Rev Bras Cir Cardiovascular. 2004;19(2):III-VI.
19. Cavenaghi S, Moura SC, Silva TH, Venturinelli TD, Marino LH, Lamari NM. Importância da fisioterapia no pré e pós-operatório de cirurgia cardíaca pediátrica. Rev Bras Cir Cardiovasc. 2009;24(3):397-400.
20. Arcêncio L, Souza MD, Bortolin BS, Fernandes AC, Rodrigues AJ, Evora PR. Cuidados pré e pós-operatórios em cirurgia cardiotorácica: uma abordagem fisioterapêutica. Rev Bras Cir Cardiovasc. 2008;23(3):400-10.

27

Assistência fisioterapêutica aos pacientes transplantados

Márcia Gama da Silva de Souza
Sheila Helena Oliveira de Souza
Haline Hazime Barbieri

Após ler este capítulo, você estará apto a:

1. Identificar os tipos de transplantes comumente realizados na população pediátrica.
2. Reconhecer as repercussões hemodinâmicas no pós-operatório dos transplantes.
3. Indicar as técnicas fisioterapêuticas adequadas no pós-operatório para prevenir complicações.
4. Reconhecer os sinais da síndrome do imobilismo.
5. Identificar as contraindicações à assistência fisioterapêutica.

INTRODUÇÃO

O transplante é um procedimento cirúrgico que consiste na transferência total ou parcial de um órgão (coração, fígado, rim, pulmão) ou tecido (medula óssea, ossos, córneas) de um indivíduo para outro, a fim de compensar ou substituir uma função perdida. É um procedimento terapêutico bem estabelecido e que apresenta progressos quanto aos seus resultados em decorrência do aprimoramento das técnicas cirúrgicas[1,2]. O procedimento cirúrgico pode levar a alterações na mecânica e no padrão respiratório, nas trocas gasosas, nos mecanismos de defesa pulmonar, na complacência torácica e pulmonar, agravando o aparecimento de complicações pulmonares pós-operatórias[3]. As cirurgias de tórax e abdome superior são as grandes responsáveis pelas complicações pulmonares. Estima-se que haja uma redução de 50 a 60% da capacidade vital e de 30% da capacidade funcional residual, causadas por disfunção do diafragma, dor pós-operatória e colapso alveolar[4]. É de extrema importância o acompanhamento fisioterapêutico no auxílio e na redução de complicações pulmonares e motoras, pois tais cirurgias são complexas e invasivas, acarretando limitações, principalmente da mecânica respiratória[4]. A fisioterapia respiratória atua na recuperação da função pulmonar desde a fase pré-operatória com a intenção de prevenir possíveis complicações do pós-operatório, como atelectasia, derrame pleural e pneumonia[5].

EPIDEMIOLOGIA

Em 2015, houve queda de 8% no número de transplantes de órgãos sólidos em crianças no Brasil[6]. Existe uma fila de espera que é monitorada pelo Sistema Nacional de Transplantes (SNT) e por órgãos de controle federais. Algumas situações de gravidade podem levar o paciente a ser transplantado com urgência, principalmente em perigo à vida[6].

No Brasil, com base em dados da SNT de 2014, o tempo de espera depende das características genéticas do doador, de seu estado clínico, tipo de órgão a ser transplantado e gravidade do receptor, mas o tempo médio de espera de pacientes não priorizados é de acordo com cada órgão[6].

Quando as medidas clínicas e cirúrgicas no tratamento de insuficiência cardíaca estiverem esgotadas e a expectativa de vida do paciente não ultrapassar 2 anos, o transplante cardíaco (TC) será o padrão no tratamento da insuficiência cardíaca[7]. No Brasil, segundo dados de 2014 do SNT, foram realizados 309 transplantes cardíacos, sendo que a fila de espera foi de 338, com tempo médio de espera de 6 meses. As taxas de transplante de coração foram de 0,6 por milhão da população pediátrica (pmpp)[8].

O transplante de fígado é indicado para pessoas com doença hepática aguda ou crônica, irreversível e progressiva. Na população pediátrica, as principais indicações de transplante hepático são atresia de vias biliares (57%) e doenças metabólicas (19%)[6]. Em 2014, segundo o SNT, foram realizados 1.769 transplantes de uma lista de espera de 2.024 pessoas, com tempo médio de espera de quatro meses. Os transplantes hepáticos pediátricos apresentaram queda de 7%[6].

Pacientes com diabetes melito tipo I e doença renal terminal em diálise ou em fase pré-dialítica têm indicação de transplante simultâneo de pâncreas e rim (TSPR). O tempo médio de espera para esse tipo de transplante é de 13 meses, com lista de espera de 664 pacientes, sendo que 98 foram transplantados[8]. O número de transplantes renais pediátricos tem apresentado variações a cada ano. Em 2014, foi 13,3% superior a 2013 e 7,4% inferior a 2012, que foi um ano de destaque. Em 2015, foram realizados 532 transplantes, voltando a cair 5% em relação a 2014[6].

O transplante de pulmão (TP) é indicado para pacientes com deterioração grave e irreversível das funções pulmonares. Atualmente, existem cinco modalidades de transplante pulmonar: unilateral, bilateral em bloco, bilateral sequencial, cardiopulmonar e lobar (intervivos)[9]. A escolha do transplante depende da doença de base, da idade e da disponibilidade de órgão[9].

As indicações para o TP na infância se assemelham às do adulto: insuficiência respiratória grave, renal e do sistema nervoso central (SNC), fibrose cística, doenças vasculares pulmonares, fibrose pulmonar primária ou secundária, doença pulmonar obstrutiva crônica, bronquiectasias, hipertensão pulmonar e/ou expectativa de vida menor que 2 anos[10]. O TP é a terapêutica mais confiável para doenças respiratórias terminais em crianças, com sobrevida comparável à dos adultos[10]. Em 2014, segundo o SNT, foram realizados 67 transplantes, com fila de espera de 225 pacientes e tempo médio de 10 meses.

O transplante de medula óssea (TMO) é indicado, principalmente, para o tratamento de doenças que comprometem o funcionamento da medula óssea, como doenças hematológicas, onco-hematológicas, imunodeficiências, doenças genéticas hereditárias, alguns tumores sólidos e doenças autoimunes[11]. O TMO pode ser autólogo (utiliza-se células-tronco do próprio paciente, livres de células cancerígenas através de radioterapia ou quimioterapia) ou alogênico (utiliza-se células-tronco de um doador saudável e compatível). O tipo de transplante se baseará no tipo de câncer, na idade, no estado geral do paciente e na disponibilidade de doador compatível. Não há dados nacionais recentes em relação ao número de TMO, mas sabe-se que a dificuldade em encontrar doadores ainda persiste, principalmente pela baixa taxa de adesão à doação, embora o Instituto de Tratamento do Câncer Infantil (hospital ligado ao Instituto da Criança do Hospital das Clínicas da Faculdade de Medicina da Universidade de São Paulo) tenha encerrado o ano de 2015 com 37 transplantes de medula óssea realizados. Foram 15 transplantes autólogos, 6 alogênicos aparentados e 16 alogênicos não aparentados[12].

O Registro Brasileiro de Transplantes (RBT), em 2015, passou a ter dados iniciais da lista de espera de transplante pediátrico. Em dezembro de 2015, havia 379 crianças ativas em lista de rim, 102 de fígado, 49 de coração e 15 de pulmão. Em 2015, foram transplantados 80% dos pacientes pediátricos que ingressaram na lista de rim, 72% de fígado, 54% de pulmão e 42% de coração[6].

PATOGÊNESE E MANIFESTAÇÃO CLÍNICA

Têm indicação para TC os portadores de insuficiência cardíaca refratária ao tratamento clínico, com redução da fração de ejeção, hipertensão pulmonar, agravamento do quadro clínico e arritmias ventriculares[13]. Os pacientes estão comprometidos na capacidade funcional, com limitação nas atividades de vida diária e apresentando modificações musculoesqueléticas. No pós-operatório, podem apresentar complicações como atrofia e fraqueza muscular[13]. Para a realização do TC, a circulação extracorpórea (CEC) é utilizada, porém produz resposta inflamatória sistêmica com liberação de substâncias que prejudicam a coagulação e a resposta imune, acarretando complicações no pós-operatório[14].

As doenças hepáticas na fase aguda provocam no organismo uma série de complicações, como alterações metabólicas, desnutrição severa, perda da massa muscular e função muscular, ocasionando deficiência motora e inatividade física, alterações respiratórias, complicações na troca gasosa, hipoxemia e alterações na vasculatura pulmonar, ascite, icterícia, infecções, coagulopatias, hemorragias, encefalopatia, edema cerebral e osteoporose[15,16]. A criança candidata ao transplante apresenta aumento do trabalho respiratório pelo comprometimento da mecânica pulmonar provocada pela ascite e aumento da pressão sobre o diafragma[2]. A rejeição ao órgão transplantado é um dos maiores problemas; apesar da utilização de imunossupressores, ainda ocorre a instalação de doenças oportunistas[15].

Outras indicações de transplante são a síndrome hepatopulmonar (*shunt* pulmonar) e suas complicações, definidas como tríade de distúrbio hepático, hipoxemia arterial e dilatação vascular pulmonar, apresentando sintomas de dispneia, baqueteamento digital, sibilância e alterações radiológicas com infiltrados alveolares basais[16].

O transplante renal é indicado nos casos de insuficiência renal crônica (ICR). Em decorrência dela, o sistema respiratório sofre alterações na mecânica pulmonar, na função muscular e na troca gasosa. Essas alterações podem levar a outras complicações pulmonares, como edema pulmonar ou derrame pleural. Após o transplante renal, ocorre melhora da capacidade residual funcional, induzida por complicações pós-cirúrgicas[17].

A fibrose cística (FC) é a indicação principal de transplante pulmonar pediátrico. Outras indicações incluem fibrose pulmonar idiopática, hipertensão pulmonar primária ou secundária, defeitos cardíacos congênitos e uma variedade de doenças parenquimatosas[18]. Os pacientes com FC são altamente colonizados por bactérias multirresistentes, entre elas *Pseudomonas aeruginosa*, muitas vezes associadas a *Staphylococcus*, necessitando de profilaxia com antibiótico para evitar os riscos de infecção no pós-operatório[18].

Nos pacientes com fibrose pulmonar, a necessidade crescente de oxigênio e a perda gradual de peso são fatores importantes na indicação do transplante. Os pacientes transplantados são submetidos à CEC, em decorrência do quadro de hipertensão pulmonar (HP) prévia e da grande dependência de oxigênio[18].

As complicações infecciosas são as mais frequentes em transplante pediátrico. Em geral, a incidência de bronquiolite obliterante tem 50% dos casos atribuídos a infecções virais por citomegalovírus (CMV)[18].

As leucemias são classificadas em agudas e crônicas. A diferenciação entre linfocítica e não linfocítica (ou mieloide) é feita pela análise da morfologia dos blastos da medula óssea[19].

A pneumonia é uma complicação respiratória do TMO e tem origem infecciosa mais comum. A fisiopatologia em crianças com leucemia, normalmente desencadeada por *Pneumocystis carinii* leva à adesão dos microrganismos às células alveolares, com necrose focal, aumento da permeabilidade capilar e consequentes transudato e exsudato de componentes plasmáticos. A infecção por adenovírus e por estreptococos é frequente em crianças submetidas a TMO e com contágio pela influenza A (H1N1), podendo levar à insuficiência respiratória aguda com necessidade de ventilação mecânica invasiva ou não invasiva[19]. Os riscos de bacteriemia por esse patógeno incluem neutropenia e mucosite oral[19]. Hemorragia pulmonar, na laringe e na faringe são complicações importantes, aumentando os riscos de dificuldade respiratória e asfixia. As complicações não pulmonares da LLA incluem compressão traqueal e síndrome da veia cava superior[19].

DIAGNÓSTICO E EXAMES COMPLEMENTARES

Nas doenças do coração, alguns sinais e sintomas devem ser observados. Quadros de tontura ou desmaio frequente, taquicardia, precordialgia, dispneia aos pequenos esforços, dores nos membros inferiores, dificuldade para dormir com a cabeceira baixa, arritmias, palidez ou cianose são motivos para consultar um cardiologista. A história familiar deve ser levada em consideração[8]. Criteriosa avaliação clínica deve conter testes funcionais, como o cardiopulmonar e o de caminhada de 6 minutos[12]. Os parâmetros do teste cardiopulmonar a serem observados para identificar os candidatos ao TC são o consumo de oxigênio (VO_2) e o equivalente de ventilação do dióxido de carbono (VE/VCO_2)[12]. O TC é indicado quando todas as medidas de tratamento da insuficiência cardíaca foram esgotadas e a expectativa de vida do paciente não ultrapassa dois anos[8]. Exames a serem solicitados: eletrocardiograma, ecocardiograma, Holter, monitor de eventos eletrocardiográficos, cintilografia, cateterismo e angioplastia[8].

Os primeiros sinais e sintomas de alteração no fígado são dor abdominal do lado direito e quadro de ascite, icterícia e diurese colúrica. Esses sinais podem ser o início de quadros de cirrose hepática, hepatite viral, hipertensão portal, deficiências nutricionais e encefalopatia hepática. Na população pediátrica, as principais indicações de transplante hepático são atresia de vias biliares e doenças metabólicas[8]. Exames a serem solicitados: bilirrubina, proteína e albumina, tempo de protrombina, fosfatase alcalina sérica, exames de aminotransferase ou transaminase sérica (TGP, TGO, AST, ALT, GGT e LDH), amônia sérica, colesterol (HDL e LDL) e exames de imagem[8].

Edema frequente nos membros inferiores e pés, lombalgia, hipertensão, diabete, infecções urinárias de repetição, calculose renal, nefrites, malformações do aparelho urinário e hematúria são sintomas de deficiência na função vital dos rins[8]. O transplante renal só é indicado para pessoas com prejuízo grave e irreversível das funções do órgão[8]. Exames a serem solicitados: urina, laboratoriais, *clearance* de creatinina, ultrassonografia de rins e vias urinárias[8].

Alterações na função pulmonar podem ter início de dor torácica constante, dispneia, taquidispneia, fadiga, acúmulo de secreções, alteração da conformidade da caixa torácica, emagrecimento súbito, inapetência[8]. Exames a serem solicitados: espirometria, radiografia de tórax, tomografia computadorizada, exames laboratoriais, principalmente gasometria, entre outros[8].

Podem ter sinais de alterações hematológicas: leucemia linfoide aguda (LLA) ou leucemia mieloide aguda (LMA), crianças que apresentam cansaço frequente, inapetência, hematomas, dores nas articulações, cianose, hipertermia, sangramentos[9]. Exames a serem solicitados: hemograma e, caso haja alteração significativa no número de leucócitos, mielograma[6].

TRATAMENTO

É fundamental que o fisioterapeuta demonstre segurança durante sua assistência e exponha os procedimentos que serão realizados, para que o paciente se sinta tranquilo e permita sua execução de forma adequada[20].

As complicações respiratórias podem ser minimizadas ou evitadas com a utilização de um protocolo de atendimento de fisioterapia respiratória[21].

Os objetivos fisioterapêuticos diante das condições respiratórias da criança transplantada são manter a ventilação pulmonar adequada e evitar complicações pulmonares[22].

As crianças transplantadas apresentam dificuldade para tossir e eliminar secreções pulmonares, com dor no local da cirurgia e imposta pela própria cirurgia. Todos esses fatores propiciam o aparecimento de infecções pulmonares. Assim, a assistência fisioterapêutica consiste em manobras para a remoção de secreção brônquica, reexpansão pulmonar e mobilização precoce. O tempo de permanência na UTI é variável, sendo que em 90% dos casos o órgão implantado funciona adequadamente e a alta da UTI ocorre em 3 a 4 dias.

Após a realização do transplante, o fisioterapeuta deve fazer uma avaliação pré-operatória e registrá-la em prontuário. Essa avaliação deve conter o tipo de suporte ventilatório utilizado e/ou oxigenoterapia, exames de laboratório e de imagem, ausculta pulmonar, sinais vitais, padrão respiratório, expansibilidade torácica, avaliação do nível de consciência, dor e outras queixas do paciente. Realiza-se assistência fisioterapêutica de acordo com a tolerância do paciente.

A partir da avaliação, alguns critérios como plaquetopenia, trombose, instabilidade hemodinâmica e sangramento intenso no local da cirurgia são alguns predicativos de atenção para o início da assistência fisioterapêutica.

O fisioterapeuta deve priorizar a função respiratória, realizando exercícios respiratórios com o intuito de prevenir e amenizar possíveis complicações no pós-operatório e associar atividades como reeducação do diafragma às técnicas voltadas para a remoção de secreção brônquica e expansão pulmonar, com exercícios de membros inferiores para manter a circulação. Já na fase pós-operatória, após avaliar as condições do paciente, deve-se priorizar a função respiratória, não esquecendo a utilização de técnicas para aliviar a dor, manter a ventilação adequada e expandir o tecido pulmonar para prevenir complicações pulmonares, remover secreções, manter a circulação dos membros inferiores, manter a amplitude de movimento, evitar compensações posturais e restaurar a tolerância aos exercícios.

O fisioterapeuta deve estimular o ortostatismo e a marcha para prevenir complicações do imobilismo[23]. Ele deve atuar com o objetivo de ganho de força e de resistência muscular, com técnicas para aperfeiçoar a flexibilidade articular, que previne o risco de traumatismo musculoesquelético e melhora o condicionamento físico, principalmente com utilização de membros superiores associados a respiração e membros inferiores, procurando envolver grandes grupos musculares. A técnica do método Kabat é uma opção e pode ser realizada com o paciente sentado à beira do leito. O exercício ativo resistido colabora para a melhora da força muscular e é o primeiro passo para a reabilitação intra-hospitalar[24].

Em pediatria, a aplicação das técnicas pode ser realizada de forma passiva, ativo-assistida ou ativa, dependendo da idade e do grau de cooperação e compreensão da criança.

As manobras de fisioterapia relacionadas aos cuidados respiratórios consistem em técnicas posturais, manuais e cinéticas dos componentes torácicos e abdominais, com os objetivos de:

- Mobilizar e eliminar as secreções pulmonares.
- Melhorar a ventilação pulmonar.
- Auxiliar na otimização das trocas gasosas.
- Promover a expansão pulmonar.
- Diminuir o trabalho respiratório.
- Fortalecer a musculatura respiratória.
- Prevenir complicações pulmonares.
- Desmamar a oxigenoterapia.

- Desmamar a ventilação mecânica invasiva e/ou não invasiva.
- Extubar.
- Ganhar força muscular.
- Ganhar amplitude de movimento.
- Melhorar o equilíbrio.
- Prevenir sequelas pela internação.
- Promover medidas de conforto da parte respiratória e motora.

Para conseguir tais objetivos, os fisioterapeutas contam com a utilização de várias técnicas, entre elas:

- Drenagem postural.
- Manobras para a remoção de secreção brônquica.
- Técnicas de auxílio à tosse.
- Incentivadores respiratórios.
- Técnicas de reexpansão pulmonar.
- Técnicas de reeducação respiratória.
- Cinesioterapia respiratória.
- Cinesioterapia motora.
- Utilização de equipamentos de ventilação não invasiva (quando necessário).
- Aspiração de secreções (quando necessário).

CONCLUSÕES

A assistência fisioterapêutica no transplante pediátrico mostra-se benéfica, pois reduz o tempo de internação e a morbidade relacionada ao pós-operatório.

Por ser uma população heterogênea, o profissional tem o dever de identificar as necessidades em cada transplante e, a partir de uma avaliação diária, selecionar as técnicas a serem aplicadas, para evitar complicações, atuando desde a prevenção até a alta da criança.

REFERÊNCIAS BIBLIOGRÁFICAS

1. Cintra V, Sanna MC. Transformações na administração em enfermagem no suporte aos transplantes no Brasil. Rev Bras Enferm. 2005;58(1):78-81.
2. Stolf NAG, Bocchi E, Lemos PCP, Jatene FB, Pomerantzeff DMA, Higushi L, et al. Transplante cardíaco humano: experiência inicial. Rev Bras Cir Cardiovasc. 1986;1(2):34-40.
3. Paisani DM, Chiavegato LD, Farezin SM. Volumes, capacidades pulmonares e força muscular respiratória no pós-operatório de gastroplastia. J Bras Pneumol. 2005;31(2):125-32.
4. Joia Neto L, Thomson JC, Cardoso JR. Complicações respiratórias no pós-operatório de cirurgias eletivas e de urgência e emergência em um hospital universitário. J Bras Pneumol. 2005;31(1):41-7.

5. Saad IAB, Zambom L. Variáveis clínicas de risco pré-operatório. Rev Assoc Med Bras. 1992;47(2):117-34.
6. Pacheco L, Garcia VD. Dimensionamento dos transplantes no Brasil e em cada estado. RBT. Jan./dez. 2015; ABTO. Disponível em: <http://www.abto.org.br/abtov03/Upload/file/RBT/2015/anual-n-associado.pdf>. (Acesso agosto 2017.)
7. Mangini S, Alves BR, Silvestre OM, Pires PV, Pires LJ, Curiati MN, Bacal F. Heart transplantation: review. Disponível em: <http://www.scielo.br/pdf/eins/v13n2/pt_1679-4508-eins-13-2-0310.pdf>. (Acesso agosto 2017.)
8. Daet. Coordenação geral do sistema nacional de transplantes. Disponível em: <http://portalsaude.saude.gov.br/index.php?option=com_content&view=article&id=13280&Itemid=746>. (Acesso agosto 2017.)
9. Jatene FB, Pêgo-Fernandes PM, Medeiros IL. Transplante pulmonar. Rev Med. 2009;88(3):111-22.
10. Camargo JJ. Transplante de pulmão, indicações atuais. Pulmão RJ. 2014;23(1):36-44.
11. Corgozinho MN, Gomes JRAA, Garrafa V. Transplantes de medula óssea no Brasil: dimensão bioética. Rev. Latino Am Bioet. 2012;(12):36-45.
12. Odoni V. Transplante de medula em 2015. Disponível em: <http://www.itaci.org.br/boasnoticias.asp!materia=202>. (Acesso agosto 2017.)
13. Lima MCS, Souza LC. A fisioterapia durante a reabilitação em paciente pós-operatório de transplante cardíaco. Visão Universitária. 2015;(3):18-30.
14. Torrati FG, Dantas RAS. Circulação extracorpórea e complicações no período pós-operatório imediato de cirurgias cardíacas. Acta Paul Enferm. 2012;25(3):340-5.
15. Lopes MICS. Abordagem fisioterapêutica no transplante hepático. Profisio, Fisioterapia Pediátrica e Neonatal Cardiorrespiratória e Terapia Intensiva. Porto Alegre: Artmed; 2015. Ciclo 3. V.4.
16. Prudente GFG, Pessoa GS, Ferreira SRR, Nunes NP, Guedes Bravo LG, Macena RHM et al. Physiotherapy in liver transplantation: narrative and integrative revision. Unopar, Cient Ciênc Biol Saúde. 2015;17(1):51-5.
17. Ferrari RS, Schaan CW, Cerutti K, Mendes J, Garcia CD, Mariane Borba Monteiro MB et al. Assessment of functional capacity and pulmonary in pediatrics patients renal transplantation. J Bras Nefrol. 2013;(1)35:41.
18. Camargo JJ. Lung transplant in children. J Pediatr (Rio J). 2002;78(2):S113-S12.
19. Oliveira KMC, Macêdo TMF, Borja RO, Nascimento RA, Medeiros Filho WC, Campos TF et al. Respiratory muscle strength and thoracic mobility in children and adolescents with acute leukemia and healthy school students. Rev Bras Cancerol. 2011;57(4):511-517.
20. Dimensionamento dos transplantes no Brasil e em cada estado (2008-2015). Disponível em: <http://www.abto.org.br/abtov03/Upload/file/RBT/2015/anual-n-associado.pdf>. (Acesso agosto 2017.)
21. Sarmento GJV. Fisioterapia respiratória no paciente crítico – rotinas clínicas. 3. ed. São Paulo: Manole; 2010.
22. Dias CM, Plácido TR, Ferreira MFB, Guimarães FS, Menezes SLS. Inspirometria de incentivo e breath stacking: repercussões sobre a capacidade inspiratória em indivíduos submetidos a cirurgia abdominal. Rev Bras Fisioter. 2008;12(2):94-9.
23. Cavenaghi et al. Fisioterapia operatória no pré e pós-operatório de cirurgia de revascularização do miocárdio. São José do Rio Preto, 2011.
24. Araújo AET. Atuação da fisioterapia motora no sistema musculoesquelético e na independência funcional dos pacientes em UTI. Brasília, 2010.
25. Galacho G, Peres PAT. Fisioterapia em pré e pós-operatório de transplante cardíaco. In: Regenga MM. Fisioterapia em cardiologia da UTI à reabilitação. São Paulo: Atheneu; 2000.

Atuação da fisioterapia na criança nefropata

28

Maristela Trevisan Cunha

Após ler este capítulo, você estará apto a:

1. Descrever a doença renal na criança e os métodos dialíticos.
2. Identificar o impacto da doença renal sobre a função cardiorrespiratória em pediatria.
3. Identificar o impacto da doença renal sobre a função musculoesquelética em pediatria.
4. Realizar a fisioterapia em crianças e adolescentes com doença renal.

INTRODUÇÃO

A insuficiência renal caracteriza-se pela diminuição da filtração glomerular com desenvolvimento de uremia progressiva e alterações da homeostase corpórea[1]. O acúmulo de substâncias excretoras renais pode acarretar comorbidades, como neuropatia periférica, rigidez articular, dor, perda de massa muscular, dificuldade na deambulação e déficit de equilíbrio, comprometendo as atividades de vida diária e a qualidade de vida, requerendo assim a assistência da fisioterapia[1,2]. Além disso, os portadores de insuficiência renal crônica (IRC) apresentam baixa capacidade cardiorrespiratória que se acentua com os tratamentos de hemodiálise (HD) ou diálise peritoneal (DP)[3-5].

O número de pacientes portadores de IRC vem crescendo nos últimos anos. Em 1994, no Brasil, 24 mil pacientes realizavam programa dialítico. Em 2004, dados mundiais mostraram os Estados Unidos, o Japão e o Brasil como os três primeiros em número de pacientes com IRC, sendo que o Brasil apresentava mais de 58 mil casos[1].

SISTEMA URINÁRIO

O sistema urinário é constituído por órgãos uropoéticos, incumbidos de elaborar a urina (rins) e armazená-la temporariamente (ureteres, bexiga e uretra) até ser eliminada para o meio externo. As funções dos rins incluem: regulação do volume sanguíneo e da composição iônica do sangue; manutenção da osmolaridade do sangue; regulação da pressão arterial e do pH do sangue; liberação de hormônios; regulação do nível de glicose no sangue e excreção de resíduos e substâncias estranhas[6].

Insuficiência Renal Aguda

A insuficiência renal aguda (IRA), ou lesão renal aguda (LRA), caracteriza-se pela redução súbita e, em geral, reversível da função renal com perda da capacidade de manutenção da homeostase do organismo, podendo ser acompanhada ou não de diminuição da diurese[1]. Na IRA pode não haver resposta adequada à terapêutica diurética e/ou inotrópica[7], ocorrendo redução aguda da função renal em horas ou dias.

Na faixa etária pediátrica, as principais causas de LRA são sepse, uso de drogas nefrotóxicas e isquemia renal[7,8]. Os pacientes internados em unidade de terapia intensiva estão expostos a inúmeras condições que podem resultar em comprometimento renal, aumentando significativamente a taxa de morbidade e mortalidade[9-11]. Entre as principais estão: hipovolemia causando hipoperfusão e hipóxia; processos inflamatórios e trombóticos da sepse; inflamação sistêmica pós-trauma, grandes cirurgias, circulação extracorpórea; uso de drogas vasodilatadoras[7,12].

O choque séptico é uma das principais causas de LRA. A prevalência de LRA em sepse varia de 9 a 40% e quando presente leva a um prognóstico reservado, pois está associado a 70% de mortalidade[12,13]. Observando a íntima associação entre pacientes gravemente enfermos e LRA, torna-se imperioso quantificar a gravidade dos internados na UTI. Em pediatria, os índices prognósticos mais utilizados são: PRISM (*pediatric risk index score for mortality*) e PIM (*pediatric index of mortality*)[14,15].

Os métodos para o diagnóstico da LRA incluem a avaliação clínica do débito urinário e exames laboratoriais, como urinálise, ureia e creatinina, porém são exames com baixa sensibilidade e especificidade. Atualmente, tem-se pesquisado biomarcadores para detectar precocemente LRA, entre eles a gelatinase neutrofílica associada à lipocalina (NGAL), a cistatina C, a interleucina-18 e a molécula-1 de lesão renal (KIM-1). Esses marcadores apresentaram boas sensibilidade e especificidade, entretanto ainda não estão sendo utilizados rotineiramente em razão da pouca disponibilidade e do alto custo[16].

Em 2007, Akcan-Arikan et al.[17] desenvolveram uma versão modificada dos critérios de diagnóstico para pacientes pediátricos (pRIFLE), com base em critérios já existentes para o diagnóstico de LRA em adultos, denominados RIFLE[18]. Os critérios RIFLE definem três estágios de gravidade de LRA (R: risco para lesão renal; I: lesão renal; F: falência da função renal) e duas classes de evolução (L: perda da função renal; E: doença renal terminal). Nas primeiras três categorias, os critérios RIFLE objetivaram padronizar a definição de LRA pela estratificação dos pacientes de acordo com mudanças no valor da creatinina sérica e do débito urinário com base nos níveis basais. Perda da função renal e doença renal terminal definem duas categorias clínicas baseadas no tempo de terapia de substituição renal (TSR) necessário após o início do insulto[18].

Os critérios RIFLE[17] propostos para a pediatria são baseados na redução do *clearance* de creatinina estimado (CCE), calculado a partir da fórmula de Schwartz[19], ou na diminuição do débito urinário, com base no peso corporal, por hora, conforme demonstra a Tabela 28.1.

Insuficiência Renal Crônica

É definida como perda lenta, progressiva e irreversível da função renal, resultando em perda da capacidade homeostática e endócrina do sistema renal. Em razão da falência dos mecanismos excretores renais, o organismo não consegue mais eliminar substâncias tóxicas do sangue, como a creatinina e a ureia, entre outras. O acúmulo dessas substâncias afeta quase todos os sistemas do corpo, com consequentes comorbidades, como neuropatia periférica, rigidez articular, dor, perda de massa muscular, dificuldade de deambulação e déficit de equilíbrio, comprometendo a independência nas atividades de vida diária e a qualidade de vida, requerendo cuidados de fisioterapia. Além dos comprometimentos muscular e funcional, podem ocorrer comorbidades cardiocirculatórias e respiratórias[1,2].

Portadores de insuficiência renal crônica (IRC) em tratamento com hemodiálise (HD) podem apresentar baixa capacidade cardiorrespiratória. Entretanto, um

Tabela 28.1 Critérios RIFLE modificado para crianças

Clearance de creatinina estimado		Débito urinário
Risco para lesão renal	Redução em 25%	< 0,5 mL/kg/h durante 8 h
Lesão renal	Redução em 50%	< 0,5 mL/kg/h durante 16 h
Falência da função renal	Redução em 75% ou < 35 mL/min/1,73 m²	< 0,3 mL/kg/h durante 12 h ou anúria por 12 h
Perda da função renal		Persistência da falência da função renal > 4 semanas
Doença renal terminal		Persistência da falência da função renal > 3 meses

Fonte: Akcan-Arikan et al., 2007[17].

programa de exercícios físicos pode aumentar a capacidade aeróbica em 21 a 41%[3-5]. Os fatores responsáveis pela debilidade física dos pacientes em hemodiálise são complexos e variáveis – a anemia e a miopatia urêmica são certamente os mais importantes[15].

As alterações da saúde da criança, em especial no que se refere às consequências da IRC, desencadeiam estresse, desorganizam sua vida, atingem a autoimagem, bem como mudam o modo de perceber a vida. As transformações físicas e psicossociais alteram a aquisição do controle progressivo sobre o próprio corpo e redimensionam o seu mundo. A criança com IRC percebe-se excluída do contexto das outras, descobre-se comprometida, obrigada a se adaptar às intervenções terapêuticas, o que a impede de desfrutar da liberdade comum à infância[20].

Tratamento clínico

Nos pacientes criticamente enfermos com comprometimento renal, cerca de 6% poderão necessitar de terapia de substituição renal (TSR) e têm aumento na mortalidade de 50 a 80%, principalmente se associada com sepse, choque séptico e disfunção de múltiplos órgãos e sistemas (DMOS)[8,21]. Avanços tecnológicos trouxeram melhora significativa para o tratamento da IRC, mas existem riscos que aumentam proporcionalmente os índices de morbidades emocionais e físicas, tanto pela gravidade da doença, por não ter cura, como pelas limitações e mudança abrupta na rotina[22].

O tratamento conservador consiste em dieta e medicamentos, entretanto, muitos pacientes com doença renal necessitam de tratamento com terapia renal substitutiva (diálise), dieta e medicamentos. A aderência a essa tríade terapêutica promove estado de controle hidroeletrolítico essencial para a sobrevida desses pacientes[1,2].

A diálise peritoneal, ou hemodiálise, tem a finalidade de melhorar a qualidade de vida (QV) dos pacientes, restabelecendo o bem-estar físico e a capacidade cognitiva, além de manter a inserção no contexto social. Em contrapartida, essas propostas terapêuticas podem acarretar alterações da vida diária com consequente impacto na qualidade de vida[20].

Diálise peritoneal

A DP em pediatria foi desenvolvida na década de 1960 por Miller e Finberg[23], iniciando uma modalidade terapêutica e aumentando a expectativa de vida de pacientes renais. Atualmente, é um método frequentemente utilizado, de baixo custo e que necessita de conhecimentos técnicos e operacionais básicos, podendo ser realizado em domicílio pelos cuidadores, além de apresentar ótimos resultados para pacientes pediátricos, pois eles têm um aumento da relação entre a superfície peritoneal e o peso corpóreo[24]. A infusão de líquido na cavidade abdominal ocasiona aumento pressórico abdominal estimado em 2 a 3 cmH_2O/L, alterando também a pressão transdiafragmática, podendo repercutir sobre o sistema cardiorrespiratório. Em crianças, é recomendado um limite máximo da pressão intra-abdominal de 18 cmH_2O, preferencialmente mantendo-a entre 5 e 15 cmH_2O[7,8].

Durante e após a infusão de fluidos pela DP podem ocorrer alguns efeitos fisiológicos indesejados (alterações dos volumes pulmonares, trocas gasosas e cardiocirculatórias), sendo importante o reconhecimento dessas repercussões para evitar a descompensação clínica do paciente[24].

Hemodiálise

É um procedimento em que o sangue é removido do corpo e circula através de um aparelho externo denominado dialisador. O acesso à corrente sanguínea é realizado através de uma fístula arteriovenosa criada cirurgicamente[25,26]. A hemodiálise é realizada, no mínimo, três vezes por semana e tem a duração de 3 a 4 horas por sessão. Existem pacientes que necessitam realizar diálises diariamente e por mais horas, dependendo da gravidade. O paciente com IRC, ao ser submetido à diálise, está inserido em uma rigidez dietética e de horário, mudanças potenciais nos contextos familiar, ocupacional e social, bem como possui preocupações diversas com a doença e seu tratamento. Muitos deles podem encontrar dificuldades de se adaptar à doença, às suas consequências e às incertezas do futuro. Na realidade infantil, suas repercussões são ainda mais graves, pois requerem atenção diferenciada. A criança passa por alteração relacionada ao crescimento e ao desenvolvimento. Quando portadora de IRC, as transformações são particularmente incômodas em decorrência das limitações impostas pela doença[20].

Além da influência sobre a QV, tanto o tratamento dialítico como a própria condição da doença resultam em alterações que se fazem perceber em quase todos os sistemas do corpo: cardiovascular, imune, endócrino/metabólico, musculoesquelético[1,24-26].

O sistema respiratório é especificamente o mais comprometido[3,6,12,14]. As alterações pulmonares mais encontradas são limitação ao fluxo aéreo, desordens obstrutivas, redução da capacidade de difusão pulmonar, diminuição da *endurance* e da força muscular respiratória[24,26-29].

Transplante renal

Muitas vezes, o tratamento mais indicado para esse tipo de doença é o transplante (TX) renal, o qual é considerado definitivo. Contudo, assim como nos processos dialíticos, podem ocorrer complicações, principalmente a infecção e a falha do enxerto. Tais riscos têm maior incidência no período imediatamente após TX e diminuem com o tempo.

O TX renal em crianças difere do TX em adultos, porque as crianças estão crescendo e se desenvolvendo. Fatores técnicos, metabólicos, imunológicos e psicológicos fazem com que esse procedimento em crianças e adolescentes tenha suas peculiaridades. O TX de rim é o método que oferece maior segurança de vida, pois em caso de rejeição há a possibilidade de voltar ao tratamento dialítico enquanto espera um novo TX[30].

INSUFICIÊNCIA RENAL E IMPACTO NA FUNÇÃO CARDIORRESPIRATÓRIA

Não há consenso em relação às repercussões cardiorrespiratórias e/ou cardiocirculatórias e o período da diálise, ou seja, durante ou após a DP em crianças. Na literatura, os estudos em pediatria são escassos, variando desde recém-nascidos a adolescentes. Além disso, os resultados dos estudos são pouco consistentes e controversos[24].

Em artigo de revisão, Barcelos et al.[24] constataram que a redução da complacência pulmonar (CP) e da pressão parcial arterial de oxigênio (PaO_2), o aumento da resistência das vias aéreas (Raw) e da pressão parcial arterial de gás carbônico ($PaCO_2$) foram as repercussões respiratórias mais frequentes durante a DP. Após a DP, houve aumento da relação entre a pressão parcial e a fração inspirada de oxigênio (PaO_2/FiO_2), diminuição da diferença alveoloarterial de oxigênio ($P[A\text{-}a]O_2$) e do índice de oxigenação. As repercussões cardiocirculatórias encontradas durante a DP foram aumento da pressão arterial média, da pressão de artéria pulmonar, da pressão atrial direita e esquerda, redução da pressão venosa central e aumento da resistência vascular sistêmica.

Em decorrência dos tratamentos dialíticos, o sistema respiratório sofre alterações no *drive* respiratório, mecânica pulmonar, função muscular e troca gasosa. Essa disfunção pulmonar pode ser resultado direto da circulação de toxinas ou, indiretamente, do excesso de volume devido ao aumento de líquido corporal circulante, anemia, supressão imunológica, drogas e nutrição deficiente[28,29].

Siafakas et al.[29] demonstraram que pacientes com IRC podem apresentar limitação ao fluxo aéreo. Segundo eles, a redução do volume expiratório forçado no primeiro segundo (VEF1) pode estar associada à diminuição da força muscular, que é responsável por um atraso na contração da fibra muscular. Dujic et al.[31] também descreveram uma diminuição nas variáveis espirométricas, inclusive da CVF, e atribuem essa diminuição a uma obstrução reversível das vias aéreas e ao aprisionamento aéreo, causados pelo acúmulo de líquido próximo às pequenas vias aéreas.

A maior parte dos estudos aborda e compara as diferentes modalidades de diálise. Entretanto, poucos estudos analisaram as repercussões cardiorrespiratórias em pacientes pediátricos durante e após a DP (Tabela 28.2).

Tabela 28.2 Estudos sobre as repercussões respiratórias e cardiocirculatórias da diálise peritoneal

Autores	Amostra	Resultados
Sagy e Silver[32]	6 crianças; idade (meses) 18,7 ± 37 IRA em síndrome do desconforto respiratório agudo	Aumento da relação PaO_2/FiO_2, redução da $P(A\text{-}a)O_2$ e do índice de oxigenação após DP
Morris et al.[33]	6 crianças; idade (meses) 35 (2 a 11,5) IRA em PO de cardiopatia congênita	Quando administrados diversos volumes de dialisato (0, 10, 20, 30 mL/kg) não houve alterações significativas na função respiratória e na oxigenação
Werner et al.[34]	32 crianças; idade (meses) 22 ± 35 IRA em PO de correção de cardiopatia congênita	Redução da pressão média de vias aéreas e $P(A\text{-}a)O_2$ após a administração da DP
Bokariia et al.[35]	19 crianças; idade (meses) 6,2 ± 4,3 IRA em PO de cardiopatia congênita	Melhora hemodinâmica, de troca gasosa e função pulmonar após 4-5 dias de DP
Bunchman et al.[36]	4 crianças IRA em pacientes em ventilação pulmonar	Diminuição da CP e aumento da Raw durante administração do dialisato e aumento da pressão intra-abdominal da DP com diminuição da PaO_2 e aumento da $PaCO_2$
Dittrich et al.[37]	6 crianças; idade (meses) 1,1 (0,2-11,8) IRA em PO de cardiopatia congênita	Aumento de PAM, pressão da artéria pulmonar, pressão de átrio esquerdo e PVC durante DP, sem efeitos no DC e na resistência vascular sistêmica
Dittrich et al.[38]	27 crianças; idade (meses) 1,4 (0,1-11,8) IRA em PO de cardiopatia congênita	Após DP houve aumento da PAM, redução da PVC e menor necessidade de epinefrina
Morris et al.[33]	6 crianças; idade (meses) 35 (2-11,5) IRA em PO de cardiopatia congênita	Quando administrados diversos volumes de dialisato (0, 10, 20, 30 mL/kg), o índice cardíaco foi maior quando a cavidade abdominal estava vazia e com 10 mL
Werner et al.[34]	32 crianças; idade (meses) 22 ± 35 IRA em PO de cardiopatia congênita	Aumento da PAM e diminuição da PVC após administração da DP
Bokariia et al.[35]	19 crianças; idade (meses) 6,2 ± 4,3 IRA em PO de cardiopatia congênita	Melhora hemodinâmica, de troca gasosa e função pulmonar após 4 a 5 dias de DP
Bunchman et al.[36]	59 crianças em DP; idade (meses) 74 ± 11,7 IRA após TX ósseo, TX hepático, síndrome da lise tumoral, cardiopatia congênita, síndrome hemolítico-urêmica, necrose tubular aguda	Aumento da pressão do átrio direito e da pressão da artéria pulmonar durante a DP, sem alteração de índice cardíaco, PAM, resistência vascular pulmonar e sistêmica e $SatO_2$
Zhovnir et al.[39]	16 crianças IRA em PO de cardiopatia congênita	Melhora nos parâmetros hemodinâmicos, renais e pulmonares
Ryan et al.[40]	3 crianças IRA em PO de cardiopatia congênita	Aumento de pressão da artéria pulmonar e pressão do átrio direito, sem alteração do índice cardíaco, VS e pulmonar, pressão atrial esquerda e $SatO_2$

CP: complacência pulmonar; DC: débito cardíaco; DP: diálise peritoneal; IRA: insuficiência renal aguda; PAM: pressão arterial média; PO: pós-operatório; PVC: pressão venosa central; TX: transplante; VS: velocidade de sedimentação.
Fonte: adaptada de Barcellos et al.[24]

Em relação às repercussões no sistema respiratório durante DP em pediatria, Bunchman et al.[32] evidenciaram redução da complacência pulmonar dinâmica e PaO_2, e aumento da resistência das vias aéreas e da $PaCO_2$ durante o procedimento. Essas repercussões durante a DP podem ser explicadas pelos seus efeitos fisiológicos, pois ocorre aumento da pressão intra-abdominal decorrente da infusão ou aprisionamento de líquido na cavidade abdominal. O aumento da pressão intra-abdominal ocasiona aumento no retorno venoso quando a pressão transmural da veia cava inferior (em nível torácico) supera a pressão de fechamento crítico transmural. Associado a isso pode ocorrer diminuição da ventilação e subsequentes alterações dos gases sanguíneos devido à diminuição da pressão transdiafragmática, podendo ocasionar atelectasias pulmonares[33]. Por outro lado, o estudo de Morris et al.[34] não evidenciaram nenhuma repercussão nesse sistema durante a DP.

Bokarila et al.[35] avaliaram as complicações respiratórias após a DP, em crianças com IRA por disfunção de múltiplos órgãos ou cardiopatias congênitas, e verificaram vantagens após 4 a 5 dias de DP, entre elas melhora da hemodinâmica, das trocas gasosas e das funções respiratórias. Não foram identificadas repercussões clínicas após a infusão de líquidos pela DP.

Werner et al.[36] verificaram que, após a DP, houve redução da pressão média de vias aéreas e da diferença alveoloarterial de oxigênio no pós-operatório cardíaco. As repercussões cardiorrespiratórias foram decorrentes do acúmulo de fluidos associadas ao processo pós-operatório de cirurgia cardíaca e a utilização de fármacos, não demonstrando relação com a DP. Sagy e Silver[37] avaliaram crianças com anasarca grave e síndrome do desconforto respiratório agudo, em ventilação pulmonar mecânica após a DP, tendo observado aumento da relação PaO_2/FiO_2, redução da diferença alveoloarterial de oxigênio e do índice de oxigenação nesses pacientes. Não foram encontradas complicações respiratórias decorrentes da DP ou infecciosas relacionadas ao cateter.

Em relação às repercussões cardiocirculatórias durante a DP, as alterações hemodinâmicas nos pacientes pediátricos foram: aumento da PAM, pressão arterial pulmonar, do átrio esquerdo e do átrio direito, e aumento da pressão venosa central. Essas repercussões são decorrentes da administração de dialisato, ocorrendo aumento pressórico intra-abdominal, podendo predispor a criança a repercussões cardiocirculatórias[32,34,38,39].

Morris et al.[34] compararam os efeitos hemodinâmicos antes e durante a infusão de diferentes volumes na cavidade abdominal em crianças no pós-operatório cardíaco. Identificaram que, após a administração de diversos volumes de dialisato (0, 10, 20 e 30 mL/kg), o índice cardíaco foi maior com 20 e 30 mL/kg quando comparado com a cavidade abdominal vazia ou com 10 mL/kg. Durante a administração dos diversos volumes de dialisato houve aumento da pressão intra-abdominal, entretanto esse aumento não esteve relacionado com repercussões cardiocirculatórias.

Em relação aos efeitos cardiocirculatórios após a DP, o estudo de Werner et al.[36] relatou aumento da PAM e da pressão venosa central em crianças em pós-operatório de cirurgia cardíaca. Bokarila et al.[35] e Zhovnir et al.[40] não identificaram repercussões do procedimento, verificando que após a DP houve melhora nos parâmetros hemodinâmicos e renais.

A literatura é bem clara quanto à fraqueza da musculatura respiratória como uma das complicações da IRC. Entretanto, a causa dessa fraqueza é incerta. Sugere-se que está relacionada à deficiência de carnitidina, vitamina D e excesso de hormônio paratireoidiano[31]. Também existem relatos de que seja decorrente da hipotrofia das fibras musculares tipo II e alterações da ATPase miofibrilar, causando déficit na utilização de energia[29,36].

A uremia grave compromete o desempenho do músculo diafragma, com consequente perda da força. O déficit ventilatório decorrente desse comprometimento na musculatura respiratória, associado a outros comprometimentos teciduais pulmonares, prejudica a função desse sistema, contribuindo para a diminuição da capacidade pulmonar[27,28].

São encontradas outras complicações do tecido pulmonar nos pacientes com IRC, como edema pulmonar, derrame pleural (principalmente no paciente terminal com IRC), fibrose e calcificação pulmonar e pleural, hipertensão pulmonar, diminuição do fluxo sanguíneo capilar pulmonar e hipoxemia[43].

De acordo com Curry et al.[43], a força muscular respiratória, a função pulmonar e a capacidade funcional dos pacientes com IRC em hemodiálise e transplantados renais são valores inferiores aos da população em geral, sendo que os pacientes em hemodiálise possuem maior comprometimento da função muscular e pulmonar quando comparados aos transplantados renais. A força muscular respiratória e os parâmetros da capacidade vital forçada (CVF) e ventilação voluntária máxima (VVM) são os mais afetados no indivíduo com IRC.

INSUFICIÊNCIA RENAL E IMPACTO NA FUNÇÃO MUSCULOESQUELÉTICA

Em virtude da doença renal crônica e dos métodos dialíticos, principalmente quando se realiza hemodiálise, surgem algumas manifestações como osteodistrofia renal, contraturas em flexão dos quirodáctilos, espondiloartropatia destrutiva, cistos ósseos, artrite induzida por cristais, gota, osteonecrose, bursite olecraniana, ruptura espontânea de tendões, fraqueza muscular e câibras musculares[44,45].

Ocorre fraqueza muscular afetando predominantemente os membros inferiores. O principal déficit é em relação à vitamina D. Outros fatores estão ligados a hiperparatireoidismo, intoxicação por alumínio, neuropatia periférica, toxicidade por drogas (corticosteroides, colchicina), alterações em concentrações de cálcio e fósforo e calcificação vascular provocando isquemia[44,46].

Os pacientes com IRC têm menor capacidade física e funcional quando comparados com a população em geral[46]. O músculo sofre anormalidades estruturais e funcionais, predispondo à miopatia urêmica, manifestando atrofia e fraqueza muscular. A função musculoesquelética se deteriora ainda mais com a inatividade física[44,46]. As manifestações musculoesqueléticas em pacientes submetidos à hemodiálise são bastante comuns, especialmente naqueles em tratamento dialítico de longa duração. Em decorrência dessas alterações, no tratamento do doente renal crônico também se deve incluir um programa de reabilitação física[44,47].

Ao longo do tempo, diferentes formas de exercícios têm sido realizadas em benefício desses pacientes em hemodiálise: aeróbico, de resistência e combinação de ambos, porém não há consenso sobre o melhor tipo. Entretanto, em alguns casos, os exercícios progressivos de resistência têm sido favoráveis na miopatia[44]. Existem vários benefícios dos exercícios em relação à hemodiálise, entre eles: melhora da capacidade funcional, redução dos fatores de risco cardiovasculares, melhora da tolerância ao exercício, melhora da tolerância à glicose e redução de problemas psicossociais[44-47].

Estudos têm mostrado a importância de um programa bem orientado de exercícios físicos nesses pacientes, tendo como benefícios o controle de fatores de risco cardiovasculares, a diminuição do uso de medicamentos hipertensivos e a melhora da força muscular em associação com a capacidade aeróbica após 12 semanas de treinamento[44].

FISIOTERAPIA EM PACIENTES RENAIS

A assistência de fisioterapia pode ocorrer em vários momentos em que se encontra o paciente renal, durante a internação na UTI, em unidades de diálise ou no ambulatório, a depender do grau de insuficiência renal, das repercussões cardiorrespiratórias e/ou musculoesqueléticas causadas tanto pela doença renal como pelos métodos dialíticos.

O procedimento de diálise por si só é bastante difícil para o paciente, tanto o adulto como a criança, exigindo que permaneça horas sentado ou deitado e não raro causando-lhe mal-estar, o que contribui para a perda progressiva do condicionamento físico. Um programa de treinamento físico pode ser aplicado de forma segura, sendo inclusive capaz de modificar a morbidade e a sobrevida dos pacientes urêmicos crônicos, trazendo-lhes benefícios metabólicos, fisiológicos, sociais e psicológicos. Entretanto, os exercícios ainda não são uma rotina nos centros de diálise.

Os efeitos de sessões de fisioterapia regulares de cerca de 30 minutos ao longo de 5 meses em pacientes adultos com IRC durante a hemodiálise tiveram como resultado aumento na força muscular e, em alguns domínios do questionário Short Form-36, melhora nos sintomas, como dor em membros inferiores, cãibras e fadiga, com consequente diminuição da medicação para essas consequências[41].

Rocha et al.[26] investigaram os efeitos de três sessões semanais de exercícios de 25 minutos por 2 meses durante a hemodiálise. Os pacientes relataram melhora álgica em membros inferiores, diminuição de incidência de cãibras, maior disposição e menor cansaço para realizar atividades de vida diária.

Avaliação Funcional

A avaliação funcional[2] tem como propósito identificar e acompanhar a condição funcional dos pacientes com IRC. São testes clínicos de fácil realização, reprodutíveis e confiáveis:

- Teste da caminhada em 6 minutos: avalia a capacidade funcional. É um teste de esforço submáximo, em que o paciente caminha o mais rápido que puder durante 6 minutos, numa pista plana com, no mínimo, 20 metros. São realizadas as medições da distância percorrida, dos sinais vitais (frequência cardíaca, pressão arterial e frequência respiratória) e percepção de dispneia[4,48].
- Força muscular respiratória: avaliada através das pressões respiratórias máximas inspiratória e expiratória ($Pi_{máx}$ e $Pe_{máx}$), utilizando um manovacuômetro analógico ou digital[49,50].
- Espirometria: a função pulmonar do paciente com IRC é de interesse na admissão para diagnóstico diferencial da função pulmonar e para acompanhamento da evolução. Sugere-se a reavaliação pelo menos uma vez ao ano ou antes, se surgirem queixas ou complicações respiratórias agudas[49,50].
- Avaliação de sensibilidade protetora: como muitos dos pacientes são diabéticos, eles podem evoluir com neuropatia urêmica.
- *Timed up and go* (TUG): possibilita ao fisioterapeuta a avaliação da velocidade, agilidade e equilíbrio dinâmico. O paciente deve iniciar o teste sentado com o apoio dorsal no encosto da cadeira e, a partir da ordem do avaliador, levantar-se sem ajuda das mãos, andar por uma pista de 3 metros e voltar a sentar-se na cadeira sem auxílio das mãos. O tempo gasto na realização das tarefas deverá ser inferior a 20 segundos.
- Dinamometria: possibilita ao fisioterapeuta avaliar a força da musculatura dos membros superiores por meio da força de preensão palmar da mão dominante, obtida com o uso de um dinamômetro.
- Força muscular periférica (1 RM): medida pela qual o paciente é incentivado a executar uma repetição máxima do movimento do músculo a ser testado. É mais utilizada para membros inferiores, principalmente a musculatura de quadríceps no teste de extensão do joelho.

- Questionário de qualidade de vida: instrumento que possibilita uma avaliação da qualidade de vida relacionando os estados mental e físico. Sugere-se o questionário SF-36 (medical outcomes study short form-36 – MOS SF-36).
- Questionários semiestruturados: avaliação das queixas/percepção da saúde pelo paciente, organizada com auxílio da equipe transdisciplinar para conhecer e acompanhar o paciente.

Exercício Físico no Paciente em Terapia Hemolítica

Os benefícios com a prática de exercícios físicos para pacientes em hemodiálise são refletidos em todo o contexto de saúde do indivíduo, observando-se melhora da eficiência da hemodiálise, do melhor controle da pressão arterial e fatores de risco cardiovascular. No contexto nutricional, há melhora da condição da composição corporal e psicológica com melhor disposição para realizar atividades ocupacionais e sociais, entre outros.

Para a reabilitação do paciente com IRC em tratamento hemodialítico são descritos na literatura os protocolos que abordam o paciente em três momentos de sua rotina: imediatamente antes da sessão de hemodiálise, durante as primeiras 2 horas da sessão de hemodiálise e em dias alternados das sessões de hemodiálise.

Os protocolos de reabilitação para os pacientes com IRC são condicionamento aeróbio e exercícios de resistência muscular com pesos para treinamento específico da musculatura periférica. Os protocolos de condicionamento aeróbio que utilizam bicicleta ergométrica ou esteira ergométrica têm demonstrado melhoras no consumo de oxigênio (VO_2) máximo e VO_2 pico, na frequência cardíaca (FC) de repouso e durante a atividade, nos níveis de pressão arterial, no metabolismo lipídico, na utilização da glicose e no limiar anaeróbio[51]. Além desses resultados, existem evidências de que o condicionamento pode elevar a *clearance* de diversos catabólitos, como ureia e fosfato, quando realizado durante as sessões de hemodiálise. Essas alterações fisiológicas do treinamento resultam em melhor capacidade dos sistemas de captar e distribuir o oxigênio aos tecidos, o que colabora de maneira significativa para o controle dos fatores de risco para a doença cardiovascular, já que essa é a principal causa de morbidade entre os pacientes com IRC[2].

Os protocolos de exercícios de resistência muscular com pesos para treinamento de força da musculatura periférica (membros superiores e inferiores) também são descritos na literatura, principalmente para adultos com insuficiência renal crônica. Nesses protocolos foram encontradas evidências de melhora na força muscular, na síntese proteica contrátil, na capilarização e no fluxo sanguíneo muscular, resultando em hipertrofia do músculo. É relatado que esses efeitos podem reverter ou minimizar o processo de lesão muscular causado pela uremia, melhorando também a remoção de catabólitos do músculo. Todos os protocolos propiciam ao paciente melhora na capacidade de exercício e na atividade funcional e de vida diária. Além dos benefícios fisiológicos, há melhora na condição do músculo treinado em utilizar ATP e realizar as atividades funcionais de maneira mais eficiente[2].

Coelho et al.[27] mostraram redução significativa da pressão arterial sistólica e do volume de oxigênio máximo (VO_2 máx), indicando melhora na capacidade funcional e auxiliando no controle hemodinâmico. Peres et al.[52] mostraram que o treinamento durante as sessões de hemodiálise foi seguro e melhorou o índice de eficiência da hemodiálise (KtV) dos pacientes, além de haver benefícios no desempenho funcional do teste da caminhada, VO_2 máx e força muscular de quadríceps, indicando melhora significativa da capacidade funcional e das atividades de vida diária. Estudos consistentes que podem auxiliar o fisioterapeuta no atendimento especializado dessa população de pacientes vêm crescendo a cada dia no Brasil.

De acordo com as diretrizes, os fisioterapeutas podem propor vários tipos de exercícios físicos adequados e orientação para o paciente com IRC durante o período intradialítico[2]:

- Exercícios aeróbios em bicicleta ergométrica acoplada à cadeira de hemodiálise.
- Exercícios de fortalecimento muscular: deve-se utilizar o membro superior contralateral à fístula, com carga leve a moderada, sendo livres os exercícios para ambos os membros inferiores.
- Toda a terapia deverá iniciar com aquecimento seguido de treinamento e desaquecimento.
- Exercícios de alongamento.
- O paciente deve realizar o protocolo sempre nas primeiras 2 horas de hemodiálise, pois é o momento de maior estabilidade hemodinâmica.
- Todos os exercícios deverão ser realizados sob supervisão direta do fisioterapeuta.
- Os sinais vitais (PA, FC, FR), o nível de intensidade de esforço de Borg e as queixas do paciente deverão ser monitorados, no mínimo, antes e após o protocolo de atendimento.
- Poderão ser incluídos exercícios de controle respiratório, exercícios metabólicos, exercícios específicos para propriocepção e equilíbrio, massagem de relaxamento, *pompages*, entre outras técnicas conforme a avaliação cinesiológico-funcional do paciente.

Ainda para a realização de exercícios e/ou treinamento aeróbio, deve-se levar em conta a condição clínica estável, as condições favoráveis do cateter de hemodiálise em relação à sua fixação e sem infecção, entre outras. Durante o período intradialítico, os exercícios proporcionam melhor adesão ao tratamento, diminuição da monotonia e melhora da eficácia da terapia hemodialítica. Outros resultados específicos são a melhora da força muscular, VO_2 máx, capacidade pulmonar, pressão arterial de repouso com consequente incremento na capacidade funcional e das atividades de vida diária, disposição e qualidade de vida[53,54].

CONCLUSÕES

Os avanços tecnológicos e terapêuticos na área de diálise contribuíram para o aumento da sobrevida dos pacientes renais. A fisioterapia, por meio de um programa de exercícios físicos durante a hemodiálise, pode proporcionar melhora da capacidade cardiorrespiratória e do desempenho físico nas atividades de vida diária e, consequentemente, da qualidade de vida dos pacientes com IRC.

REFERÊNCIAS BIBLIOGRÁFICAS

1. Sociedade Brasileira de Nefrologia. Disponível em: <http://www.sbn.org.br>. (Acesso agosto 2017.)
2. Atenção transdisciplinar ao renal crônico: manual para abordagem de pacientes em tratamento hemodialítico. Campo Grande: Secretaria de Estado de Saúde, 2011. 140 p.
3. Teixeira CG, Duarte MCMB, Prado CM, Albuquerque EC, Andrade LB. Impact of chronic kidney disease on quality of life, lung function, and functional capacity. J Pediatr. 2014;90(6):580-6.
4. Watanabe FT, Koch VHK, Juliani RCTP, Cunha MT. Six-minute walk test in children and adolescents with renal diseases: tolerance, reproducibility and comparison with healthy subjects. Clinics. 2016;71(1):22-7.
5. Schaar B, Feldkötter M, Nonn JM, Hoppe B. Cardiorespiratory capacity in children and adolescents on maintenance haemodialysis. Nephrology Dialysis Transplantation. 2011;26 (11):3701-8.
6. Moore KL, Dalley AF. Anatomia orientada para a clínica. 5.ed. Rio de Janeiro: Guanabara Koogan; 2007.
7. Andreoli SP. Acute kidney injury in children. Pediatr Nephrol. 2009;24(2):253-63.
8. Mohrer D, Langhan M. Acute kidney injury. In: Pediatric patients: diagnosis and management in the emergency department. Pediatr Emerg Med Pract. 2017;14(5):1-24.
9. Sinha R, Sethi SK, Bunchman T, Lobo V, Raina R. Prolonged intermittent renal replacement therapy in children. Pediatr Nephrol. 2017;18:1-14.
10. Bagshaw SM, George C, Dinu I, Bellomo R. A multi-centre evaluation of the RIFLE criteria for early acute kidney injury in critically ill patients. Nephrol Dial Transplant. 2008;23(4):1203-10.
11. Liberato Bresolin N, Santos Bandeira MF, Toporovski J. Monitorização da função renal na insuficiência renal aguda. Arch Latinoam Nefrol Pediatr. 2007;7(1):20-34.
12. Bellomo R, Wan L, May C. Vasoactive drugs and acute kidney injury. Crit Care Med. 2008;34(4 Suppl):S179-86.
13. Schrier RW, Wang W. Acute renal failure and sepsis – review. N Eng J Med. 2004;351(2):159-69.
14. Pollack MD, Patel KM, Ruttimann UE. PRISM III: an updated. Pediatric Risk of Mortality Score. Crit Care Med. 1996;24(5):743-52.
15. Slater A, Shann F, Pearson G. Paediatric Index of Mortality (PIM) Study Group. PIM2: a revised version of the Paediatric Index of Mortality. Intensive Care Med. 2003;29(2):278-85.
16. Nguyen MT, Devarajan P. Biomarkers for the early detection of acute kidney injury. Pediatr Nephrol. 2008;23(12):2151-7.

17. Akcan-Arikan A, Zappitelli M, Loftis LL, Washburn KK, Jefferson LS, Goldstein SL. Modified RIFLE criteria in critically ill children with acute kidney injury. Kidney Int. 2007;71(10):1028-35.
18. Bellomo R, Ronco C, Kellum JA, Mehta RL, Palevsky P. Acute dialysis quality initiative workgroup. Acute renal failure – definition, outcome measures, animal models, fluid therapy and information technology needs: the Second International Consensus Conference of the Acute Dialysis Quality Initiative (ADQI) Group. Crit Care. 2004;8(4):R204-12.23.
19. Schwartz GJ, Brion LP, Spitzer A. The use of plasma creatinine concentration for estimating glomerular filtration rate in infants, children, and adolescents. Pediatr Clin North Am. 1987;34(3):571-90.
20. Frota MA, Machado JC, Martins MC, Vasconcelos VM, Landin FLP. Qualidade de vida da criança com insuficiência renal crônica. Esc Anna Nery (impr.). 2010;14(3):527-33.
21. VA/NIH Acute Renal Failure Trial Network, Palevsky PM, Zhang JH, O'Connor TZ, Chertow GM, Crowley ST, Choudhury D el al. Intensity of renal support in critically ill patients with acute kidney injury. N Eng J Med. 2008; 359(1):7-20. Erratum in: N Engl J Med. 2009;361(24):2391.
22. Freire KMS, Bresolin NL, Farah ACF, Carvalho FLC, Góes JEC. Lesão renal aguda em crianças. Rev Bras Ter Intensiva. 2010;22(2):166-74.
23. Miller NL, Finberg L. Peritoneal dialysis for salt poisoning: report of a case. N Engl J Med. 1960;29:1347-50.
24. Barcellos PG, Johnston C, Carvalho WB, Fonseca MC, Santos JE, Bandini E. Repercussões cardiorrespiratórias da diálise peritoneal em crianças graves. Rev Bras Ter Intensiva. 2008;20(1):31-6.
25. Cullen DJ, Coyle JP, Teplick R, Long MC. Cardiovascular, pulmonary, and renal effects of massively increased intra-abdominal pressure in critically ill patients. Crit Care Med. 1989;17(2):118-21.
26. Rocha ER, Magalhães SM, Lima VP. Repercussão de um protocolo fisioterapêutico intradialítico. J Bras Nefrol. 2010;32(4):359-71.
27. Coelho DM, Ribeiro JM, Soares DD. Exercícios físicos durante a hemodiálise: uma revisão sistemática. J Bras Nefrol. 2008;30(2):88-98.
28. Jatobá JPC, Amaro WF, Andrade APA, Cardoso FPF, Monteiro AMH, Oliveira MAM. Avaliação da função pulmonar, força muscular respiratória e teste de caminhada de seis minutos em pacientes portadores de doença renal crônica em hemodiálise. J Bras Nefrol. 2008;30(4):280-7.
29. Siafakas NM, Argyrakopoulos T, Andreopoulos K, Tsoukalas G, Tzanakis N, Bouros D. Respiratory muscle strength during continuous ambulatory peritoneal dialysis (CAPD). Eur Respir J. 1995;8(1):109-13.
30. Chavers BM, Rheault MN, Matas AJ, Jackson SC, Cook ME, Nevins TE, et al. Improved outcomes of kidney transplantation in infants (age < 2 years): a single center experience. Transplantation. 2017. [Epub ahead of print.] .
31. Dujic Z, Tocilj J, Ljutic D, Eterovic D. Effects of hemodialysis and anemia on 20. pulmonary diffusing capacity, membrane diffusing capacity and capillary blood volume in uremic patients. Respiration. 1991;58(5-6):277-81.
32. Bunchman TE, Meldrum MK, Meliones JE, Sedman AB, Walters MB, Kershaw DB. Pulmonary function variation in ventilator dependent critically ill infants on peritoneal dialysis. Adv Perit Dial. 1992;8:75-8.
33. Leff AR, Schumacker PT. Fisiologia respiratória: fundamentos e aplicações. Rio de Janeiro: Interlivros; 1996.
34. Morris KP, Butt WW, Karl TR. Effect of peritoneal dialysis on intra-abdominal pressure and cardio-respiratory function in infants following cardiac surgery. Cardiol Young. 2004;14(3):293-8.
35. Bokariia LA, Iarustovskii MB, Grigor'iants RG, Il'in VN, Abramian MV, Banketov IaV, et al. Peritoneal dialysis in the newborn and infants after radical correction of complex congenital heart defects. Anestesiol Reanimatol. 2002;2:42-8.
36. Werner HA, Wensley DF, Lirenman DS, Le Blanc JG. Peritoneal dialysis in children after cardiopulmonary bypass. J Thorac Cardiovasc Surg. 1997;113(1):64-70.

37. Sagy M, Silver P. Continuous flow peritoneal dialysis as a method to treat severe anasarca in children with acute respiratory distress syndrome. Crit Care Med. 1999;27(11):2532-6.
38. Dittrich S, Vogel M, Dahnert I, Haas NA, Alexi-Meskishvili V, Lange PE. Acute hemodynamic effects of post cardiotomy peritoneal dialysis in neonates and infants. Intensive Care Med. 2000;26(1):101-4.
39. Ryan CA, Hung O, Soder CM. Hemodynamic affects of peritoneal dialysis in three children following open heart surgery. Pediatr Cardiol. 1992;13(1):30-2.
40. Zhovnir VA, Emets IN, Mazur AR, Rudenko NN, Segal EV, Boĭchenko EN. The experience of application of peritoneal dialysis in cardiosurgery of an early age children. Klin Khir. 2000;8:31-3.
41. Reboredo MM, Henrique DMN, Bastos MG, Paula RB. Exercício físico em pacientes dialisados. Rev Bras Med Esporte. 2007;13(6):427-30.
42. Peres CPA, Delfino VDA, Peres LAB, Kovelis D, Brunetto AF. Efeitos de um programa de exercícios físicos em pacientes com doença renal crônica terminal em hemodiálise. J Bras Nefrol. 2009;31(2):105-13.
43. Cury JL, Brunetto AF, Aydos RD. Efeitos negativos da IRC na função pulmonar e na capacidade de exercício. Rev Bras Fisioter. 2010;14(2):91-8.
44. Conduta FL. A importância da fisioterapia na insuficiência renal: uma revisão de literatura. EFDeportes.com, revista digital. Buenos Aires, oct. 2012;17(173). Disponível em: <http://www.efdeportes.com/>. (Acesso agosto 2017.)
45. Braz A, Duarte A. Manifestações musculoesqueléticas nos pacientes em programa de hemodiálise. Rev Bras Reumatologia. 2003;43(4):223-31.
46. Sakkas GK, Sargeant AJ, Mercer TH, Ball D, Koufaki P, Karatzaferi C et al. Changes in muscle morphology in dialysis patients after 6 months of aerobic exercise training. Nephrol Dial Transplant. 2003;18(9):1854-61.
47. Deligiannis A. Exercise rehabilitation and skeletal muscle benefits in hemodialysis patients. Clin Nephrol. 2004;61(Suppl 1):46-50.
48. American Thoracic Society Statement: Guidelines for the six-minute walk test. Am J Respir Crit Care Med. 2002;166:111-7.
49. Ferrari RS, Schaan CW, Cerutti K, Mendes J, Garcia CD, Monteiro MB, et al. Assessment of functional capacity and pulmonary in pediatrics patients renal transplantation. J Bras Nefrol. 2013;35(1):35-41.
50. Paglialonga F, Lopopolo A, Scarfia RV, Galli MA, Consolo S, Brivio A, et al. Correlates of Exercise Capacity in Pediatric Patients on Chronic Hemodialysis. Journal of Renal Nutrition. 2013;23(5):380-6.
51. Paglialonga F, Lopopolo A, Scarfia RV, Consolo S, Galli MA, Salera S, et al. Intradialytic cycling in children and young adults on chronic hemodialysis. Pediatr Nephrol. 2014;29:431-8.
52. Peres CPA, Delfino VDA, Peres LAB, Kovelis D, Brunetto AF. Efeitos de um programa de exercícios físicos em pacientes com doença renal crônica terminal em hemodiálise. J Bras Nefrol. 2009;31:105-13.
53. Lara CR, Santos FAOG, Silva TJ, Camelier FWR. Qualidade de vida de pacientes renais crônicos submetidos à fisioterapia na hemodiálise. Revista Ciência & Saúde, Porto Alegre. 2013;6(3):163-71.
54. Silva SF, Pereira AA, Silva WAH, Simões R, Neto JRB. Fisioterapia em pacientes renais crônicos hemodialíticos. J Bras Nefrol. 2013;35(3):170-6.

Fisioterapia nas disfunções miccionais e coloproctológicas na infância

29

Rita Pavione Rodrigues Pereira

Após ler este capítulo, você estará apto a:

1. Descrever as funções e as principais disfunções miccionais e coloproctológicas na infância.
2. Indicar e analisar os métodos diagnósticos das disfunções miccionais e coloproctológicas na infância.
3. Recomendar e utilizar os principais recursos de tratamento fisioterapêutico para as disfunções miccionais e coloproctológicas na infância.
4. Realizar análise crítica das principais tendências.

INTRODUÇÃO

O controle esfincteriano é um marco importante no desenvolvimento da criança. Sua aquisição é fortemente influenciada por fatores maturacionais, educacionais, ambientais, sociais, familiares, psicológicos e hereditários[1].

A aquisição do controle esfincteriano normalmente segue um padrão evolutivo, intimamente relacionado ao desenvolvimento das habilidades motoras, sensoriais, cognitivas e linguagem. Envolve o reconhecimento das sensações que antecedem as eliminações, bem como a percepção de que existem locais e horários socialmente aceitos para elas[2].

A maioria das crianças aprende a controlar voluntariamente a eliminação diurna de urina e fezes entre 2 e 3 anos de idade, quando começam a sinalizar que a fralda está molhada ou suja de fezes.

Este é um momento importante para iniciar o processo de desfralde, instituindo hábitos adequados de micção e evacuação, por meio de exemplos práticos e repetição, evitando cobranças excessivas e punições. É importante que a retirada definitiva da fralda ocorra quando a criança já souber falar, andar e tirar suas roupas e que elas sejam de fácil manuseio[3].

Durante a fase de desenvolvimento do controle esfincteriano, o intervalo entre o desejo e a eliminação de urina e fezes pode ser prolongado pela contração voluntária dos músculos do assoalho pélvico. Nessa fase, a criança pode se apropriar desse controle para evitar as eliminações, quando percebe muita pressão exercida pelos pais e/ou cuidadores, o que pode ser um dos fatores determinantes no aparecimento de disfunções, como dificuldade para completar o aprendizado, incoordenação vesicoesfincteriana, constipação intestinal, disfunção miccional, infecção urinária recorrente, conflitos familiares e repercussões sociais[4].

Por ter a mesma origem embriológica e inervação, além da proximidade anatômica, a coexistência de disfunções do controle intestinal e urinário é bastante frequente e tem sido denominada pela International Continence Children Society (ICCS) como disfunção da bexiga e do intestino, quando ocorrem concomitantemente[5].

O conhecimento da anatomia e da fisiologia dos sistemas urinário e gastrointestinal, bem como do seu amadurecimento progressivo, é necessário para que o fisioterapeuta possa atuar na orientação aos pais e cuidadores, prevenção e tratamento das disfunções miccionais e coloproctológicas na infância.

FUNÇÃO E DISFUNÇÃO

Função e Disfunção Miccional

A micção normal e a continência urinária são controladas por uma integração complexa entre os sistemas nervosos central (SNC), somático e autônomo, bem como a integridade do trato urinário inferior. Se todos os sistemas estiverem íntegros do ponto de vista estrutural e funcional, compreende-se que urinar é um ato voluntário que envolve duas fases:

1. Armazenamento ou enchimento da bexiga: esta fase é modulada pelo sistema nervoso simpático, que por meio do nervo hipogástrico atua na contração do esfíncter interno da uretra e do colo vesical, permitindo a acomodação do detrusor e consequentemente o armazenamento da urina.
2. Eliminação ou esvaziamento da bexiga: esta fase é modulada pelo sistema nervoso parassimpático, que por meio do nervo pélvico capta o estiramento do músculo detrusor e informa ao centro sacral da micção e ao SNC que a bexiga está cheia. Reflexamente, o nervo pélvico envia o estímulo para a contração do detrusor, porém os centros superiores do SNC — mais especificamente o córtex

pré-frontal, o córtex motor primário, os núcleos da base, o cerebelo e o sistema límbico — integram as informações oriundas da bexiga e do ambiente, identificam se as condições são adequadas para o esvaziamento e *a priori* inibem as contrações do detrusor. Ao encontrar condições favoráveis e o indivíduo decidir urinar, as áreas corticais interrompem a inibição do detrusor, este contrai ao mesmo tempo que os esfíncteres interno e externo relaxam, permitindo a eliminação da urina[6] (Figura 29.1).

No lactente, a bexiga se esvazia de modo reflexo quando atinge a capacidade funcional, que é de aproximadamente 30 mL. A micção ocorre aproximadamente a cada 1 hora e não pode ser iniciada ou inibida voluntariamente, de modo que o esvaziamento pode não ser completo.

Entre 1 e 3 anos de idade, ocorre o aumento progressivo da capacidade vesical (em torno de 30 mL a cada ano até a puberdade), da coordenação entre o detrusor e o esfíncter e do desenvolvimento da atuação reguladora do córtex cerebral sobre o centro pontino da micção. Esses fatores são determinantes para a aquisição da continência e a maioria das crianças, nesta idade, começa a comunicar que deseja urinar.

Dos 3 aos 4 anos de idade, 85 a 88% das crianças já alcançaram o controle urinário completo diurno e, em torno de 6 a 12 meses depois, atingem o controle noturno. Até os 5 anos de idade, ainda podem ocorrer escapes esporádicos, principalmente no início da vida escolar.

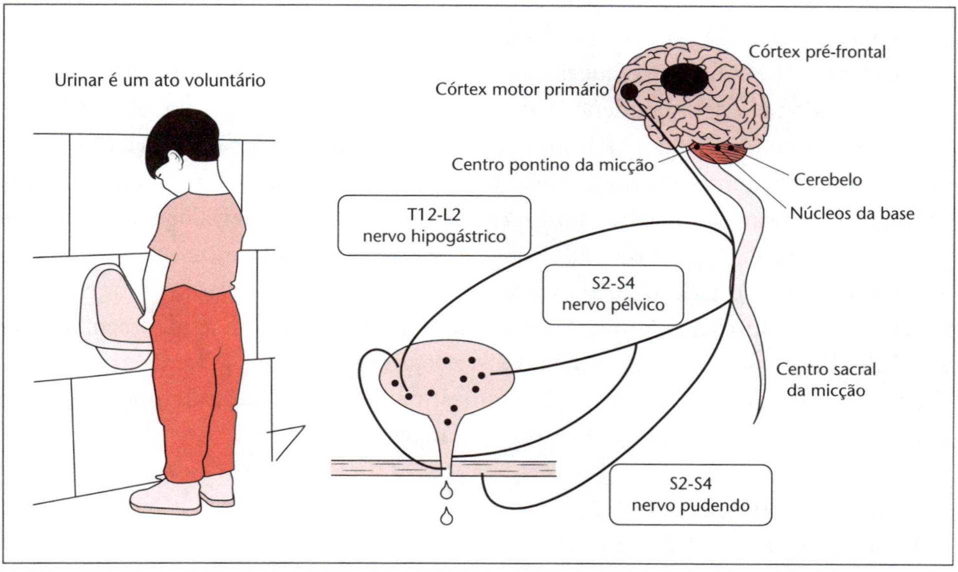

Figura 29.1 Representação do controle neural da micção.

A ICCS[5], o Código Internacional de Doença (CID-10)[7] e o *Manual Diagnóstico e Estatístico de Transtornos Mentais* (DSM-V)[8] preconizam que a presença de sintomas do trato urinário aos 5 anos ou mais é considerada disfunção miccional, já que nessa idade todos os sistemas responsáveis por esse controle já deveriam ter atingido o ápice de desenvolvimento e maturação. As principais disfunções DTUI são:

- Enurese noturna monossintomática (ENM) primária ou secundária.
- Enurese noturna não monossintomática (ENNM) primária ou secundária.
- Incontinência urinária diurna (IUD).
- Retenção urinária.

Função e Disfunção Coloproctológica

O bom funcionamento da evacuação e da continência fecal, assim como a função urinária, é controlado pela integração complexa entre os SNC, somático, autônomo e entérico, bem como a integridade do sistema gastrointestinal.

O reto permanece vazio durante a maior parte do tempo. À medida que o bolo fecal chega ao reto, provoca distensão das paredes e desencadeia sinais aferentes que se propagam pelo plexo mioentérico para iniciar ondas peristálticas no cólon descendente, sigmoide e reto, forçando as fezes na direção anal. À medida que as ondas peristálticas se aproximam do ânus, além do reflexo intrínseco do sistema entérico, ocorrem os estímulos parassimpáticos advindos dos nervos pélvico e vago que intensificam as ondas peristálticas e o estímulo para o relaxamento do esfíncter anal interno, podendo ocorrer a evacuação se as condições forem apropriadas ou adiá-la voluntariamente. Do ponto de vista mecânico, a evacuação é controlada pelos músculos esfíncter anal externo (modulado pelo nervo pudendo), diafragma respiratório e músculos abdominais[9].

O padrão intestinal normal varia de acordo com a idade da criança e os hábitos adquiridos. O lactente evacua em média quatro vezes ao dia, porém os movimentos intestinais podem não ocorrer por vários dias, o que pode ser alarmante para os pais que não sabem que esse padrão é considerado normal desde que o bebê não apresente sinais de aflição com defecação; em torno dos 2 anos, a frequência de evacuação é de aproximadamente 2 vezes ao dia e aos 4 anos de idade é semelhante ao adulto (intervalo de 3 vezes ao dia a 3 vezes por semana)[10,11]. Alterações nesse padrão ou outros sintomas do trato gastrointestinal podem indicar alguma disfunção coloproctológica, sendo as principais na infância:

- Constipação funcional (CF).
- Incontinência fecal (IF): associada à constipação.
- Incontinência fecal não retentora (IFNR): não associada à constipação[12].

EPIDEMIOLOGIA

As disfunções miccionais estão presentes em 10% das crianças de todo o mundo. A enurese noturna (EN) é o distúrbio mais comum. A prevalência da ENM é de 18,4% entre crianças de 5 a 7 anos de idade, sendo mais comum em meninos, e 16% para ENNM na mesma faixa etária, neste caso, sendo as meninas mais afetadas. Entre adolescentes de 12 a 18 anos de idade essa prevalência diminui para 4% em meninos e 2% em meninas. Cerca de 15 a 30% das crianças com enurese noturna podem apresentar IUD, que está presente em 7,8% das crianças com até 7 anos de idade, com pelo menos dois episódios por semana, sendo mais comum em meninas do que em meninos[5,12-14].

A constipação funcional é um dos principais motivos que levam os pais a procurarem o pediatra, representa 3% do todas as consultas e até 25% dos encaminhamentos para o gastroenterologista pediátrico. A prevalência de constipação na infância varia de 0,7 a 29,6%[10] e chega a 50% nas crianças com DTUI[11].

Estudos sobre a prevalência de IF e IFNR em crianças são escassos, muitos autores que investigam IF não diferenciam entre IFNR e IF associada à constipação. A presença de IF em geral é associada a crianças mais jovens, antecedentes familiares, raça não caucasiana e sexo masculino. A prevalência por critérios de Roma III varia entre 12 e 29% para todas as disfunções do trato gastrointestinal (DTGI) combinadas[12,15].

ETIOLOGIA E FISIOPATOLOGIA

A etiologia das disfunções miccionais e coloproctológicas é considerada multifatorial. A coexistência de disfunção miccional, IF e CF em crianças está bem estabelecida, daí o termo disfunção da bexiga e do intestino (DBI), que descreve crianças com a combinação de ambos.

A proximidade anatômica entre a bexiga e o intestino e o controle pelas mesmas unidades neurais facilitam a compreensão de que anormalidades em um sistema podem afetar o outro, e o relaxamento dos músculos do assoalho pélvico participa tanto da micção quanto da evacuação normais.

Enurese Noturna

A ICCS define a EN como a eliminação involuntária de urina durante o sono, em indivíduos com 5 anos ou mais, após excluir causas orgânicas. Apresenta quatro subtipos: (i) primária, com ausência de período seco prolongado; (ii) secundária, com período seco por pelo menos seis meses consecutivos, mas com recidiva dos sintomas; (iii) ENM com perdas apenas durante o sono; e (iv) ENNM com sintomas do trato urinário inferior, como: perdas noturnas e diurnas, alteração da capacidade vesical resíduo pós-miccional, infecção urinária de repetição, constipação e IF, entre outros. Esse conjunto de sintomas associados pode acarretar deterioração da função vesical, do trato urinário superior e, em casos extremos, até falência renal.

A teoria mais aceita para explicar a fisiopatologia da EN está baseada em três pilares: (i) poliúria, ou seja, aumento da produção de urina à noite em razão da diminuição da liberação de vasopressina; (ii) instabilidade da bexiga ou hiperatividade detrusora; e (iii) aumento no limiar de despertar. No entanto, a EN tem sido apontada como um transtorno do desenvolvimento neural e o déficit de maturação do tronco cerebral é apontado como a possível causa da disfunção, embora o atraso no desenvolvimento pareça não ser específico para o controle da bexiga. Estudos recentes têm demonstrado que a EN está associada a alterações genéticas (cromossomos 8, 12, 13 e 22), comportamentais (transtorno do déficit de atenção e hiperatividade – TDAH, transtorno desafiador opositivo – TDO, ansiedade e depressão), distúrbios do sono (fragmentação e superficialização, movimentos rápidos de membros, parassonias, apneia do sono), hormonais e metabólicos (déficit na liberação de vasopressina), de aprendizagem, maturação óssea, retardo da maturação do SNC, déficit de coordenação, de percepção espacial e visuomotoras, postura e equilíbrio. Desse modo, a EN não pode ser entendida como um fenômeno isolado, mas como parte de um complexo de alterações causadas pela perturbação da maturação do sistema nervoso, que causa prejuízos importantes da funcionalidade (Figura 29.2), além de transtornos psicossociais, muitas vezes ignorados pelos familiares e até por profissionais da saúde[16].

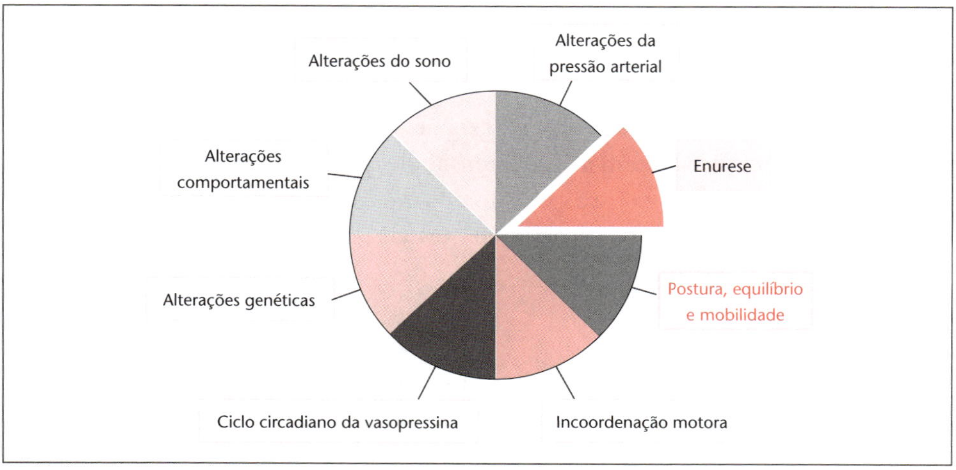

Figura 29.2 Representação da enurese noturna e suas associações.

Incontinência Urinária Diurna

A IUD é a perda involuntária de urina durante o dia em crianças com 5 anos ou mais. É de natureza complexa e na maioria das crianças não apresenta alterações estruturais, neurogênicas ou causas orgânicas. Está associada a outras condições do trato urinário, como: EN, IF, constipação, infecções do trato urinário (ITU), assim como os transtornos psiquiátricos e comportamentais. Embora a maioria dos casos de IUD seja funcional, pode comprometer a autoestima, levar à incapacidade e interferir nas relações sociais.

Retenção Urinária

Refere-se à incapacidade de urinar, apesar de um esforço persistente. Está associada à incoordenação vesicoesfincteriana, hipocontratilidade e/ou excesso de contrações não inibidas do músculo detrusor, que gera contrações não eficientes. É uma das condições responsáveis pela sensação de esvaziamento incompleto, resíduo pós-miccional e ocorrência de ITU de repetição.

Incontinência Fecal

A IF é definida como a perda de fezes em locais inadequados, pelo menos uma vez por mês, em crianças com 5 anos ou mais. A fisiopatologia da IF está associada a eventos importantes na vida, como o nascimento de um irmão mais novo, discórdia, mudança nas condições de vida, entre outros fatores. A IF é comumente encontrada em crianças com IU e vice-versa. As taxas de prevalência de IU noturna em pacientes com IF variam entre 14 a 50% e 20 e 47%, respectivamente. Das crianças com disfunção miccional, incontinência urinária ou bexiga hiperatividade, 11% preenchem os critérios de Roma III para IF (Tabela 29.1). O tratamento da IU pode ter efeito positivo nos sintomas da IF e vice-versa. Essas informações reforçam a teoria de distúrbios do desenvolvimento geral ou comportamentais e caracterizam a DBI.

Constipação

A constipação infantil é caracterizada por evacuação infrequente, difícil, muitas vezes dolorosa, acompanhada ou não de perda involuntária de fezes na roupa íntima. A fisiopatologia da constipação da infância é multifatorial e permanece pouco compreendida. Em apenas uma minoria de pacientes, a constipação é secundária a um distúrbio orgânico, como malformação anorretal, anormalidades neurológicas, distúrbios endócrinos ou metabólicos.

Tabela 29.1 Critérios de Roma III pediátrico para constipação funcional e incontinência funcional não retentora

Constipação funcional	Deve incluir pelo menos 2 dos critérios a seguir em uma criança com idade de 4 anos ou mais, com critérios insuficientes para um diagnóstico da síndrome do intestino irritável	2 ou menos defecações por semana
		1 ou mais episódios de incontinência fecal por semana
		História de retenção ou retenção excessiva de fezes
		História de movimentos intestinais dolorosos ou difíceis
		Presença de grande massa fecal no reto
		História de fezes de grande diâmetro que obstruem o vaso sanitário
Incontinência fecal funcional não retentora	Deve incluir todos os itens a seguir em uma criança com idade em desenvolvimento de pelo menos 4 anos	Defecação em locais inadequados ao contexto social pelo menos uma vez por mês
		Nenhuma evidência de processo inflamatório, anatômico, metabólico ou neoplásico
		Nenhuma evidência de retenção fecal

Fonte: adaptada de Rasquin et al., 2006[17].

Em mais de 90% das crianças com constipação, nenhuma causa orgânica é encontrada e é feito um diagnóstico de CF. A etiologia mais comum é a retenção de fezes que se inicia após uma experiência de evacuação difícil ou dolorosa, mudanças na rotina ou na dieta e eventos estressantes, como, nascimento de um irmão, divórcio dos pais, início da vida escolar, intercorrência de alguma doença, irritação perianal, desfralde mal conduzido, aversão a penicos, vasos sanitários ou banheiros e adiamento da evacuação. A ICSS recomenda os critérios de Roma III pediátrico (Tabela 29.1) para fechar o diagnóstico de constipação.

Diversos fatores ambientais, sociais e comportamentais são associados à maior prevalência de CF em crianças, incluindo baixo consumo de fibras, baixo nível de atividade física, obesidade, viver em área insalubre, baixo nível socioeconômico e baixo nível de escolaridade dos pais.

MANIFESTAÇÕES CLÍNICAS

As disfunções miccionais e coloproctológicas na infância refletem um angustiante problema psicossocial para crianças e familiares, que pode gerar sentimentos de culpa e constrangimento, com impacto significativo em qualidade de vida, relações sociais e baixa autoestima.

Além de todos sintomas do trato urinário inferior e intestino, a relação entre as disfunções miccionais, coloproctológicas e os problemas comportamentais é complexa, em parte por não se saber a relação causa-consequência, se são independentes ou concomitantes no mesmo evento, embora sejam mais frequentes em crianças com TDAH, TDO, autismo, ansiedade e sintomas depressivos.

As principais manifestações clínicas das disfunções miccionais e coloproctológicas na infância estão representadas na Tabela 29.2.

HISTÓRIA E EXAME FÍSICO

A avaliação fisioterapêutica deve ser criteriosa e minuciosa, composta por uma anamnese rica em informações da história da queixa urinária e/ou intestinal, antecedentes pessoais e familiares, gestação da mãe, desenvolvimento neuropsicomotor, relatos do cotidiano da criança, contexto familiar e escolar.

A aplicação do diário miccional e intestinal é de extrema importância para mapear a função e os hábitos de micção e evacuação. Recomenda-se o registro de pelo menos 48 horas, não necessariamente em dias consecutivos, solicitando sempre a participação da criança no registro das informações.

Tabela 29.2 Manifestações clínicas das disfunções miccionais e coloproctológicas

Disfunções miccionais	Manifestações clínicas	
Sintomas de armazenamento		
Aumento ou diminuição da frequência urinária	↑ ≥ 8 x/dia; ↓ ≤ 3 x/dia	
Incontinência urinária	Perda involuntária de urina	
	Contínua	Perda constante de urina, geralmente associada a doença congênita/malformações, perda da função do esfíncter uretral externo ou iatrogênica
	Intermitente	Perda de urina em quantidades discretas. Pode ocorrer durante o dia ou à noite, durante o sono:
		Enurese noturna monossintomática (primária ou secundária): perda urinária apenas durante o sono
		Enurese noturna não monossintomática (primária ou secundária): perda urinária durante o sono, acompanhada de outros sintomas do trato urinário inferior e intestino
		Incontinência diurna: perdas urinárias durante o dia, pelo menos 2 episódios por semana. Também conhecido como incontinência do "riso"
Urgência	Desejo forte, repentino e inesperado de urinar ao primeiro sinal de bexiga cheia	
Noctúria	Acordar à noite para urinar. Comum em escolares	
Sintomas de esvaziamento		
Hesitação	Dificuldade de iniciar a micção. Quando a criança está pronta para anular	
Intermitência	Micção não contínua, com várias interrupções discretas do jato urinário	
Esforço	Esforço intenso para aumentar a pressão intra-abdominal, iniciar e manter a micção	
Fluxo baixo	Descreve um fluxo fraco observado na urofluxometria	
Disúria	Queimação, dor ou desconforto durante a micção	

(continua)

Tabela 29.2 Manifestações clínicas das disfunções miccionais e coloproctológicas *(continuação)*

Disfunções miccionais	Manifestações clínicas
Outros sintomas	
Manobras de contenção	Estratégias usadas para inibir a micção ou suprimir a urgência que podem estar associadas à hiperatividade da bexiga. Comportamentos comuns incluem: sentar no calcanhar, sentar cruzando com força as pernas, empurrando o genital ou o abdome, colocando pressão sobre o períneo
Escapes após urinar	Perda involuntária de urina imediatamente após a micção. Este sintoma pode estar associado a refluxo vaginal em meninas ou seringocele em meninos
Sensação de esvaziamento incompleto	Sensação de não ter esvaziado toda a bexiga e ter a necessidade de voltar ao banheiro para urinar novamente
Pulverização do jato urinário	Jato de urina passa pela uretra como um *spray* em vez de jato único. Geralmente implica em obstrução no colo vesical ou meato uretral (p. ex., estenose do meato uretral)
Retenção urinária	Incapacidade de urinar, apesar do esforço persistente
Disfunções coloproctológicas	**Manifestações clínicas**
Constipação funcional	Evacuação infrequente, difícil, muitas vezes dolorosa, acompanhada ou não de perda involuntária de fezes na roupa íntima
Incontinência fecal funcional	Perda de fezes em locais inadequados pelo menos uma vez por mês em crianças com 4 anos ou mais (associada a constipação)
Incontinência fecal funcional não retentora	Perda de fezes em locais inadequados pelo menos uma vez por mês em crianças com 4 anos ou mais (não associada a constipação)

A inspeção e a palpação abdominal auxiliam na identificação de tumoração, hérnias, dilatação da bexiga ou distensão do cólon por conteúdo fecal. Examinar com atenção se há desvios da coluna vertebral, assimetria de glúteos ou cicatrizes cirúrgicas na região dorsal e sacral, que podem sugerir mielomeningolece ou outros sinais de disrafismo espinhal oculto, como lipomas, tufos capilares e hemangiomas.

Observar a genitália, para ver a possibilidade de malformações, escoriações e sinais de abuso. Testar reflexo cutâneo anal e, no caso das meninas, o reflexo clitoriano.

É de extrema importância que o fisioterapeuta avalie o comportamento motor das crianças, desde o momento que entram no consultório. Observar a marcha, como se mantêm em diferentes posturas, como se sentam, se têm assimetrias faciais ou de membros e coordenação motora geral. Por meio de escalas de avaliação motora, da simulação de atividades do dia a dia e até de brincadeiras é possível avaliar de forma minuciosa a coordenação motora, a habilidade em realizar os movimentos, postura estática e dinâmica, de modo a complementar os dados coletados na anamnese e nos exames urológicos. A avaliação deve subsidiar uma abordagem global voltada para a função, com ênfase na integração sensorial, estabilidade da pelve e do tronco, buscando alinhamento, estabilidade e sinergia muscular, que terão influência direta no funcionamento do trato urinário inferior.

DIAGNÓSTICOS/EXAMES COMPLEMENTARES

Além da avaliação fisioterapêutica, alguns exames são de extrema importância para a compreensão das disfunções miccionais e coloproctológicas, bem como a sintomatologia. A Tabela 29.3 mostra a sequência de exames complementares recomendados pela ICCS, para cada uma delas.

TRATAMENTO

Diferentes abordagens são utilizadas no tratamento das disfunções miccionais e coloproctológicas na infância, incluindo educação do paciente e terapia comportamental, exercícios para o assoalho pélvico, neuromodulação, *biofeedback*, medicamentos, entre outros.

As Tabelas 29.4 e 29.5 mostram todas as recomendações da ICCS para o tratamento das disfunções miccionais e coloproctológicas na infância, respectivamente.

Neste capítulo, optou-se principalmente pela abordagem das ferramentas e pelos recursos utilizados clinicamente pela fisioterapia, conforme descritos a seguir.

Tabela 29.3 Exames complementares recomendados pela ICCS na investigação das disfunções miccionais e coloproctológicas na infância

	Disfunções miccionais e enurese	IF e IFNR	Constipação
Exames complementares	Escala de Bristol	Investigação psicológica	Fatores ambientais e comportamentais
	Questionário de gravidade das DTUI (DVSS)	Tempo de trânsito colônico	Tempo de trânsito colônico
	Questionário de qualidade de vida (PIN-Q)	Ultrassom transabdominal	Ultrassom transabdominal
	Escala de avaliação motora	Radiografia abdominal	Radiografia abdominal
	Investigação psicológica	Balão retal	Ressonância magnética funcional*
	Exames de urina tipo 1 e urocultura	Ressonância magnética funcional*	
	Ultrassom pré e pós-miccional	Manometria anorretal*	
	Urofluxometria		
	Estudo urodinâmico*		

* Recomendação apenas para os casos persistentes, sem resposta ao tratamento ou doenças neurológicas.
ICCS: International Continence Children Society; DTUI: disfunções do trato urinário inferior.

Tabela 29.4 Tratamentos recomendados pela ICCS na abordagem das disfunções do trato urinário inferior

Tratamentos recomendados	ENM	ENNM	IUD	Retenção urinária
Educação, terapia comportamental	x	x	x	x
Diário miccional de acompanhamento	x	x	x	x
Alarme noturno	x	x		
Treinamento com *biofeeback*		x	x	x
Neuromodulação sacral	x	x	x	x
Desmopressina	x	x		
Anticolinérgico		x	x	
Antidepressivo tricíclico	x	x	x	x

ICCS: International Continence Children Society; ENM: enurese noturna monossintomática; ENNM: enurese noturna não monossintomática; IUD: incontinência urinária diurna.

Tabela 29.5 Tratamentos recomendados pela ICCS na abordagem das disfunções do trato gastrointestinal

Tratamentos recomendados	Constipação	IF	IFFNR
Educação, terapia comportamental, desmistificação	x	x	
Treinamento do toalete/diário intestinal de acompanhamento	x	x	x
Desimpactação	x	x	
Orientações dietéticas	x	x	x
Laxantes orais	x	x	
Loperamida – aumenta o tônus esfincteriano e diminui peristaltismo		x	x
Antibiótico	x		
Treinamento dos músculos do assoalho pélvico com *biofeedback*	x	x	x
Neuromodulação sacral	x	x	x
Acompanhamento psicológico	x	x	x
Enemas*	x	x	
Estimular atividade física	x	x	x

* Recomendação apenas para os casos extremos de impactação ou doenças neurológicas.
ICCS: International Continence Children Society; IF: incontinência fecal; IFFNR: incontinência fecal funcional não retentora.

FERRAMENTAS E RECURSOS DA FISIOTERAPIA

Educação do Paciente e Terapia Comportamental

É um tratamento não cirúrgico e não farmacológico; inclui a educação lúdica acerca de função e anatomia dos tratos urinário e gastrointestinal, hábitos alimentares, micção regular, ingestão hídrica adequada, treinamento da bexiga e do intestino, "treino de toalete", posição correta para urinar e evacuar, reforço positivo pela família, pela escola e pelo terapeuta. Os programas de terapia comportamental são amplamente aplicados e demonstram eficácia de até 30% na melhora quando há adesão dos pacientes.

Cinesioterapia

Os exercícios de um modo geral são fortemente recomendados para as crianças com disfunções miccionais e coloproctológicas. O treinamento dos músculos do assoalho pélvico é um forte aliado no ganho de coordenação, força e ajustes, muitas vezes ausentes nas disfunções miccionais e coloproctológicas. Podem ser realizados de forma isolada ou combinados com uso de *biofeedback* eletromiográfico, que utiliza recursos audiovisuais e interativos, que possibilitam maior participação da criança no tratamento. Estudos recentes tem apontado maior efetividade do treinamento do assoalho pélvico quando associados ao treino de equilíbrio, ajustes posturais e coordenação, como participação efetiva dos diafragmas respiratório e abdominal.

Estimulação Elétrica Nervosa Transcutânea

A estimulação elétrica nervosa transcutânea (TENS) tem sido utilizada como alternativa terapêutica para as síndromes urinárias e intestinais em adultos e crianças. Por meio de aplicação de corrente contínua com limiar sensitivo na região parassacral, acredita-se que possa ocorrer a modulação dos estímulos nervosos relacionadas ao controle da bexiga e do intestino, normalizando a função vesical. A taxa de sucesso é de aproximadamente 85% na constipação funcional, 70% no tratamento de hiperatividade detrusora e disfunção miccional e de 55,5% na enurese.

Abordagem Funcional da Fisioterapia

Uma vez que o fisioterapeuta realizou uma boa anamnese e uma avaliação de qualidade, tendo conhecimento de todos os aspectos que envolvem as disfunções miccionais e coloproctológicas, o tratamento fisioterapêutico deve ser determinado a partir da avaliação funcional e deve, portanto, ser específico para cada criança. Em linhas gerais, a avaliação precisa ter como foco a identificação da causa da disfunção, de modo a dimensionar as alterações do controle esfincteriano, do desenvolvimento motor, do controle postural, da estabilidade de tronco e da pelve e da coordenação motora.

A partir desse dimensionamento, é possível utilizar, além de todos os recursos já recomendados pela ICCS, um programa de reeducação funcional e estimulação neuromotora. Exercícios que estimulem mobilidade e estabilidade da pelve e do tronco, a percepção de contração e relaxamento de assoalho pélvico nas alternâncias da pressão intra-abdominal são fundamentais para o controle miccional. Recursos de facilitação neuromuscular, como estímulos táteis ou miotáticos, tração manual muscular e articular e estiramento, produzem boa resposta ao exercício. Recursos como bolas, faixas, bastões, vendas para os olhos, cama elástica, superfícies instáveis ou com texturas são úteis no treinamento de coordenação e integração sensorial, promovem melhora do controle postural e motivam a adesão ao tratamento. Os exercícios podem ser explorados nos diversos decúbitos e posturas, com aumento gradativo das demandas e sempre terminando a terapia com aplicação do aprendizado nas atividades funcionais[18].

É importante que haja um momento de relaxamento, para que a criança internalize as informações aprendidas e estimule e intercepção, ou seja, a percepção das sensações internas corporais.

ABORDAGEM MULTIDISCIPLINAR

Diante do cenário em que as disfunções miccionais e coloproctológicas se correlacionam e apresentam muitas outras condições associadas, há a necessidade de uma abordagem ampla, com a assistência de uma equipe transdisciplinar, em que todos os aspectos da criança sejam avaliados e abordados de forma integrada e alinhada entre os profissionais, e não apenas o acompanhamento de cada um isoladamente. Desse modo, é possível a estimulação do desenvolvimento geral e todos os aspectos decorrentes deste, incluindo as funções miccional e coloproctológica[19].

CONCLUSÕES

A aquisição da continência urinária e da continência anal passa por um processo evolutivo que acompanha o desenvolvimento geral da criança. Qualquer falha do desenvolvimento pode repercutir em disfunções miccionais e coloproctológicas.

As disfunções miccionais e coloproctológicas coexistem, o que precisa ser levado em consideração no momento da avaliação e do tratamento.

A abordagem de crianças e adolescentes com disfunções miccionais e coloproctológicas precisa ser transdisciplinar, levando em consideração todos os aspectos relacionados às disfunções, tornando a abordagem mais abrangente, porém, individualizada para cada paciente.

REFERÊNCIAS BIBLIOGRÁFICAS

1. Howe AC, Walker CE. Behavioral management of toilet training, enuresis, and encopresis. Pediatr Clin North Am. 1992;39(3):413-32.

2. Stadtler AC, Gorski PA, Brazelton TB. Toilet training methods, clinical interventions, and recommendations. American Academy of Pediatrics. Pediatrics. 1999;103(6Pt2):1359-68.
3. Fonseca EMGO. Desenvolvimento normal de 1 a 5 anos. Rev Pediatria SOPERJ. 2011;12(Suppl 1)(1):4-8.
4. Von Gontard A. Elimination disorders in childhood. How to make children dryand clean. MMW Fortschr Med. 2003;145(27-28):26-30.
5. Austin PF, Bauer SB, Bower W, Chase J, Franco I, Hoebeke P, et al. The standardization of terminology of lower urinary tract function in children and adolescents: update report from the Standardization Committee of theInternational Children's Continence Society. Neurourol Urodyn. 2016;35(4):471-81.
6. Yoshimura N, Groat WC. Neural Control of the lower Urinary Tract. Int J Urol. 1997;4(2):111-25.
7. The ICD-10 Classification of Mental and Behavioral Disorders – Clinical description and diagnostic criteria for research. Geneva: World Health Organization; 1993.
8. Von Gontard A. The impact of DSM-5 and guidelines for assessment and treatment of elimination disorders. Eur Child Adolesc Psychiatry. 2013;22(Suppl 1):S61.
9. Brading AF, Ramalingam T. Mechanisms controlling normal defecation and the potential effects of spinal cord injury. Prog Brain Res. 2006;152:345-58.
10. Madani S, Tsang L, Kamat D. Constipation in Children: A Practical Review. Pediatr Ann. 2016;45(5):e189-96.
11. Burgers RE, Mugie SM, Chase J, Cooper CS, von Gontard A, Rittig CS, et al. Management of functional constipation in children with lower urinary tract symptoms: Report from the Standardization Committee of the International Children's Continence Society. J Urol. 2013;190(1):29-36.
12. Koppen IJN, von Gontard A, Chase J, Cooper CS, Rittig CS, Bauer SB, et al. Management of functional nonretentive fecal incontinence in children: Recommendations from the International Children's Continence Society. J Pediatric Urology. 2016;12(1):56-64.
13. Neveus T, Eggert P, Evans J, Macedo A, Rittig S, Tekgül S, et al.; International Children's Continence Society. Evaluation of and Treatment for Monosymptomatic Enuresis: a standardization document from the International Children's Continence Society. J Urol. 2010;183(2):441-7.
14. Chang SJ, Van Laecke E, Bauer SB, von Gontard A, Bagli D, Bower WF, et al. Treatment of Daytime Urinary Incontinence: A Standardization Document From the International Children's Continence Society. Neurourol Urodyn. 2017;36(1):43-50.
15. Lewis ML, Palsson OS, Whitehead WE, Tilburg MALV. Prevalence of functional gastrointestinal disorders in children and adolescents. J Pediatr. 2016;177:39-43.e3.
16. Pavione RPR, Nascimento FS, Surry LA, Azevedo SL, Machado MG, Koch VH, et al. Children with nocturnal enuresis have posture and balance disorders. J Pediatr Urol. 2016;12(4):216.e1-6.
17. Rasquin A, Lorenzo CD, Forbes D, Guiraldes E, Hyams JS, Staiano A, et al. Childhoodfunctional gastrointestinal disorders: child/adolescent. Gastroenterology. 2006;130(5):1527-37.
18. Pereira RPR, Tanaka C. O papel da fisioterapia no tratamento da enurese. In: Silvares EFM, Pereira RF, editors. Enurese Noturna: diagnóstico e tratamento. Porto Alegre: Artmed; 2012.
19. Nascimento Fagundes S, Azevedo Soster L, Lebl AS, Rodrigues Pereira RP, Tanaka C, Pereira RF, et al. Impact of a multidisciplinary evaluation in pediatric patients with nocturnal monosymptomatic enuresis. Pediatr Nephrol. 2017;32(5):843-51.

30 Abordagem da fisioterapia na obesidade infantil

Maristela Trevisan Cunha
Danielle Bernini Peres

Após ler este capítulo, você estará apto a:

1. Descrever o impacto da obesidade infantil sobre função respiratória, padrão de sono e qualidade de vida.
2. Identificar a necessidade de atividade física para crianças e adolescentes obesos.

INTRODUÇÃO

A obesidade, um problema de saúde pública, é definida pela Organização Mundial da Saúde (OMS) como uma doença que aumenta a gordura corporal do organismo, sendo provocada pelo desequilíbrio entre ingestão e gasto calórico (obesidade exógena) ou por fatores metabólicos, neuroendócrinos, comportamentais, genéticos, sociais e psicológicos (obesidade endógena)[1,2].

Mudanças demográficas e econômicas propiciam mudança no perfil alimentar, com aumento do consumo de alimentos processados industrialmente e ricos em gorduras saturadas e açúcares associado à mudança do estilo de vida, com predomínio de hábitos cada vez mais sedentários, contribuem para o aumento da obesidade em todas as faixas etárias[3]. A obesidade também está associada ao atual estilo de vida, com a presença de televisores com controle remoto, computadores, telefones e *videogames*.

Na infância, a obesidade está relacionada com várias complicações e com maior taxa de mortalidade, prevendo adultos obesos e com maior risco de desenvolvimento de doenças associadas (doença arterial coronariana, doença cerebrovascular e doença vascular periférica)[1,3,4]. Existem evidências anatomopatológicas de que a formação da placa aterosclerótica inicia-se na infância e progride lentamente até a vida adulta[4]. Quanto mais tempo o indivíduo mantém-se obeso, maior será o risco do desenvolvimento precoce das complicações articulares (osteoartrose), cardiovasculares (hipertensão arterial sistêmica, hipertrofia cardíaca), cutâneas (dermatite), endócrino-metabólicas (diabetes), gastrointestinais (litíase biliar), psicossociais (depressão) e respiratórias (apneia do sono)[2].

No sistema respiratório, a obesidade na faixa pediátrica acarreta alterações na função pulmonar e nas trocas gasosas, e tolerância ao exercício. Também interfere no padrão do sono e na qualidade de vida.

OBESIDADE INFANTIL E FUNÇÃO PULMONAR

A obesidade está relacionada com uma variedade de condições que afetam o sistema respiratório, como doença pulmonar obstrutiva crônica, asma, síndrome de hipoventilação, apneia obstrutiva do sono, tromboembolia pulmonar, entre outras. Exerce efeitos sobre a função pulmonar e inflamações. O aumento do peso corporal está associado a uma deterioração da função pulmonar, havendo relação inversa entre o índice de massa corpórea (IMC) e o volume expiratório forçado no primeiro segundo (VEF_1)[5], que é de particular importância, uma vez que esse parâmetro é um fator preditivo independente de mortalidade e morbidade. Tanto em adultos como em crianças, o aumento de peso está relacionado com a diminuição da capacidade vital forçada (CVF) e do VEF_1, por conta dos efeitos mecânicos da obesidade abdominal e aos efeitos metabólicos do próprio tecido adiposo, que produz inúmeras citocinas que podem causar inflamação sistêmica[5,6].

Li et al.[7] e Olian e Lima[8] relatam que as alterações mais frequentes nos testes de função pulmonar de crianças obesas são a redução na capacidade residual funcional (CRF) e na capacidade de difusão. Ülger et al.[9] revelaram que crianças obesas apresentam parâmetros de função pulmonar basal inferiores em relação a crianças não obesas.

O efeito da obesidade na espirometria e nos volumes pulmonares é influenciado pelo grau de obesidade, idade e tipo de distribuição da massa gorda corporal. Segundo Koenig[10], a alteração da função pulmonar mais frequente na obesidade é a diminuição do volume de reserva expiratório (VRE). Gibson[11] considera que a diminuição da CRF é decorrente do efeito do conteúdo abdominal na posição do diafragma, o que implica uma redução no VRE. Quanto maior o IMC, menores os volumes pulmonares[11]. Os testes de função pulmonar sofrem poucas alterações com a obesidade, a não ser que ela seja extrema.

A prova de função pulmonar da criança obesa apresenta padrão restritivo em função da redução de 20 a 30% da capacidade pulmonar total e da capacidade vital forçada[12] e do VEF_1, porém mantendo a relação CVF/VEF_1 (índice de Tiffeneau)[8]. A eventual redução dos fluxos aéreos é consequência da diminuição da CVF. As alterações no sistema ventilatório ocorrem por conta do aumento do tecido adiposo, principalmente na região abdominal e parede torácica, modificando o equilíbrio estático do sistema respiratório[12].

O sedentarismo é um importante fator que contribui para a redução dos volumes pulmonares e da força muscular respiratória[13]. De acordo com Foss e Keteyan[14], o sedentarismo leva a uma redução do número de sarcômeros e, consequentemente, da área de secção transversa, que reduz a capacidade do músculo de gerar força. Com isso, na população sedentária há menores valores de pressões respiratórias estáticas, que repercutem nas provas de função pulmonar, com tendência ao padrão restritivo[15].

IMPACTO DA OBESIDADE INFANTIL SOBRE A FUNÇÃO RESPIRATÓRIA

É importante salientar que a obesidade pode afetar diversos sistemas corporais e, dessa forma, acarretar taxas elevadas de morbimortalidade na população. Entre os sistemas afetados, o respiratório merece especial atenção, uma vez que a obesidade promove alterações na função e mecânica respiratória, nas trocas gasosas pulmonares, no controle do padrão respiratório, na força e *endurance* dos músculos respiratórios e na tolerância ao exercício[16].

Apesar de serem conhecidas as alterações no sistema respiratório decorrentes da obesidade, o seu impacto sobre esse sistema não tem sido tão evidenciado, especialmente na população pediátrica, com dados limitados e menos concordantes. A obesidade provoca alterações nos volumes pulmonares e no padrão de respiração que podem afetar o músculo liso das vias áreas[17]. A literatura relata, também, a presença de um estado inflamatório sistêmico de baixo grau em crianças com excesso de peso, mediado por inúmeras células proinflamatórias do tecido adiposo[18,19]. Essas citocinas podem estar envolvidas na associação entre diminuição da função pulmonar e mortalidade cardiovascular[20].

Lazarus et al.[21], estudando os efeitos da obesidade na função pulmonar em crianças, relataram que a CVF e a VEF_1 aumentam com o peso, independentemente de altura, idade e gênero. Relatam ainda que, com o aumento da porcentagem de gordura corporal, ocorre diminuição da função ventilatória, como na CVF e na VEF_1. Chow et al.[20] investigaram a associação entre obesidade e os parâmetros espirométricos em crianças e adolescentes, os quais foram divididos em quatro grupos: não obesos não asmáticos, obesos não asmáticos, não obesos asmáticos e obesos asmáticos. Para isso, classificaram a obesidade utilizando o escore Z-IMC (sistema de padronização considerando valores acima ou abaixo da média do IMC). Verificaram diminuição na CVF e na VEF_1 no grupo de obesos asmáticos. Contudo, He et al.[22] examinaram a relação entre obesidade e asma, verificando que com o aumento do IMC houve aumento da CVF e da VEF_1.

Com relação à mecânica ventilatória e à função pulmonar, o acúmulo de gordura pode causar disfunções nas diversas estruturas que compõem o sistema respiratório, em especial nos músculos que participam da respiração. Esse fato resultará em alterações na função pulmonar devido ao aumento do esforço respiratório e do comprometimento no sistema de transporte dos gases[23,24]. O impacto na função pulmonar, tanto em crianças como em adultos obesos, é diretamente proporcional ao grau da obesidade, havendo diminuição do volume de reserva expiratório (VRE), aumento da resistência em pequenas vias aéreas, elevação da relação entre volume residual e capacidade pulmonar total (VR/CPT), redução das complacências pulmonar e torácica, redução da pressão arterial de oxigênio, aumento da diferença arterioalveolar de oxigênio e hipoventilação alveolar[25]. Por outro lado, estudos prévios verificaram que a obesidade leve tem pouca influência sobre a função pulmonar[26].

Na infância, é difícil avaliar a obesidade, em razão da intensa modificação da estrutura corpórea durante o crescimento. Sendo assim, não existe um sistema para classificação da obesidade infantil universalmente aceito. A OMS baseia-se na distribuição do escore Z de peso/altura, que é a relação entre o peso encontrado e o ideal para a altura do indivíduo. O número de crianças obesas tem crescido de forma significativa, predispondo-as às mesmas alterações na mecânica respiratória do adulto[22]. Apesar de a correlação entre sobrepeso/obesidade com as pressões respiratórias ser descrita em alguns estudos, tal associação não está bem esclarecida nas crianças e nos adolescentes[21].

Segundo Rubinstein et al.[27], a obesidade pode contribuir para a limitação crônica do fluxo aéreo. As crianças obesas apresentam valores basais de CVF, VEF_1, pico de fluxo expiratório (PFE) e fluxo expiatório forçado entre 25 e 75% (FEF 25-75%) inferiores. Quanto maior o seu IMC, menores esses valores[6,7]. Sabe-se que o PFE correlaciona-se com os índices de obstrução brônquica, especialmente com o FEV_1, contudo a medida do PFE é dependente de esforço e da colaboração da criança, e os seus resultados podem subestimar o grau de obstrução, com os valores de PFE inferiores em relação à normalidade. No entanto, a maioria das crianças com PFE diminuído também apresenta valores de FEF 25-75% inferiores, os quais não são dependentes de esforço e que traduzem obstrução das pequenas vias aéreas[6]. Inselma et al.[28] sugerem que as crianças obesas apresentam alterações na função pulmonar caracterizadas por reduções na capacidade de difusão, aumento da resistência dos músculos respiratórios e obstrução das vias aéreas. Essas alterações podem refletir compressão mecânica extrínseca sobre o pulmão e tórax e/ou alterações intrínsecas no pulmão.

A difusão pulmonar depende de vários fatores, como a área de superfície alveolar, a espessura da membrana alveolocapilar, a solubilidade dos gases e o gradiente de pressão entre ar e sangue para cada gás. O efeito mecânico da obesidade pode interferir na área das trocas gasosas. Li et al.[7] sugerem que as alterações na difusão podem refletir mudanças intrínsecas no pulmão resultantes da deposição lipídica e/ou diminuição da área de superfície alveolar. De forma similar, Inselma et al.[28] relatam que a diminuição da difusão pode resultar de diminuição da área de superfície alveolar relativamente aos volumes pulmonares.

Atualmente, discute-se a relação entre obesidade e asma. Os efeitos do aumento do IMC na asma podem ser mediados por propriedades mecânicas do sistema respiratório associadas à obesidade ou por sobrerregulação dos mecanismos inflamatórios[29]. Castro-Rodriguez et al.[30] demonstraram que crianças que desenvolveram excesso de peso entre os 6 e os 11 anos apresentaram 5,5 a 7 vezes mais risco de desenvolverem sintomas de asma aos 11 a 13 anos. Ülger et al.[9] demonstraram maior incidência de hiper-reatividade e broncoespasmo induzido por exercício em obesos.

O desempenho ventilatório está alterado na obesidade infantil, provavelmente em razão das modificações da mecânica dos músculos respiratórios na expansibilidade torácica, na complacência e na resistência pulmonar, levando o indivíduo a um padrão respiratório rápido e de baixa amplitude, com aumento do trabalho respiratório e redução da capacidade ventilatória máxima[31].

Vários estudos têm demonstrado associação entre as alterações ventilatórias e a obesidade em adultos, no entanto outros relatam a necessidade de mais investigações para elucidar a influência da obesidade infantil no padrão ventilatório[20,21]. A dificuldade em analisar essa associação na criança deve-se, principalmente, às alterações respiratórias presentes na infância.

O aumento da obesidade na infância contribui de forma direta para sua manutenção na fase adulta com consequente aumento das doenças associadas à mortalidade, como as cardiovasculares, a síndrome metabólica, a dislipidemia, o diabete melito, a hipertensão arterial e, inclusive, as alterações respiratórias, entre outras[1,3,4].

A obesidade pode acarretar, ainda, alterações na mecânica respiratória, as quais são causadas pelo acúmulo de gordura no tórax, diafragma e abdome, acarretando redução da complacência torácica e diminuindo o movimento diafragmático, com consequente aumento do consumo de oxigênio e do trabalho respiratório[16].

O processo mecânico de compressão da cavidade torácica e a redução nas dimensões anatômicas pela massa de tecido adiposo também contribuem para as alterações respiratórias em vigência da obesidade, comprometendo os volumes e capacidades pulmonares normais. Há maior trabalho dos músculos intercostais para movimentar o tórax, com aumento da massa e do diafragma, do que ao se contrair, pois é deslocado contra o abdome distendido, diminuindo, assim, sua eficiência[32,33].

IMPACTO DA OBESIDADE INFANTIL SOBRE A QUALIDADE DO SONO

A redução do tempo de dormir é um fator predisponente para o desenvolvimento da obesidade[34-36] e tornou-se um hábito comum em decorrência das exigências e oportunidades da sociedade moderna. A duração do sono diminuiu cerca de 2 horas. A proporção de jovens adultos com período de sono inferior a 7 horas por noite aumentou de 15,6% em 1960 para 37,1% em 2001 a 2002[34].

A redução do tempo de dormir diminui o gasto energético diário total e acarreta o aparecimento da fadiga e da sonolência excessivas durante o dia, o que contribui ainda mais para a redução das atividades físicas diárias[37].

Nos adolescentes e adultos, a privação de sono aumenta não somente o apetite, como também a preferência por alimentos mais calóricos[36]. Há grande preferência pelo consumo de lanches rápidos e calóricos durante o horário noturno[35]. Essa preferência é preocupante porque, além de os indivíduos com perda de sono apresentarem um padrão hormonal predisponente para ingestão calórica aumentada[38], as escolhas alimentares são de baixa qualidade nutricional[35].

O sistema fisiológico que regula a massa corporal envolve tanto componentes centrais como periféricos, os quais interagem com os aspectos ambientais, como a disponibilidade e a composição da dieta e o exercício físico. Além dos fatores genéticos e ambientais, existem outros que podem interferir no aumento da massa corporal, como o sedentarismo e o sono. Este último pode exercer influência no apetite e no equilíbrio de energia[35]. O tempo de dormir tem sido associado ao descontrole da ingestão alimentar e à obesidade.

Embora os mecanismos envolvidos na relação entre sono e ingestão alimentar não estejam totalmente elucidados, sabe-se que os distúrbios provocados pelas alterações nos horários de sono/vigília influenciam o apetite, a saciedade e, consequentemente, a ingestão alimentar, favorecendo o aumento da obesidade[38].

A modificação do padrão de sono pode levar a desajustes endócrinos que induzem o aparecimento de obesidade. Taheri[37] sugeriu recentemente que maior tempo acordado, além de promover a alteração hormonal capaz de aumentar a ingestão calórica, pode possibilitar maior oportunidade para a ingestão alimentar. A perda de sono pode também resultar em cansaço, que tende a diminuir o nível de atividade física (Figura 30.1).

ALTERAÇÕES ENDÓCRINAS INDUZIDAS PELA REDUÇÃO DO SONO E SUA INFLUÊNCIA NO CONTROLE DA INGESTÃO ALIMENTAR

A diminuição do tempo de dormir pode modificar o padrão endócrino que sinaliza fome e saciedade por meio da diminuição dos níveis da leptina (hormônio

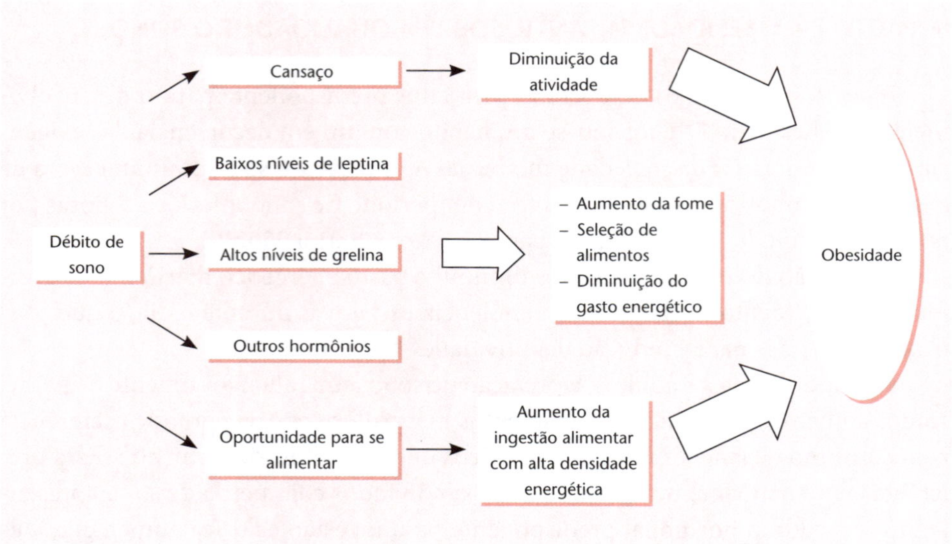

Figura 30.1 Mecanismo potencial por meio do qual a redução do período noturno de sono pode influenciar a obesidade. A redução do período noturno de sono pode afetar simultaneamente o aporte e o gasto de energia por múltiplos mecanismos: alteração dos hormônios metabólicos com aumento do apetite e alteração de seleção de alimentos, por aumento do tempo de vigília e maior disponibilidade para ingestão alimentar e, por fim, aumento da fadiga e redução da atividade física.
Fonte: Crispim et al.[35].

anorexígeno) e aumento nos níveis da grelina (hormônio orexígeno), e até mesmo alterar as escolhas alimentares. Dessa forma, a modificação do padrão de sono pode levar a desajustes endócrinos que, por sua vez, interferem no equilíbrio energético, induzindo o aparecimento da obesidade[36] (Figura 30.2).

Leptina

A leptina é uma proteína composta por 167 aminoácidos, produzida pela glândula mamária, músculo esquelético, epitélio gástrico e, principalmente, pelo tecido adiposo[39]. Esse hormônio fornece informações sobre o equilíbrio energético para o centro regulatório do cérebro (hipotálamo), e a sua liberação está associada com a promoção da saciedade. Sua ação ocorre a partir do aumento da própria leptina e também da inibição da formação da grelina. A circulação da leptina sanguínea é reflexo das mudanças agudas no equilíbrio energético resultantes do aumento ou diminuição da ingestão calórica, em que o jejum ou a perda de massa corporal resulta em baixos níveis de leptina no sangue, estimulando o hipotálamo, que por sua vez estimula a ingestão alimentar[39].

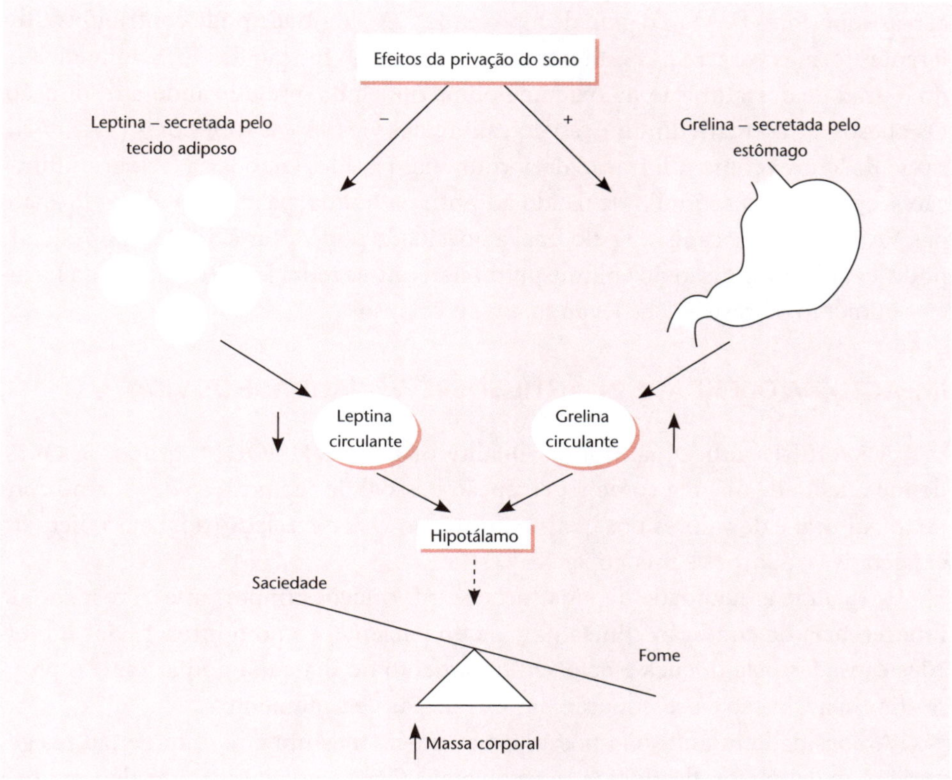

Figura 30.2 Efeito da privação de sono no desajuste endócrino capaz de aumentar a ingestão alimentar e a massa corporal.
Fonte: Crispim et al.[35].

Grelina

A grelina é um peptídeo composto por 28 aminoácidos, produzido principalmente pelas células endócrinas do estômago, duodeno e estruturas cerebrais. Esse hormônio aumenta nos períodos de jejum, desencadeando a sensação de fome, estimulando a motilidade gastrointestinal e promovendo a deposição de gordura[39].

Existem evidências do aumento dos níveis de grelina durante o sono, com diminuição no período da manhã, antes do desjejum. A exemplo do que acontece com a leptina, os níveis da grelina são maiores em indivíduos com restrição de sono[36].

OBESIDADE E APNEIA DO SONO

Crianças obesas têm alto risco para síndrome da apneia obstrutiva do sono (SAOS). O grau de obesidade correlaciona-se com a gravidade da obstrução das vias aéreas superiores (VAS) e o grau de hipoxemia[40]. A obesidade pode contribuir de diferentes formas para a SAOS: alterando a estrutura ou função das VAS, influenciando o grau de dessaturação da oxiemoglobina ou, ainda, prejudicando a respiração. Os obesos apresentam diminuição do calibre das vias aéreas superiores (VAS)[10] em razão de fatores como infiltração de gordura nas paredes laterais da faringe, infiltração secundária ao acúmulo de tecido adiposo na língua, palato e úvula. O formato das VAS é outro mecanismo pelo qual a obesidade pode levar à SAOS. A obesidade pode levar à diminuição do volume pulmonar, causar redução do diâmetro da faringe e aumento da resistência, levando ao seu colapso[10].

IMPACTO DA OBESIDADE INFANTIL SOBRE A QUALIDADE DE VIDA

A World Health Organization Quality of Life (WHOQOL), grupo da OMS, define qualidade de vida como a percepção pessoal de sua posição de vida no contexto cultural e de valores nos quais o indivíduo vive em relação aos seus objetivos, expectativas, padrões e preocupações[41].

Mensurar a qualidade de vida fornece informações importantes a respeito da interferência da condição clínica na vida do paciente, como o impacto das limitações causadas pela doença e pelo seu tratamento no dia a dia do paciente, o prognóstico, a avaliação e a adequação das estratégias de tratamento.

A obesidade infantil não possui causa única, mas um conjunto de fatores genéticos, metabólicos, fisiológicos e ambientais. O aumento de sua prevalência pode estar associado com o aumento da ingestão de alimentos de alta densidade calórica aliado ao sedentarismo. Além dos danos causados pelo excesso de gordura no organismo, a obesidade acarreta diminuição da qualidade de vida, oferecendo riscos de ordem psicológica, emocional e social. Há vários estudos que mostram a associação entre obesidade e baixa qualidade de vida[42].

Atualmente, podem ser encontradas em crianças obesas alterações como diabete melito tipo 2 e síndrome metabólica caracterizada por hipertensão arterial, hiperinsulinemia e dislipidemia, condições de saúde que eram verificadas apenas em adultos[42].

A avaliação do impacto na qualidade de vida mostra que existem evidências de que crianças e adolescentes obesos apresentam certo grau de comprometimento físico em decorrência de alterações musculoesqueléticas, intolerância ao calor, cansaço e falta de ar.

A relação entre obesidade e nível socioeconômico é controversa. Os estudos brasileiros apontam possível correlação entre obesidade e melhores condições socioeconômicas familiares. Contudo, há estudos que demonstram obesidade associada com doenças crônicas mais frequentes em famílias carentes. Essa associação pode estar relacionada não somente com a alimentação, mas também com menor acompanhamento médico. Em contrapartida, o baixo custo de alimentos de grande densidade energética, como açúcares e gorduras, explica o fato de ocorrer taxa elevada de obesidade na população com maior grau de pobreza[43].

Outro aspecto que causa grande impacto na qualidade de vida dessa população é o hábito sedentário. Gomes et al.[42] analisaram o brincar de crianças obesas na faixa etária de 7 a 10 anos e concluíram que elas se interessam por brincadeiras mais ativas e dinâmicas, mas, por consequência da rotina familiar, com os pais fora de casa trabalhando, e por conta da segurança na vizinhança, as crianças ficam em casa o tempo que não estão na escola e acabam realizando atividades sedentárias, como assistir à televisão, jogar *videogame* e brincar solitariamente. Já nas famílias em que a criança passa mais tempo com os pais, ocorre um vínculo baseado na dependência, o que parece desencadear expressões de passividade, pouca espontaneidade e insegurança[42].

Com isso percebe-se que o sedentarismo pode estar vinculado ao estilo de vida nos centros urbanos. Redução dos espaços de lazer, problemas com a segurança, facilidades de locomoção, avanços tecnológicos e horas em frente à televisão geram inatividade física. Somado a isso, os hábitos alimentares de consumir *fast-foods*, comida industrializada, barata, de pouca qualidade nutricional e rica em gordura favorecem a obesidade e a baixa qualidade de vida[42,44].

A obesidade é uma condição que gera estigmatização. Essa dinâmica social sofrida pelo obeso causa prejuízo no funcionamento físico e psíquico. Os estudos científicos apontam possível correlação entre obesidade e alterações psicológicas, como depressão, ansiedade e dificuldade de ajustamento social, sem indícios de quais alterações são causais ou consequenciais[42].

A estigmatização da criança obesa gera mudanças em seu comportamento, ela evita situações que a coloquem em dificuldade ou evidência, em particular a realização de atividade física e em circunstâncias em que é necessário mostrar o corpo. Como consequência, há diminuição da autoconfiança e aumento do isolamento social[44].

As situações adversas enfrentadas no dia a dia podem causar estresse, o que colabora com a baixa qualidade de vida dessa população. O estresse tem desenvolvimento progressivo, percebe-se o perigo e, com uma reação de alarme, o organismo tenta se proteger, a seguir vem a fase de resistência, caracterizada por acúmulo de tensão e ansiedade, e por fim a fase de exaustão, momento em que o organismo fica vulnerável a vários sintomas físicos e psicológicos, causando alterações no comportamento da criança e possibilitando o aparecimento de outras doenças[45].

Em 2010, a American Psycological Association (APA) realizou um estudo constatando que crianças e adultos obesos apresentam maior suscetibilidade ao estresse comparados a não obesos. Esses indivíduos enfrentam problemas como dificuldade de sono, dor de cabeça, dor de estômago, desânimo, alterações do apetite, agressividade e alterações no desempenho escolar[45,47].

Bertoletti e Santos[45], ao avaliarem o nível de estresse em crianças e adolescentes obesos com o uso da escala de estresse infantil de Lipp, verificaram que as meninas são mais suscetíveis ao estresse que os meninos. O grupo das meninas apresentou maior fator de reações psicológicas, descrevendo sintomas como nervosismo, preocupação com o futuro, tristeza e medo.

O ambiente familiar e as relações com pessoas de seu círculo de convivência influenciam na constituição dos hábitos, da rotina e da maneira como a criança aprende a lidar com as dificuldades. Portanto, o envolvimento de toda a família no tratamento da obesidade infantil é fundamental[42,44].

FISIOTERAPIA

A obesidade em pediatria requer um trabalho em conjunto com profissionais de saúde, tanto em relação ao paciente como ao cuidador, atentando para o fato de que a criança está inserida no contexto familiar e todos dividem a geladeira. No cenário pediátrico, a família precisa assumir a responsabilidade pelos tratamentos da criança para que ela possa ser inserida na sociedade.

A educação do paciente pediátrico e de seus cuidadores/pais é de extrema importância, e os incentiva no conhecimento das alterações físicas e fisiológicas que ocorrem em decorrência da obesidade, da nutrição adequada, da necessidade de exercícios diários e atividades físicas.

A fisioterapia na criança e adolescente com obesidade tem como objetivo manter ou melhorar a ventilação pulmonar, utilizando recursos e técnicas, como exercícios diafragmáticos com ou sem pressão positiva, atividade física regular e instalação/acompanhamento de aparelhos de ventilação não invasiva durante o sono. A respiração diafragmática aumenta a eficiência da mecânica diafragmática, melhorando a ventilação nas bases pulmonares decorrente do maior volume corrente e menor frequência respiratória determinada por esse tipo de respiração.

Deve-se abordar a obesidade individualmente ou em grupo, aumentando o conhecimento sobre o problema e a motivação para agir contra os fatores obesogênicos ambientais[43].

Considera-se sucesso no tratamento da obesidade a habilidade de atingir e manter a perda de peso, ou seja, com adequado controle na alimentação, mantendo atividades físicas adequadas em vez de regimes alimentares baseados em dietas da moda e atividades físicas extenuantes, que podem comprometer a adaptação, a estabilidade e o equilíbrio do corpo. O sucesso em longo prazo depende da constante vigilância à adequação do nível de atividade física e à ingestão de alimento, além de apoio social e familiar[43].

O tratamento dietético é mais bem-sucedido quando aliado ao aumento no gasto energético e a um programa de modificação comportamental. Para o sucesso do tratamento dietético, deve-se ter um planejamento alimentar flexível e manter mudanças na alimentação por toda a vida. Essa reeducação proporcionará uma melhora na qualidade de vida.

OBESIDADE E ATIVIDADE FÍSICA

A participação da criança em atividade física é importante no processo de crescimento e desenvolvimento. Previne diversas patologias, como obesidade, diabete e hipertensão. O exercício também oferece à criança a oportunidade para lazer, integração social e desenvolvimento de aptidões que levam a maior autoestima e confiança. Dessa forma, promover o aumento da atividade física e o incentivo para a aquisição de hábitos alimentares saudáveis são as melhores estratégias para a diminuição de peso. A criança deve ser motivada a manter-se ativa, e essa prática deve ser incorporada por toda a família[2].

É importante que crianças e adolescentes que praticam exercícios físicos consumam energia e nutrientes suficientes para alcançar suas necessidades de crescimento e para o desempenho de suas atividades físicas. Uma das principais preocupações durante a infância e adolescência é garantir que o crescimento e o desenvolvimento esperados sejam alcançados. O treinamento físico regular ou o envolvimento em atividades físicas do dia a dia associado às variáveis ambientais influencia na obtenção do padrão de crescimento geneticamente determinado. Sua ação sobre os músculos e ossos é fator importante no aumento da massa magra e da massa óssea, acarretando, consequentemente, melhora do desempenho muscular e prevenção da osteoporose.

Tanto os adultos como as crianças se beneficiam de atividade física regular, sendo também um elemento favorável no tratamento de pacientes com obesidade. Entretanto, existe ainda a necessidade de mudança de estilo de vida e comportamental dos pacientes e de seus familiares.

CONCLUSÕES

A obesidade é um importante fator de risco para o desenvolvimento de disfunções orgânicas, especialmente no sistema respiratório, interferindo na mecânica respiratória com redução dos volumes pulmonares quando comparados com os valores previstos para a idade.

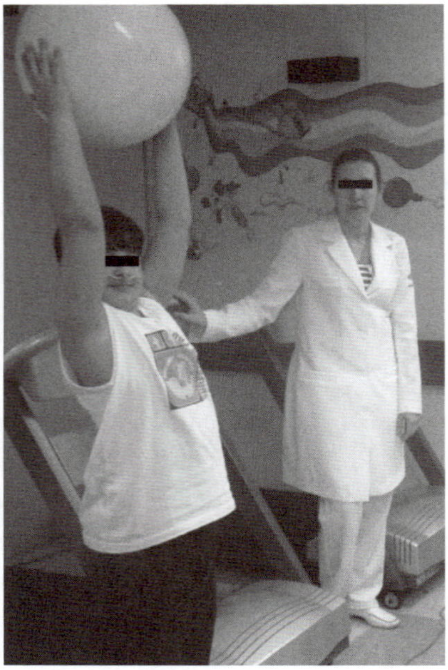

Figura 30.3 Atividade física com bola.

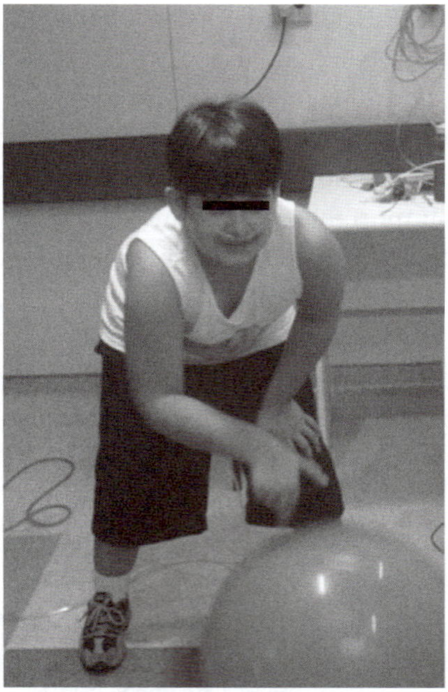

Figura 30.4 Atividade física com bola.

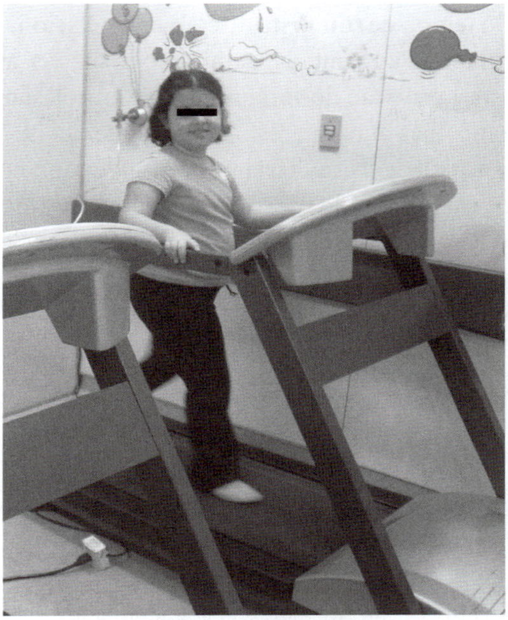

Figura 30.5 Atividade física na esteira ergométrica.

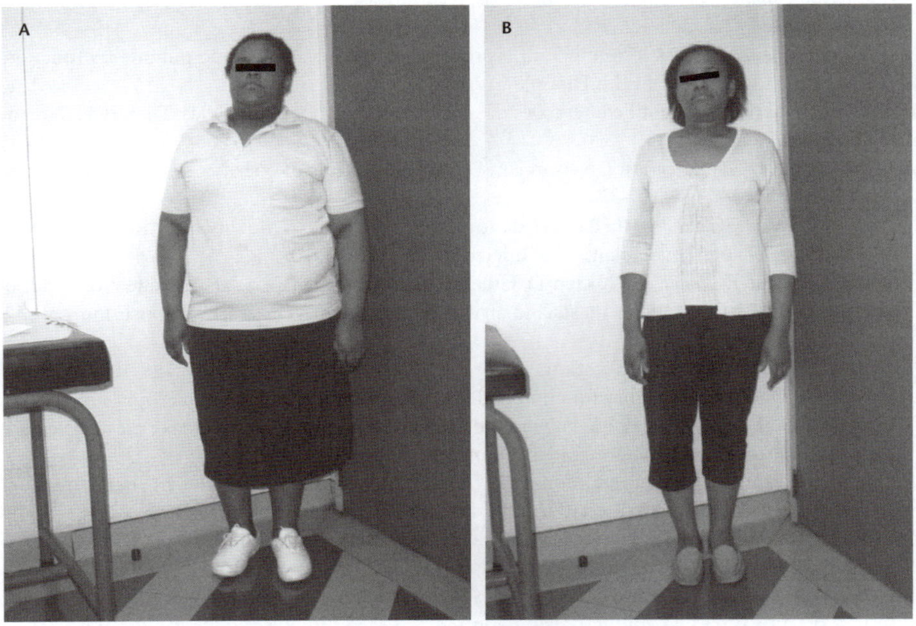

Figura 30.6 (A) Pré e (B) pós-cirurgia bariátrica e atividade física.

A diminuição do tempo de sono está diretamente relacionada com a obesidade. A razão grelina/leptina está aumentada, gerando por sua vez aumento do apetite e da fome. Aliada a isso, a privação do sono noturno estimula a criança a comer mais nesse período, com escolhas alimentares inadequadas, e contribui para a diminuição da realização da atividade física diária por causa de cansaço e fadiga.

Além dos danos causados pelo excesso de gordura no organismo, a obesidade acarreta diminuição da qualidade de vida, oferecendo riscos de ordem física, emocional, social e psicossocial.

Dessa forma, mudança no estilo de vida e aquisição de hábitos saudáveis, como realização de atividade física regular, escolhas alimentares adequadas e promoção do sono, são as melhores estratégias para a diminuição de peso.

REFERÊNCIAS BIBLIOGRÁFICAS

1. Sabia RV, Santos JE, Ribeiro RPP. Efeito da atividade física associada à orientação alimentar em adolescentes obesos: comparação entre o exercício aeróbio e anaeróbio. Rev Bras Med Esporte. 2004;10(5):349-55.
2. Mello ED, Luft VC, Meyer F. Obesidade infantil: como podemos ser eficazes? J. Pediat. 2004;80(3).
3. Norman AC, Drinkard B, McDuffie JR, Ghorbani S, Yanoff LB, Yanovski JA. Influence of excess adiposity on exercise fitness and performance in overwight children and adolescents. Pediatrics. 2005;115(6):690-6.
4. Nobre MRC, Domingues RZL, Silva ARS, Colugnati FAB, Taddei JAAC. Prevalências de sobrepeso, obesidade e hábitos de vida associados ao risco cardiovascular em alunos do ensino fundamental. Rev Assoc Med Bras. 2006;2(52).
5. Eisenmann JC, Arnall DA, Kanuho V, Interpretter C, Coast JR. Obesity and pulmonary function in Navajo and Hopi children. Ethn Dis. 2007;17:14-8.
6. Leite JM. Obesidade infantil e alterações das provas funcionais respiratórias. Dissertação de mestrado, 2009.
7. Li AM, Chan D, Wong E, Yin J, Nelson EA, Fok TF. The effects of obesity on pulmonary function. Arch Dis Child. 2003;88:361-3.
8. Olian LA, Lima MC. Influência da obesidade infantil e do adolescente sobre a função pulmonar. IV Seminário de Fisioterapia Uniamérica: Iniciação Científica, 2010.
9. Ülger Z, Demir E, Tanaç R, Goksen D, Gulen F, Darcan S, Can D, et al. The effect of childhood obesity on respiratory function tests and airway hyperresponsiveness. The Turkish Journal of Pediatrics. 2006;48:43-50.
10. Koenig SM. Pulmonary complications of obesity. Am J Med Sci. 2001;321(4):249-79.
11. Gibson GJ. Obesity, respiratory function and breathlessness. Thorax. 2000;55(Suppl 1):S41-S44.
12. Oliveira F et al. Análise do efeito da obesidade sobre as propriedades resistivas e elásticas do sistema respiratório por oscilações forçadas. Pulmão RJ. 2006;15(4):219-23.
13. Douce EH. Provas da função pulmonar. In: Scanlan CL, Wilkins RL, Stoller JK. Fundamentos da terapia respiratória de Egan. 7. ed. Barueri: Manole; 2000. p. 147-203.
14. Foss LM, Keteyan SJ. Bases fisiológicas do exercício e do esporte. 6. ed. Rio de Janeiro: Guanabara Koogan; 2000.
15. Neder JA, Andreoni S, Lerario MC, Nery LE. Reference values for lung function tests II. Maximal respiratory pressures and voluntary ventilation. Braz J Med Biol Res São Paulo. 1999;32(6):719-27.

16. Rasslan Z, Stirbulov R, Lima CA, Saad Júnior R. Lung function and obesity. Rev Bras Clin Med. 2009;7:36-9.
17. Weiss ST, Shore S. Obesity and asthma: Directions for research. Am J Respir Crit Care Med. 2004;169:963-8.
18. Visser M, Bouter LM, McQuillan GM, Wener MH, Harris TB. Low-grade systemic inflammation in overweight children. Pediatrics. 2001;107(1):1-6.
19. Beuther DA, Weiss ST, Sutherland ER. Obesity and asthma: Pulmonary perspective. Am J Respir Crit Care Med. 2006;174:112-9.
20. Chow JS, Leung AS, Li WW, Tse TP, Sky HY, Leung TF. Airway inflammatory and spirometric measurements in obese children. Hong Kong Med J. 2009;15:346-52.
21. Lazarus R, Sparrow D, Weiss ST. Effects of obesity and fat distribution on ventilatory function: the normative aging study. Chest. 1997;111:891-98.
22. He QQ, Wong TW, Du L, Jiang ZQ, Qiu H, Gao Y et al. Respiratory health in overweight and obese Chinese children. Pediatr Pulmonol. 2009;44:997-1002.
23. Santiago SQ, Silva ML, Davidson J, Aristóteles LR. Evaluation of respiratory muscle strength in overweight/obese children and adolescents. Rev Paul Pediatr. 2008;26:146-50.
24. Rigatto AM, Alves SC, Gonçalves CB, Firmo JF, Provin LM. Ventilatory performance in obesity. Saude Rev. 2005;7:57-62.
25. Paisani DM, Chiavegato LD, Faresin SM. Lung volumes, lung capacities and respiratory muscle strengh following gastroplasty. J Bras Pneumol. 2005;31:125-32.
26. Bueno MB, Fisberg MR. Comparison of three overweight and obesity criteria among preschoolers. Rev Bras Saude Matern Infant. 2006;6:411-7.
27. Rubinstein I, Zamel N, DuBarry L, Hoffstein V. Airflow limitation in morbidly obese, non-smoking men. Ann Intern Med. 1990;112:828-32.
28. Inselma LS, Milanese A, Deurloo A. Effect of obesity on pulmonary function in children. Pediatr Pulmonol. 1993;16:130-7.
29. Mutius EV, Schwartz J, Neas LM, Dockery D, Weiss ST. Relation of body mass index to asthma and atopy in children: the National Health and Nutrition Examination Study III. Thorax. 2001;56:835-38.
30. Castro-Rodríguez JA, Holberg CJ, Morgan WJ, Wright AL, Martinez FD. Increased incidence of asthmalike symptoms in girls who become overweight or obese during the school years. Am J Respir Crit Care Med. 2001;163:1344-9.
31. Tenório LHS, Santos AC, Oliveira AS, Lima AMJ, Brasileiro-Santos MS. Obesidade e testes de função pulmonar em crianças e adolescentes: uma revisão sistemática. Rev Paul Pediatr. 2012;30(3):423-30.
32. Fort EMP. Estudo da função pulmonar e força muscular respiratória de obesas mórbidas submetidas à gastroplastia com acompanhamento fisioterapêutico. In: Congresso de Pesquisa, 4, 2006. Piracicaba, SP. Disponível em: <http://www.unimep.br/phpg/mostraacademica/anais/4mostra/pdfs/602.pdf>. Acesso em: 3 mai. 2009.
33. Costa D et al. Avaliação da força muscular respiratória e amplitudes torácicas e abdominais após a RFR em indivíduos obesos. Rev. Latino-Am. Enfermagem, Ribeirão Preto. 2003;11(2).
34. National Sleep Foundation. 2002 "Sleep in America" Poll. Washington, DC: National Sleep Foundation; 2002.
35. Crispim CA, Dáttilo IZM, Padilha HG, Tufik S, Mello MT. Relação entre sono e obesidade: uma revisão da literatura. Arq Bras Endocrinol Metab. 2007;51-7.
36. Taheri S, Lin L, Austin D, Young T, Mignot E. Short sleep duration is associated with reduced leptin, elevated ghrelin, and increased body mass index. PLoS Med. 2004;1:210-7.
37. Taheri S. The link between short sleep duration and obesity: we should recommend more sleep to prevent obesity. Arch Dis Child. 2006;91:881-4.

38. Spiegel K, Tasali E, Penev P, Van Cauter E. Brief communication: Sleep curtailment in healthy young men is associated with decreased leptin levels, elevated ghrelin levels, and increased hunger and appetite. Ann Intern Med. 2004;141:846-50.
39. Friedman JM, Halaas JL. Leptin and the regulation of body weight in mammals. Nature. 1998;22:763-70.
40. Marcus CL. Sleep-disordered breathing in children. Am J Respir Crit Care Med. 2000;164:16-30.
41. Davim RMB, Germano RM, Meneses RMV, Carlos DJD, Dantas JC. Qualidade de vida de crianças e adolescentes: revisão bibliográfica. Rev. Rene. Fortaleza. 2008;9(4):143-50.
42. Gomes JF, Moraes DEB, Motta IF. O brincar em crianças obesas: um estudo em crianças em tratamento ambulatorial. Mudanças Psicologia da Saúde. 2011;19(1-2):51-9.
43. Organização Mundial da Súde, 66.ª Sessão Comitê Regional. Plano de ação para prevenção da obesidade em crianças/adolescentes. Organização Mundial da Saúde, Escritório Regional para as Américas.Washington, D.C, 2014.
44. Silva CP, Bittar CML. Fatores ambientais e psicológicos que influenciam na obesidade infantil. Revista Saúde e Pesquisa. 2012;5(1):197-207.
45. Bertoletti J, Santos SCG. Avaliação do estresse na obesidade infantil. Psico. 2012;43(1):32-8.
46. Filho DR, David IMB, Sakaue LK, Dias RC, Teixeira MA, Santos D, Moriel LD, et al. Avaliação do grau de estigmatização de obesos em população infanto-juvenil de escolas públicas de um município do estado de São Paulo. Rev Bras Clin Med. 2009;7:373-8.
47. American Psychological Association, APA. Stress in America findings. 2010. Disponível em: <http://www.apa.org/news/press/releases/stress/nat>. Acesso em: 10 jan. 2013.

Assistência domiciliar de fisioterapia 31

Helena Cunha Nogueira

Após ler este capítulo, você estará apto a:

1. Conhecer a assistência domiciliar em pediatria.
2. Compreender a relação entre o fisioterapeuta e o paciente/cuidador no atendimento domiciliar.

INTRODUÇÃO

O atendimento domiciliar confunde-se com a história do desenvolvimento dos cuidados à saúde. O médico inicialmente atendia seus pacientes em domicílio, frequentava a casa das pessoas, privando de sua intimidade, convivendo em todos os momentos significativos da vida familiar (doenças, casamentos, nascimentos, conflitos), compartilhando seus segredos. Isso teve especial importância no final do século XIX e início do século XX, quando os recursos terapêuticos eram limitados, e colocar a pessoa doente na cama era o tratamento mais utilizado. Esse foi o período em que possivelmente os antigos médicos de família desenvolveram sua fama, pois diante dessa realidade de escassos recursos terapêuticos sentavam à beira da cama dos doentes ouvindo, apoiando e ajudando-os a enfrentar as dificuldades[1]. Esse tipo de tratamento já era comum nos Estados Unidos antes do século XX. No Brasil, não há registro formal da história da assistência domiciliar.

ATENDIMENTO DOMICILIAR

A Organização Mundial da Saúde define assistência domiciliar como "a provisão de serviços de saúde por prestadores formais e informais com o objetivo de promover, restaurar e manter o conforto, a função e a saúde das pessoas em um nível máximo, incluindo cuidados para uma morte digna. Serviços de assistência domiciliar podem ser classificados nas categorias de preventivos, terapêuticos, reabilitadores, acompanhamento por longo tempo e cuidados paliativos"[2].

O atendimento fisioterapêutico domiciliar é um serviço oferecido aos pacientes que apresentam dificuldades de serem atendidos em clínicas, hospitais e ambulatórios de saúde, por motivos de transporte, tempo, distância ou condições físicas, entre outros. O fisioterapeuta atende, trata e reabilita na casa do paciente, de acordo com suas necessidades: distúrbios neurológicos (acidente vascular cerebral, traumatismo cranioencefálico, paralisia infantil, síndromes em geral, entre outros), ortopédicos (fraturas, entorses, contusões, entre outros), respiratórios (asma, doença pulmonar obstrutiva crônica, bronquite, fibrose cística, entre outros)[2].

O progresso da medicina como um todo, e da pediatria em particular, tem possibilitado a sobrevivência de cada vez mais crianças com prematuridade extrema, doenças neurológicas, trauma grave e anormalidades congênitas. Como consequência, o número de pacientes pediátricos dependentes de suporte ventilatório por longos períodos de tempo aumentou de maneira relevante na maioria dos centros médicos de atendimento terciário a partir da década de 1980[3].

Crianças que necessitam de terapia com oxigênio ou assistência ventilatória prolongada fazem parte de uma população bastante heterogênea, e nessas situações são habitualmente submetidas a longas permanências hospitalares, frequentemente em unidades de terapia intensiva, com risco de infecção e possibilidade de danos psicoemocionais. Na tentativa de minimizar esses problemas, nos últimos 10 a 15 anos tem-se dado estímulo à continuação da terapia ventilatória no domicílio. Com o retorno ao convívio e ao restabelecimento da unidade familiar, tem sido observada melhora significativa do crescimento e do desenvolvimento dessas crianças[3].

O atendimento domiciliar auxilia e acompanha na recuperação do paciente, promovendo redução dos custos, sendo uma saída mais humana e econômica para os portadores de doenças crônicas ou de longa duração. Outro fator importante reside no fato de que o paciente ficará afastado do risco de infecções hospitalares e do estresse da internação, sendo ainda beneficiado com a atenção da equipe multiprofissional de sua confiança, melhorando a qualidade de vida do paciente e de sua família[1].

O atendimento fisioterapêutico no domicílio caracteriza-se pelo deslocamento do profissional até a residência do usuário com as finalidades de atenção à saúde, aprendizagem ou investigação, podendo ser considerada um método, uma tecnologia e um instrumento. Na abordagem domiciliar de fisioterapia, destacam-se as dificuldades e os benefícios em que ambos, pais/cuidador e paciente com doença crônica, apresentam: os desafios de novas rotinas e necessidades específicas da criança, as condições físicas e psicológicas de ambos, o ambiente em que se encontram, o nível de conhecimento da doença, a inclusão social, entre outros; desse modo, o profissional trabalha para melhorar a qualidade de vida do paciente[4].

VANTAGENS DO ATENDIMENTO DOMICILIAR

As vantagens da assistência domiciliar são incontestáveis. O risco de infecções é menor, o ambiente doméstico oferece à criança aconchego familiar e estimulação social, o lar e a família propiciam um meio para desenvolver-se e participar de atividades cotidianas, possibilitando certo grau de autonomia para que possa frequentar a escola[5].

ABORDAGEM NO AMBIENTE DOMICILIAR

A existência de uma doença, seja qual for, impacta diretamente em todo o âmbito familiar. Acarreta sentimentos de fragilidade, de culpa, de preocupação constante e, por vezes, de culpa seguida da sobrecarga gerada pela dependência contínua de atenção para a viabilização dos cuidados com o paciente[6].

O ambiente doméstico é onde a criança e os cuidadores enfrentam o maior desafio: o imperativo de abarcar o processo, ou seja, desenvolver um modo operatório gerido com relativa autonomia. Tal competência a ser criada tem de ser abrangente e eficiente em situações de rotina. A finalidade é bastante clara – a manutenção da vida –, mas os procedimentos e mecanismos empregados são misteriosos, e o sujeito não se beneficia de conhecimentos anteriores que permitam comparações e associações. Somam-se a esse contexto a baixa escolaridade e o pouco contato com eletroeletrônicos mais sofisticados. É imposto ao cuidador um elemento misterioso e intrincado, diferente de tudo o que ele já viu antes, do qual depende a vida da criança[5].

O desenvolvimento da criança dependerá muito do familiar/cuidador no ambiente domiciliar, onde terá seu maior suporte terapêutico. Isso se dá pelo fato de passar mais tempo juntos, em que o grau de confiança é ainda maior, tornando o contato o mais igualitário possível. A atuação da equipe multidisciplinar, em especial do fisioterapeuta, no domicílio dos pacientes gera um vínculo do profissional com o familiar/cuidador[4].

Com o atendimento domiciliar, o fisioterapeuta conhece o ambiente, que muitas vezes não está adaptado à realidade do indivíduo, e o adéqua ao atendimento e à necessidade da família, gerando uma nova rotina de vida diária sem o uso de aparelhos específicos, utilizando a criatividade entre o que se tem disponível para a reabilitação, podendo até mesmo incentivar o retorno de suas práticas de vida diária e a sua volta à sociedade, uma vez que essa realidade social apresenta repercussão no estado de saúde do paciente[4].

EQUIPE MULTIPROFISSIONAL NO ATENDIMENTO DOMICILIAR

Uma equipe multiprofissional de cuidados é composta, em geral, por médicos, enfermeiras, fisioterapeutas, assistentes sociais, nutricionistas, psicólogos, fonoaudiólogos, terapeutas ocupacionais, farmacêuticos, auxiliares de enfermagem e cuidadores. A equipe multiprofissional, em conceito adaptado, visa propiciar que vários profissionais, com suas respectivas áreas de conhecimento e diferentes propostas de trabalho e de atuação, possam agir em conjunto, sem estabelecimento de hierarquia, no sentido estrito da palavra. As ações do grupo devem ser preparadas e executadas de forma organizada e integrada, com base na ética comum a todos, em benefício do paciente. A coordenação dos integrantes e, consequentemente, dos objetivos é estabelecida por período determinado, em votação ou consenso da própria equipe[2].

PAPEL DO FISIOTERAPEUTA NO ATENDIMENTO DOMICILIAR

O papel do fisioterapeuta no sistema domiciliar, além do planejamento global do tratamento domiciliar, inclui avaliação das necessidades em geral, desenvolvimento de metas e de programas de tratamento individualizados e adequados a cada doença, desenvolvimento e aplicação de programa domiciliar, reavaliação de programa e de novas necessidades depois de implementados[7].

Entretanto, para obter sucesso no tratamento domiciliar, é necessário que o fisioterapeuta transmita confiança ao paciente e aos seus familiares. Isso deve incluir esclarecimentos quanto às razões do tratamento, perspectivas de êxito, riscos e todo um elenco de cuidados, prevenções e recomendações[7].

A família do paciente/cuidador deve ser encorajada, tanto quanto possível, a responsabilizar-se pelos cuidados essenciais e gerais, mesmo que precise de habilidades especiais, como cuidar de uma traqueostomia. Caso seja necessário – como quase sempre é –, deve-se ter pessoas capacitadas a prestar assistência domiciliar, sejam enfermeiros, sejam técnicos/auxiliares de enfermagem ou cuidadores aptos e preparados para lidar com o paciente[7].

A fisioterapia respiratória é, geralmente, muito bem aceita na rotina diária dos pacientes submetidos ao atendimento domiciliar. As técnicas fisioterapêuticas, quando bem planificadas e executadas, podem resultar tanto na diminuição das complicações respiratórias como nas possíveis reinternações hospitalares. A rápida melhora dos sintomas, frequentemente, constitui o maior incentivo para a continuidade do tratamento, o que é de suma importância para a estabilização do quadro do paciente. Sendo assim, o fisioterapeuta tem algumas atribuições, como verificar a adaptação do paciente aos dispositivos em geral, orientar e preparar a família/cuidador para a melhor forma de proceder em caso de emergência, ver a necessidade de suporte psicológico, acompanhar a evolução e/ou a progressão da doença, entre outros[8].

Todos os aspectos ora expostos enfatizam que o atendimento domiciliar pressupõe a necessidade de atuação em equipe, porque o sistema não funciona nas mãos de um elemento isolado[8].

CONTATO ENTRE CUIDADOR/PAIS E PACIENTE

O desgaste físico dos pais com crianças com sequelas neurológicas atinge altos níveis e pode ser responsável também pela percepção negativa da qualidade de vida de seus filhos. As crianças deficientes têm as mesmas necessidades emocionais de qualquer outra criança; o amor e a atenção devem ser iguais, e não maiores. Como os pais/cuidadores passam maior tempo juntos e acompanham suas atividades de rotina, eles acabam tornando-se auxiliares na reabilitação desse paciente de modo global[4].

Com esse período maior um com o outro, o desgaste físico e emocional é grande, especialmente para quem assume com frequência os cuidados com a criança, sendo mais evidente nas mães de pacientes. A maior parte das crianças com paralisia cerebral precisa de ajuda em suas atividades de vida diária (AVD), como alimentar-se, fazer a higiene pessoal, vestir-se, ir ao banheiro, transferir de locais em que se encontra, entre outros[4].

Quanto mais cedo a intervenção for feita pela atuação do fisioterapeuta na criança com o seu responsável, melhor o prognóstico e a redução do período de frustração. Esse contato também ajuda a criança a criar um vínculo ainda maior com seus pais ou cuidador, aumentando o grau de confiança. Assim, apresenta desenvolvimento global melhor pela atenção e pelo amor familiar[4].

A estimulação precoce e o contato direto ajudam a criança na comunicação e na interação com o mundo, promovendo diminuição nas estereotipias que estas apresentam. Dessa forma, de acordo com a classificação de paralisia cerebral (PC), e como a criança apresenta limitações físicas e cognitivas, o estímulo dos pais/cuidador, orientados pelo fisioterapeuta, promove bom desempenho e aumento dos níveis de independência, de forma mais efetiva à criança, e ajuda no seu acompanhamento quando o terapeuta não está presente[4].

INTERAÇÃO DO FISIOTERAPEUTA COM O CUIDADOR/PAIS

Os hábitos de vida da família sofrem grande mudança após receber o diagnóstico da criança. Assim, a estrutura familiar deve adequar-se a uma nova rotina. A família, muitas vezes, não recebe orientações específicas dos profissionais da saúde com relação ao manejo com o seu filho e algumas tampouco sabem da importância de observar a criança no decorrer de seu desenvolvimento como um todo no seu dia a dia (movimentos involuntários, constipações intestinais, forma de portar-se para alimentação, epilepsia, alterações comportamentais, posturais, respiratórias, entre outras), mostrando que muitas vezes trata-se de erro na comunicação entre profissional e família/cuidador. Com essa atitude de impor conhecimentos científicos, de forma até superior, em vez de aproximar-se e acolher a pessoa, gera-se um efeito rebote, e as adaptações, por menores que sejam, quando realizadas, apresentam resultados significativos no desenvolvimento e na diminuição do estresse familiar[4].

O fisioterapeuta, no contexto de atendimento domiciliar, realiza atendimentos de diversas enfermidades, participa dos atendimentos das equipes de atendimento domiciliar para prevenção e tratamento, e, através dessa prática, capacita as famílias/cuidadores para o cuidado com o paciente, por meio de maior número de orientações, proporcionando a família/cuidador o amparo diante da responsabilidade de cuidar, pois as dificuldades surgem quando as crianças vão crescendo (peso, estatura e curso da doença). Com isso, as AVD se tornam difíceis de realizar, sendo a locomoção considerada a mais difícil, pelo comprometimento do desenvolvimento neuropsicomotor e também por estruturas físicas da casa e infraestrutura urbana, que muitas vezes não condizem com a real necessidade de indivíduos que necessitam de auxílio na locomoção[4].

O contato entre fisioterapeuta e familiar/cuidador estabelece mudanças na rotina diária. Orientações e aspectos sobre o tratamento fisioterapêutico são preestabelecidos: o que o familiar/cuidador quer com o tratamento, o que o familiar/cuidador e o paciente fazem juntos em seu dia a dia e o que precisam aprender, construindo juntos uma terapêutica para a criança e reorganizando uma nova estrutura familiar de modo a proporcionar o bem-estar entre todos os participantes daquela rotina. Ressalta-se a importância de tratamento e abordagem diferentes com cada família, de modo a individualizar os casos. Uma boa avaliação da criança, de suas funções motoras e respiratórias, é importante para um diagnóstico mais concreto, elaborando-se um tratamento singular para ela, pois cada uma apresenta sua particularidade perante a patologia existente[4].

A convivência entre a criança e o familiar/cuidador faz com que eles reconheçam o que a criança quer ou sente, pelas expressões faciais, corporais e sons, auxiliando no tratamento fisioterapêutico, como uma boa interação entre o contato pelo toque, o estímulo verbal, o visual e também os sons (músicas). Os familiares/cuidadores devem sempre interagir com a criança por meio desses sons, explicando como os atos estão sendo ou serão feitos. É tão importante a criança brincar com o seu cuidador quanto o tratamento fisioterapêutico para um bom desenvolvimento, e essas brincadeiras devem ser feitas com esses estímulos. O fisioterapeuta utiliza a forma lúdica para a execução de alguns movimentos. Em vez de solicitar à criança que estique o braço para cima, pode-se segurar um brinquedo colorido e com sons, e dizer "Pegue o brinquedo"[4].

A evolução fisioterapêutica é gradativa; assim, os pais devem aguardar com paciência, pois depende da capacidade de cada criança. Ao ensinar a tarefa, o movimento ou o exercício respiratório para a criança, eles serão feitos juntos e, depois, ela será auxiliada para executá-lo. Quando a criança mostrar tédio e cansaço, não se deve insistir para que ela não veja naquilo algo não prazeroso. Assim, com essas orientações sobre os exercícios em geral, os pais/cuidadores se sentem úteis quando a auxiliam em seu dia a dia nas suas necessidades em geral[4].

CONCLUSÕES

O Estatuto da Criança e do Adolescente garante o direito "à vida e à saúde, mediante a efetivação de políticas sociais públicas que permitam o nascimento e o desenvolvimento sadio e harmonioso, em condições dignas de existência", frisando o papel das políticas públicas na garantia de tais direitos. Contudo, não especifica instâncias responsáveis nem canais competentes[5].

O atendimento domiciliar oferece ao fisioterapeuta um conhecimento da realidade de cada indivíduo, estabelece metas e adéqua o ambiente e as ações, de modo a oferecer melhor rotina ao paciente em relação ao cuidador. Destaca-se a falta de trabalhos sobre o tema, com estudo de casos de intervenção de curto e longo prazos. Pode-se obter resultados mais positivos e reconhecimento da atuação do profissional fisioterapeuta com crianças e também com relação aos aspectos de qualidade de vida dos pais/cuidador de crianças[4].

Pela fisioterapia, mais orientações são levadas aos pais/cuidadores, tendo favorecimento no desempenho das habilidades e no nível de independência do paciente. É necessário que haja integração com a equipe multiprofissional, com grupos de cuidadores/pais de crianças, a fim de relatarem entre si as dúvidas e a troca de experiências, oferecer os aspectos que cada um obteve de positivo e negativo no decorrer dos anos e que a cada paciente atendido há uma nova modificação estrutural da casa e das rotinas do paciente e de quem o acompanha em seu dia a dia[4].

REFERÊNCIAS BIBLIOGRÁFICAS

1. Silva FJS. Atendimento fisioterápico em domicílio. Disponível em: https://www.indicedesaude.com/artigos_ver.php?id=2848. (Acesso agosto 2017.)
2. Amaral NN, Cunha MCB, Labronici RHDD, Oliveira ASB, Gabbai AA. Assistência domiciliar à saúde (home health care): sua história e sua relevância para o sistema de saúde atual. Rev Neurociencias. 2001;9(3)111-7. Disponível em: http://www.revistaneurociencias.com.br/edicoes/2001/RN%2009%2003/Pages%20from%20RN%2009%2003-5.pdf. (Acesso agosto 2017.)
3. Resener TD, Martinez FE, Reiter K, Nicolai T. Home ventilation of pediatric patients – description of a program. J Pediatr (Rio J). 2001;77(2):84-8.
4. Almeida EAO, Antunes Neto JMF, Nader BB. A importância do atendimento domiciliar para a criança com paralisia cerebral e seu cuidador. Um enfoque do fisioterapeuta. EFDeportes.com (Revista Digital). 2014;19(193).
5. Drucker LP. Rede de suporte tecnológico domiciliar à criança dependente de tecnologia egressa de um hospital de saúde pública. Cien Saude Colet. 2007;12(5):1285-94.
6. Marcon SS, Sassá AH, Soares NTI, Molina RCM. Dificuldades e conflitos enfrentados pela família no cuidado cotidiano a uma criança com doença crônica. Cienc Cuid Saude. 2007;6(Supl. 2):411-9.
7. Daianne Cs, Abel PCJ, Phabloo JVC. A atuação fisioterapêutica em saúde pública. Revista Eletrônica Interdisciplinar. 2017;17(1):216-21.
8. David MLO, Ribeiro MAGO, Zanolli ML, Mendes RT, Assumpção MS, Schivinski IS. Proposta de atuação da fisioterapia na saúde da criança e do adolescente: uma necessidade na atenção básica. Saúde em Debate. Rio de Janeiro. 2013;37(96):120-9.

Uso dos jogos virtuais na assistência de fisioterapia

32

Bianca Azoubel de Andrade

Após ler este capítulo, você estará apto a:

1. Reconhecer recursos tecnológicos de baixo custo, como dispositivos para reabilitação virtual na fisioterapia.
2. Indicar o uso dos recursos tecnológicos de baixo custo, como dispositivo de reabilitação virtual para pacientes pediátricos.

INTRODUÇÃO

A reabilitação por meio da realidade virtual era de difícil acesso e limitada a sistemas de alto custo, entretanto, na última década, o uso da tecnologia direcionada para os serviços de saúde se expandiu rapidamente. Além disso, a partir do fácil acesso a sistemas de baixo custo e disponíveis comercialmente, como os *videogames* e *smartphones*, a aplicação da reabilitação virtual em ambientes escolares, clínicas e serviços hospitalares tem aumentado de maneira significativa[1].

A realidade virtual possibilita a interação dos movimentos em um ambiente tridimensional por meio de dispositivos multissensoriais em tempo real. O *videogame* é uma das plataformas de realidade virtual não imersiva mais utilizada, atualmente, na reabilitação físico-funcional.

A seleção dos jogos é baseada nos princípios da reabilitação, levando-se em consideração o aspecto vestibular, equilíbrio corporal, funcionalidade, estabilidades estática e dinâmica. Além disso, envolve estratégias reativas e proativas de maneira contínua e lúdica, desafiando os pacientes a adquirir melhor desempenho e concluir os jogos. Dessa forma, os jogos interativos são uma ferramenta para promover melhora clínica e do equilíbrio postural dinâmico.

USO DO *VIDEOGAME* COMO RECURSO TERAPÊUTICO

O *exergaming* consiste na combinação de um sistema de computador e atividade física. Podem ser encontrados, por exemplo, nos consoles Nintendo Wii™ e Xbox Kinect, simuladores de dança e outras interfaces de realidade virtual[2]. Esses dispositivos baseados no movimento de jogadores tornaram-se populares entre criança e adolescentes. Assim, a popularidade desses jogos também inspirou fisioterapeutas e outros profissionais, que recentemente vem integrando de maneira crescente a tecnologia dos *videogames* ao campo da reabilitação[1-3].

Uma das principais barreiras identificadas no processo de reabilitação, e que posteriormente pode influenciar o resultado final esperado, é a falta de motivação e interesse. A eficácia e a viabilidade do uso desses dispositivos têm sido demonstradas em várias populações, desde indivíduos saudáveis, no processo de envelhecimento e também pessoas com deficiência. A adaptação de *videogames* comercialmente disponíveis para promover o exercício físico e a perda de peso, e melhorar a função neurológica, tornou-se uma abordagem terapêutica importante. No entanto, uma das principais aplicações surge no campo da reabilitação de populações especiais, motivando a atividade física e recuperando a habilidade de ampla gama de déficits funcionais[1,4].

Esses jogos para exercícios são capazes de desencadear respostas fisiológicas necessárias para a melhora de aptidão, especialmente para aqueles que necessitam de motivação para participar regularmente de atividades físicas. Podem ajudar a promover o bem-estar físico, mental e psicológico dos jogadores, sendo o primeiro, geralmente, o alvo principal.

Não há um consenso na literatura se o uso do *videogame* para promoção da atividade física pode ser uma alternativa viável para substituir ou apenas complementar o exercício regular, mas mesmo que esses jogos não atinjam um nível de atividade física recomendado para crianças saudáveis, em circunstâncias especiais, como durante uma internação hospitalar ou período de isolamento, podem ser úteis para romper o sedentarismo, motivando as crianças a serem mais ativas fisicamente[2,3].

Sem limite de idade, o *videogame* permite também que pacientes com diferentes níveis de habilidade se beneficiem, podendo ainda ser utilizado nas diversas unidades hospitalares (ambulatório, enfermarias clínicas e cirúrgicas e unidades de terapia intensiva) ou na própria casa do paciente[5]. A seguir, estão listadas algumas vantagens do uso do *videogame* como dispositivo de realidade virtual:

- Permite a imersão do participante no ambiente virtual.
- É um motivador e atraente.
- Adapta-se a todas as idades.

- Permite jogadores com diferentes níveis de habilidade.
- Fornece pistas visuais e auditivas informam ao participante sobre a sua posição no espaço e o sucesso de suas tentativas (*feedback*).
- Tem fácil aplicação.
- É comercialmente disponível e de baixo custo.

TRATAMENTO

Está indicado para indivíduos que estejam em processo de reabilitação por doenças agudas ou crônicas, apresentem deficiência física ou atraso no desenvolvimento. Crianças e adolescentes com diagnóstico de doenças crônicas complexas, que necessitem realizar atividades para membros superiores e/ou inferiores, treino de coordenação e equilíbrio, e inclusive treino cardiovascular, são candidatos ao uso do *videogame* nas sessões de fisioterapia[6] (Figura 32.1).

Condicionamento Cardiovascular

Jogos que requerem movimentos repetitivos, como esportes, aumentam o trabalho cardiovascular, tanto utilizando a plataforma quanto os controladores manuais. Na modalidade corrida, por exemplo, não se utiliza a plataforma. O jogador segura o controle remoto, que também pode ser colocado no bolso, e de acordo com a execução é detectado o movimento e o aumento ou a diminuição da velocidade.

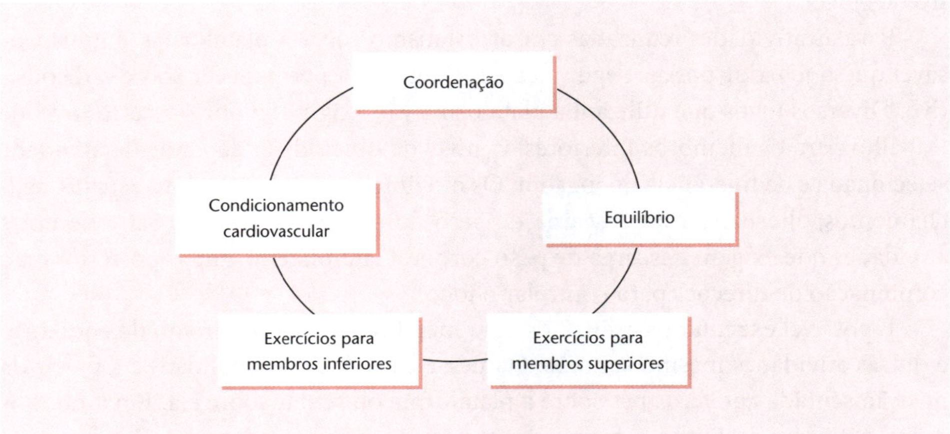

Figura 32.1 Utilizações terapêuticas do *videogame*.

Coordenação

Usando o alerta visual na tela, um bom desempenho é necessário para processar a informação e reagir fisicamente com os membros inferiores, a fim de criar o movimento desejado e manter o equilíbrio.

Equilíbrio

O treino de equilíbrio pode ser realizado de diversas maneiras, sendo a principal delas a utilização da plataforma, sentado ou em pé sobre ela. Também é possível sem o uso da plataforma, em pé ou sentado sobre superfícies mais instáveis.

Exercícios para Membros Inferiores

O *videogame* permite uma variedade de movimentos para membros inferiores que pode ser realizada de maneiras diversas atendendo pessoas com diferentes níveis de habilidades. É possível utilizar a plataforma estando em pé ou então sentado sobre uma superfície plana com os pés apoiados sobre ela.

Exercícios para Membros Superiores

Uma variedade de movimentos para exercitar os membros superiores e promover o movimento funcional também é realizada. Os controladores manuais são usados para executar as atividades de forma mais realista, simulando as ações dentro dos jogos.

Para as atividades realizadas em ortostatismo sobre a plataforma, é indispensável que o jogador possua segurança suficiente para permanecer sobre o dispositivo. Diversos jogos que utilizam a plataforma vão exigir equilíbrio e certo nível de trabalho para os membros inferiores. O nível de dificuldade depende da atividade selecionada e da tolerância do jogador. Os movimentos podem incluir *step ups*, agachamentos, alternância na descarga de peso durante os exercícios. São diferentes atividades que exigem descarga de peso corporal laterolateral, anteroposterior ou a combinação de direções para controlar o jogo[5].

É possível executar os exercícios para membros inferiores, treino de equilíbrio e outras atividades mesmo sentado. Há nesse caso duas possibilidades: a partir da posição sentada apoiar os pés sobre a plataforma ou sentar sobre ela. Em ambos os casos, o esforço realizado é menor do que em pé, no entanto por ser uma postura muito mais estável é indicada para indivíduos com mobilidade reduzida, em que permanecer em ortostatismo sobre o dispositivo é exaustivo ou não é seguro pelo risco de queda. Também pode ser utilizada como uma maneira de iniciar o treino de equilíbrio por meio do controle de tronco exigido nesta postura, até adquirir capacidade de avançar para a posição em pé com algum apoio[5].

Sem o uso da plataforma ainda é possível desafiar o equilíbrio do jogador e exercitar os membros. A forma alternativa consiste em oferecer jogos que requeiram força de membros inferiores, mas que utilizem apenas os controladores manuais para a execução. Pode ser realizado permanecendo em pé, mas é necessário garantir que o corpo do jogador mantenha simetria em uma postura neutra. Na posição sentada, o treino pode ser realizado utilizando diferentes assentos, como um banco ou uma bola terapêutica. A instabilidade do assento determinará o trabalho exigido ao jogador, que deve manter uma boa postura durante a execução das atividades usando os membros superiores[5].

O Nintendo Wii™ pode ser uma ferramenta terapêutica útil na melhora das seguintes habilidades motoras dos membros superiores, entre elas: atividades desportivas (há grande variedade de atividades esportivas, jogos e acessórios de simulação disponíveis), função motora grossa incentivando a amplitude de movimento e o aumento da força muscular, coordenação e destreza para segurar um ou ambos os controladores manuais (Wii Remote™ e Nunchuk™) e pela combinação de movimentos, velocidade de reação. Na maioria das vezes, os controladores manuais são utilizados, mas outro método possível para exercitar os membros superiores consiste em apoiar e pressionar a plataforma do WiiFit™ com as mãos em alguns jogos[5].

Há grande seleção de jogos disponíveis no mercado que incentivam exercícios promovendo a utilização terapêutica descrita. A escolha e a aquisição de títulos podem variar de acordo com a disponibilidade de recursos de cada instituição de saúde ou do usuário.

É importante reforçar o fato de que os *videogames* permitem aos jogadores a oportunidade de simular movimentos conhecidos, sem a necessidade de elevado nível de habilidade, ou então o perigo que pode estar envolvido em realizar o movimento ou a tarefa na vida real. Além disso, são geralmente bastante generosos com relação à precisão e à qualidade do movimento, o que significa que indivíduos com menor controle motor podem participar sem ficarem expostos ao fracasso. Serão igualmente capazes de se beneficiar com os mesmos jogos, executando bem os movimentos em um nível diferente, porém com o mesmo sentimento de realização[5] (Figura 32.2).

A seguir, estão destacadas algumas observações para a utilização[5]:

- Sempre promover o aquecimento e o alongamento muscular antes da utilização do *videogame*.
- No caso de indivíduos com limitação, principalmente nos membros superiores, que tiverem dificuldade de segurar o controle remoto, é possível adaptar talas ou

cintas que fixem o controle no antebraço, permitindo que as habilidades sejam trabalhadas.

- Adicionar carga externa aos membros superiores e/ou inferiores para aumentar a resistência torna o exercício mais desafiador.
- É possível elevar a altura da plataforma, aumentando a dificuldade do exercício para os membros inferiores.
- Incentivar o movimento mais realista possível. Movimentos erráticos ou mais entusiasmados podem fazer com que o paciente obtenha melhor resultado no jogo, no entanto adicionam risco de lesões osteomioarticulares.
- Incentivar a postura adequada e corrigir, se necessário.
- Orientar intervalos regulares de descanso, é preconizado de 10 a 15 minutos de intervalo a cada hora jogada.

O *videogame* não substitui os demais recursos fisioterapêuticos, ele complementa as sessões compostas por alongamentos e cinesioterapia. Além do console Nintendo Wii™, que teve o uso mais difundido, tem-se observado aumento do uso do Kinect dentro da reabilitação. Outros recursos de realidade virtual comercialmente disponíveis, de baixo custo e emprego terapêutico são os *tablets* e os jogos de câmera (WebCam) em computadores, por exemplo[7].

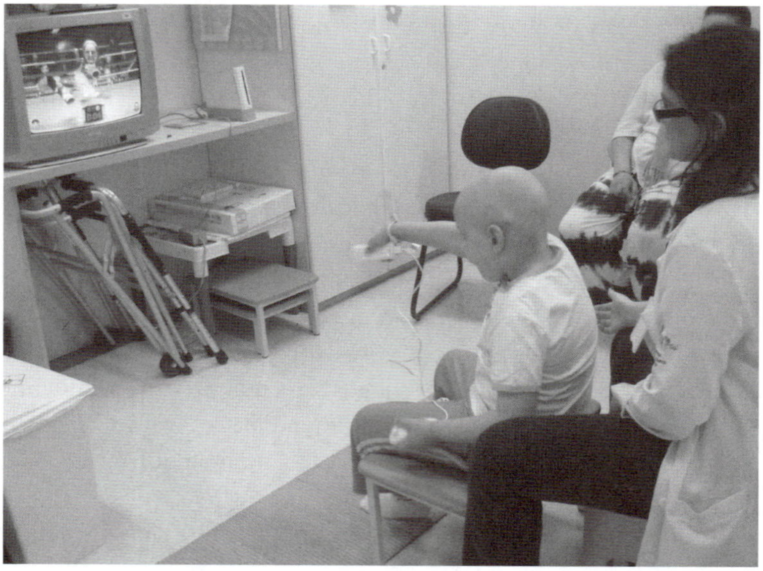

Figura 32.2 Paciente com mobilidade reduzida realizando fisioterapia adaptada do Nintendo Wii™ na posição sentada.
Fonte: arquivo de imagens do Serviço de Fisioterapia do Instituto da Criança do HCFMUSP.

O Kinect é um dispositivo com sensor de movimento para o Xbox 360. Permite ao usuário interagir com o *videogame* sem necessidade de tocar fisicamente um controle remoto ou qualquer outro objeto, ao contrário do Nintendo Wii™, o movimento é controlado pelos dispositivos manuais Wii Remote™ e Nunchuk™, ou pela plataforma de equilíbrio denominada Wii Balance Board™, ou pela combinação entre eles, e o jogador é representado por uma imagem ou avatar. O Kinect é controlado pela própria interface do jogador, acompanhando movimento e gestos corporais, e com isso tornou-se habilitado à classe dos *exergames*[3,8] (Figura 32.3).

O tipo de recurso a ser utilizado, assim como a escolha do jogo, deve ser baseado na idade e na condição clínica do paciente. O jogo selecionado deve ser ensinado ao paciente e, durante a execução, supervisionado pelo fisioterapeuta que fará as adaptações necessárias para que se alcance um melhor resultado, além de preservar a segurança do jogador. A frequência e a duração da intervenção devem variar de acordo com a intensidade de cada jogo e o condicionamento do paciente[7] (Figura 32.4). Com a devida capacidade técnica, os *videogames* podem ser modificados ou adaptados à necessidade do paciente de acordo com a doença ou a lesão, proporcionando desafios apropriados de acordo com a melhora do jogador[6].

Uma limitação atual dos *videogames* comercialmente disponíveis como ferramenta para reabilitação é a falta de *feedback* de desempenho. Os escores de de-

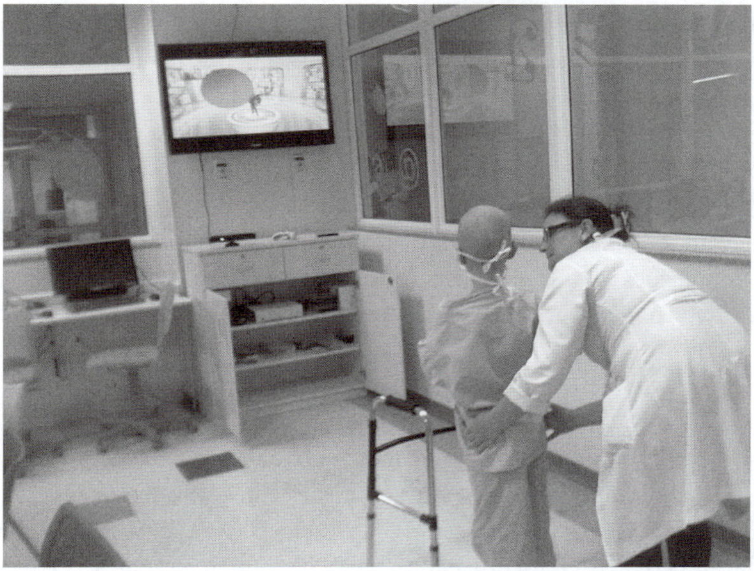

Figura 32.3 Atendimento de fisioterapia com uso do Kinect para paciente internado na Biblioteca Digital da Enfermaria da Onco-Hematologia Pediátrica.
Fonte: arquivo de imagens do Serviço de Fisioterapia do Instituto da Criança do HC-FMUSP.

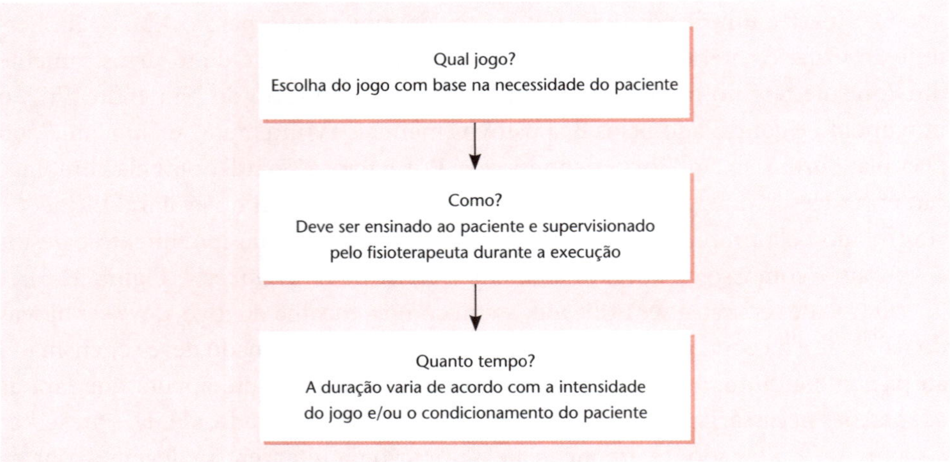

Figura 32.4 Planejamento terapêutico.

sempenho dos jogos são normalmente considerados insuficientes para classificar e quantificar a melhora ou a deterioração clínica[6]. O fisioterapeuta deverá buscar testes e escalas específicos para a população ou acometimento estudado, a fim de mensurar os resultados.

Lesões relacionadas ao jogar *videogames*, para os quais na maioria das vezes os movimentos corporais são necessários para execução dos jogos, têm sido relatadas na literatura. Movimentos vigorosos, juntamente com a natureza repetitiva dos jogos, levaram a relatos de feridos. Entre possíveis lesões estão: laceração da mão, colisão com móveis e paredes, torções e quedas. Na maioria dos casos, está relacionado ao tempo excessivo de uso ou ao comportamento agressivo ao jogar. As recomendações do fabricante e orientações fornecidas nos jogos devem ser respeitadas, e essas lesões potenciais devem ser consideradas quando proposto o uso em um programa de reabilitação para populações especiais[8]. Mais informações e instruções sobre o funcionamento dos dispositivos podem ser encontradas nos manuais de utilização dos *videogames*.

CONCLUSÕES

O *videogame*, como sistema de realidade virtual de baixo custo, vem sendo incorporado à fisioterapia, uma vez que é um recurso estimulante por ser lúdico e apropriado para crianças e adolescentes. No entanto, deve ser utilizado com cautela na população pediátrica para que não se perca o objetivo terapêutico, o que envolve a supervisão de profissional capacitado, desde a indicação até a escolha adequada dos jogos e a execução.

REFERÊNCIAS BIBLIOGRÁFICAS

1. Salem Y, Gropack SJ, Coffin D, Godwin EM. Effectiveness of a low-cost virtual reality system for children with developmental delay: a preliminary randomized single-blind controlled trial. Physiotherapy. 2012;98(3):189-95.
2. Boulos MNK. Xbox 360 Kinect Exergames for Health. Games Health J. 2012;1(5):326-30.
3. Kauhanen L, Järvelä L, Lähteenmäki PM, Arola M, Heinnonen O, Axelin A, et al. Active video games to promote physical activity in children with cancer: a randomized clinical trial with follow-up. BMC Pediatr. 2014;14:94.
4. Govender M, Bowen RC, German ML, Bulaj G, Bruggers CS. Clinical and neurobiological perspectives of empowering pediatric cancer patients using videogames. Games Health J. 2015;4(5):362-74.
5. WiiHabilitation – Therapy using Kinect and Wii. Disponível em: www.wiihabiliatation.co.uk. (Acesso 2 ago. 2016).
6. Staiano AE, Flynn R. Therapeutic uses of active videogames: a systematic review. Games Health J. 2014;3(6):351-65.
7. Andrade BA, Rodrigues T. Uso do videogame como recurso fisioterapêutico na oncologia pediátrica. Prática Hospitalar. 2013;XV(87):45-7.
8. Taylor MJ, McCormick D, Shawis T, Impson R, Griffin M. Activity-promoting gaming systems in exercise and rehabilitation. J Rehabil Res Dev. 2011;48(10):1171-86.

Índice remissivo

D

E

F

G

H

I